危機の憲法学

奥平康弘　樋口陽一　編
Okudaira Yasuhiro　Higuchi Yoichi

弘文堂

はしがき

憲法は、「危機」に対応できないのだろうか。

そういう形で議論が出されるのは、第１に、「危機」に対処する人間が憲法の存在を無視したいがために、憲法は危機に対して無力だ、と論難するのである。第２に、もっと本質的に大事なことがある。もとより、憲法の条文は個別の危機を想定して書かれたものではないから、一読するだけで具体的な行動指針を読み取ることができるわけではない。それはしかし、緊急事態を想定した個別の法律を定め、あるいは憲法の中に緊急事態に対処するための条文を挿入しても同じである。

それなら、人はなぜ、危機に際して具体的な行動の指針を示す法を求めるのか。それに従う限り、みずからの行動の責任を問われないですむからである。だが、憲法であれ、個別の法律であれ、法があらゆる事態を想定して、それへの具体的対応を規定し尽くすことは不可能である。そこで、危機に際しては、法で定めた原則を無視することを認める法を求める。それにより、人は法的規律を免れ、行動の自由を得て、生じた結果の責任を免れることができるからである。

この場合、具体的に責任を免れるのは誰か？ 潜在的には、責任能力のあるすべての者だが、「危機」への対処に関して第一次的に責任を問われるのは、公務担当者である。いうまでもないことだが、法の基本的機能は、事前に行動指針を示すだけでなく、問題となる行為について事後的に法的評価を加えることにもある。その両面において、公務担当者の責任を免除する法を制定することが、「危機」への対処としてあるべき姿なのか。

そうではあるまい。憲法は、「危機」に際してとるべき行動指針を具体的に示していないとしても、それを憲法から読み取るのは、公務担当者に課された基本的任務のひとつである。日本国憲法の想定する統治構造上、特定の「危機」における最終責任者は誰か、基本的人権がいかに保障されるべきかなどなど、「危機」においてこそ、公務担当者の独断ではなく憲法に基づく対応がとられるべきであり、それを怠れば責任を免れることはできない。「危機」における具体的対応は、憲法が何を命じているかを自覚することから始まる。それを「危機」に際して活かすことができなければ、公務担当者として失格である。

しかし、公務担当者の間に憲法アレルギーとでもいうべき病理が蔓延するこの国では、憲法にもとづく公務執行という、憲法をもつ国である以上当然にとるべき応対が嗤い飛ばされる傾向にある。本書は、東日本大震災という未曽有の危機を契機として、しかしそれにとどまることなく、「危機」における憲法の対応力を理論的に検討すべく編まれた。出版事情が厳しい中で、このような「異端」の書物を世に出すべく企画・立案から編集まですべてにわたって孤軍奮闘された弘文堂編集部の登健太郎さん、そして出版を快諾してくださった鯉渕友南社長に、心よりお礼を申し上げる。

2012年12月1日

編者・執筆者一同

目　次

第14章　憲法第9条・考　奥平康弘　415

第1章

「危機」への知の対応

16世紀と20世紀：2つの例

樋口陽一

「危機」を語ることばは、世にあふれている。そして、事柄の重さ、大きさとは対照的に、「危機」をめぐる言説の多くは、「耐えられぬほどの軽さ」で飛びかわされている。以下では、そのような内外の現実からあえていったん眼を離して、16～17世紀と20世紀という2つの危機の時代をとり出し、それに立ち向かう知の対応例として周知の2人――トマス・ホッブズとカール・シュミット――を、対照的な脈絡でとりあげることにした。思想史上の存在としては格違いの2人をあえて並べるのは、両者の対照性が何を意味するかを読みとることを通して、私たちをとりまく現実をどうとらえ、市民としてそれにどう働きかけるかを考える、その糸口としたいからである。

1 ホッブズとシュミット――なぜこの2人か

「危機」を語る言説は、多様で、そのうえありあまるほど繰り返され続けてきた。事柄の大小、問題局面の大小、各種各様の部分社会から地球さらには宇宙規模まで。それぞれの危機の引き金となる要因も多様で、加えて複数のものが絡みあうことが多い。自然災害、戦争、経済・金融の破綻、階級やエスニシティの単位の間の国境内外を問わぬ対立、犯罪、科学技術の誤用・濫用による重大事故……と数えあげれば、そのそれぞれについての具体例が、我々の周辺にどれだけ多いことか。加えて、制度や組織の経年疲労による慢性的な機能障害も、しばしば「危機」と呼ばれる。それどころか、社会の「繁栄」や「安定」の底に淀む不安を梃子として「世直し」を訴える主張も、「危機」を叫ぶ。「卑怯な健康よりデカダンスを」(1920年代)、「奴隷の平和より王者の戦争を」(対英米開戦) から、「ぬるま湯の戦後民主主義を倒せ」を経て、「決められない日本」への非難まで。

こうした危機に対して、公共社会がどう立ち向かうべきか。それは最高度に、そして直接的な意味で政治の問題であり、そうである以上、公共社会の成員ひとりひとりの選択が、結局のところを左右するだろう。ここでは、その問題それ自体に立ち入ることはしない。ここでは、危機を語る「知」の対応の仕方について考えることが、主題である[1)]。

以下の記述でとりあげるのは２つの例である。１つは16～17世紀イングランドのトマス・ホッブズ、もう１つは20世紀ドイツのカール・シュミットである。なぜこの二者なのか。

第１は、彼らの対面した時代そのものが、世界史的意味に充ちたものだったからである。「近代」の論理の知的設計者としてのホッブズと、近代知とその理性主義への挑戦を試みたシュミットは、それぞれの時代を象徴する。

第２は、そのような彼ら２人が知的世界で維持し続けている影響力のゆえである。もっとも、特にシュミットについては、その影響の意味・無意味・反意味が問われるのだが。

第３に、1930年代危機のさなかに、シュミットがほかならぬホッブズについて論じている仕方が、興味深いからである。その際シュミットは「フランスのすぐれた公法学者」である「自由民主主義的フランス人」の論文に言及している[2)]が、この言及は、同時代のドイツ人――そしてかつてのイングランド人――からみてたえず国家モデルとして意識されていたフランスを、ここで我々の考察の中に引き込んでくる。

2　リヴァイアサンの「破れ目」――近代の「構成原理」への転化

シュミットは1938年に『トマス・ホッブズの国家論におけるレヴィアタン』を公刊している。その前年に「ホッブズとデカルトにおける機械としての国家」という雑誌論文を書いていて、その対照も我々の関心事とな

1）より一般的に、知とモラル（知りすぎることの責任）、そして知のモラル（知ろうとしなかったことの責任）という問題の立て方について、樋口陽一「『知』の賢慮に向けて―知とモラル そして知のモラル」小林康夫=船曳建夫編『知のモラル』（東京大学出版会・1996）19～32頁。

2）そこでとりあげられているルネ・カピタンについては、後注3）所掲のシュミット(B)14頁。

る[3]が、それはともかくとして、シュミットのホッブズ読解の基本は、次のようなものであった。

「ポリス＝国家の一体性」(politische Einheit) を何より重視するシュミットにとって、「『真理でなく権威』(Auctoritas, non veritas) という決断主義特有の転回をなし」とげ、主権を「その権力の頂点に達」するところまで導いた[4]ホッブズこそ、「神学の世紀たる16世紀から形而上学の世紀たる17世紀への推移」「西欧合理主義の英雄時代」[5]の中心に座を占める先達だったのである。宗教戦争と内乱の危機の只中にあって、「技術的完璧さをもった巨大な人造物」「能率と活動のうちに固有の『正義』と『真理』をもつ機械という国家観はまずホッブズが把握し、明確な概念として体系化した」[6]。――これが、シュミットのとらえたホッブズ像の基本である。

実際、ホッブズこそ、近代知による公共社会――彼自身の言い方では

---

3) Carl Schmitt, *Der Leviathan in der Staatslehre des Thomas Hobbes* (1938) (以下「シュミット(A)」とする) および "Der Staat als Mechanismus bei Hobbes und Descartes" (1937) (以下「シュミット(B)」とする)。我々はこの両者とも、長尾龍一による達意の訳文で参照することができる (長尾龍一編『カール・シュミット著作集Ⅱ 1936-1970』(慈学社・2007))。以下の注では、シュミット(A)・(B)につきこの訳書の頁を引用する。1937年論文 (シュミット(B)) と1938年著書 (同(A)) との対比につき、ごく簡単ながら、樋口陽一「ホッブズをめぐるシュミットとカピタン」長尾龍一編『カール・シュミット著作集Ⅰ 1922-1934』(慈学社・2007) 418～422頁でふれておいた。

なお、「シュミットとカピタン」という主題については、Olivier Beaud, "René Capitant, juriste républicain, Etude de sa relation paradoxale avec Carl Schmitt" in *La République, Mélanges en l'honneur de Pierre Avril* (Montchrestien, 2001) pp.41-66. なおオリヴィエ・ボーの日本での講演として、南野森訳「ナチス期におけるルネ・カピタンとカール・シュミット―謎めいた関係について」日仏法学23号 (2004)。

博士論文のほかにはモノグラフィーを公刊せず、戦中・戦後はド・ゴールの同志・左翼ゴーリストとして閣僚・議員の政治活動に多忙だったカピタンの憲法学・法哲学者としての業績を体系的にまとめてカピタン再評価の気運を作ったのは、ボーの功績である。彼は、未公刊だったものを含め戦前の作品をまとめて2冊の論文集を編纂し、それぞれに長文の論説を寄せている。René Capitant, *Ecrits d'entre-deux-guerres (1928-1940)* (Editions Panthéon-Assas, 2004), および、*Face au Nazisme, Écrits 1933-1938* (Presses Universitaires de Strasbourg, 2004).

4) シュミット(A) 73頁。

5) シュミットの別の論稿「中立化と脱政治化の時代」(初出1929、長尾龍一訳) 長尾編・前掲注3)『カール・シュミット著作集Ⅰ 1922-1934』204頁での表現。

6) シュミット(A) 66頁。

「commonwealth; ラテン語では res publica」——の設計者だった。『リヴァイアサン』の第1部の標題《Of man》(「人について」)と第2部の標題《Of commonwealth》(「国家について」)の対置がすでに、「人」の意思の所産として「国家」を構想する骨組みを示していた。第1部「人について」の考察が第1章《Of sense》、すなわち経験的にとらえることのできる「感覚について」の説明から始まっていることも、留意に値する[7)]。

ホッブズがその力業によって達成しようとした目的は何か。「人は人にとって狼」「万人の万人に対する闘争」という状態を平定=平和化して、諸個人の安全を確保することにほかならなかった。リヴァイアサンとしての国家は、ホッブズ自身が掲げた図版からわかるように、決して、悪魔的・神話的な怪獣ではない。ホッブズのリヴァイアサンは、個人の契約によって構成され目的を託された「メカニズム」=「機械」なのであり、ホッブズ自身の定式化によれば「可死の神」(mortal god) なのだから。

さて、そのようにホッブズをとらえたうえでシュミットは、「主権が頂点に達したまさにこの点で、他の点ではかくも完結的・不可抗的な統一に破綻が生ずる」ということに、関心を集中する[8)]。「内的信仰と外的礼拝の区別」を認め、「公的」理性の領域では主権者が真偽を決するが「私的」理性にともなう信不信については内面の留保を認めるという、「ホッブズの拒絶し難い個人主義に発する留保」が、「強力なレヴィアタンを内から破壊し、可死の神を仕止める死の萌芽となった」。

ここでシュミットは、「ユダヤ人哲学者」スピノザに重要な役割を振りあてる。「『レヴィアタン』刊行からほどなく、この眼立たない破れ目が最初の自由主義ユダヤ人の眼にとまり、彼［スピノザ——筆者注。以下ブラケット内につき同じ］は直ちにこれが、ホッブズの樹立した内外・公私の関係を逆転させる、近代自由主義の巨大な突破口たりうることを看取した」。「ホッブズの正面には公的平和と主権があり、個人的思想の自由は背後の最終的留保にすぎないが、スピノザは逆に個人の思想の自由が枠組の構成

7) ホッブズ(水田洋訳)『リヴァイアサン』(原著1651、岩波文庫・1954(第1刷))。
8) シュミット(A) 74～75頁。

原理をなし、公的平和と主権を単なる留保に転化させた」[9) 10)]。

「破れ目」の表面は、「舌先の告白」と面従腹背、あるいはleges mere poenales[11)]の論理によって蔽われていた。シュミットによればその破れ目をあばいてみせただけでなく、原則と例外を転倒させたのが「ユダヤ人哲学者」スピノザだった、というわけである[12)]。

ところで、シュミットは、彼と同時代の「フランスのすぐれた公法学者、ルネ・カピタン」が、「ホッブズの国家理論の個人主義的性格を指摘し、諸個人の締結した契約によっても否定されえない強固な自由の留保を詳述している」ことを紹介している[13)]。実際、シュミットに引用されたカピタン論文は、「トマス・ホッブズをその真の位置に、すなわち、全体主義リヴァイアサンの祖先の中にではなく、近代個人主義の理論家の中に位置づける」べきことを強調していた[14)]。カピタンによれば、「破れ目」は、ホ

9） シュミット(A)がスピノザを援用するその仕方と意図については、後注12）および本文10～11頁で問題にする。

10） ホッブズとスピノザの関連そのものについては、柴田寿子『スピノザの政治思想―デモクラシーのもうひとつの可能性〔第2版〕』（未来社・2005）の簡潔・適切な指摘を引用しておきたい。――「……スピノザは聖書解釈によって、そうした政治的目的［連邦制の擁護と王政の批判］を果たしたにとどまらず、同時に、主権者と臣民との一元的な権力関係を基礎づけるホッブズの社会契約論と主権者樹立の理論を、多元主義的で分権主義的な柔軟な政治構造をもつ権力論へと転換させる理論的作業を遂行することにもなった」（184頁）。

11） 単に刑罰的な法律。法に服従する動機を問わず、外面の行為として服従が得られればそれでよいとする考え方。なお参照、宮沢俊義「法の義務づけよう―Leges mere poenalesの理論について」（初出1933）同『法律学における学説』（有斐閣・1968）1～32頁。人の良心を法によって義務づけようとする権力の方向があらわになってくる時期に宮沢がこの主題をとりあげたことには、意味があったはずである（治安維持法の成立は1926年）。

12） シュミット(B)（1937）に比べ1年後公刊の同(A)（1938）が際立っているのは、分量（紙幅）の違いだけではない。シュミット(B)は「……『保護と服従の相関』こそホッブズの国家論の支点である。これに一面的な全体国家観のレッテルを貼ることはできない」という主張を、「すぐれた公法学者」「自由民主主義的フランス人」ルネ・カピタンの1936年論文を援用しつつ簡潔に説くものであった。シュミット(A)になると、カピタンへの言及は短い注記だけとなり、その反面、スピノザをはじめ「ユダヤ人思想家」の一群がホッブズやデカルトの英雄時代を裏切ってゆく、という論法が正面に現れる（後出本文10～11頁）。

13） シュミット(B)14頁。

14） カピタンの1936年論文については、樋口陽一「現代法思想における個人主義の役割―第三共和制フランスの公法学から見たナチズム法思想の論理構造」（初出1979）で紹介・検討した。同『権力・個人・憲法学』（学陽書房・1989）14～17頁は、補論を付けて同論文を収めている。

ッブズ自身にとってすでに本質的な意味をもつものだったのである。シュミットもまた、「自由民主主義的フランス人」カピタンが「『現在猖獗を極めている全体主義イデオロギー』の敵対者であることは当然」と認める[15]ことによって、カピタンのホッブズ解読に理解を示している。

それなら、シュミット自身は、あらわになってしまった破れ目をどう充填しようとしたのか。「破れ目」を正統な「枠組の構成原理」に転換した「近代」の体系の中に、何をどう投入しようとしたのか。それが次の問題である。

3 「友・敵」思考——自然状態への再転

「破れ目」を正統な「枠組の構成原理」にまで転換した「近代」が1920～30年代に遭遇していた「危機」の叙述において、シュミットの筆致は見事といっていいほどである。憲法論の中心領域に限っていえば、1923年の「現代議会主義の精神史的状況」[16]、1926年の「議会主義と現代の大衆民主主義との対立」[17]の分析は、日本でもいち早く知られていた。1941年の短篇「一つの歴史時代に拘束された具体的概念としての国家」[18]の叙述は、ある種の典雅ささえ感じさせる。

それなら、「危機」からの出口はどう構想されたのか。16～17世紀ヨーロッパの危機状況に対面したホッブズは、近代国家の知的設計を構想した。20世紀の危機に直面したシュミットがしようとしたことを端的に表現すれば、ホッブズが立ち向かった当の相手の自然状態に戻ろうということであり、シュミットの名とともに世に知られる彼の「友・敵」思考[19]は、そ

---

15) シュミット(B) 14頁。

16) 長尾編・前掲注3)『カール・シュミット著作集Ⅰ 1922-1934』に邦訳が収められている(樋口陽一訳)。

17) 同前。

18) 長尾編・前掲注3)『カール・シュミット著作集Ⅱ 1936-1970』に、「ジャン・ボダンと近代国家の成立」という標題のもとに収められている(長尾龍一訳)。

19) 「友・敵」思考については、カール・シュミット(菅野喜八郎訳)「政治的なものの概念〔第2版〕」(初出1932)長尾編・前掲注3)『カール・シュミット著作集Ⅰ 1922-1934』。

うであってこそその全き意味を獲得するのである。

戦後シュミット研究の主導者というべき長尾龍一の卓抜な表現に従えば、「自由主義者を攻撃する時」のシュミットは「16 世紀的パラダイム」に立つ。そこでは「敵は『地上の悪魔』であり、それとの間には討論や話し合いや妥協などはあり得ない。そこでの『政治』は、第三の立場を許さない、敵か味方かの決断ということになるであろう」[20)]。

「友・敵」という二元思考に対応して、シュミットは、およそ中間的なものを拒絶する。代表の観念について「半代表」という用語自体を拒否し、教会や労働組合という中間集団の政治参加に強く批判的なことに、それは現れている[21)]。「ポリス＝国家の一体性」(politische Einheit) を思考の基軸におくシュミットであるが、それをなしとげたという意味で「フランス革命の偉大さ」[22)] を語っていた限りでは、「民族国家」でなく「国民国家」形成に遅れて参入したドイツからみたフランス、イギリスへの羨望であったはずである。

しかし、「一体性」のものさしに「人種」「民族」が登場すると、場面は一変する。そして、「一体性」の障害となっているとされる特定の「人種」「民族」として「ユダヤ人」[23)] がひとたび挙げられると、シュミットの言説は、耐えられぬほどの軽さで通俗化する。キリスト教世界で根強い反ユダヤ主義の土壌があり、シュミット自身、早い時期からのその種の主張が、

20） 長尾龍一「シュミット再読—悪魔との取引？」同編・前掲注 3）『カール・シュミット著作集Ⅱ 1936-1970』346 ～ 347 頁。

21） フランス公法学が古典的代表観念に対置させた「半代表」の拒否として、カール・シュミット（尾吹善人訳）『憲法理論』（創文社・1972）265 頁。

もっとも、そのシュミットが他方で、モーリス・オーリウの制度理論に言及し具体的秩序思想に向かっていることを、どう整合的に説明することができるか。シュミットと関連づけて言及されることの多い制度保障の思考（この点については、石川健治『自由と特権の距離—カール・シュミット「制度体保障」論・再考〔改訂増補版〕』（日本評論社・2007）による、これまでの議論に対する根源的な批判を参照）についてもまた、それが中間集団による秩序形成を意味するはずである限り、同じ論点が浮上する。長尾・前掲注 20）357 ～ 358 頁によるシュミットへの疑問をも参照。

22） シュミット・前掲注 21）64 ～ 65 頁。

23） ただし、「ユダヤ人」という「類」を「人種」「民族」と考えるのは通俗的に行われていることにすぎない。

無数の煽動的言辞の山をなすところまで行き着いてしまう[24)]。

ホッブズにおける「16世紀的パラダイム」では、「万人の万人に対する闘争」の主体は個人であり、その彼にとって「友」はなく、「万人」が「敵」同士であるほかなかった。そしてまさしくそのことが、「万人」の間の和平を求めることに結びついていた。それと対照的に、シュミットの「16世紀的パラダイム」は、「友・敵」関係の中に集団を登場させた。彼が好んで言及する集団が教会と労働組合、より基本的には階級である間は、「友・敵」関係は流動する可能性のもとにおかれている。それに対し、ひとたびartigなもの――種類、ジャンル、ジェンダー――の間の「友・敵」が問題となると、敵対関係は固定する。さらに特定的に、völkisch（純ドイツ民族であること）なものに対置された「ユダヤ人」は、一体として否定されることになる。「最終解決」「根絶やし」、ことばの正確な意味での*geno*cideは、その帰結であった。

4 「カール・シュミットを読まなければならないのか？」

フランスを範型とする近代国民国家、および国家が原理として達成した「ポリスの一体性」への羨望を隠さなかったシュミットが、そのような範型のもとに形成されてきた――自国をはじめとする――デモクラシーの機能障害を腑分けしてみせるメスは、鋭く冴えている。博引傍証の任せるままに神学、哲学、文学の言辞を縦横に操る鮮やかさは、論旨の揺れや撞着までを含めて、読む者をとらえる。

シュミットの思考にとってたえず準拠基準の意味をもっていたフランスの方では、しかし、ほとんど彼を知らないでいた[25)]。論壇でのシュミット

24） 後注30）に所掲のR・グロスの本が、それを跡づけている。

25） 例外として第二次大戦前のルネ・カピタンがいたことについては前述した。戦中・戦後は、反ナチ抵抗運動の中でド・ゴールと相識り同政権の閣僚をつとめる左翼ゴーリストとしてのカピタンと、ナチス加担の責任を問われる側となったシュミットとの間に、知的交流が復活するすべもなかった。戦後フランス憲法学の一時期を主導したモーリス・デュヴェルジェがアルジェリア戦争の危機状況の中で『独裁論』（1961）を公にした際、シュミットの『独裁〔第2版〕』（1928）にふれてはいるが、「パンフレット」と形容しているにすぎない。

発見の流れを作ったのは、「1968年」世代の新左翼だった。投票箱と空虚な議事によって陳腐化した制度としてのデモクラシーに立ち向かうものとして、大衆の自発性と喝采の中にこそ真のデモクラシーがあるという彼らの主張は、シュミット発見を促したのである。

1985年のシュミットの死と前後して、その著書の仏訳がようやく出揃ってくる[26]。その中で2002年に公刊されたのが、本稿でとりあげてきたホッブズ論の仏訳であり、それには、エティエンヌ・バリバールが50頁にわたる長文の論説「シュミットのホッブズ、ホッブズのシュミット」を巻頭に寄せている（その彼自身と第一線の法哲学者、憲法学者を報告者とするラウンド・テーブルが開かれた[27]）。訳書が刊行された直後の日刊紙『ル・モンド』の書評欄は一頁全部をそれに充てた[28]が、そこでこの本に強い否定の評価を加えたイヴ・シャルル・ザルカが、あらためて2005年に持論を展開した。『カール・シュミットにおけるナチスのひとつの細部』[29]というその書名は、アウシュヴィッツを「歴史のひとつの細部」と言ってのけた極右国民戦線の党首ル・ペンの発言を下敷きにした、強烈で痛切な批判的暗喩だった。

「カール・シュミットを読まなければならないのか？」[30]という問いがあらためて繰り返し論争の主題となるのは、「デモクラシーの敵」一般、「独

26）『政治的なものの概念』『パルチザンの理論』（1972）に続いて、『陸と海と』（1985）、『政治神学』『現代議会主義の精神史的状況』（1988）、複数の論文を集録した『政治論』（1990）、そして『憲法学』（1993）。シュミットを主題としてとりあげる著書・論文も数多く公刊されるようになり、そのような状況を、知識層に読まれる日刊紙『ル・モンド』がそのつど、長文の書評欄を提供してフォローしてきた。

27） Carl Schmitt, *Le Léviathan dans la doctrine de l'Etat de Thomas Hobbes*, traduit par Denis Trierweiler（Seuil, 2002）. シンポジウムの記録は、雑誌 *Droits, revue française de théorie de philosophie et de culture juridique*, n° 38（2003）.

28） *Le Monde*, le 6 décembre 2002.

29） Yves Charles Zarka, *Un détail nazi dans la pensée de Carl Schmitt*（PUF, 2005）.

30） ようやくシュミットの仏訳が出揃い始めた時点でのジャック・ジュリアールの評論（*Le Nouvel Observateur*, le 20 décembre 1988, pp.73, 75）の標題である。その問いに、前注29）のザルカは、シュミットのすべてを読んでその反ユダヤ主義のありのままを知るべきだ、というのである。シュミットの「すべて」を知るためのものとして、Raphael Gross の大部の書物の仏訳が出版され、ザルカが序文を書いている。*Carl Schmitt et les Juifs*, traduit par Denis Trierweiler（PUF, 2005）.

裁の正統化」一般としての彼が問題なのではない。第三帝国の権力にコミットしたこと一般ですらない、ともいえる。何より、彼の徹底した反ユダヤ主義の言説の累積が、問題とされるのである。そしてそれは、「人道に反する罪」が実定国内刑事法上の犯罪類型ともされている国でのことなのである。

一連の訳書に先立って1972年に『政治の概念』と『パルチザンの理論』の仏訳が公刊されたとき、訳者ジュリアン・フロインドの序文がシュミットの復権を企てるものであったのを、訳書を収めた叢書の主宰者だったレイモン・アロンはそのまま出版させていた。それに比べ、『憲法学』と『地のノモス』の仏訳については、この二著を出した叢書を主宰していた法哲学者ステファヌ・リアルスが弁明することが必要となっていた。その間に、ザルカなどにより、シュミットの反ユダヤ主義の多数の言説が、フランスではじめて系統的に紹介されるようになっていたからである。「ハイデガー問題」の場合とは対照的に、「シュミット問題」が論壇での争点になるに十分なほどには読まれてこなかったのである。

問題は二段階にわたるであろう。

まず、ユダヤ人への憎悪と彼の理論業績とを区別できるのか。料理のシェフならば、彼の人種差別を斥けながらも彼のレシピを引き継ぐことはありうるだろう。だが法思想家、政治哲学の理論家について、同じことが可能なのか。

だがシュミットの場合、もうひとつ、もっと大きな問いが向けられよう。

ホッブズが克服しようとし克服した「16世紀的パラダイム」にあえて立ち戻ることを選んだシュミットが、Art ――「個」でなく「種」――をそこでの「友・敵」関係の主役の座に導き入れたのは、彼にとって、理論体系の次元での問題だったからである。ホッブズがその力業で構築した「17世紀的パラダイム」の「破れ目」の発見者としてスピノザに着眼したのは、シュミットの学問上の言説であった。しかしそのシュミットがスピノザを「最初の自由主義ユダヤ人」と表現したうえで、「19世紀においてもユダヤ人哲学者フリートリヒ・ユリウス・シュタール＝ヨルゾンの眼はこの破れ目を直ちに看取し、これを利用した」に始まり、「モーゼス・

メンデルスゾーン、マルクス、ベルネ、ハイネ、マイヤベーヤ」らの名を列挙して、これらユダヤ人たちが「生けるレヴィアタンの去勢に協力した」と説くまで[31]に及ぶと、それは、理論的思索の名において「敵」に対する憎悪をぶつけることになっている。

繰り返すなら、デモクラシーにとって「危険な思想家」一般が問題なのではない。危険でない思想は思想に値しないだろう。そうではなくて、怨恨、憎悪を理論の名のもとに説くことが、問題なのである。

5　おわりに

思想史上の存在として「役者が違う」といってもよいホッブズとシュミットの２人をあえてとりあげた理由は、繰り返さない。この二者が対面した２つの危機の時代は、宗教戦争（16 世紀）と階級闘争（20 世紀）の時代だった。21 世紀初頭の今現在、さまざまに数えあげられる危機の根源にあるのは、消耗してゆく自然環境資源の争奪と、自己崩壊してゆく「資本主義」あるいは「市場経済」[32]に代わるモデルの不在である。そして、かつての２つの危機の時代が「戦争」「闘争」の主役たちの激突という形をとったこととは見事な対照を示すかのように、21 世紀の危機は、人々の幻滅と失望の中で漂流するという形をとっている。

31）　シュミット(A) 84 ～ 86 頁。
「ユダヤ人哲学者フリートリヒ・ユリウス・シュタール=ヨルゾン」という表記の仕方にも注意されたい。そのシュタールのユダヤ名を Golson でなく Jolson と表記することについて、シュミットはわざわざ注をつけている。

32）　かつて「資本主義」と呼ばれていたものが、その後「市場経済」と称されるようになった。前者にあっては経済構造が生産関係を基準としてとらえられ、後者は交換関係に着目した呼び名になっている。前者はもともと、そのような生産関係は克服され他のものによってとって代えられるべきだという文脈で使われた。後者は、いわば永遠のものであるべきであり、またそうでありうる、という含意でそう呼ばれてきた。それとはまったく逆の脈絡で、「生産様式」ではなく「交換様式」という概念を鍵概念として「経済的下部構造」をとらえるのが、柄谷行人『世界史の構造』（岩波書店・2010）の提唱である。そこでは、「交換様式」の４つのタイプが区別されて、資本主義はそのうちの商品交換という標識によってとらえられ、その克服の方向が探られる。

「怒ることだ！」「憤慨することだ！」[33]と呼びかける冊子がかつてのレジスタンスの闘士によって書かれ、世界を横断するベストセラーとなるという反響を呼んだのは、そのような中でのことだった。その「怒り」「憤慨」が向かうべきなのは、危機の本体に対してだけではない。危機の切迫する中での苛立ちと不安、それを煽り回収しようとする企てにも向けられなければならない。苛立ちのぶつけ合いを煽り、手をつなぐべき相手の足をひっぱりあうこととなる兆候が、「危機」を一層無惨なものにしようとしているからである。失業者と非・失業者、非正規労働者と正規労働者、民間企業労働者と公務員労働者、農漁村と都市、国外人と国籍保持者など、数えあげるまでもなくその例には事欠かない。成功物語から脱落したかにみえる自国と繁栄過程に入ったかにみえる近隣国との対比も、同様な意味をもつだろう。そのような中で、多少とも「知」の営みに加わろうとする者が教訓とするにふさわしいひとつの対比例を示すという、はなはだ迂遠な形で本書の企画に加わった次第である。

33） そのような標題をもつ冊子のことについては、さしあたって、樋口陽一「いま、大切だと思うこと―〈苛立ちと不安〉から〈いきどおり〉〈義憤〉へ」世界826号別冊『破局の後を生きる』（岩波書店・2012）6～11頁。93歳の誕生日に『いきどおれ！』という標題の冊子を出版した著者ステファヌ・エセルは、ゲシュタポの拷問に耐えて強制収容所を脱走し、戦後は外交官のキャリアをふみ、とりわけ、ルネ・カッサンのもとで1948年世界人権宣言の作成にも関わった人物である。

＊以下は、本稿で日本語によって指示した文献の原文標題である。シュミットの著作のフランス語訳の出版を問題にする文脈でふれたものについては、仏訳書の書名をブラケット内に示した。

3頁注5）　中立化と脱政治化の時代
Das Zeitalter der Neutralisierung und Entpolitisierung（1929）

4頁　リヴァイアサン
LEVIATHAN, or The Matter, Forme, & Power of a COMMOM-WEALTH ECCLESIASTICAL and CIVIL（1651）

6頁　現代議会主義の精神史的状況
Die geistesgeschichtliche Lage des heutigen Parlamentarismus（1923）
[*Parlementarisme et démocratie*（1988）pp.21-95]

同　議会主義と現代の大衆民主主義との対立
Der Gegensatz von Parlementarismus und moderner Massendemokratie（1926）
[*Parlementarisme et démocratie*（1988）pp.96-116]

同　一つの歴史時代に拘束された具体的概念としての国家
Staat als ein kokreter, an eine geschichtliche Epoche gebundener Begriff（1941）

8頁注25）　独裁論
De la dictature（1961）

同　独裁〔第2版〕
Die Diktatur: von den Anfängen des modernen Souveränitätsgedankens bis zum proletarischen Klassenkampf, 2. Aufl.（1928）

9頁注26）　政治的なものの概念
Der Begriff des Politischen（1927）
[*La notion de politique*（1972）]

同　パルチザンの理論
Theorie des Partisanen: Zwischenbemerkung zum Begriff des Politischen（1963）
[*Théorie de partisan*（1972）]

同　陸と海と
Land und Meer: Eine weltgeschichtliche Betrachtung（1942）
[*Terre et Mer, un point de rue sur l'histoire mondiale*（1985）]

同　政治神学
Politische Theologie: vier Kapital zur Lehre von der Souveränität（1922）
[*Théologie politique*（1988）]

同　政治論
[*Du politique*（1990）]

同　憲法学（邦訳書に『憲法理論』と『憲法論』の二種がある）
Verfassungslehre（1928）
[*Théorie de la Constitution*（1993）]

10頁　地のノモス
Der Nomos der Erde im Völkerrecht des Jus Publicum Europaeum（1950）
[*Le nomos de la Terre dans le droit des gens du Jus publicum europaem*（2001）]

12頁　いきどおれ！
Indignez-vous!（2010）

第2章

統治のヒストーリク

石川健治

本稿の主人公、清宮四郎とはなにものか。ここでは、文学畑のライターの手になる、当時のポートレートを引用することで、紹介に代えたい。「法科の新人で人気者に清宮四郎教授（埼玉県出身）がある。彼はケルゼンの国家学より一歩も出ないにしても『日本臣民には平等の参政権能力を保障されているにも拘らず、新たに門閥政治を認めるのは、仮令法律を以てしても違憲の譏は免れないであろう』（国家に於ける立法行為の限界）と云うことを述べる時は、時代的意義すら見出されて面白い。戸沢教授の如く大いに時の流れに抗するのも国家に取っては他山の石となるだろう。氏は仲々才子で、不破、花村、尾高等の教授達と共に学生の尊敬の的となっている。好漢自重せよ！」（岡本濱吉「城大教授評判記（6）」朝鮮及満洲356号（1937年7月）49頁）。清宮が「新人」だというのは事実誤認であるが、本文に述べるような慎重な立居振舞いが、しからしめたものであろう。本稿は、そうした「京城の清宮四郎」を題材に、戦後日本の「統治の憲法理論」が有する歴史的特性を主題化する。

ドイツの国防制度（Wehrverfassung）の歴史的変遷を知るのは、非常に面白い。だが、それを正しく把捉するためには、フーバーのいうように、政治的総体憲法（Gesamtverfassung）との内的連関を明晰に把握しなくてはならない（Shiro Kiyomiya, Keijo）[1]

0　Regierung／Kontrolle

日本の戦後的な統治機構論の濫觴は1935年であるといっても過言ではない。それを象徴する業績として、清宮四郎「指導者国家と権力分立」を挙げることができる[2]。京城帝国大学（略称は「城大」）法文学部で教鞭をとった頃の著者が、〈1935年体験〉を形にした論文である。

1）Vgl. Shiro Kiyomiya, “Bibliographie: Ernst Rudolf Huber, Heer und Staat in der deutschen Geschichte” *Revue internationale de la théorie du droit,* N.S. 1, S.160（1939）.

2）清宮四郎「指導者国家と権力分立」同『憲法の理論』（有斐閣・1969）221頁以下。初出は、国家学会雑誌50巻6号（1936）だが、参照の便宜のために、以下は論文集の頁数で引用する。

ここに「指導者国家 Führerstaat」とは、いわゆる指導者原理（Führer-prinzip）にもとづき、「指導者」としてのヒトラーが全権を握るナチス・ドイツの体制をいう。かかる指導者制は、当然のことながら、権力分立制とは両立せず、指導者国家は権力分立制を克服ないし廃棄する。そうした標題からも明らかなように、この論文を成立させた第1の要因は、1933年から1934年にかけて、彼の知的母国であるドイツ、オーストリアで相次いで起こった政治体制の変動である。

ドイツでは、1933年1月30日にヒトラー内閣が誕生し、同年3月5日の帝国議会総選挙では、「国民社会主義ドイツ労働者党」が647人の当選議員のうち288人の多数を獲得して、「所謂『無流血』の『合法的』革命に成功し、卐（鉤十字）の旗がドイツの国旗として定められた3月12日を以てナチスの『国民革命』完成の日とさるゝに至った」[3)]。翌1934年の8月2日にはヒンデンブルク大統領が病死したため、この日に備えて用意してあった「元首法」に基づき[4)]、大統領職を統合した「指導者兼ライヒ宰相」ヒトラーが誕生した。

また、オーストリアでも、社会民主党が、それ自体で1個の独立した連邦構成国でもあったウィーン市政を掌握する一方（「赤いウィーン」）、連邦政府の方では、1932年より、エンゲルベルト・ドルフスを首班とするキリスト教社会党政権が続いており、これら世界観を異にする2つの「陣営 Lager」が、自前の軍事組織を保持しつつ、対峙する状況にあった。1934年に入ると両陣営が軍事的に抗争する内戦状態に陥り、こちらは流血の市街戦の末に社会民主党とその軍事組織「共和国防衛同盟 Republikanischer Schutzbund」が打倒され、同年4月末には、新しい職能身分的＝権威的（ständisch-autoritäre）な、つまりは反議会主義的な体制の骨格が定まった[5)]。

3） 参照、清宮四郎「指導者国家の理念」朝鮮及満洲337号（1935）15頁以下。

4） 同法は、あらかじめ前月19日に国民投票にかけて90％の賛成を得たうえで、大統領逝去前日の8月1日に発布された法律で、「ライヒ大統領フォン・ヒンデンブルク逝去の時点」より施行されることになっていた。

5） Vgl. Adolf Merkl, *Die ständisch-autoritäre Verfassung Österreichs, Ein kritisch-systematischer Grundriß*（J. Springer, 1935）. 後述の1934年論文に比べ、真意を読み取りにくい。

けれども、第2の、そして重要度においては第1に劣らない要因としては、1935年の天皇機関説事件があった。1935年2月18日、陸軍中将菊池武夫男爵が、貴族院本会議で演説し、東京帝国大学名誉教授美濃部達吉議員の国家法人説（いわゆる天皇機関説）が「緩慢なる謀叛」「明らかなる叛逆」であり、美濃部は「学匪」「謀叛人」だと断罪したのをきっかけに、美濃部の主要著書の発禁、政府による2度にわたる国体明徴声明、全国の憲法講座に対する思想統制にまで発展していった。同事件は、そうした美濃部学説に対する意味論的なテロルであるのみならず、美濃部本人に対する物理的身体的なテロルまでをも惹起した。右翼暴漢の小田某が美濃部宅を訪れ、斬奸状を示して美濃部をピストルで狙撃し右大腿部に大怪我を負わせたのは、2・26事件の5日前、1936年2月21日のことであった。テロリズムの季節の到来である。

清宮の「指導者国家と権力分立」論文は、こうした時局の中を孜々として研究を遂行し、「京城」から時代への精一杯のプロテストとして1936年6月に公刊された。当局から睨まれた美濃部直系の学者にとって、機関説事件直後に公表する論文のテーマや方法の選択は決して容易なものではなかったが、清宮はあえてヒトラー総統の第三帝国を批判する論文を書いたのである[6)]。同論文は、「政治の危機に対応するための、危機の政治」としてのナチスの集権体制に対して、「明日の国家も、個人主義的機能における法の制限に服する『法治国』でなければ」ならず、「法治主義の保障として、重大な役割を演じ来たった権力分立制は、明日の国家においても、全くその意義を失うべきものではなかろう」と道破している[7)]。

わずか4年前の論文では、仮借のない理論家ぶりを発揮して、権力分立説を、単なる「政治的要請」に過ぎず、法理論的には“eine vergröbernde Vereinfachung”（粗雑な単純化）だ、と断じていた清宮である[8)]。1931年

6）参照、船田享二「ヒットラー国の国法浄化運動」朝鮮行政1巻8号（1937）2頁以下。

7）参照、清宮・前掲注2）252頁。

8）参照、清宮四郎「法の定立、適用、執行」同『国家作用の理論』（有斐閣・1968）1頁以下。清宮の事実上の学界デビュー作品で、初出は、京城帝国大学法文学会第1部論集第4冊『法政論纂』（刀江書院・1931）1頁以下。当初の論文タイトルは「法の定立と適用」であり（参照、清宮四郎「ケルゼンの公法理論―国家作用論を中心として」法律時報3巻12号（1931）

の醒めた理論的分析と1936年の政治的プロテストの間には、天皇機関説事件をめぐる痛切な〈1935年体験〉と、それにともなう能く能くの覚悟とが介在している。そのように獲得した切実な問題意識を、清宮は、戦後の一連の権力分立制研究につなげ[9]、名著『憲法Ⅰ』（有斐閣法律学全集・初版1957年）を造型することになる。

時を同じくして成立した盤石の55年体制が、統治機構条項の技術的な解釈操作から政治的レレヴァンスを奪い、学界の関心が、より原理的な国民主権論か、より実際的な憲法訴訟論に移行したこともあって、戦後のスタンダード・ワークとしての清宮の仕事は、議会政論を中心に、ほとんど無傷のまま半世紀以上も現役性を保ち続けてきた。それゆえ、今日統治機構論を再考しようとするならば、〈清宮の1935年〉に立ち戻る作業は必要不可欠である。そこには、戦後日本の憲法学に刻印された、政治的なるものに対する〈構え disposition〉の原型がある。

そこで、本稿は、まず、如上の「指導者国家と権力分立」論文を検討し、そこから執政権論の基礎をなすRegierungとKontrolleという2つの基本観念を取り出すことで、そこから、今日の政治的現実と切り結ぶ統治機構原論の端緒をつかみたい、と考える。

1　寧可玉砕／何能瓦全

（1）京城・昭和十年

1935年2月18日、貴族院本会議で、菊池武夫が美濃部弾劾演説を行ったのに対し、同25日には、同じ貴族院本会議場で、美濃部本人による

26頁以下)、『法政論纂』は、前年9月の段階では、藤本直・不破武夫・清宮四郎・松岡修太郎・奥平武彦・戸沢鉄彦の6人が執筆し、『権力分立の研究』と題して1931年9月に刊行される予定であった（参照、京城帝国大学法文学会第1部論集第3冊『私法を中心として』（刀江書院・1930）734頁)。つまり、名作「法の定立、適用、執行」は、〈1931年の清宮〉が書いた「権力分立制の研究」に、ほかならなかったわけである。実際には、予定より3か月遅れで、清宮四郎・鵜飼信成・松岡修太郎・泉哲・三宅鹿之助・船田享二・松本馨が執筆し、タイトルも『法政論纂』に変更された。

9）参照、清宮四郎『権力分立制の研究』（有斐閣・1950)。

「一身上の弁明」が行われ、当の菊池議員を含む多くの議員に感銘を与えたものの、やはり事態は収まらなかった。

参議院では、3月8日の本会議での「攻防戦」を経て、3月20日の「政教刷新に関する決議」に至る。衆議院でも、同月23日に「国体に関する決議」が可決された。不敬罪での告発を受けて、美濃部本人に対する司法省検事局の取り調べは、4月7日から開始された（9月18日起訴猶予処分）。内務省は、4月9日付で、美濃部の『憲法撮要』（有斐閣）、『日本憲法の基本主義』（日本評論社）、翌10日付で同じく美濃部の『逐条憲法精義』（有斐閣）に対して、発売頒布禁止処分を下した[10]。

文部省も、4月10日付で、帝国大学総長、官立大学長、高等師範学校長、直轄諸学校長、公私立大学専門学校および高等学校長、北海道庁長官、府県知事に向けて、国体明徴に関する文部大臣の訓令を発した。しかし、文部省による思想統制は、一足先に、始まっていたものと思われる。早くも3月19日には、報知新聞が、全国の憲法講座担当者をリストアップし、天皇機関説を講義しているか否かの“星取表”を出したが、ニュースソースは文部省の内部文書であろう[11]。

清宮は、当時を回想して、次のように語っている[12]。

> 事件の当時、私は城大で憲法の講座を担当し、しかも発禁となった先生の憲法撮要を以前から教科書に使っていた。したがって大きなショックを受け、どのような態度をとるべきかを真剣に考えた。事件後先生が鵜飼信成君にくださった色紙には、寧可玉砕　何能瓦全　と書いてあった。……とにかく先生にならって玉砕すべきか、瓦全に甘んずべきかを思いなやんだ。

10）参照、宮沢俊義『天皇機関説事件―史料は語る（上）』（有斐閣・1970）。

11）その証拠に、同記事では、美濃部直系で永らく『憲法撮要』を教科書として講義をしてきたはずの「清宮四郎」に、印がついていない。彼の在籍する京城帝国大学は、朝鮮教育令に基づく朝鮮総督府管下の大学であるため、文部省思想局の調査リストには、そもそも「京城帝国大学」の項目自体が存在していなかった。拓務省から総督府への調査依頼に答えが返ってきたのは、記事が出た3日後のことである。そのために情報がなく、報知の記者は、清宮の項をブランクにせざるをえなかったに相違ない。

12）参照、清宮四郎「天皇機関説のころ」紺碧（京城帝国大学同窓会）49号（1973）1頁以下。

天皇機関説事件の波は、1か月遅れで朝鮮半島にも押し寄せた。

1935年3月15日、拓務省朝鮮部長より朝鮮総督府学務局長宛てに、「天皇機関説を講述する教授等の調査」と題する照会があり、これを承けて、総督府管下の京城帝国大学や京城法学専門学校などを対象に、機関説の講述者の有無および「現在之ニ関シ問題トナリヲレルヤ否ヤ」につき調査が行われた[13]。城大法文学部教授清宮四郎も、この調査の対象となっているが、もともと、当時の朝鮮総督宇垣一成は、大学の自治・学問の自由に理解のある人物であり[14]、内地における天皇機関説騒ぎに取り合っていなかったから[15]、総督府は、わずか1週間後の22日、「調査シタル処該当

13） 以下の叙述は、国立公文書館所蔵の「拓務省『朝鮮ニ於ケル国体明徴ニ関スル処置概要』」（1935年10月）による。そこに記された「憲法講座担任者調査票（昭和10年3月現在）」によれば、京城帝国大学では、憲法・行政法第1講座の松岡修太郎教授（東京帝大政治科）、同第2講座の清宮四郎教授（東京帝大政治科）、国際法講座の泉哲教授（スタンフォード大学政治学科）、京城法学専門学校では、憲法・行政法の園部敏教授（東京帝大独法科）、国際法の車田篤教授（東京帝大法科、政治科）、京城高等工業学校では、法学通論の兼安鱗太郎教授（京都帝大法科）、水原高等農林学校では、法学通論の齊藤嘉榮助教授（東京帝大法科）が、調査対象となっている。このうち車田篤についてだけ一言しておくと、彼は、1889年生まれで、東京帝大法科大学政治科を卒業後、いくつかの道の財務部長を歴任した総督府官僚から、京城法専教授に転進した人物。園部敏が台北帝大文政学部教授に転出した後、もっぱら憲法・行政法の領域で活躍した。『朝鮮警察法』『朝鮮協同組合論』『朝鮮行政法論上下』など著作も多かったが、国際法という印象は薄い。校長人事のごたごたで1940年に京城法専を辞職している。

14） 城大では、1931年、学内の総意で山田三良（東京帝大名誉教授、国際私法）を総長に擁立し、宇垣総督がこれを承認したことで、総長の学内公選制が確立した。大学の自治が曲がりなりにも約束されたのは、1931年6月から1936年8月まで続いた、宇垣の治世においてであった。これは、清宮、尾高朝雄ら「京城学派公法学」の最盛期と、完全に重なっている。彼らもまた、主観的には内地の同僚と同様に大変苦しい時間を過ごしたが、本稿がとりあげる1935年夏から1936年夏までの期間は、全日本の憲法学者の中で清宮や（赴任したばかりの）鵜飼信成ら「京城学派」だけが、例外的に「大学の自治」を享受できた奇蹟の1年であった。この間に彼らが国内外で発表しためざましい業績は、内地の大学で呻吟する同僚から羨望とともに迎えられ、「京城学派」のプレゼンスを鮮明に印象づけることになる。一例として、参照、横田喜三郎「書評：ケルゼン著『一般国家学』（清宮四郎訳）」法学協会雑誌55巻1号（1937）142頁以下。

15） 宇垣の2月25日の日記には、「菊池男は昨年尊氏論で名声を挙げたから本年は憲法論に突進したけれども柳の下に常に鰌は居らぬ。美濃部氏の逆襲に遭ふて却て器量を下げたる傾あり。呵々。〈議会に於て学説の論議は妙なものなり。暴力を頼みて自説の支持は醜し。避けざるべからず！〉」とある。参照、宇垣一成『宇垣一成日記2』（みすず書房・1970）1002頁（以下では『日記』)。「尊氏論」とは、足利尊氏再評価の短文を書いたことがあるのを理由に、

ノ者ナシ」と、即答に近い回答を行っている。

引き続いて、「天皇機関説問題に関連し図書類の行政処分の状況」についても照会があったが、「現在迄朝鮮ニ於ケル発行ノモノニ対シ之ガ処分ヲ為シタルモノ一件モナシ」「鮮内ニ於テ之等問題ニ関シ頒布セントシタルパンフレット、ビラ等一件モナシ」と、実にそっけなく返答している。ただし、機関説問題に関連して警視庁が発禁処分にした、美濃部の著書3冊に加え、同年6月6日付で発禁処分となった白楊社刊行の『憲法の本質』についても、内地同様に処分するよう手配済みとしているが、これらについても「流布サレタル形跡ナシ」と断言した。しかし、清宮の1937年度の憲法講義を聴いた李恒寧（戦後韓国の法哲学者）は、実際には「多くの学生たちが古本商を探し、憲法撮要を入手した」と証言しているのである[16)]。

このように、天皇機関説事件をめぐって、内地と「京城」にはかなりはっきりとした温度差があったのは、事実であろう[17)]。この点、内地では、二度にわたる政府の「国体明徴声明」を承けて、文部省思想局が、天皇機関説を唱えた憲法学者ら19人に対して警告を行い、「転向」を執拗に求め

斎藤実内閣の商工大臣だった中島久万吉を、逆賊尊氏を礼賛するとは補弼にあたる大臣の任に堪えないと主張して、最終的には辞任に追い込んだ1934年の事件を指す（汚職絡みの事件でもあった）。「美濃部氏の逆襲」は、いうまでもなく、2月25日に貴族院で行われた美濃部の「一身上の弁明」演説のことである。議場からは拍手が起こり、菊池自身もこれならば問題なしといったんは引き下がらざるをえなかった。しかし、事態は、一向に収拾されなかった。宇垣の3月7日の『日記』では、さらに立ち入った所見が述べられている。「美濃部博士の学説は菊池男の投じたる波紋に右翼団が乗り出して政治問題化さんとしつつあり。用語は吾人にも不快の感を与ふるも政治的に学説を威圧するの感を与ふるは穏ならず。飽迄学問として取扱ふべきなり。然るに議政壇上に於て堂々と論議せらるるに至りては単なる学説として看過し難きに至れり。同氏の学説は十数年前より吾人は耳にしたる所にして今日之れが問題化するのは時代思潮変転の一反映たるべし。真理は永久不変たるべく時代思想によりて変化するものは真理とは云へぬ。此学説が真理でないとすれば時代の産物として大目に見て遣り又著者も時代に応じて改変するも差支なかるべきなり、否乎。〈十年前の時代は如何と回顧せば思ひ半ばに過ぐるものあるべし。〉」

16） 参照、李恒寧「特別連載・学窓三十年（４）」法政202号（1967）61頁。

17）「城大は美濃部憲法問題の余塵を微塵も受けはしなかったので、この点では第三者に寧ろ物足りない何物かを抱かせたぐらいだ」。参照、駱駝山人「城大法文学部の展望（２）」朝鮮及満洲331号（1935）28頁以下。

ていた。清宮の親友で美濃部門下の宮沢俊義東京帝大法学部教授は、もっとも危険な「速急の処置が必要な者」にリストアップされており、著書や講義内容の絶版・改訂を求められるとともに、受諾しない場合には、著書の発禁や憲法講義担当の禁止などの処分をとる可能性が、強く示唆された[18]。これに対して、宮沢と同門である清宮には、嫌疑はかからなかった。

もちろん、それは、満州事変・満州国建国・国際連盟脱退以降の、日中戦争の最前線にある「大陸兵站基地」朝鮮半島の首府にあって、総督府の設置した帝国大学の憲法教授を務める、という幾重にも枠づけられた環境の中のことではあった。また、陸軍大将宇垣総督は、たしかに、加藤高明内閣の折の「宇垣軍縮」で知られる開明派だが、党派政治の「欠陥の補いとして中正不偏の軍部が挙国一致の中心となり指導の中枢たらねばならぬ」(『日記』1935年4月22日)という考えであり、あくまで、「三大義務を尽くしたからとて夫れ丈では完全なる国民とは云えぬ。国体を尊崇し君国に忠実に道義に精進すべく、理事一如、名実一致する者でなければ真の国民とは云えぬ」(『日記』1935年3月14日)、という立場をとった。それゆえ1935年4月16日には、内地と同様に、「我が尊厳なる国体の本義を明徴にし」「教育の刷新と振作とを図り」「民心の嚮う所を明にするは文教に於て喫緊の要務とする所なり」と説いた朝鮮総督府訓令第14号が、道知事・京城帝国大学総長・官立学校長・公私立専門学校長に宛てて、宇垣の名前で出されている。

しかし、宇垣は、そうした文案を確定したまさに当日に、「徒に焦燥し煩悶し興奮したとて何の得る所もない。冷静に大勢を観察し大局を摑みて善処すべきである」と、日記に書くことができた政治家であった(4月15日)。そうした、ファナティシズムとは縁遠い人物を、総督に戴いた時代の城大は、内地の大学に比べはるかに恵まれていたことは、紛れもない事実である。1935年の清宮は、たしかに朝鮮総督府と京城帝国大学によって、

---

18) 2006年には、共同通信の記者が、アメリカ議会図書館から文部省思想局の極秘資料を発掘して、話題になった。参照、〈http://www.asaho.com/jpn/bkno/2007/0101.html〉。国立公文書館でも、主として10月1日の成果発表に至る、手書きメモや印刷書類を、読むことができる。

護られていたのである。そこで、永く「心の底にわだかまり」を残す決断ではあったが、尾高朝雄ら同僚とも相談し、「がまんして様子をみる」ことになった[19]。

（2）梁山泊の風景

城大法文学部の法学系は、長老の泉哲（国際法）を除けば若手中心で構成された結果、「とにかく同僚同士が寄って研究するという機運が強く」「教官同士が家族つき合いみたいに」なって、独特の研究会・読書会文化を形成していた[20]。また、教授就任の前提として総督府が3年間の留学を約束したため、若手ばかりの法学系では、留学帰りの若者がひっきりなしに帰国してくる構造が成立し、常に欧米の新しい風が送り込まれては攪拌されていた。シベリア鉄道で欧州に直結しているという意識も相俟って、おのずから国際主義的な雰囲気が醸成されていった。

「東京だの京都だのにかたよったものを相手にしない。城大というのは、日本の大学、世界の大学にしようではないかということを絶えず言いまして、大望を抱いた者がそろっていました。それでときどき集まって、大いにやろうと誓い合ったりして、ついでに酒も飲みました」[21]。そうした中

19） 参照、清宮・前掲注12）1頁。

20） 参照、清宮四郎「憲法学周辺50年（4）」法学セミナー294号（1979）124頁。たとえば、竹添町3丁目（現、忠正路3街）にあった尾高の西洋風の豪邸で、安倍能成・田邊重三と3人で行っていた私的な読書会「ヘーゲル会」も、1935年に『法哲学』をテクストに選んだのを機に、清宮、不破武夫（刑法）、松坂佐一（民法）、長谷川理衛（国際私法）、鵜飼信成が参加して（翌年には祖川武夫も加わる）、いよいよ活発化していた。1935年の春休みに取りかかり、『法哲学』と『大論理学』を併行して読み進めて、前者は1937年6月24日、後者は1938年2月23日に読破している。新進気鋭の鵜飼信成（憲法）や祖川武夫（国際法）を迎えて、研究会や読書会は一層活性化し、それぞれを母体に研究業績が積み上げられた。尾高・祖川・鵜飼を中心メンバーとして清宮・長谷川が加わった、グスタフ・アドルフ・ヴァルツの『国内法と国際法』（Gustav Adolf Walz, *Völkerrecht und staatliches Recht*（W. Kohlhammer, 1933））の読書会や、ローマ法の船田享二をテューターに尾高・清宮・鵜飼・祖川・山中康雄・有泉亨らが加わった、ルドルフ・フォン・イェーリング『ローマ法の精神』の読書会は、学説史的にも重要である（後者は京城帝国大学法学会論集12巻3号（1941）より連載）。鵜飼を中心として、ジョン・ロックやアメリカ法哲学の読書会も、行われた形跡がある。城大法文学部は、このように、各種研究会・読書会の連合体の様相を呈していた。

21） 参照、清宮・前掲注20）124頁。

から、1933年頃には、京城へのケルゼン招聘計画も、ごく自然な形で話題になったのである[22)23)]。同じ頃、瀧川事件で大きな空席ができた京都帝大からは、恒藤恭の後任に擬せられた尾高朝雄をはじめ[24)]、城大スタッフにも声がかかっていたはずであるが、「京城学派」の陣容に変化はなかった。

そして、1935年を迎えた「京城学派」は、ケルゼン、レオン・デュギー（創刊後間もなく死去）、フランツ（フランチシェク）・ヴァイル（ブルノ学派純粋法学）を創始者とする『国際法理論雑誌』を舞台に[25)]、乾坤一擲の勝負に出ようとしていた。編集体制の一新にともない、この年から書評欄が充実された同誌に、清宮四郎は毎号のようにドイツ語で書評を書き[26)]、不破武夫や船田享二も積極的に書評を引き受けた[27)]。天皇機関説事件は、この出鼻をくじいた形になったが、清宮が戦列から離脱しなかったおかげ

22）参照、清宮四郎「ケルゼン—鋭利な学説と温和な人柄」鵜飼信成=長尾龍一編『ハンス・ケルゼン』（東京大学出版会・1974）159頁。

23）参照、清宮四郎「私の憲法学の二師・一友」公法研究44号（1982）1頁以下。

24）参照、駱駝山人「城大法文学部の展望（3）」朝鮮及満洲332号（1935）58頁。「京大は全国の各帝大中から後任教授を物色して京都転任を懇請したので、城大からは法理学の尾高朝雄教授が転任の要請を受けたのであった。京大の法理学は恒藤恭教授が担当していたが、恒藤教授が佐々木博士と共に京大を去ったのでその後任に尾高教授が懇請されたのだ。だが、尾高教授は京大からの鄭重な懇請を或る理由で決然と謝絶し京大に一種の狼狽を与えたと一般に伝えられている」。

25）フランス語タイトルは *Revue internationale de la théorie du droit,* ドイツ語タイトルは *Internationale Zeitschrift für Theorie des Rechts.* 国際法哲学法社会学協会の年報であった。

26）清宮は、その後も同誌の常連としてコンスタントに書評を書き続けるが、1935年度の大量発注は異例であり、背後に、彼の海外デビューを仕掛けた尾高の黒子的な働きがあった可能性もある。横田喜三郎も1935年の同誌には書評を寄せているが、これは、かつて尾高みずからが声をかけてケルゼンの50歳記念論文集に横田を参加させたのと同様に、尾高の配慮が感じられなくもない。尾高朝雄文庫（東京大学教養学部）には、編集部から直接届けられたと思しき態で、同誌の綺麗な一揃いが残されている。

27）船田享二の仏文による書評には、Keijoではなく Séoul とある。これは明らかに意図的であり、言うことを聞かない「危険教授」として総督府から睨まれていた船田らしい、と評すべきであろう。Vgl. *Revue internationale de la théorie du droit,* Bd.9, p.339f.（1935）．清宮にも仏文書評があるが、Keijo表記である。Vgl. Shiro Kiyomiya, “Besprechung: Franz W. Jerusalem, Der Staat, Ein Beitrag zur Staatslehre” *ibid.*, Bd.10, p.147f.（1936）．フランス語話者も読者として想定されているため、編集担当のメタルからは、行数指定に加えて、「できればフランス語で（en française si possible）」といった注文が付けられることがある。

で、1935年の『国際法理論雑誌』の文献欄は、京城学派によって席捲された。同欄には、書評対象とはならなかった著書・論文も題目だけはリストアップされており、京城法学会論集の（外国語による）要約版がそこでは丹念に拾われたため、毎号至るところでKeijoの名前が踊ることになった[28)]。

これに関しては、特に、ケルゼン『一般国家学』の翻訳に際し「原文の誤記、誤植と思われる点は、永年ケルゼンの傍らにあって学問的労作を助けているメタル（Rudolf Aladár Métall）氏に照会」する過程で[29)]、清宮がメタルの信頼を勝ち得ていったのが、大きかった。彼は、世界でもっとも真剣に『一般国家学』と格闘しているのが清宮と京城グループであることを、知っていたのである。だからこそ、メタルは、『国際法理論雑誌』の編集を任されるようになった際に、清宮の力を頼った。ヘルマン・ヘラーの遺作であり忽ち斯界の古典となった『国家学』、やがて戦後ドイツの代表的な行政法教科書を書くハンス・ユリウス・ヴォルフの国家法人論[30)]、

28）Vgl. “S. Kiyomiya, Die Grenzen der Gesetzgebungsgewalt, The journal of the Keijo Imperial University Social Sciences Association, No.7（1934）, S.11-13” *Revue internationale de la théorie du droit*, Bd.9, S.240（1935）; “N. Ukai, Historical Consideration on the theory of legal state, The Journal of the Keijo Imperial University Social Sciences Association, No.7, 1934, S.9-10” ebenda, S.240.

29）参照、ハンス・ケルゼン（清宮四郎訳）『一般国家学』（岩波書店・1936）例言。翻訳も佳境に入ったところで依頼された、日本語版向けの原著者序文は、機関説事件直前の1935年2月1日に書かれた。

30）Vgl. Hans Julius Wolff, *Organschaft und juristische Person*, Bd. 1-2(C. Heymann, 1933-1934). この本は、『国家構造論』の上梓を控えていた尾高と読みあわせをしており、東大駒場の尾高文庫と獨協大学図書館所蔵の清宮旧蔵書の双方に、克明な書き込みのある原書が残されている。それらを比較すると、たとえば尾高の素通りした「始原規範」「根本規範」論に、清宮が強い反応を示していることがわかり、2人の問題関心の違いも浮き彫りになる。この点、ケルゼンは「始原規範」と「根本規範」とを同義で互換可能な用語として用いているが、これに対して、実定法体系における最高規範としての「原規範（Urnorm）」と、国家組織上の最高の委任（授権）規範としての「始原規範（Ursprungsnorm）」と、法的拘束力の正統化根拠となる超実定的な内容規範としての「根本規範（Grundnorm）」とを区別して論ずるのが、ヴォルフ流である。それを承けて、「原規範」が「根本規範」と一致する国家こそが完全な（実質的な）法治国だ、とするヴォルフの行論に、清宮は思わず「日本的法治」と書き込んでいる。これこそは、特色ある清宮・根本規範論が形成された、〈現場〉にほかならない。こうした独特のヴォルフ受容の背景には、ウィーン時代にトランシルヴァニア出身の私講師ヴァルター・ヘンリヒによるメルクル根本規範論批判――とりわけ、悲劇的な自死を遂

ケルゼン派の異才フリッツ・ザンダー『一般国家学』などの力作を、次々と清宮の書評に委ねたのであった[31]。

国内向けにも、尾高が『法哲学』（日本評論社・1935年）と『国家構造論』（岩波書店・1936年）をたてつづけに上梓し、清宮も法文学部を挙げてのプロジェクトだったケルゼン『一般国家学』の翻訳を仕上げるなど（後述）、「京城学派」の研究活動は、1つの頂点を迎えようとしていた。あえて彼らの活動の特徴を挙げるなら、一般理論・古典主義・共同研究・国際主義の4点にまとめることができるだろう。

（3）冬の時代

このようにして、仲間たちに励まされ、傍目には充実した研究生活を送っていたものの、京城の冬も憲法学の冬も、まだまだ序の口であった。

げた恩師ショムロー・ボードグ（Somló Bódog, Felix Somló）の問題意識を引き継いだ、社会学的＝規範的な通用（soziologisch-normative Geltung）論——の影響を受けていたことが、共鳴板として作用した、という事情がある。Vgl. Walter Henrich, “Die Verfassung als Rechtsinhaltsbegriff” in Alfred Verdross（Hrsg.）, *Gesellschaft, Staat und Recht, Festschrift Hans Kelsen zum 50. Geburtstage gewidmet*（Vaduz Topos Verlag, 1931）S.174ff., bes. S.207ff. ヴォルフ流に、「根本規範と合致した原規範」として旧憲法1条をとらえる「日本的法治」の視点と、ヘンリヒによる憲法の社会学的＝規範的通用の観点とを往復すれば、ほとんど自動的に清宮・根本規範論が導出されてくる。その他にも、いくつかの注目すべき特徴があるが、すべては別稿を期すことにする。

31）当初は、陳之邁の英文著書（Chih-mai Chen, *Parliamentary opinion of delegated legislation*（Columbia University Press, 1933））など非ドイツ人の著作が割り当てられる傾向があったが、やがて、ヘラー『国家学』をはじめメジャーどころの書評を、ドイツ人学者をさしおいて任されるようになっていった。清宮は、たとえ短文の書評であろうと僚友尾高との読み合わせを行ってから臨む、手抜きのない仕事ぶりで、メタルの期待に応えた。ザンダー『一般国家学』については、ドイツ語と日本語の双方で書評を書いており、両者を比較すると清宮の書評活動のありようが伝わってくる。たとえば、京城学派の代表作であり、清宮が講義中に「世界的業績」と讃えていた、尾高朝雄『国家構造論』（岩波書店・1936）に関しては、独文書評の中でも「われわれの見解によればnach unserer Meinung」——この「われわれ」は、書評子の個人的見解を語るための修辞ではなく、字義通りに「われわれ」である——として積極的に紹介を試みており、この時期、尾高と清宮はまさに一心同体であったことが、諒解できる。Vgl. Shiro Kiyomiya, “Besprechung: Fritz Sander, Allgemeine Staatslehre” *Revue internationale de la théorie du droit,* Bd.11, S.73f., bes.74（1937）. 清宮四郎「紹介、フリッツ・ザンデル『一般国家学』」国家学会雑誌51巻1号（1937）136頁。また、別の書評では、尾高朝雄の画期的な著作として（“epochemachende Werk von Tomoo Otaka, Strukturlehre des Staates, 1936”）、日本語でしか読めない著書をあえて要約・紹介している。Vgl. ders., “Besprechung: Wilhelm Glungler, Lehre von Volk und Staat” ebenda, Bd.12, S.273（1938）.

1935年10月1日、朝鮮総督府で、施政25周年の祝賀式典が賑々しく挙行されたが、ちょうどその頃、東京では、天皇機関説を内地の各大学からパージした実績を示す「国体明徴ノ為執リタル処置概要」が、岡田内閣の定例閣議で決定されていたのであり、即日公表された。それらを同時に伝える東京朝日新聞（10月2日付）夕刊1面は、光と翳が交錯するきわめて象徴的な紙面である。

「処置概要」では、恩師美濃部達吉の主著に対する発禁処分など既定の措置に加え、同期の宮沢俊義が矢面にたつ東京帝国大学をはじめ、各大学の憲法講座から、機関説が滞りなく排除されたことが、報告されていた。この報道を承けて清宮は、2歳上の同僚松岡修太郎（憲法・行政法）とも諮って、まだ若い鵜飼信成を憲法担当から外すことを決めた。相対的には恵まれた城大法文学部の環境においてさえ、「苦労は自分たちで充分だ」と告げて鵜飼を翌年度から行政法担当に据える、特別な配慮が必要な状況だったのである[32)]。

深刻な情勢を物語るかのように記録的な厳寒となった新年早々、清宮は、内地の状況を直接把握するために、尾高や戸沢鉄彦（法文学部長経験者で政治学者）ともども、春休みを利用して玄界灘を渡ることに決めていた[33)]。だが、その矢先に、2月21日には美濃部が右翼に狙撃され、26日には帝都を揺るがす2・26事件が勃発した[34)]。そうした中、清宮ら3名は、東京で宮沢俊義と面会して事情を聴き、どこまでも東大と同一行動をとる旨を申し入れて、失意の宮沢を励ましている[35)]。また、清宮は、この機会に恩

32）これは生前の鵜飼信成の直話である。参照、石川健治「コスモス―京城学派公法学の光芒」酒井哲哉ほか編『岩波講座「帝国」日本の学知1』（岩波書店・2006）211頁。

33）尾高文庫所蔵のヘーゲル『法哲学』『大論理学』に書き込まれた「ヘーゲル会」の記録によれば、1936年2月26日と3月9日にはまだ京城にいて『大論理学』を読んでいるので、清宮・尾高・戸沢の上京は、3月中旬から下旬にかけて行われたものと推定される。

34）宮沢は、後年、「これは機関説事件がどうやら静かになって年が変わった1936年早々に起こった。事件ですっかりおさえつけられた研究者たちが、サーベルの力をそのものずばりと見せつけられた事件だった」と述懐している。参照、宮沢俊義「重臣なみ」同『憲法論集』（有斐閣・1978）481頁。

35）参照、宮沢俊義「教授会でのあいさつ」同『憲法論集』（有斐閣・1978）501頁。東大法学部教授会で定年退職教授が行う、恒例のあいさつの中での証言である（1959年3月20日）。

師美濃部を見舞ったところ、章碣の「焚書坑」をみずから揮毫した掛け軸を与えられた[36]。

その間、家人は京城を追われることを覚悟しながら、清宮の帰宅を待ち受けていた[37]。すでに教壇からパージされる具体的危険はなくなっていたものの、身辺には不穏な気配が漂っていたことを雄弁に語るエピソードである。実際、1934年5月21日には、清宮らと同世代で法文学部の人気教授だった三宅鹿之助（財政学）が、京城西大門署から脱走した活動家李載裕を大学官舎に匿ったとして、治安維持法違反ならびに犯人隠匿の疑いで逮捕・起訴される事件があった（城大赤化事件）。東崇洞（東崇町）の大学近くにある官舎に警察権力が踏み込み同僚の帝大教授をお縄にする、という前代未聞の出来事が、周囲に与えたショックは大きかった。その後三宅は失職し、官舎から追い出された妻は、明治町（現在の明洞）で古本屋を営みながら、夫の帰りを待つことになる。朝鮮半島ではこの件の報道が永らく許可されず[38]、解禁されたのは実に1年3か月後のこと。夫の不始末で苦しむ健気な妻という役柄を押し付けられ、三宅夫人が連日新聞で晒し者にされたのは、機関説事件のさなかの1935年8月下旬であって[39]、清

36） 参照、清宮・前掲注12）1頁、および同・前掲注20）126頁以下。美濃部は、弟子たちに事件の波紋が及ばないか、大変心配していたという。

37） 参照、清宮・前掲注12）1頁。4月から小学校に入学する娘の暁子（京城で夭折）のために、机とランドセルを「買っておくようにいいつけて」から上京したのに、妻は「もう京城にいられない」と考えて買っていなかった、という。「別に相談もしなかったのに家内のほうがさきに覚悟をきめていたにはおどろいた」。同・前掲注20）128頁、をも参照。

38） 事件は内地ではすぐに報道されたが、朝鮮半島では1935年に入っても「この事件の内容に就いては、今日迄の所、未だ発表の自由が許されていない」。参照、駱駝山人「城大法文学部の展望」朝鮮及満洲327号（1935）59頁。

39） 参照、「三宅氏の妻女　明治町に本屋／涙の生活！」1935年8月25日付京城日報朝刊。「三宅元城大教授の妻女秀さんは昨年9月頃から明治町に“カメヤ”の看板を掲げ小さい古本屋を開業女児を頭に三人の子供の教育と夫君の差入れにやせ腕一本で苦闘しているが、本屋を開業してからある時は二三名の青年が訪れ峻烈の本に唾をはいて罵る等あらゆる苦痛を忍んでいるが、三宅教授の事については、何も存じません、と語るをさけているがその両眼には涙を一杯ためていた［原文ママ］」。三宅夫人の現状を含め、8月23日に民族系の東亜日報が報じたのが一番早く、事件後1年3か月を機に、報道が解禁されたものと思われる。三宅は、すでに1934年11月26日付で獄中にて転向を表明したが（1934年11月28日付報知新聞）、なお自己批判のため服役中であった。参照、「苦学からひがむ／妻も感化で左傾…寛大処置／三宅は目下服役中」1935年8月25日付京城日報朝刊。「御用新聞」京城日報は、三

宮夫人にとっても、それは他人事とは思えない生々しい現実として、受け止められていたに相違ない。

こうした中、清宮四郎がいかなる者か、社会に示さねばならぬ機会が訪れる。

第1は、法文学部の公開講座「欧米問題講演」である。欧米の近時の諸問題をテーマに、1935年11月14日から16日までの3日間、午後7時から10時まで毎日2本、合計6本の講演を提供する企画で、新聞にも告知が出た[40]。6人の城大教授が登壇し、初日の2時限目（午後8時半から10時まで）が、清宮の担当であった。

第2は、東北アジアの日本人社会でもっとも定評ある総合雑誌『朝鮮及満洲』への寄稿である[41]。殊に、御用新聞だった『京城日報』は第1面の全面が書籍雑誌の広告という不思議なレイアウトで、『朝鮮及満洲』の広告は毎号1面トップを飾ることになっていたから、これは非常に目立つことになり、論文タイトルが独り歩きする虞れについても配慮しなくてはならなかった。連載予定は1935年12月号であるため、講演よりも原稿の準備が先になったであろう。

第3は、内地の専門誌である『公法雑誌』1936年1月号への寄稿である。『公法雑誌』とは、瀧川事件で京都帝国大学を追われた佐々木惣一の個人編集による、発刊されて間もないインターカレッジの雑誌であった。当時はまだ、全国規模の公法学会は存在しなかったが、それに代わる機能を果たしつつあった。同誌への寄稿は、機関説事件後、はじめて内地の雑誌に登場する機会となる。

何をテーマにとりあげるか、それぞれ熟考を要するシチュエイションであるが、清宮は、第1のものには「指導者国家と権力分立」を、第2のものには「指導者国家の理念」を、第3のものには「外地及び外地人」を題

宅の左翼思想を、恵まれない境遇に起因する、単なるルサンチマンへと矮小化して済ませようとしているが、総督府や思想係検事の意向をふまえてのものであろう。

40） 参照、1935年11月6日付東亜日報朝刊。清宮のほかには、政治指導者の性格（戸沢鉄彦）、ナチスの指導者原理と株式会社法改正問題（西原寛一）、米国経済政策の動向（静田均）、英国における貴族院改革問題（松本馨）、伊エの紛争（長谷川理衛）。

41） 参照、清宮・前掲注3）。

目とした。考え抜かれた選択である。

まず、本稿の検討対象である1936年6月の清宮論文（国家学会雑誌50巻6号）のテーマが、実は、機関説事件後の“第一主題”であった、という点に驚かされる。権力分立論が清宮の後半生において特別な意味をもつことになるのも、なるほどと頷けるものがある。しかも、第1第2とも、テーマだけをみると、機関説を葬った時代へのプロテストの文章とは思われず、中身を読まない読者には、むしろ時局迎合的な内容を想像させるところが、巧妙である。第3については、清宮がみずからの「外地法」論を公表するのは、実はこれがはじめてであり、そのタイミングが機関説事件の直後になったことも、意味深長である[42)]。

このように、〈清宮の1935年〉は、“第一主題”としての「指導者国家」論と“第二主題”としての「外地法」論が織りなすように展開されながら、暮れていった。これらのうち、清宮外地法論にも機関説事件が刻印を残しているといえるのであるが、この点は別稿を予定しているので、以下では、“第一主題”に照準をあわせて、議論を進めることにしたい。

42） 外地法論は、外地の帝大教授としての「宿題」ではあり、フリードリヒ・シャック『ドイツ植民地法』（Friedrich Schack, *Das deutsche Kolonialrecht in seiner Entwicklung bis zum Weltkriege: die allgemeinen Lehren : eine berichtende Darstellung der Theorie und Praxis nebst kritischen Bemerkungen*（Friederichsen & Co., 1923））への清宮の書き込みから、すでに留学中（1925年から1926年春までのハイデルベルク時代）に研究を開始していることを確認できる。しかし、公式にこのテーマで研究を発表したのは、およそ10年後の1935年12月3日に、城大の法学会研究会で行った報告が最初であった。ただ、これは、『公法雑誌』に公刊されることを前提とした（おそらく雑誌側には原稿を送ってしまった後の）報告ではある。参照、清宮四郎「外地及び外地人」公法雑誌2巻1号（1936）1頁以下。参加者は事実上、法学系の同僚に限られていたから、研究会の場では、オフレコでの立ち入った説明や議論があり、機関説関係の内輪話も行われたに違いない。実際、書記の鵜飼は、雑誌に掲載されたのは「報告の一部」だと記している。参照、鵜飼信成「学会消息」同前124頁。

2　真の中庸／清宮の振子

(1) 対抗役割の所在

こうした主題を語るうえで必要な語彙——とりわけ Regierung と Kontrolle ——を清宮がどうとらえていたかについては、彼が訳したケルゼン『一般国家学』を手がかりにして、整理するのが適当である。『一般国家学』の翻訳は、潤沢に配分された図書財源を背景に企画された「京城帝国大学法学会翻訳叢書」の第1巻として、1936年11月に上梓されている。当初は、稀代のエスペランティスト長谷川理衛（国際私法）との共訳の形で作業が開始されたが[43]、まもなく清宮単独訳に変更された[44]。法文学部にとっても、完成までに足かけ7年を閲した、一大翻訳プロジェクトであり[45]、横田喜三郎が伝えるところでは、その間、「清宮教授が一応単独で

---

43) Riej Hasegaŭa, “Adiaŭ, Japanlando, Adiaŭ!, Trans la landlimon mi nun elmigros” *La revuo orienta*, Jaro 7, p.150ff. (1926). 東京帝大法学部法律科を卒業後、東京地裁・同検事局通訳事務嘱託、東京地裁判事兼区裁判所判事を経て城大に就職し、欧州諸国へ留学に向かうに際して、内外のエスペランティストへ向け、若々しい抱負を語っている。同誌の巻頭言は、井上万寿蔵（旧制一高を首席卒業、清宮、尾高、長谷川と同期、鉄道省入省）による、長谷川を送ることばである（エス文、長谷川の近影付き）。長谷川は、尾高の近隣に邸宅を構え、ヘーゲル会の主要メンバーの1人だったが、社会的には、国際私法というよりも、国際政治の情勢につき、地元の雑誌に寄稿したり、総督府から意見を聴取されたりする役回りであった。終戦にともなう引揚げの後、金沢大学法文学部に奉職するまでの間は、盟友井上とともに日本国憲法全文のエスペラント訳を *La revuo orienta* 誌に連載して、第4回小坂賞を受賞している。学生時代は吉野作造の新人会に関係するとともに、新渡戸稲造が国際補助語化を推進したエスペラントに傾倒して国際的にも活躍した長谷川については、別の機会に言及したい。

44) 公表された「翻訳計画」によれば、清宮・長谷川のケルゼンのほか、船田享二（ローマ法）・長谷川理衛（国際私法）・兪鎮午（当時助手、城大が生んだ最高の秀才といわれる法哲学者・小説家、韓国憲法の父）によるレオン・デュギー第1巻（Léon Duguit, *Traité de droit constitutionnel*, Tome 1 (E. de Boccard, 1927). 第3巻までは翻訳権取得済)、不破武夫（刑法）のフォイエルバッハ刑法、藤本直（政治学・政治学史）のロック市民政府二論をはじめ、8冊が「既に着手し、一両年中に刊行の予定」としてラインナップされていたが、その後、実際に刊行に漕ぎつけたのは、清宮単独訳のケルゼン『一般国家学』だけであった。参照、京城帝国大学法文学会『私法を中心として—京城帝国大学法文学会第一部論集第三冊』（刀江書院・1930）735頁。

45) 参照、横田・前掲注14）145頁。ただし、同僚で憲法・行政法担当の松岡修太郎について

全部を翻訳され、更に読み直された上で、尾高、長谷川両教授の前で読み上げ、気づかれた点について注意を受け、それを清書したのを更に藤本教授がいちいち原書に対照して読み返された」[46]。ほかに、法学ラテン語については船田享二（ローマ法）の教えを乞い（訳書の「例言」参照）、「語学の天才だった同僚哲学者」の全面的なバックアップを受けている[47]。

ドイツ語には原則1対1対応の訳語を与えて、西洋語における観念の布置連関を可能な限り忠実に写しとり、ハイフン（Bindestrich）やコロン（Doppelpunkt）をもたない日本語が原文の論理を支えきれない場合には、学術日本語の方の改造を試みた意欲作である[48]。7年近くをかけて完成されただけあって、訳語は考え抜かれており、国家領土（Staatsgebiet）の対比でつくられた国家領民（Staatsvolk）や、領民主権（Volkssouveränität）、領民代表（Repräsentation des Volkes）など、その後定着しなかった訳語は多いものの、法哲学（Rechtsphilosophie）のように、従前の訳語（法律哲学もしくは法理学）にほぼ取って代わる成果も挙げた[49]。

は、翻訳事業に参加した形跡がみられない。この点は別稿で論ずることにしたい。

46）ここに藤本教授とは、『断種法』（岩波書店・1941）の著者で、ヘルマン・レーム『国家学』（政治学普及会・1923）の翻訳もある、政治学者の藤本直のことである。

47）かつて清宮のもとで東北大学法学部助手を務めた針生誠吉の直話によれば、城大の同僚に「語学の天才」の哲学者がいて、そのおかげで翻訳を完成できたようなものだ、と清宮は常々語っていた。ヘーゲル会の主力メンバーで、寡作だが秀才のほまれ高かった田邊重三のことではないか、と思われる。参照、清宮・前掲注20）124頁。

48）そのため、連字符や等号を多用し、複文構造で日本語構文の限界に挑戦した翻訳に仕上がった。この生硬な訳文は、城大法文学部のドイツ語達人たちとも協力して学術日本語の可能性を開拓しようとした、意識的な作業の所産である。バーデン市町村制の訳業をみれば一読明らかなように（清宮四郎「バーデン市町村制（1～5・完）」自治研究5巻7号85頁以下・5巻10号95頁以下・6巻8号71頁以下・6巻11号83頁以下・6巻12号75頁以下（1929～1931））、訳しにくい法文に達意の翻訳を与える能力を備えた清宮が、あえてそうはしなかった点に、この実験的な翻訳の意義があるのである。親友宮沢俊義は、「きわめて読みやすい、分りやすい日本文」と評するが、評者の点検不足でなければ過褒の弁であろう。むしろ評者宮沢の執筆意図は、ケルゼンが日本語版によせた序文に仮託して、「文化諸国の最前線に列する」ために必要不可欠なはずの「学問の自主・独立」や「研究の自由」「極めて力強い助成」を奪った文部省を、非難するところにあったのだと思われる。参照、宮沢俊義「紹介・清宮四郎『ケルゼン「一般国家学」邦訳』」国家学会雑誌51巻3号（1937）452頁以下。

49）「法哲学」は、ケルゼン『一般国家学』翻訳の過程で、Rechtsphilosophieとの意味論的な1対1対応にこだわった、清宮四郎の考案にかかる訳語である。その翻訳態度に感心した尾

まず、Regierungは、英語でいえばgovernmentに相当し、国家組織としては「政府」、と訳されるのが普通であるが[50]、「政府」に分配される国家作用を指すこともある。その場合、国家作用全般を意味する広義の用法もあるが、狭義では、国家機構全体を大所高所から指導する作用（Oberleitung, Staatsleitung）のことを指し[51]、その作用領域としては軍事や外交の分野が典型的である。政府みずからの基本的な考え方を示し、全体に指針を与えるところに、作用としてのRegierungの特徴があるので、今日では、法律の単なる誠実な執行を意味する「行政（Verwaltung, administration)」と区別して、「執政」と訳出することも多い。清宮は、当初、「第4国家作用」としてのRegierungを「政治作用」と訳していたが[52]、『一般国家学』では、「統治」に統一した。

これに対して、Kontrolleとは、何か[53]。いかなる政治社会においても、「統治」機構を立ち上げるにあたっては、1）「執政」作用が分配される「政府」の組織をいかに設計するか、そして、2）「政府」と他の組織や勢力との関係をいかに構築するか、は最重要課題であるが、特に2）の論点にとっての基本観念が、コントロールである。欧米諸国には、中世ラテン語のcontrarotulusを語源とする一連のコントロール概念が存在する[54]。そのドイツ語版がKontrolleである。

高朝雄が、一足先に『法哲学』（日本評論社・初版1935）で採用して、普及させた。翻訳プロジェクト全体を含めた、まさしく京城学派の貢献であり、京城発の日本語である。参照、尾高朝雄「『法哲学』という用語について」法律時報11巻12号（1939）17頁。

50）参照、石川健治「統治のゼマンティク」全国憲法研究会編『憲法問題17』（三省堂・2006）65頁以下。

51）「国家嚮導作用」と訳される場合もある。参照、高橋信行『統合と国家―国家嚮導行為の諸相』（有斐閣・2012）。

52）参照、清宮四郎「ケルゼンの公法理論」同『国家作用の理論』（有斐閣・1968）254頁（初出は、横田喜三郎ほか『ケルゼンの純粋法学、並、その国家・政治理論』（大畑書店・1932））。

53）Vgl. Georg Brunner, *Kontrolle in Deutschland* (Markus, 1972); Felix Ermacora, *Grundriss einer allgemeinen Staatslehre*（Duncker & Humblot, 1979）S.246ff.; Karl Ulrich Meyn, *Kontrolle als Verfassungsprinzip*（Nomos, 1982); Jörg Schmidt, *Die demokratische Legitimationsfunktion der parlamentarischen Kontrolle* (Duncker & Humblot, 2007). 吉田栄司『憲法的責任追及制論Ⅱ』（関西大学出版部・2010）、をも参照。

54）Vgl. Norbert Gehrig, *Parlament－Regierung－Opposition*（C. H. Beck, 1969）S.3ff.

ドイツ公法学がコントローレという場合、直接には、行政法では一日の長があるフランスのcontrôle概念が、材源になっていることが多い。その際にもっとも重要な文脈のひとつは、地方自治体に対する国家の監督である。これは、警察国家の権能として議されていたius supremae inspectionis（最高監督権）の流れを汲む領域であり[55]、フランス行政法学では、surveillanceないしcontrôleが用いられた。オットー・マイヤー『フランス行政法』は、そのドイツ語訳としてKontrolleという語を選んでおり、これがドイツのKontrolle論の重要な文脈をなしている[56]。上級庁による行政監督（Verwaltungskontrolle）や財政監督（Finanzkontrolle）も、このコントロール論の流れの中にある。これを承けて清宮は、Kontrolleを「監督」と訳した。特に、1936年に上梓した体系書『会計法』では、Finanzkontrolleを会計の「監督」で統一し、監督主体ごとに、一般行政機関の監督、会計検査院の監督、帝国議会の監督の三方面から分析している[57]。これが、戦後の『憲法Ⅰ』における、国会による「財政の監督」の項にまで、維持されているわけである[58]。

しかし、最高監督権論の由来をたどると、監督（inspicere, inspection）のドイツ語訳として造られたのは、あくまでAufsichtであった。これに対して、元来Kontrolleは、行為や出来事を、準拠すべき計画と比較対照することを意味するタームにすぎない。コントロール図式が成立するためには、対抗役割（contra rôle）を与えられた組織単位の前提として、それ相応の自律性・独立性を承認された、同格の組織単位が存在することが想

55） Vgl. Johann Ludwig Klüber, *Öffentliches Recht des Teutschen Bundes und der Bundesstaaten*, 4. Aufl.（Andreäische Buchhandlung, 1840）S.504ff.; Lorenz von Stein, *Handbuch der Verwaltungslehre*, 3. Aufl.（J.G. Cotta, 1887）S.233ff.

56） Vgl. Otto Mayer, *Theorie des französischen Verwaltungsrechts*（K.J. Trübner, 1886）S. 428f.

57） 参照、清宮四郎『会計法』［『新法学全集第1巻憲法』所収の分冊］（日本評論社・1936）112頁以下。実定法学者としての清宮の能力を遺憾なく発揮するとともに、「予算の通用」の節では法理論家としても意地を見せつけており、明晰で完成度の高い流石の好著である。この著作のおかげで、10年後の新憲法の世界では、小嶋和司登場までの間、清宮が財政分野における唯一無二の専門家として君臨することになる。

58） 参照、清宮四郎『憲法Ⅰ〔第3版〕』（有斐閣・1979）258頁以下。

定されている[59]。換言すれば、コントロール作用には、「監督」作用にとっては本質的な、一方的「介入」や「従属」の観念が、結びついていない。H・トリーペルの名著『ライヒ監督（Reichsaufsicht）』で示された巧みな挙例によれば[60]、時計の動きをコントロールすることはできても監督はできず、牧草を食む家畜の群れを監督することはできてもコントロールすることはできない。同格の存在に対しては、コントロールするのが関の山で、監督するなど思いもよらないのである。

それゆえ、たとえば、「警察国家」を克服した「法治国家」において実現する、裁判機関による行政機関のRechtskontrolleの文脈では、上位者による「監督」よりは、contra rôleによる「監査」「審査」こそがふさわしい訳語になる。このことは、国民代表と「政府」の関係については、特にあてはまる。「政府」の自律性を承認しつつ、議会がcontra rôleとして事後的に行う、政府のコントロールは、Kontrolle論における最重要の文脈を形成している。財政監督論の一角をなす「議会による監督」は、ここでの議論の端緒ないし基盤をなしたものであり、議会による予算・決算の監査は、やがて議会中心の「統治」システムが形成される足がかりになった。

けれども、そうなると、議会のコントロール作用は、計画と現実との単なる比較対照を超えた目的で行われるようになり、政府が法律に従って活動しているか否かを「確認」するだけの、無害な営みではなくなる。議会自身が政府に直接働きかけることができるのか、議会のコントロールは国家元首や国事裁判所による介入を促すだけなのか、はさておき、最終的には決め手としての「介入」を視野に入れながら議論をしているのである。大臣の対議会責任が問題になるときには、政府の議会への「従属」性が、一層浮き彫りになる。こうなると、「検算」的なイメージのある監査や審査では、訳語としてふさわしくないことも多い。かくして、無内容だが汎用性の高い訳語としては、「統制」が選ばれることになる。

59） Vgl. Walther Schoenborn, *Das Oberaufsichtsrecht des Staates im modernen deutschen Staatsrecht*（C. Winter, 1906）S.33ff.

60） Vgl. Heinrich Triepel, *Die Reichsaufsicht*（J. Springer, 1917）S.109ff.

かくして、訳語選択の厳密さが特徴の清宮『一般国家学』にあっても、原語と訳語の1対1対応の原則は放棄されざるをえなくなった。これほどの基本概念でありながら、索引にKontrolleとその訳語を掲げることは、断念されている。実際の訳例をみると、できるだけ「監督」を用いるようにしている感があるものの、対等者による「統制」の訳語も文脈に応じて使われている。他方で、上位者によるAufsichtといえども、準拠すべき計画の存在を前提にした、義務・基準の履行措置ではある点ではKontrolleと変わりがないため、AufsichtとKontrolleが相互互換的に使われることがある。その場合には、Aufsichtに「監督」の訳語を譲って、Kontrolleには「統制」を用いている。何かと便利に使われるコントロール概念にとっては多義性が宿命であり、単語レヴェルで意味論的な同一性を維持することは困難であったわけである。

特に、議会政の民主化が進むにつれて議会の「執政」「統治」への「関与」が強まり、議院内閣制が議会統治制に近づいていった結果、Kontrolle概念に含まれるcontraの要素は希薄化せざるをえなかった[61)]。しかし、そうはいっても、学問的に正確な議論をするためには、Kontrolleをブラックボックス化しないための努力は怠ってはならず、そのためには、コントロールに含まれるcontra rôle性を再定位する必要に迫られる。コントロールという以上は、コントロール対象には、その前提として一定の自律性・独立性が認められている必要があり、この自律性・独立性を的確にとらえる枠組と、それにもかかわらずcontra rôleの側からの「統制」を可能にする枠組とが、なくてはならないのである。

「政府」のcontra rôleを裁判所に期待するのが、裁判機関による法的Kontrolle（法審査、Rechtskontrolle）論である。これがもっとも進んでいたのは、行政裁判制度の最先進国フランスであった。作用としての「執政」ないし「統治」は、伝統的な三権分立論の枠組では、立法でもなく司法で

61） Vgl. Gerhard Leibholz, “Die Kontrollfunktion des Parlaments” in ders., *Strukturprobleme der modernen Demokratie*, 3. Aufl.（C. F. Müller, 1967）S.295ff.; Richard Bäumlin, “Die Kontrolle des Parlaments über Regierung und Verwaltung” *Verhandlungen des Schweizerischen Juristenvereins*, Bd.100, S.165ff.（1966）.

もないため、広義の「行政権」に分類される。フランスでは、「法律による行政」の原理を徹底し、あらゆる行政行為について、行政裁判所たるコンセイユ・デタへの出訴が可能となっていた（概括主義）。ところが、そのようにして法治主義を徹底したからこそ、逆に、法審査になじまない「統治 gouvernement」作用の存在が炙り出されてしまった。フランス行政判例にいわゆる「統治行為論」がそれで、コンセイユ・デタは、統治行為（acte de gouvernement）に対する規範適合性審査を放棄してしまった。連邦最高裁が憲法適合性審査にいち早く着手していたアメリカでも、同様にして「政治問題（political question）」の法理が発達し、「執政」「政府」については、裁判所による法的 contrôle を期待できなくなった。

その分、政治的ないし社会的な contrôle にかかる負担が大きくなる。この点、議院内閣制論の文脈でクローズアップされたのが、〈信頼＝信託（trust, confiance, Vertrauen）〉と〈責任＝答責性（responsibility, responsabilité, Verantwortlichkeit）〉の観念である[62]。後者については、清宮『一般国家学』では、「有責性」もしくは「責任」と訳されており、政治的・社会的コントロールの文脈では、「責任」で統一されている。前者は、『一般国家学』では主題化されていないため、確定した訳語は得られないが、後の「指導者国家」論を執筆する過程で、「信頼」という訳が与えられている。

「政府」としての内閣が、「執政」作用を自律的に行使するための根拠が、議会による信任＝信頼＝信託である。しかし、そうして「執政」を丸ごと委ねられたからこそ、「政府」には重い政治「責任」が生ずるというのが、ジョン・ロックの名で知られる「信託」の政治思想である。それゆえ、「政府」としての内閣には、その「執政」作用の行使につき、議会（民選議院）に対する「答責性」が発生する。「答責性」のアルファは説明責任であり、オメガは政治責任をとっての辞職である。「公職（office, Amt）」に対する「信託」それ自体は、ロックに限らず、旧ヨーロッパ全般にみられる政治観念に淵源があるが、その場合の「責任」を、新しい「答責性」

62） Vgl. Ulrich. Scheuner, “Verantwortung und Kontrolle in der demokratischen Verfassungsordnung” in Theo Ritterspach und Willi Geiger（Hrsg.）, *Festschrift für Gebhard Müller zum 70. Geburtstag*（J. C. B. Mohr, 1970）S.379ff.

というコンセプトで再解釈するのは、近代的である[63]。

かくして、「統治」システムとしての議院内閣制では、「執政」が議会から内閣に信託される。議会（民選議院）はあくまでcontra rôleにとどまるのであり、議会による「執政」への関与は、「答責性」の追及を通じた、「政府」のコントロールの仕方でのみ行われる。この内閣の自律性こそが、委員交替で中身を入れ換えられる「会議制」との、大きな違いである。ラディカルな民主政論からいえば、議会からの——ひいては「人民」からの——「政府」の自律性・独立性を追求している点で、議院内閣制は反・民主政的であるが、responsible government（責任政治・責任政府・責任統治）が最有力の民主政観念であり続ける限り、議院内閣制はやはり民主政的である。これが、いわゆる責任本質説による、議院内閣制論の実相にほかならない。

こうした、議会や「人民」をcontra rôleとして想定する、政治的・社会的Kontrolle論は、「答責性」の観念の強度とその名宛人の範囲とに、相当程度依存している。また、そもそもcontra rôleの存在が、「政府」の暴走を防ぐために必要だと考えるか、「理念」の実現を妨げる桎梏だと考えるかは、ケルゼン『一般国家学』の最終章最終節が主題化しているように、世界観の問題に帰着する。たとえ「危機」の時代であっても、それが必要的だと考えるひとは、議会がcontra rôleとして機能しない場合には、その欠損を埋めるべく、少数派政党、官僚、軍隊、さらには国家機構外の社会における対抗力にまで、探索の手を伸ばし続けるであろう[64]。他方、「危機」を打開するためにcontra rôleの存在が妨げになっていると考えるひとは、組織としての議会であれ、集団としての少数派であれ、それらを

63）故・今道友信教授によれば、responsibility, responsabilité, Verantwortlichkeitという責任観念は、近代の契約社会が到来する以前のヨーロッパには、そもそも存在しなかった。参照、今道友信「両立性と反立性」思想658号（1979）1頁以下。また、「責任」本質を含む、議院内閣制論をめぐっては、参照、石川健治「議会制の背後仮説—議会と政府の関係の諸相」法学教室225号（1999）67頁以下。

64）しばしば言及されるカール・レーヴェンシュタインは、この方向に進んだものとみてよいであろう。Vgl. Karl Loewenstein, *Political Power and the Governmental Process* (University of Chicago Press, 1957).

無化する努力を行うであろう。議会が contra rôle を止めるとき、議院内閣制は終わるのであり、「人民」が contra rôle をみずから放棄するとき、責任政治も最終的に喪われる。その先にあるのが、議会絶対主義か、「人民」の直接支配か、そのいずれでもない「権威」を独占する支配者の統治か、は別論である。

(2)「指導者国家の理念」

天皇機関説事件の半年前にあたる1934年の8月1日、『憲法理論 *Verfassungslehre*』の著者カール・シュミットは、「総統は法を護る」と題する論文を発表し、法律ジャーナリズムを代表する『ドイツ法曹新聞』の劈頭を飾った。同論文は、「真の指導者＝総統は、常に裁判官でもある」と説いて、ヒトラーがみずから命令を下してレーム一派を処刑した行為（いわゆる「レーム粛清」）を正当化したもので、そこでは、指導者制のもとでの総統権力の包括性が、強調された。

ヒトラーが政権基盤を固めるため、かつては信頼を寄せていたエルンスト・レームをはじめとする突撃隊幹部やその他反対勢力を、次々に処刑したのは、同年6月30日から7月1日にかけてのこと。同月13日には、超法規的な「レーム粛清」を正当化する、ヒトラーの帝国議会演説が行われた。これを承けて、わずか半月後には活字になったのだから、「総統は法を護る」は、実に早手回しの論攷である。宰相ヒトラーが総統（Führer）の呼称を自動的に獲得する期日と定められた、ヒンデンブルク大統領死去のＸデーは、論文公刊の翌日に迫っていた。

当時、シュミットは、「ナチスドイツ法律家同盟 Bund der Nationalsozialistischer Deutschen Juristen」専門家集団のリーダーであり、同盟の機関誌と化した『ドイツ法曹新聞』の主筆を務めていた。編者シュミットは、みずからの短い巻頭論文に続くメイン・ディッシュに、彼の弟子として令名高いエルンスト・ルドルフ・フーバーによる「国権の単一性」論を選び、これを同号の第2論文に配した。新体制における総体権力（Gesamtgewalt）としての政治的指導（Führung）の作用を、一見するとよく似ている執政（Regierung）の作用と対比しながら、描き出したものである。本稿の主題である「執政」権論との関係では、このフーバーの問題提起に注目する必要がある。

組織としての「政府」や作用としての「執政」(「統治」「政治」)は、法学的国家論(とりわけ国家法人説)や三権分立論によって埋もれていたが、フランス行政法における統治行為=執政行為論に刺戟されて、ドイツでもワイマール期には、この領域の議論が活性化していた。執政作用に光をあてることには、オーストリアのケルゼンは否定的だったが、ケルゼン派内部でも関心は強まっていたといえる。ただし、それはみな、狭義の行政(Verwaltung)とは区別された「執政」の領域を、立法・司法・行政と並ぶ「第4の領域」として主題化しようとする議論であるにとどまった。つまり、あくまで権力分立制の枠内にあって、いわば四権分立論を目指すものであった。

これに対し、ヒトラー総統率いる指導者国家(Führerstaat)は、すべての国家作用に優位する単一の総体的権力をおこうとする点で、大きく異なっている。フーバーが問題にするのは、この点であった。ナチス・ドイツにおける「指導者原理」は、多元的な権力分立論の政治観・世界観そのものを克服しようとする点で、「執政権」論とは大きく異なっているのである。清宮はそこに着目した。

他方、「指導者国家」は、議会の機能不全を突破すべく樹立された関係上、あらゆる局面で、議院内閣制とは正反対の論理構成を志向している。特に、ヒトラー自身が『わが闘争』で各層の「指導者」は「下に向かっては権威をもち、上に向かっては責任を負う」と定式化したことを承けて[65]、「責任政治」「責任政府」の論理を転倒して用いることになる。ナチス法実務における麒麟児で、憲法改革のパイオニアと称されたヘルムート・ニコライは、指導者制を「権威」「責任」の二要素からなるものとしたうえで、指導者国家における責任は、上位の指導者に対しての責任であり、議会や国民など外部に向けての責任ではない、と定式化した[66]。

---

65) Vgl. Adolf Hitler, *Mein Kampf*, Bd.2 (Eher Verlag, 1927) S.501.

66) Vgl. Helmut Nicolai, *Der Staat im nationalsozialistischen Weltbild* (C.L. Hirschfeld, 1933) S.27f. 全編がレジュメといった趣の書物だが、よくまとまっている。ただし、総統によって指名された下位指導者(Unterführer)とは異なり、総統(最高指導者)に限っては、国民(民族共同体)に対する責任を意味する、とする見解もあった。Wilhelm Stukart, "Die staats-

これらを承けた清宮の論文「指導者国家の理念」は、3段組4頁弱の分量で、『朝鮮及満洲』1935年12月号に掲載された。「ドイツに於て所謂国民社会主義的国家観・世界観の下に新に建設せられている国家」としての「指導者国家」について論じている[67]。一般読者向けということもあり、ヒトラーの出自、「国民革命」の経緯、鉤十字の旗の由来などに、約3分の1の紙幅を割いたソフトタッチの論文である。おそらく11月14日の公開講座でも、同様の話をしたのであろう。残りの3分の2の紙幅は、前半が「国民社会主義の国家観」を「民族国家」「権威国家」「全体国家」「指導者国家」「統一国家」の5点に分けて説明し、後半では同じく5点を指摘して論評している。

1）「民族国家」は、民族という血のつながりを基礎にした、有機的統一体としての国家を指し、「人間の面貌を持つもの」すべてを「国民」とする民主主義にも、種族的文化的混合体を承認するファシズムにも対立する。

2）「権威国家」は、国民を「信頼」せしめるに足る、「権威」ある国家のことで、国民と国家との「心意的結合」を国家権威の本質とする。「指導者が下に向かっては権威を持ち、上に対しては責任を持つ」国家として、議会その他の協議体に拘束される国家を否定する一方、国民が国家を信頼せず、ゆえに権威のない「自由国家」をも否定する。

3）「全体国家」は、国民生活のあらゆる方面に権力を及ぼし干渉しうる国家のことで、「干渉しないと云う意味に於て国家が無条件的に中立的な立場をとらねばならないような範域」の存在を認めない。

4）「指導者国家」は、広義の支配または統御の一種としての「指導」を、共同体の一員たる「指導者」を信頼して委ねる国家で、第1に、信頼の政治／信仰の政治であり、民主制の猜疑の政治、理屈の政治を否定し、第2に、信頼にもとづく「自発的服従」の政治である点で、「強制的支配」の独裁制とは異なり、第3に、究極の意思決定は指導者1人に委ねられ、多数決による議会政治を否定する。

---

rechtlichen Grundlagen des Reiches" *Zeitschrift für Politik 26*, S.1ff., bes.7（1936）.

67） 参照、清宮・前掲注3)。

5）「統一国家」は、国家における「政治的意欲及び行動」の統一性の要請から、国家権力の分離分割や政治的権力者の多元性を否定し、国家権力の統一性を確保する国家のことを指し、単一政党国家の実現、連邦制の破壊、権力分立制の否定は、その帰結である。

しかして、5点にわたる論評は、辛辣をきわめる。イ）「真の人類の団体」は個人と全体との健全な調和点においてこそ見いだされ、個人をまったく無視する全体主義は、全体を無視する個人主義同様に極端であること、ロ）「国民の信頼」と「政府の寛容」が相俟ってこそ「真の善政」であり、「信頼」を制度として強制するナチスのやり方は、結局「抑圧の政治」となり、民主制の長所だった「寛容の政治」をまったく没却せしめること、ハ）「人間が行う政治」である以上権力濫用を防止する必要があるが、ともすれば「独裁制」を誘致する「指導者政治」にはその点での弊害がともなううえに、体制もヒトラー自身の永続性も疑わしく、第2第3の「指導者」を得るのはさらに困難であること、ニ）長期にわたり「善政への道と認められた」多数決制度を一朝にして放棄するのは慎重を欠いており、あくまで当面の難局に処するための非常時の政治であり、「政治の危機に於て生れた危機の政治」であるにすぎないこと、ホ）現実の政治に即してみれば、独裁制の弊害除去、階級対立の止揚その他の経済問題の解決、国際関係の調整等について、難問が目白押しであること。

いうまでもなく、清宮本来の主張はそうした峻烈なナチス批判にこそあり、ひいては師・美濃部を弾圧する「抑圧」「不寛容」の体制そのものへの異議申立てを含む文章として、外地の読者の多くには受け止められたであろう。ただ、論文そのものは、「併し乍ら以上の如き難点は兎に角として」、個人主義・共産主義の欠陥をついた消極的方向にも、信頼政治、権威政治を強調する積極的方向にも、国民社会主義の長所は「可成り多く看取できる。（終）」、というリップサービスで結ばれており、念のため一応保険をかけておいたという格好である。

（3）中庸への道

ところが、翌1936年の『国家学会雑誌』論文では、タイトルは本来の「指導者国家と権力分立」に戻っており、如上の主張の学問的・文献的な典拠が示され、叙述もはるかに詳細になっている。論旨に変化があるとすれば、1936年論文では、〈団体主義・対・個人主義〉の対立軸が全面に押し出されている点が特徴で、その結果、「指導者国家の組織原理」は、「団体主義」「民族国家主義」「全体国家主義」「統一国家主義」「指導者国家主義」「個人主義」の6点に再編されている。そこにみられる変化は、決して小さなものではない。それは、何に起因しているのかは、大いに検討を要する論点である。

この変化をもたらした主要な要因は、1934年5月から1938年2月の「合邦」まで存続した、オーストリアにおける権威主義体制の文脈が、1936年の論文ではじめて挿入されたことである[68)]。イタリア・ファシズムに依拠したこの体制は、遠くからみれば、ナチス・ドイツと似たり寄ったりの強権的体制でしかないが、ズーム・インしてみると、オーストリアに固有の事情がそこにはあり、ナチス・ドイツに抵抗するためのギリギリの努力が行われていた[69)]。しかし、以下にみるように、清宮は、そのよう

68） 清宮の議論とはやや系統を異にするが、ウィーンで同時代的にKontrolleの問題に取り組んでいたのがルートヴィヒ・アダモヴィヒであり、コントロール論の充実した彼の憲法体系書を時系列的に読むと、時代の変化を実定的に追うことができる。Vgl. Ludwig Adamovich, *Grundriss des österreichischen Staatsrechtes*, 2. Aufl.(1932); 3. Aufl.(1935); 4. Aufl.(1947).

69） Vgl. Erich Voegelin, *Der autoritäre Staat*（J. Springer, 1936）. 著者エーリヒ（エリック）・フェーゲリンは、アルフレート・シュッツやフェリックス・カウフマンらとの知的サークル（ガイスト・クライス）を通じた、尾高朝雄の旧い知己でもある。彼の『権威国家』は、「人格」や「国家」の観念を解体した恩師ケルゼンを徹底的に批判する一方、フランスの憲法学者モーリス・オーリウを「権威の制度主義理論」として援用するなどして、「全体」や「権威」というシンボルについて分析する力作である。結論としては、1934年体制を、オーストリアの文脈ではやむをえないものとして、正当化するが、わずか4年後には彼自身が、ナチスに追い出されて、アメリカに亡命せざるをえなくなった。フェーゲリンはこの書物でケルゼン派とは疎遠になり、さすがの尾高も彼の議論にはついていけなかった。けれども、彼らの交友の一端は、戦後、尾高に送った書簡からもうかがい知ることができる。フェーゲリンは、アメリカから尾高の消息を探し続け、戦後ようやく、京城ではなく東京にいることを知って、小躍りした。いわく、“December 20. 1948, Dear Professor Otaka: At last I have been able to find out where you are”. Eric Voegelin, *Selected Correspondence 1924-1949*（University of Missouri Press, 2009）p.588f. これに対し、尾高も、近著『法の窮極にあるもの』のさわりを“The Ultimate Foundation of Law”と題して英訳し、フェーゲリンに送って近況を伝えている。また、アメリカに散り散りになりながらも、旧友たちとの連絡は維持されていたため、フェーゲリンは、尾高の無事を書状でシュッツに知らせたが（Voegelin, *ibid.*, p.578）、ほぼ同時期に尾高の消息をつかんだシュッツからもフェーゲリンに書状が送ら

にしてナチスの介入を4年間阻んだ「権威国家」ではなく、それらに抗して本来の「共和国」を護る試みの方にコミットしていた。

1934年2月、首都ウィーンで繰り広げられた激しい市街戦を経て、第1共和制オーストリアは終焉の時を迎えていた。新生オーストリア共和国の樹立に大きく貢献したのは、初代宰相カール・レンナーらを擁した、社会民主党（社会民主主義労働者党）であった。憲法学者ハンス・ケルゼンも、憲法典の起草者としてこれに積極的に関与したのであったが、1920年6月に最初の総選挙で敗れて以来、同党はキリスト教社会党との大連立を解消して中央政府から下野し、代わって彼らの牙城となっていたのがウィーン市である。旧帝都ウィーンは、小国の首都としては不相応に規模が大きいうえ、地域的にも東欧よりに偏っているため西方の地方部との折り合いが悪く、共和国の中ではもともと浮き上がっていた。国全体の人口の3割が集中し、1922年には、市それ自体が独立のラントに昇格した。このウィーンを社会民主党は掌握し、積極的な社会政策によって市民の支持を得ていたのであった（「赤いウィーン Rotes Wien」）。

これに対して、政権与党のキリスト教社会党は、かつて帝政期カール・ルエーガー市長の時代には、首都ウィーンの都市機能の現代化に努めて功績があったが、いまや農村政党として地方部を押さえることで、共和国の政権を維持していた。宰相も務めたリーダーのイグナーツ・ザイペルは、カトリック教会では高位の聖職者であり、バックには、各地で結成された右翼ナショナリストの民間軍事組織、郷土防衛隊（護国団 Heimwehr）がついた。

理論的に彼らを支えたのは、主として、普遍主義＝全体理論で知られるウィーン大学のオトマール・シュパンと[70]、1931年にローマ教皇ピウス

れ、行き違いの格好になった。この間のシュッツ－フェーゲリン、シュッツ－尾高の往復書簡は、早稲田大学シュッツ文庫で読むことができる。

70） Vgl. Othmar Spann, *Die wahre Staat*（Quelle & Meyer, 1921）. シュパンは、（個体主義の反対概念としての）普遍主義（Universalismus）あるいは全体理論（Ganzheitslehre）の理論家として令名高く、始原的な実在は〈全体〉〈普遍〉にあり、〈個体〉や〈部分〉はそれ自体としては無であると説き、〈個〉の存立が〈全〉によって支えられていると考えた。彼の見方では、〈個人〉の存在や活動も、有機的〈全体〉としての社会や国家に埋没させられて

11世が出した回勅「クワドラジェシモ・アンノ（Quadragesimo Anno）」である。前者は、全体・普遍としての社会こそが始原的・本来的な実在であり、個体・個人は無であると主張し、後者は、国家の役割に関する補完性（Subsidiarität）原理の提唱でも知られるが、ともに、行きすぎた個人主義による自由放任経済とマルクス主義による統制経済の双方を批判し、職能身分（Berufstände）がおりなす有機体的社会への再編を構想する。翌1932年に、ザイペルとの代替わりで頭角を現した、エンゲルベルト・ドルフスを首班とする新政権が成立すると、権威原理（Autoritätsprinzip）と、（職能）身分原理（Ständeprinzip）とを掲げた。前者は、権力の正統性の源泉を国民に求めながらも、反議会主義的統治を意味し、後者は、職能身分ごとに自治的な（しかし、実際は強制加入の）団体を設け、それらを集めた職能代表によって、国家と社会を媒介させようとするものである。

翌1933年3月には、ドルフスによる独裁統治が開始され、イタリアのムッソリーニの支援を背景に、ウィーン市と社会民主党の弾圧が強化された。これに対し社会民主党は、自前の軍事組織（共和国防衛同盟 Republikanischer Schutzbund）をもって対峙し、内戦を覚悟する事態となった。社会民主党「陣営」からすれば、それは、「公敵」キリスト教社会党＝ファシストによる軍事的な殲滅戦にほかならなかったが、ドルフス「陣営」の理解では、内にはウィーンに立て籠もる社会民主党、外からはドイツとの合邦を迫るナチスを相手に共和国を護るためには、機能不全の議会がみずからスイッチを切り（ドルフスのいうSelbstausschaltung）、権威主義体制を確立することこそが急務であった。内憂外患を同時に解決するまさに「二正面作戦」の様相であり、実際、宰相ドルフスは、1934年2月に開始された市街戦で「赤いウィーン」を殲滅し、5月には「1934年体制」を樹立することに成功する一方で、7月にはナチス・ドイツによって暗殺されている。キリスト教社会党は、新宰相クルト・シュシュニックのもとで合邦

しまう。そうした〈全体〉としての社会や国家——と、〈個体〉としての自然人——の形而上学的実体化に対抗したのが、ハンス・ケルゼンであり、彼を旗手とする「純粋法学」であった。シュパンは、政治的には反自由主義・反マルクス主義・反ユダヤ主義の立場で、彼との確執が、1930年にケルゼンがウィーン大学からケルン大学に転出した原因のひとつとも伝えられる。

までの４年間、なお政権を維持した。

こうした状況下で、ケルゼンがケルン大学に去った後のウィーンで、アルフレート・フェアドロスと並ぶケルゼン派の二枚看板の１人アドルフ・メルクルは、混合政体論による融和策を探っていた[71]。

第１に、普遍主義は、元来、「一宇（Universum）」としての国家を想定し、個別国家外の理念をそこに投影しているはずだが、政治的現実においては、「個体としての実在国家」の全能性を要求するのが、普遍主義の党派的主張であるため、そこには自己矛盾を避けられない。特にシュパンのごとく、支配民族の一員としてウィーンで普遍主義の旗を振る場合、（多民族からなる）オーストリア国家についてその普遍性を要求することになるため、一層話がおかしくなる。しかし、矛盾した政治理念の共存は、心理学上普通に確認される現象であるから、むしろ、新国家の建設は、旧体制を完全に根絶やしにするのではなく、それを取り込む形で克服するのが通例だ、という社会（学）的事実を承認すべきである。

第２に、法と国家の関係についても、前者を個体主義、後者を普遍主義に結びつけて、両者を対立関係におくのではなく、国家生活において両者が出会う「限界現象」としての、「法国家（Rechtsstaat＝法治国）」に着目すべきであろう。まさに、それが「純粋法学」のモティーフであり、政治的個体主義の権化として普遍主義者から非難される謂れはない。法治国のあり方を論点ごとに個別点検してゆくと、両者は決して先鋭な対立関係にはない。回勅「クワドラジェシモ・アンノ」は、政治的個体主義が共同体を敵視している点を問題にするが、政治的個体（個人）主義は、決して組織体そのものに敵対的なのではなく、職能身分原理のもとでの組織強制（強制加入団体）の過剰に対して批判的であるにすぎない。

このようにして、メルクルは、実在国家のそれとして論ずる場合、個体主義の体制にせよ普遍主義の体制にせよ、両者を併用した混合政体にならざるをえない、と説いた。「個人主義の単独支配は、国家を止揚し、従って、個人の、仮令、唯一つではなくとも、最重要な社会的保障者を止揚す

71） Vgl. Adolf Merkl, “Individualismus und Universalismus als staatliche Baugesetze” *Revue internationale de la théorie du droit*, Bd.8, S.243ff.（1934）.

るであろうし、普遍主義の単独支配はまた、結局は個人から個性を奪い、社会的生活から人格性を除去し、従って、普遍主義をも無意味にしてしまうであろうから」である[72)]。

メルクルは、「根本規範」の理論家らしく、如上の議論を、国家基構[73)]の構成法則（Baugesetz）としての個体（人）主義と普遍主義の対抗、として論じた。そのうえで、彼は、「真理はここでも中間にあり、社会進歩への道程は、個体主義と普遍主義とを媒介する道行きにある」として、中庸の徳を強調したのである。「制約のなかにこそ達人が生まれる、法則だけが自由を与え得る」というゲーテのソネットの一節を引用しつつ、「個人には普遍主義的機能において、そうして、国家には個人主義的機能において、行動の法則を規程して他律的制限を設けるのが、法的法則の歴史的使命である」と述べて、稿を結んでいる[74)]。

清宮四郎にとって、かつて留学中に行政法の講義を聴き「さすがにウィーン学派の有力なメンバーである」と感心した論理主義者のメルクルが[75)]、内戦状態のウィーンで時代と格闘する姿には、うたれるものがあったのであろう。厳密には文脈が違うオーストロ・ファシズムを論ずる1934年のメルクルに、ほとんど全面的に依拠しながら、ヒトラー「指導者国家」を分析している。いわく、指導者国家における「団体主義、普遍主義、国家主義の甚だしい強調」に対しては、「いずれも1つの理念類型でこの世の現実としては徹底的には実現せられ得ず」、現実の国家の制度としては「常に併用され、混合形態を示す」。だから、「或る時代に一方に偏していたものが、学者のいわゆる振子法則（Pendelgesetz）に従って、次の時代に他方へ傾くことがあり得るにすぎない」と[76)]。

そこで、すでに言及したメルクルの一節を反芻しながら清宮は、「社会進歩の道程は、両主義の間を調停して、真の中庸を保つことにのみ存し得

72）清宮・前掲注2）225頁の訳を引用した。

73）「国家基構」とは、『一般国家学』を翻訳した際に、清宮がStaatsverfassungに与えた訳語である。

74）清宮・前掲注2）252頁の訳を一部引用した。

75）参照、清宮四郎「憲法学周辺50年（3）」法学セミナー293号（1979）98頁。

76）参照、清宮・前掲注2）251頁。

る」という、信仰告白を行うことになる。これは、法の目的たる正義は、団体主義と個人主義との総合形態としてはじめて、自己を顕現する、と主張した、同僚尾高朝雄の「協成社会団体」論とも同型であり[77)]、それもまた、この信仰告白に際しての大きな支えとなった。

こうした「真の中庸」への確信こそが、戦時中に正気を失うことなく戦後も時流に投じなかった、清宮のコンシステンシーの秘訣であることには、疑いを容れる余地がない。彼の脳裏には常に歴史の「振子」が動いていて、ゆくべき道を指し示し続けた。これこそが、将来の清宮、円熟の巨匠への道である。ただし、清宮がこれ以降「あまりかたよらない見地に立って」行った仕事からは[78)]、かつてみせた仮借のない理論的前衛性が喪われたことも、否定できない事実であろう。「中庸」と「凡庸」は紙一重である。けれども、そのことの評価も含めて、後期・清宮憲法学の位置づけについては、「振子法則」にもとづく時代へのプロテスト、という観点を考慮したうえで行う必要があろう。

清宮の中庸への道は、メルクルと同様、混合政体論に通じている。一方に偏った時代の政治原理を、対抗原理によって掣肘すべく、懸命に振子をふった。

特に、「個人主義」を、よりによってナチス指導者国家における現行の「一般的組織原理」のひとつとして押し出しているところが、清宮憲法学の真骨頂である。彼は、「指導者原理といえども、個人主義を全然克服することは出来ず、また、克服してもおらず、個人主義は、たとえ甚だしく背面におしやられ微力となったにせよ、今なお指導者関係においても、その組織原理として働いている」、と断言した。そのようにして、全体に埋没しない〈個的存在（Existenz）としての人間〉を護り、国民生活の中に〈国家とは無関係（irrelevant）に生きられる範域〉を確保しようとした。

さらには、そのコロラリーたる「特別的組織原理」として、「自由主義」と「民主主義」をナチス国家の中に押し込もうとしているあたりは、相当の勇気や覚悟がなくては書けない、時代へのプロテストにほかならない。

77） 参照、尾高・前掲注 31）417 頁。
78） 参照、清宮四郎『憲法要論』（法文社・1952）はしがき。

天皇制国家において君主政体に民本主義を混ぜ込もうとした吉野作造のように、「国体の本義」を掲げる政体に「個人主義」「自由主義」「民主主義」を果敢に混ぜ込み、status mixtus をつくろうとしているのである。

3 混合政体への選好／戦後憲法学の初志

（1）権力分立制の研究

この混合政体論への選好は、権力分立論の再評価を促す。権力分立制は、「それ自体、一種の混合政治形態であって、しかも、徹底的に一方に偏せぬだけに、如何なる政治形態においても、多かれ少なかれ、採り入れられる可能性をもち、『根絶』せしめ難いものである」[79)]。1935 年の清宮四郎は、このしなやかな強靭さに、賭けたのである。

清宮が頼みにしたのは、オットー・ワイドナーという無名の論者が、ナチスの政権奪取前に公刊したモノグラフィーである[80)]。メルクルと並んでこのワイドナーを再読することで、あらためて 1935 年 11 月講演の論旨を補強しようとしたのが、1936 年 6 月論文の執筆意図であったと考えてよいだろう。言論界のスター・システムに囚われず、これと見込んだ論者であれば有名無名の区別なく評価するのが、清宮の流儀である。清宮憲法学は、この無名の論者を愛し、戦後もずっと付き合い続けた。

ワイドナーは、モンテスキュー・ルソー・シェイエス（シイエス）の 3 つ組の中でモンテスキューの思想史的意義をとらえ、権力分立論・議会絶対論・憲法制定権力論の 3 つ組の中での権力分立論の独自の意義を強調して、ワイマール憲法の大統領制的議院内閣制の中に埋もれてしまった権力分立制の再評価を行っている。カール・シュミット、ルドルフ・スメント、ハンス・ケルゼンといった、ワイマール期の綺羅星のような論者たちはあえて後景に退け、脚注においては彼らを大いに意識しつつ、本文のレヴ

79） 参照、清宮・前掲注 2）252 頁。

80） Vgl. Otto Weidner, *Der Grundsatz der Gewaltenteilung und die Weimarer Verfassung* (Marcus, 1932). 清宮はヴァイトナーではなくワイドナーと表記するので、本稿ではそれにならう。この書物の清宮手沢本は、残念ながら、獨協大学図書館に収められた清宮旧蔵書にも、ソウル大学中央図書館に残る旧京城帝国大学蔵書にも、遺されていない。

ェルではきわめてオーソドックスな叙述を成立させている点が、この書物の大きな特徴になっている。

そこではまず、かつての清宮・権力分立論の前提であったケルゼンの規範的国家論が[81]、権力分立論を法秩序の通用問題に解消してしまう議論として、否定するわけではないが、いったんは退けられる。その代わりに、実存的憲法概念を選択することで、現実における権力の均衡それ自体を主題化するのである[82]。清宮も、ひとまず、この問題設定を諒としたものと考えられる。

また、ワイドナーによるRegierungとKontrolleの分析も、奇面人を驚かすものではないが、安定感のある叙述になっている[83]。作用としてのRegierung（執政、統治）については、大所高所からの国家指導作用として定義され、具体的に争いのある論点としては、宣戦布告・平和条約を含む外交と、財政を挙げる。ドイツにおける「財政」の論点を形成したのは、ビスマルクの軍備増強予算をめぐるプロイセン憲法闘争であるが、ここでは財政政策の決定に重点がおかれている。他方、Kontrolleについては、被コントロール者の自律性（Autonomie）と、コントロール者の直接関与の放棄（Verzicht）を前提にする枠組として、理解される。すでに述べた古典的なコントロール＝監査論の筋を、よくふまえた行論である。

その際、議院内閣制によるコントロールが、（対象者の「従属」の要素を含む）監督（Aufsicht）になりやすく、そうなると、つとに指摘されているように[84]、そもそも監督は指導（Leitung）に転化しやすいことから、議会による行政への直接介入が問題になりうる。だが、議院内閣制の場合、議会に対する政府・大臣の責任（Verantwortlichkeit）と引き換えに、Kon-

---

81）Vgl. Hans Kelsen, *Allgemeine Staatslehre*（J. Springer, 1925）S.96f., 103; ders., “Die Lehre von den drei Gewalten oder Funktionen des Staates” *Archiv für Rechts- und Wirtschaftsphilosophie*, Bd.17, S.374ff.（1924）. 戦後、反ケルゼンの立場から書かれた、権力分立論として、Vgl. Günther Winkler, “Das österreichische Konzept der Gewaltentrennung in Recht und Wirklichkeit” *Der Staat*, Bd.6, S.293 ff.（1967）.

82）Vgl. Weidner, a. a. O.（Anm. 80）S.70ff.

83）Ebenda, S.153ff.

84）Vgl. Schoenborn, a. a. O.（Anm. 59）S.51f.

trolle は Kontrolle にとどまらなくてはならないのであって、ワイドナーは、そこに権力分立原理からくる不文の限界を看て取っている[85)]。質問権や調査権の行使、さらには予算審議の局面において、議会の仕事は「監査」にとどまるべきだというわけである。議会が行う Kontrolle としての仕事の最終手段である不信任決議についても、それを「監査」概念で説明できるかどうかを、ワイドナーは疑っている。監査は個別的なものであるはずであり、不信任決議は、議会・政府関係全般に関して憲法が認めた「表現手段 Ausdrucksmittel」であって、もはや個別の監査手段の範囲を超えているというわけである[86)]。

かくして、権力分立制は、「歴史的には、当初は、君主の独裁権、行政権に対して」自由を戦いとる手段であったが、いまや「議会の絶対権、立法権に対して、自由を戦いとる手段にも供せられ」る[87)]。ワイドナーは、これを承けて、「いろいろの歴史的情勢に対する反動の可能性こそ、権力分立原理の超時間的価値である」、と結論した[88)]。このことばを、清宮は、終生愛し続けた[89)]。戦後の大作『権力分立制の研究』(1950 年) は、ワイドナーのこのテーゼをみずからの手で確認しようとしたものだといってよく、モンテスキューに偏したワイドナーを超えて、京城で鵜飼信成らと精読したジョン・ロックをも視野に入れた、より本格的で包括的な研究を試みたものである。

ただし、1932 年のワイドナーは、社会立法に対抗するアメリカの「裁判官統治」をテーマとするエドゥアルド・ランベールの書物を引いて、「権力分立原理の放棄は、いずれにせよ、法治国家の終焉を意味する」と論を結んだが[90)]、1936 年の清宮は、「指導者国家における団体主義への偏

85) Vgl. Weidner, a. a. O. (Anm.80) S.158.

86) Ebenda, S.161.

87) 参照、清宮・前掲注 2) 253 頁。

88) Vgl. Weidner, a. a. O. (Anm.80) S.185. 訳文は、1950 年 5 月 21 日の日本公法学会での報告原稿を基礎とする、清宮四郎「権力分立制序説」同・前掲注 2) 191 頁、によった。

89) 1963 年の引用として、参照、清宮四郎「権力分立」同・前掲注 2) 203 頁。1979 年の引用として、参照、清宮・前掲注 58) 91 頁。

90) Vgl. Weidner, a. a. O. (Anm.80) S.185.

向は、たしかに、権力分立原理の組織原理としての意義を著しく喪失せしめたが、全滅せしめたと見るのは、いまだ、早計である」と結論した[91]。その14年後、1950年の清宮は、権力分立制について、ソ連の独裁制（民主集中制）との「世紀の対決において、その運命は予断を許さないものがある」、と指摘している[92]。懐旧の情、黙し難い朝鮮半島で、熱い戦争が勃発する寸前のことである。この時代が、いかに振幅の大きい激動の年月であったかが、痛感される。その中を、清宮の振子は、大過なく動き続けたのであった。

（2）コントロール

この振子の方向は、強い政治的「指導者」をつくることよりも、同格のcontra rôleを確保することの方に向けられてきた。第5共和制フランスにみられた「強い政府」の憲法理論が、日本で育たなかった主な要因は、そこにあるとみてよいだろう[93]。しかし、官僚政治の打破を焦って、周回遅れの「政治主導」が1990年代以降に勢いを増したのは、日本政治にとっての不幸であった可能性が高い。首相官邸の知識・能力と正統性を強化することにより、政府の「統治不能」状態を打破できるとする前提は、1960年代であれば妥当したかもしれないが、多くの政策領域において、その通用力を失っている。

「政治主導」の構想は、政策形成に必要な知識が「行政」レヴェルに蓄積されるだけで「執政」レヴェルまで充分に届かないところから発生しており、執政権者の側の環境改善・能力強化によって事態は解決する、という見通しをもっている。しかし、今日における執政不能は、政治的決定の主体（政治家）の側の欠如だけでなく、その技術的執行主体（行政官）の側における欠損にも依拠するものであり、さらには、それら主体側の事情よりも、決定や執行の対象となる現代社会という、客体側の事情に依拠するところが大きい。

91）参照、清宮・前掲注2）253頁。
92）参照、清宮・前掲注9）12頁。
93）参照、高橋和之「『強い政府』の憲法思想―ルネ・カピタンの憲法思想」同『国民内閣制の理念と運用』（有斐閣・1994）45頁以下、特に68頁。

現代社会における機能分化の進行によって、そもそも「行政」側にすら政策決定に必要な資源が決定的に不足しており、必要な知識の集約や技術的な執行能力の確保が、優秀だったはずの行政官僚にとっても困難になっている。要するに、現在は、「政治の危機」である以上に、「官僚制の危機」の時代なのであり、これを、「政治主導」によって解決することが幻想であるのと同様に、官僚頼みの政治に戻ることで解決できると考えることも幻想である。とりわけリスク制御の困難さは、制御客体の側の事情によるのであって、「制御（Steuerung）の失敗」は避けられない[94]。

この点で、民主党政権、とりわけ東京電力福島第一原子力発電所事故以降の菅直人政権の半年間は、これから長い時間をかけて検証対象となる、日本の歴史の重要な一齣である。おそらくは、菅首相一己の問題としてではなく、「政治主導」という発想自体のドン・キホーテぶりが、明らかにされることになるのだろう[95]。それと同時に、彼らの「強い政府」幻想は、それを裏打ちすべき「責任政治」の論理をともなってはいたのかどうか、つまり、政府の自律性と引き換えの「責任」と、それを担保させるcontra rôleとしての国会が機能していたのかどうかも、検証の対象になるであろう。

たしかに、一方では、自律性を有する主体についてのみ、「責任」の観念は発生する。憲法が用意した政府には、国会の意向に反した政策の決定・遂行に、「主導」的に邁進するだけの自律性が許されている。それが、内閣が「国会」に対して連帯して「責任」をとるものとする、憲法66条3項の第1の意義である。国会が責任をとらせることなしに、内閣を更迭することはできないのである。しかし、他方で、この論理は、「質問権」に対応する「説明責任」に始まり、「不信任決議」に対応する「（総）辞職」で終わる、〈責任の体系〉が機能していて、はじめて成立する。contra rôleがたしかに存在することを前提に、かかるcontra rôleによる問責に対して政治責任をとる用意なしには、「政治主導」は成り立たない。執

94） Vgl. Renate Mayntz, *Soziale Dynamik und politishe Steuerung*（Campus, 1997）S.186ff.
95） 参照、石川健治「危機の政府／政府の危機」法学セミナー別冊『3・11で考える日本社会と国家の現在（新・総合特集シリーズ1）』（日本評論社・2012）105頁以下。

政・行政の能力の欠損の側面だけでなく、「国民の厳粛な信託」(憲法前文)に対応する「答責性」について、そこに欠損がなかったのかどうか。

一般に、統治機構や「公職」を論ずる場合、合理的に説明可能な〈権限＝審査の体系〉で議論が尽きるものではない。その背景には、「公職」を担うのが生身の「実存としての人間」であることに関わる、〈信託＝責任の体系〉が存在していることに注意すべきである。「公職」の(法的 Kontrolle とは別に)政治的・社会的 Kontrolle を語る場合、主としてそれを担うのは、後者の体系である[96]。たとえば、参議院で問責をされ、あるいは参議院選挙で大敗した場合、政治的には責任をとらなくてはならない。たとえ法的には辞職が必要的ではなくとも、超人首相・菅直人氏を唯一の例外として、フィジカルに持ち堪えられないのが普通であるのは(安倍晋三首相の辞任劇は記憶に新しい)、それが「公職」を担う「実存としての人間」に訴える〈責任の体系〉に関わっているからである。この文脈を掬い上げる憲法条項が、前述した日本国憲法 66 条 3 項である。

こうした責任政治の論理は、政府が統治能力を独占できない現代においてこそ、重要性を増す側面がある[97]。公私が交錯するネットワークに、国家的アクターと非国家的アクターとが参画した、公私協働的な交渉システムに多くを委ねなくてはならない政策領域では、そこに生ずる財政的な欠損や民主的正統性の欠損という構造的な問題を、独力で解決することができない。そうした欠損を埋められるのは、それ自体が contra rôle になりつつある、既存の政治システム全体であろう。

これは、執政作用の支担者の側だけの問題ではなく、contra rôle とし

---

96) それ以外には、「公職」の「権威(Autorität)」に関わる〈象徴の体系〉と、「公職」の現実的活動力に関わる〈財政の体系〉とが重要である。

97) Vgl. Jan Henrik Klement, *Verantwortung* (Mohr Siebeck, 2006). 関連して、同書は、索出的法概念、狭義の法概念、象徴的法概念の 3 つの文脈から「責任」を論じているが、法的実用性を別にしていえば、興味深いのは「象徴的法概念」としての分析と批判である。しかし、1930 年代の権威国家論を踏まえていえば、「象徴」と「責任」は切り離して論じた方がよいと考えられ、本稿は、「責任」を、むしろ生身の人間に関わる実存的概念として、とらえるべきだという立場に立っている。〈象徴の体系〉と〈責任の体系〉を切断するのはその故であるが、両者が相俟って〈権限〉論の背後にある「正統性」論を支えているのも、たしかなことである。参照、石川・前掲注 50)。

ての役割を誰が自覚的に追求するかという問題でもある。その意味では、逆方向の政治原理に振子をふり、contra rôleによる権力均衡に賭けた、戦中の清宮憲法学の苦闘には、いまなお学ぶところが多いといえるのかもしれない[98]。

(3) 妥協と非妥協

このように、清宮四郎の1935年を辿ることで、戦後における清宮憲法学の“巨匠性”がいかにして形成されたのかが諒解できるとともに、1935年の清宮を原型としてみることにより、「抵抗の憲法学」とも評される戦後日本の憲法学の特性が、いかにして造形されたかについても、多くを知ることができる。さらに、「抵抗の憲法学」内部においても、宮沢、清宮ら大正デモクラシー世代が形成したスタンダードに対抗して、「全国憲法研究会」が旧世代を排除して発足した所以は、そこにみられる妥協的性格への反発という観点から理解できる部分がある[99]。

しかし、それだけでは、『権力分立制の研究』と『憲法I』が上梓された直後の、清宮がみせた毅然たる対応を、説明することはできない。今後の問題であるが、本稿を閉じるにあたり、一言しておくことにしたい。

1957年に政府の「憲法調査会」が発足した折、清宮は招請を断り、1958年からの「憲法問題研究会」の活動に参加した。「社会に向けての発言に日ごろ控えめな清宮だが、この研究会の活動には一貫して熱心であった。とりわけ憲法9条については、自分自身の態度をはっきり示すことをためらわなかった」[100]。

志操のしなやかな強靭さというよりは、そこに示された態度決定の剛直さ。清宮の振子は、いつになく力を込めて、時勢とは正反対の方向へと、振り出された。これはなぜだったのか。その1つのヒントは、ジュネーヴ

98) この方向で、均衡に力点を置いた統治システムの構想としては、石川健治「持続する危機―国民・議会・執政のトリアーデ」ジュリスト1311号(2006)2頁以下、がある。

99) この点で、きわめて興味深いドキュメントは、稀覯本ではあるが、尾高朝雄ほか『20代の知性50代の英知』(新日本教育協会・1955)である。この時代における50代と20代の世代間ギャップには、唖然たらざるをえない。

100) 参照、樋口陽一「清宮四郎 または『憲法問題調査委員会』から『憲法問題研究会』へ」法学セミナー665号(2010)巻頭言。

のメタルから届けられた1冊の書物にある。

時の人エルンスト・ルドルフ・フーバーの『ドイツ史における軍隊と国家』[101]。清宮の手沢本には、メタルの筆跡で、「20行、1938年11月1日」とある。いつものように清宮は、一切の手を抜くことなく線を引きながら、ジャケットの広告文から最終頁までを精読した。京城から欧州に向けての最終便となるはずの20行に、清宮が何を込めようとしたのか。

> 軍隊と国家の間、国防秩序と、国民の政治的基本秩序つまり憲法、の間には、相互に内的な結びつきがある＝一方では「国防秩序の重要な原理はすべて、憲法全体の連関の中でのみ把握され得る」のであり、他方では「いかなる生命力ある政治的秩序も、それに相応した軍事的体系を鋳造する。一般的な憲法原理は、その沈殿物を国防制度の中に見出す」のである。「国防制度の歴史が示すのは、政治的秩序態と軍事的秩序態の独特の相互作用である」(7頁、8頁)。国防制度と政治的秩序の関係においては、外的な相互作用や、相互の刺戟や交配ではなく、内的な一致こそが決定的だ、とされる(9頁)。
>
> 従来の、国防体制を総体憲法の中に位置づけることをのみ留意する憲法史研究とは反対に、フーバーは「この作品で、まず何よりも、国防秩序が有する憲法秩序形成力——だからといって逆向きの作用が否定されることにはならないが——」を強調しようと試みている(11頁)。かような基本姿勢から、ゲルマン古代から世界大戦終結に至る、ドイツの軍制の歴史的発展が、叙述されるのである。ドイツの国防制度の歴史的変遷を知るのは、非常に面白い。だが、それを正しく把捉するためには、フーバーのいうように、政治的総体憲法との内的連関を明晰に把握しなくてはならない。そのためにフーバーの近著が貢献するところは大きい[102]。

注文の行数をオーバーしたが、それでもわずかに23行。扉の解説文を読んだだけでも書けそうな文章ではあるが[103]、清宮はこれをあくまで丁

---

101) Vgl. Ernst Rudolf Huber, *Heer und Staat in der deutschen Geschichte* (Hanseatische Verlagsanstalt, 1938).

102) Vgl. Kiyomiya, a. a. O. (Anm. 1). 清宮『一般国家学』ふうに訳してみた。

103) ちなみに、ジャケットの広告文自体は相当な力作であって、そこには「振子」までが登場しており、清宮はそのすべてにサイドラインを引いている。「一方では、政治的指導と軍隊

寧に仕上げている。「国防秩序が有する憲法秩序形成力（verfassungsgestaltende Kraft der Wehrordnung）」という定式を抜書きする清宮の、痛切な想いが直に伝わってくるようである。

この年の2月には、ヒトラーがついにオーストリアを併合し、想い出に美化されたウィーンの街はナチスの軍靴に蹂躙された。5月に徐州が陥落したといえば、京城府を挙げての提灯行列に参加するよう、教授会スタッフに通知が回るご時世である[104]。7月には、日中戦争開始1周年を期して国民精神総動員朝鮮連盟が発足し、憲法の講義中、ケルゼンの純粋法学をもちだして皇道精神の批判を試みた朝鮮人学生には、教室外ではそういう話をしないよう、清宮の方からたしなめなくてはならないような空気になっていた[105]。

軍と民を分離し、軍制（軍の憲法）と国制（市民の憲法）を切断するのが、近代憲法秩序の本質的特徴であるにもかかわらず、実際には軍制が国制を規定し続けてきたことを、フーバーは活写した。執政権の核心は軍事作用であり、執政権の制御はまずもって軍隊の制御を意味した。しかし、たとえば軍制が優位にあるプロイセンで、議会制がいかに無力であったか、また逆に、軍隊の指揮命令権を含む全権を、議会が掌握しようとした第一次大戦後の取り組みが、いかに無残な失敗に終わったか。それを、フーバーはドイツ史の中に跡付けている[106]。

いずれも、同時代の日本の憲法学者にとっては心底から共感できる論旨であり、15年戦争中の京城におけるこの本の精読体験は、清宮にまさし

指揮（ヴァレンシュタインと皇帝）の完全分離、他方ではそれらの完全融合（フリードリヒ大王）、の間で振子を振り動かすのは」興味深いという感想をもらし、「軍隊と軍制が強度の国家形成力（staatsbildende Kraft）を示す」と述べるなど、清宮書評とはややタッチが違っており、そのことが清宮の生真面目な仕事ぶりを裏づけている。

104）長谷川理衛が、伝説のWalz読書会で利用した、Walz, a. a. O.（Anm. 20）より発見（ソウル大学中央図書館古文書資料室）。旧京城帝国大学蔵書には、ごく稀に、当時の定期試験問題や教授会資料などが挟まれている場合がある。

105）参照、李忠雨『京城帝国大学』（多楽園・1980）247頁。

106）もちろん、著者フーバー自身の狙いは、国防制度の崩壊は、国民から一体性と秩序とを奪い、混沌と政変と内戦の海に沈めてしまうことを、歴史的に跡付け、ライヒにおける軍隊の立て直しの必要性を訴えるところにある。Vgl. Huber, a. a. O.（Anm. 101）S.443f.

く深い刻印を残したであろう。この体験は、軍制を国制から徹底的に切り落とした憲法９条に対する、清宮の意外なほど強いコミットメントの、基礎づけになっていることは間違いない。そのようにして、軍制の影響を一切受けない国制を構築し、明治このかた武張った社会であった日本社会から、一切の毒を抜こうとしたのかもしれない。ともあれ振子は、最大限の力で、振り出されたのである。

第3章

決定―アーカイヴズ―責任

〈3.11〉と日本のアーカイヴァル・ポリティクス

蟻川恒正

追及者「原発で次にまた過酷事故が起ったとき、責任をとれるのか。」
答弁者「再稼働は、私が責任をもって決定します。」
これは、噛み合った会話ではない。なぜなら、追及者と答弁者が共通に用いている「責任」の語の意味が2人の間で同一ではないからである。だが、〈3.11〉の悲劇のあと、この禅問答にも似たやりとりを、我々は、関西電力大飯原子力発電所の再稼働決定に向う政治過程のなかで、幾度となく目撃している。大飯原発再稼働問題を場として展開した追及者と答弁者とのかかる平行線状況は、しかし、決して大飯原発再稼働問題に限られるものではなく、日本の政治過程に繰り返し現われる「危機」の展開局面の象徴的事象である。本稿の意図は、この平行線状況を産み落す構造的原因を、「政府の重要な意思決定」を行う会議体における議事録作成の不充分さとそれを正当化する政治家の弁明のなかに跡づけ、会議体の議事録作成という行為が「責任」観念にとって持つ決定的意義を明らかにすることにある。

序

ここに禅問答がある。

原発で次にまた過酷事故が起ったとき、責任をとれるのか。
再稼働は、私が責任をもって決定します。

追及者と答弁者は、同じ「責任」の語を用いて問答しているから、あたかも議論が噛み合っているかのようであるけれども、2人によって共通に用いられている「責任」の語の意味は、同じではない。もとより、いずれの「責任」観念にも、それぞれ複数の含意が付着していて、一通りではいかないが、追及者のいう「責任」が、主として、過酷事故が起ってしまった場合の事態の収拾可能性を指しているとすれば、答弁者のいう「責任」は、原発を再稼働するという危うい決定をしたことに対する批判は挙げて自分が引き受けるということを主に表現しているとみて、大きな誤りはないであろう。

すなわち、2人の議論はすれ違っている。

答弁者が、答弁者のいう意味での「責任」をとったとしても、それは、追及者のいう意味での「責任」をとれることをなんら意味しない。そもそも、将来過酷事故が起きたとして、その時に、現在の答弁者が追及者のいう意味での「責任」を実際に負担させられる見込みは限りなく零に近い。答弁者は、追及者のいう「責任」はしょせん自分には火の粉の及ばない余所事と考え、安んじて答弁者としての「責任」をみずからに帰せしめることができる。

だが、そうであるならば、翻って、追及者の側としても、単に追及者のいう「責任」を振り回すだけで能事足れりとしていてはいけないのではないか。答弁者は、政治の当局者である。民主主義社会にあって、政治の当局者は、みずからの権限行使に対する批評・論難にさらされる必要があるが、それは、公衆による批評・論難こそ、政治の当局者に、その権限行使が違法ないし不当であることについて考え直させるための民主主義社会の第1の動力だからである。そうであるなら一層、追及者による「責任」追及は、答弁者の「責任」意識に響くものでなければ意味がない。そうでない追及は、民主主義社会の上記のごとき運行を有効に起動せしめないからである。

追及者が追及しようとする答弁者の「責任」が、答弁者自身がみずから負担しなければならないと考える「責任」から余りに隔っていたら、政治的討議は禅問答に堕すほかはない。

以上の概観から取り出される本稿の提案は、いたって素朴なものである。

それは、追及者が追及しようとする「責任」と答弁者が負担しようとする「責任」とを相互に近づけていく必要があるのではないかということである。

追及者のいう「責任」は、過酷事故が将来起きた場合を想定した、主として事故後の処理の見透しにかかわる「責任」であり、答弁者のいう「責任」は、再稼働決定の時点での、主として決定それ自体についての「責任」である。現在の答弁者のいう「責任」は、将来起るか起らないかわからない当の事態が到来する前に雲散し、逆に、万一当の事態が起ってしまった場合に関する、追及者のいう「責任」は、その追及の連鎖が現在の答弁者へと遡源する前に霧消する。

答弁者にまで遡る手前で消失する追及者のいう「責任」と、当の事態に至るまでに消失する答弁者のいう「責任」を、それぞれ両側から近づけていって、どこかの地点で限界的に一致させることが可能であるとしたら、追及者と答弁者の間にあった「責任」の懸隔は解消され、本稿劈頭の追及と答弁は、はじめて噛み合うものとなる。

だが、この2つの「責任」は、決して同一の線上の両端に配置されるような簡単な関係にはない。したがって、2つの「責任」の限界的一致点をつきとめるといっても、それだけではいまだ観念的なイメージの域を出ない。2つの「責任」の限界的一致点をつきとめるとは、具体的には、再稼働決定それ自体についての「責任」(答弁者のいう「責任」)が、想定される過酷事故の収拾可能性(追及者のいう「責任」)についての可能な限り確定的な見透しをふまえたものになっているといえるための条件を探ることであろう。そのような条件が充たされているかどうかを見極めるための最も重要な指標のひとつは、当該再稼働決定に際して、決定に至るまでの意思形成過程を記録した議事録が作成され、それが必要に応じて然るべき条件のもとに公表できる状態に置かれているかどうかということにほかならない。議事録が残されていれば、過酷事故の収拾可能性について答弁者が可及的に確定的な見透しをふまえたうえで再稼働決定に及んだのであるか否かを、追及者が想定した過酷事故の時点に立って検証することが可能となるからである。

追及者のいう「責任」と答弁者のいう「責任」とを相互に近づけるという本稿の提案は、こうして、――議事録の作成という中間項を導入することにより――アーカイヴズ(archives)という問題野[1]を経由して接近を図られるべき課題として、そのおぼろげな輪郭を現わす。

---

1) アーカイヴズという問題野に属する筆者の旧稿として、蟻川恒正「文書館の思想」現代思想32巻12号(2004)81～93頁がある。

アーカイヴズとは、端的にいえば、文書館ないし記録の保管庫を指すが、近年では、より過程的に、その発生・管理・公開・保存・廃棄という記録のライフサイクルを観念し、記録にかかわるさまざまな問題をこの一連のサイクルのなかに位置づけて議論する発想枠組を、アーカイヴズの名に託して措定することが多い。

このような発想枠組は、文書館学（archival science）（アーカイヴァル・サイエンスを伝統的な文書館学から区別し、その発展ないし克服の形態とみなす立場もあるが、以下では、そのような意味でのアーカイヴァル・サイエンスも含め、文書館学と略称する）のディシプリンにおいて形成されてきたものである。だが、文書館学では、発生から最終処分に至る記録のライフサイクルのなかでも、記録の作成の段階に対する取り組みが手薄であった。そのことにはやむをえない側面がある。発想体系としての文書館学は、もともと、専門職としてのアーキヴィスト（archivist）の規律訓練体系に発するものであったが、従来、それぞれの原組織に任されていた記録の作成段階は、アーキヴィストの介入を許さない聖域として、文書館学による直接の規律が及ぼされることを最も遅くまで拒み続けてきた記録段階であったからである。

だが、とりわけ、2001年4月1日、行政機関の保有する情報の公開に関する法律（以下「情報公開法」とする）が施行され、情報公開制度が一定の経験を蓄積するなかで、作成されていて然るべき文書が作成されていなかったがゆえに文書不存在を理由とした不開示決定が下される事案が増加すると、情報公開制度は同時に記録の作成段階までも視野に入れた文書管理制度を整備するのでなければ十全には機能しえないとの認識が強くなっていった[2)]。文書の作成義務に関する規定を盛り込んだ公文書等の管理に

2）この認識を2001年4月の情報公開法の施行前から比較法的知見のうえに有し、情報公開法としてのFOIA（情報自由法）とは別に「連邦記録法、大統領記録法、記録処分法等の文書管理法が存在する」アメリカ合衆国の法状況と対比させながら、「文書管理法制の整備が情報公開法の整備に先行したアメリカと異なり、わが国の場合、文書管理体制が必ずしも十分に整備されていない状況にあり、情報公開法に対応した文書管理体制の整備が、情報公開法の施行前の大きな課題となる」と剔抉していた宇賀克也『アメリカの情報公開』（良書普及会・1998）350～351頁を参照。

関する法律（以下「公文書管理法」とする）が、2011年4月1日、施行されたのは、こうした消息を受けてのことである。だが、文書の作成義務に関する同法の規定は、要件・効果ともにあいまいな部分を残したから、記録の作成段階をどう規律するかという課題は、同法制定によっても解消したわけではなかった。

そのような背景のもとに、〈3.11〉は起った。そうして、大震災の対応に当らせるために時の民主党政権（民主党と国民新党との連立政権）によって設置されたほとんどの会議で議事録が作成されていなかった事実が、2012年1月27日、明らかとなった。議事録未作成という事態が生じたのは、上述した文書の作成義務に関する公文書管理法の規定があいまいな部分を残していたからであるともいえる。だが、それ以上に、この事態は、そもそも、アーカイヴズをめぐる問題意識が日本の公権力担当者の間で共有されていなかったことによるところが大きい。

はじめに、この議事録未作成問題をいとぐちとして、本稿がそれに定位するとともにそれをささやかでもさらに開拓していこうと考えるアーカイヴズという問題野に肉薄することを試みたいと思う。

1　非常のアーカイヴズ

(1)

東日本大震災の対応を協議するために民主党政権が設置した15の会議中、実に10の会議（原子力災害対策本部、緊急災害対策本部、被災者生活支援チーム、政府・東京電力統合対策室、電力需給に関する検討会合、原発事故経済被害対応チーム、官邸緊急参集チーム、各府省連絡会議、経済情勢に関する検討会合、電力改革及び東京電力に関する閣僚会合）において議事録が作成されていないこと[3)]が、2012年1月27日、内閣府名義でとりまとめら

3)　このうち、議事録のみならず議事概要も未作成であったのは、原子力災害対策本部、緊急災害対策本部、被災者生活支援チームの3会議である。政府・東京電力統合対策室、電力需給に関する検討会合の2会議は、議事録は未作成だが議事概要を一部作成している。議事概要のみならず議事録も作成していたのは、原子力被災者生活支援チーム、復興構想会議、除染及び特定廃棄物処理に関する関係閣僚会合、エネルギー・環境会議の4会議である。復興

れた「東日本大震災に対応するために設置された会議等の議事内容の記録の作成・保存状況調査について」で明らかにされ、同日の閣僚懇談会で公文書管理担当の岡田克也副総理によって報告された。これは、NHKが2011年11月、その時点までに原子力災害対策本部として開かれた21回の会議の議事録等の資料の情報公開請求を行ったところ、公開されたのが各回の簡単な議事次第のみであったことがきっかけとなっている。NHKが取材を進め、2011年末の時点で同本部の23回の会議の議事録等が作成されていなかった事実が発覚したことを受け、藤村修内閣官房長官は、2012年1月23日の記者会見で、政府として調査を進め、「去年3月にさかのぼって」議事録を作成したいとの意向を明らかにしていた[4)]。

議事録未作成問題とは、直接には、2012年1月27日に公表された内閣府のとりまとめによる上記各会議ごとの記録作成実態とそこに示唆される

対策本部は、議事概要は未作成だが議事録は作成していた。以上における議事録と議事概要の区別ないしその前提となる定義について、「東日本大震災に対応するために設置された会議等の議事内容の記録の作成・保存状況調査について」〈http://www8.cao.go.jp/chosei/koubun/topix/shinsai_kaigitou_kiroku.pdf〉は、別紙の表に、議事概要を「当該会議等の議事内容、決定に至る検討過程等の要点を簡潔にまとめたもの」、議事録を「当該会議等の審議における発言の内容が詳述されているもの」と注記している。なお、「審議における発言の内容」の開示を重要とする観点からは、発言内容に発言者名の記載が伴っている場合が効用は大きい。「行政文書の管理に関するガイドライン」(2011年4月1日内閣総理大臣決定)〈http://www8.cao.go.jp/chosei/koubun/hourei/kanri-gl.pdf〉は、「第3 作成」において、「審議会等や懇談会等の議事録については、法第1条の目的の達成に資するため、当該行政機関における経緯も含めた意思決定に至る過程並びに当該行政機関の事務及び事業の実績を合理的に跡付け、又は検証することができるよう、発言者名を記載した議事録を作成する必要がある」と規定している。この点につき、「現用文書については、例外的な場合に発言者名を不開示にしなければならないことがありうるとしても、特定歴史公文書等については、審議・検討・協議に関する情報としての利用制限は認められておらず、また、発言者名を公にすることが事務・事業に支障を与えることも考えにくい。個人に関する情報として利用制限する必要も、特定歴史公文書等については容易に想定し難い。したがって、特定歴史公文書等であれば、通常、発言者名については利用制限されずに、これを知ることができよう。しかし、初めから発言者名が議事録に記載されていなければ、特定歴史公文書等になっても、発言者名が明らかにならないので、発言者名入りの議事録を作成する必要があるとされたことは意義がある」と指摘する宇賀克也『逐条解説 公文書等の管理に関する法律〔改訂版〕』(第一法規・2011)68頁を参照。

4) 2012年1月23日NHK「東京電力福島第一原発事故関連ニュース」〈http://www3.nhk.or.jp/news/genpatsu-fukushima/20120123/1410_gijiroku.html〉。

諸問題を指す。だが、問題の一端は2011年3月30日にはすでに明るみに出ていた。すなわち、枝野幸男内閣官房長官は、同日行った記者会見のなかで、政府・東京電力統合対策室において議事録が作成されていない旨をすでに述べているのである[5]。もしこのときに政府として早急な対処策を講じていたならば、議事録未作成問題といわれるものの少くとも外貌は相当程度縮小されていたかもしれない。しかし、政府はその機会を逸しただけでなく、次に訪れたもう一度の機会をも失うこととなった。枝野官房長官は、2011年5月11日の記者会見で、「原子力災害対策本部などについては、一定の議事メモは残っていると思うが、危機管理、危機対応なので議事録をとるような場がほとんどなかったのが実態だ」[6]と述べ、原子力災害対策本部などで議事録が作成されていないことを認めている。民主党政権は、二度にわたり、議事録未作成問題を最小限で抑え込むための好機をみすみす逃したのである。

だが、穿っていえば、この政権は、好機をみすみす逃したのでさえない。なぜなら、この政権は、上記二度の機会をそもそも好機だとは考えていなかった節があるからである。たとえば、先にふれた2011年3月30日の枝野官房長官の記者会見では、「統合本部はいわゆる会議というより、会議を始めます、会議を終りますというような会議体というよりは、随時関係者間で様々な議論や情報交換を行っている場だ。そのやりとりを、個人的に適宜メモしている方はいるかもしれないが、統合本部として、あるいは政府として議事録を作成を〔ママ〕しているものではない。その議論や情報交換の中身については、すみやかに記者会見などで報告し、また質問にお答えして東電の方で発表させて頂いている」[7]と述べているが、そこに示されているのは、政府・東京電力統合対策室は「議論や情報交換を行っている場」であって、決定の場ではないのだから、本来からいっても議事録は作成しなければならないものではないという認識であって、議事録を作成し

5）「枝野官房長官の会見全文〈30日午後5時前〉」2011年3月30日 asahi.com〈http://www.asahi.com/special/10005/TKY201103300446.html〉。

6）「枝野官房長官の会見全文〈11日午後4時〉」2011年5月11日 asahi.com〈http://www.asahi.com/special/10005/TKY201105110360.html〉。

7） 前掲注5）「枝野官房長官の会見全文〈30日午後5時前〉」。

ていないことに対する反省ではない。同様に、2011年5月11日の枝野官房長官の記者会見での、先に引用した、「原子力災害対策本部などについては、一定の議事メモは残っていると思うが、危機管理、危機対応なので議事録をとるような場がほとんどなかったのが実態だ」という言葉が示しているのも、危機時には「危機対応」をこそするのが本筋であるのだから、記録はさしあたり「議事メモ」程度が残っていればそれで充分である、という認識である。要するに、上述した二度の機会は、議事録未作成問題を考え直す好機となるどころか、議事録未作成の弁明をする機会に充てられたのである。二度の機会をやりすごした民主党政権においては、2012年1月27日に白日のもとにさらされた議事録未作成問題は、起るべくして起ったものというほかはない。

では、議事録未作成問題をかく呼び込んだ民主党政権における会議体の議事録作成に関する基本認識はいかなるものであったのか。この点については、それぞれの時点で議事録未作成の実態を少くとも部分的には把握しながらもいずれについてもその事態の弁解に終始するにとどまった2011年3月30日と同年5月11日の枝野官房長官による2つの記者会見で用いられた論理のなかに、重要な手がかりが潜んでいるはずである。果して、2つの記者会見からは、会議体の議事録の作成に関する民主党政権の基本認識を示唆する2つの観点を指摘することができる。

第1は、会議体構成員の自由な意見(情報)交換を議事録作成の要請から除外することによって尊重しようとする観点である。「統合本部は……随時関係者間で様々な議論や情報交換を行っている場だ。……統合本部として、あるいは政府として議事録を作成[ママ]をしているものではない。その議論や情報交換の中身については、すみやかに記者会見などで報告し、また質問にお答えして東電の方で発表」しているという先にみた2011年3月30日の枝野発言からは、政府と東京電力の統合体である政府・東京電力統合対策室に関して、「政府として」議事録を作成するつもりがない旨や(記者会見などを別として)「東電の方で発表」している旨を答えている点において、政府として議事録作成の要請に応えようとする姿勢の乏しさをうかがうことができるし、そのことは、同じ3月30日に、東京電力の会長が、「[統合対策室の会議に関して] 記録的なものはあります。これについては今後、私たちとしてもしっかりと検証していくことになりますが、私たちだけのものではなくて、経産省や官邸と共同で所有しているものということなので、こうした調整が今後どうなるかによるかと思います」[8)]と原発事故後初の記者会見で述べていたにもかかわらず、結果として「経産省や官邸」が議事録未作成問題の発覚までに特段の措置を講じなかったという事実によって、補強的に確認することができよう。

それならば、議事録作成の要請に充分応えようとはしなかった政府の姿勢は一体何によってもたらされたものであるのか。この点についても、上記の枝野発言が事態の消息を伝えている。「随時関係者間で」行われる「様々な議論や情報交換」は、議事録作成という形での厳格な記録作成の要請にはなじまないという論理である。この論理には、一応聴くべき理がある。自由な「議論や情報交換」を保障するうえでは、議事録は障碍となりうるからである。議事録が残されるということは、事後の責任追及の可能性を開くことになるが、責任が及ぶことに頓着せず多様な考えをざっくばらんに出し合うことが必要な局面はたしかに存在する。けれども、問題は、政府・東京電力統合対策室や大震災対応のために設置されたその他の諸会議での議論が果してそうした局面に当るか否かであり、その判定(のための基準ないし手続)をあいまいにしたままで「随時関係者間で様々な議論や情報交換を行っている場」であると断定するとしたら、それはもっぱら当該「関係者」への責任追及を免れさせるための便法にすぎないと難じられても仕方がない面があろう。

会議体の議事録の作成に関する民主党政権の基本認識を示唆する第2の観点は、議事録作成の要請を原則として業務遂行に随伴する基本的な要請とは見ないというものである。これについては、2011年5月11日の記者会見での枝野発言から引こう。記者会見で、枝野官房長官は、政府が近く発足させる原発事故調査委員会においては「多分この間の記憶に基づく証

---

8) 勝俣恒久東京電力会長の発言。「東電の勝俣会長は『統合対策本部の記録はある』と言っている」2012年1月23日 Business Media 誠〈http://bizmakoto.jp/makoto/articles/1201/23/news048.html〉。なお、ブラケット内は筆者による。以下同じ。

言を求められることになるだろう」[9] と述べ、「原子力災害対策本部などについては一定の議事メモは残っているが、危機管理対応で議事録を取る場がほとんどなかったのが実態だ」と大震災発生当初の状況について述懐しているが、ここに現われているのが、上記第2の観点である。原子力災害対策本部において議事録が作成されなかったのは「危機対応」に手一杯だったからだとの実感を吐露した枝野発言は、一見すると、危機時に限定して、議事録作成の要請が「危機対応」の業務遂行に劣後した旨を述べたもののようにもみえる。けれども、議事録未作成が発覚した後になお、しかも、原発事故調査委員会による調査が迫っているにもかかわらず、議事録の早急な準備が指示されていないところから推すなら、議事録作成の必要は「危機対応」の業務との関係においてのみならず業務遂行一般との関係でも劣後するとの観念が政府の認識を暗黙に規定していたといえそうである。なぜなら、もし議事録作成の必要を原則として承認したうえで、今回は「危機対応」の切迫性ゆえに例外的に議事録作成の必要性が減じたというのであるなら、原発事故調査委員会での調査を控えた状況下においてであれば、原則に帰って議事録の事後作成が命じられて然るべきであるところ、そうした展開がみられないどころか、「記憶に基づく証言」で乗り切ろうとしているともとれるような発言を官房長官がしているからである。政府が議事録作成の必要性を緊急時においても「例外」の余地を許さない絶対的要請と解していないことがここでの問題なのではない。政府は議事録作成の必要性を（例外を許容する）「原則」としてすら認めていない。そのことが議事録未作成問題によって図らずも露呈したというべきであろう。そこにみられるのは、議事録作成の必要性を業務一般の必要性とは異質な外からの付随的要請にとどまるものとして位置づける姿勢、突き詰めていえば、議事録の作成をそもそも通常の業務とは見ない姿勢である。

会議体における議事録の作成に関する民主党政権の基本認識を示唆するものとして、第1に、会議体構成員の自由な意見（情報）交換を尊重する観点と、第2に、議事録作成の要請を会議体の業務一般の必要性とは異質

9）前掲注6)「枝野官房長官の会見全文〈11日午後4時〉」。

な外からの要請とみる観点の２つがあることをみた。議事録未作成問題は、この２つの観点が複合的に作用した帰結である可能性がある。

（2）

以下では、議事録未作成問題についてのこのような説明可能性の可否を、議事録未作成問題の原因と改善策の提示を付託された公文書管理委員会での議論に即して検証する。

公文書管理委員会は、公文書等の管理について改善すべき旨の勧告（公文書管理法29条3号）をはじめ、公文書等の適切な管理に関して、第三者的見地から調査・審議を行うことを目的として、2010年6月28日、内閣府に設置された専門機関である。

2012年1月27日、内閣府のとりまとめによる「東日本大震災に対応するために設置された会議等の議事内容の記録の作成・保存状況調査について」が公表され、議事録未作成問題が明るみに出た後、公文書管理委員会（御厨貴委員長）は、同年２月３日開催の第12回委員会において、岡田副総理から、議事録未作成問題の原因分析と改善策の提示を求められた。同委員会は、各会議へのヒアリング等を行ったうえで、その結果を、同年４月25日開催の第18回委員会において、「東日本大震災に対応するために設置された会議等の議事内容の記録の未作成事案についての原因分析及び改善策」（以下、「原因分析及び改善策」とする）としてとりまとめている。

会議体における議事録の作成に関する民主党政権の基本認識を示唆する上記２つの観点のうち、はじめに、第２の観点に即して考察する。

「原因分析及び改善策」のなかの「原因分析」の部分は、各会議ごとに、ヒアリング結果をも示しつつ、議事録未作成の原因と考えられる点を指摘しているが、ここでは、典型的な問題状況を、原子力災害対策本部と緊急災害対策本部との対比によって確認しよう。

緊急災害対策本部について、「原因分析及び改善策」は、「緊急災害対策本部では、差し迫った状況への対応を優先するという観点から、また、緊急災害対策本部報などの記録を作成し、本部の開催状況、本部での総理指示、決定事項等を記録・公表していることにより、議事録又は議事概要を作成することが公文書管理法上求められていないと認識していたことから、議事録又は議事概要が作成されなかった」[10]という。議事録未作成の原因としては、「差し迫った状況への対応を優先する」ことと「議事録又は議事概要を作成することが公文書管理法上求められていないと認識していた」こととの二点が挙げられているのだが、このうち、より一般的なのは、前者、すなわち、「差し迫った状況への対応を優先する」ことであろう。だが、この要素は、見かけ上の強力さにもかかわらず、議事録未作成問題における事柄の本質と切り結んではいない。なぜなら、大震災に対応する復旧復興活動は依然焦眉の急とはいえ、2011年3月の東日本大震災からすでに10か月余りを経た2012年1月時点でなお議事録が未作成であり続けている事態は、「差し迫った状況への対応」を理由とするにはいささか時機を失しているといわなければならないからである。

このことの意味を明らかにするうえでは、「原因分析及び改善策」が、原子力災害対策本部での議事録の未作成について、「震災直後の多忙を極める状況下において、即時に議事内容の記録を作成することは困難であったにせよ、事後作成の場合の期限や、記録の作成状況の確認体制が不十分であったことが、未作成の状態のまま放置される事態を招いた」[11]と記載している点が、重要である。そこでは、「震災直後の多忙を極める状況下」を脱し、「差し迫った状況への対応」の必要性がなくなった時点に至っても、なお議事録が未作成である理由として、「事後作成の場合の期限や、記録の作成状況の確認体制が不十分であったこと」が指摘されており、議事録未作成問題の急所が、その見かけとは違い、「差し迫った状況への対応」という要素の有無にはないことが、いくぶんあいまいな物言いにとどまってはいるものの、しかと記されているからである。

この点で、より率直な表現がみられるのは、「原因分析及び改善策」での記載のもとになった「『原子力災害対策本部』に関するヒアリング結果」である。これは、公文書管理委員会の2012年2月29日開催第14回委員会の配布資料として公表されているものであるが、それによれば、「震災

10）「原因分析及び改善策」〈http://www8.cao.go.jp/koubuniinkai/iinkaisai/2012/20120425/20120425torimatome.pdf〉3頁。

11） 同前2頁。

後の過酷な状況で事故対応に集中しており、4月1日に施行される公文書管理法令の規定等の勉強は行えなかった」なかで、「震災発災当初は、緊迫した状況の中で多忙を極めており、本部の議事録・議事概要に対する認識が不十分だったため、議事録・議事概要が作成されていなかった」けれども、その後も、「複合災害という状況の下で原子力災害対策本部に関する政府内での役割分担を整理しないままに本部会合の開催が積み重なるとともに、本部の議事録・議事概要を作成するという認識が不十分なままの状態が続いたため、業務が比較的落ち着いた後も、議事録・議事概要が作成されていなかった」というのである[12)]。ここには、「差し迫った状況への対応」の必要がある場合（「震災発災当初」）もない場合（「業務が比較的落ち着いた後」）も、「本部の議事録・議事概要に対する認識」（ないし「本部の議事録・議事概要を作成するという認識」）が「不十分だった」（ないし「不十分なままの状態が続いた」）ことが、少くとも原子力災害対策本部に関する限り、議事録未作成問題の根幹に存したという説明が与えられているのである。この「ヒアリング結果」では「本部の議事録・議事概要を作成するという認識が不十分なままの状態が続いた」という表現であった部分が、「原因分析及び改善策」では「事後作成の場合の期限や、記録の作成状況の確認体制が不十分であった」という表現に書き直されている。そのことによって問題の焦点が技術的な点にぼかされてしまった観はあるが、事柄の本質が「本部の議事録・議事概要に対する認識が不十分だった」という点にあることは明らかだろう。

だが、事柄の本質が技術的細部に宿るのも、同時に、また事実である。「ヒアリング結果」における「事後作成の場合の期限や、記録の作成状況の確認体制が不十分であった」という記載は、ヒアリングの際の「説明者」であった者（「総括文書管理者（経済産業省大臣官房長、内閣府大臣官房長）」・「事務局の事務方責任者（経済産業省原子力安全・保安院院長）」・「現場の様子を知る職員（経済産業省原子力安全・保安院企画調整課長）」）[13)] の発言に

12）「『原子力災害対策本部』に関するヒアリング結果」〈http://www8.cao.go.jp/koubuniinkai/iinkaisai/2011/20120229/20120229haifu1-1.pdf〉2頁。

13） 同前1頁。

もとづくものである。「原因分析及び改善策」は、これを、「本部の議事録・議事概要を作成するという認識が不十分なままの状態が続いた」という記載へと編集したのである。この編集によって何が編集されたのかを復元する必要がある。総括文書管理者らが「事後作成の場合の期限や、記録の作成状況の確認体制が不十分であった」と言ったとき、果して、総括文書管理者らの脳裡に、「事後作成の場合の期限」を設定し「記録の作成状況の確認体制」の根幹を構築する役割を担うべきは総括文書管理者以下の者ではないはずだという認識はなかったか。すなわち、「本部の議事録・議事概要を作成するという認識が不十分なままの状態が続いた」という記載を読む限り、「不十分な」「認識」の主体として想定されるのは総括文書管理者以下の者であると捉えるのが自然であろうけれども、当の総括文書管理者以下の者からすれば、「事後作成の場合の期限や、記録の作成状況の確認体制が不十分であった」ことの第一次的責任は、原子力災害対策本部の正式の構成員に帰せられるべきであると考えられていた可能性はないのか。ここに、正式の構成員とは、本部長（内閣総理大臣）と副本部長（経済産業大臣）のほか、多くの大臣（2011年4月11日以降は、全国務大臣）と内閣危機管理監ら（2011年4月11日以降は経済産業副大臣が本部員に加えられている）からなる本部員を指す[14]。歴代の警視総監が就くことの多い内閣危機管理監を除き、本部長（内閣総理大臣）・副本部長（経済産業大臣）だけでなく、本部員も原則として政治家である。総括文書管理者以下の者ないし事務局は、「事後作成の場合の期限や、記録の作成状況の確認体制」の決定の責任は第一次的には政治家が負うべきであると考えている可能性がある[15]。

14） 同前1頁。

15） 会議体における議事録の不作成は、従来、当該会議体の事務局を担当する官庁の責に帰されることが多かった。実際、事態の実質が官僚の側の事情に主として起因した場合も少くない。だが、そのようなステレオタイプで現象に接近することが、政治家の側にもあるはずの「問題」を隠蔽する結果につながりやすいことにも注意を向ける必要がある。後注55）を参照。議事録未作成「問題」が岡田副総理によって公表された際、「民主党政権になってから始めた各省の政務三役会議でも、多くは官僚を入れず、議事録は「決定の場ではないので作っていない」（藤村官房長官）。今回の記録不備は、脱官僚にこだわった民主党による不透明な政策決定システムが背景にあるといえる」（2012年1月28日付朝日新聞朝刊）という報

それならば、「本部の議事録・議事概要を作成するという認識が不十分なままの状態が続いた」ことの主たる責任は、果して、政治家が負うべきなのか、それとも、総括文書管理者以下の者が負うべきなのか。

この点でも、「ヒアリング結果」は考察に資する。一般に、会議の録音をとっておくことは、会議体において議事録を作成する場合の、とりわけ議事録未作成問題がそうであったように事後的に議事録を作成しなければならなくなった場合の、最も効果的な手段といえる。「ヒアリング結果」には、会議の記録に関して、「本部会合のやりとりについて録音するとあらかじめ会議開催要領等の文書で定められておらず、発災直後の緊迫した状況のなかで、録音する了解を本部長等から取ることは困難な状況だったため、録音することは困難であったと考えられる」と[16]の記載があるが、ここには、内閣総理大臣である本部長以下の政治家が、議事録を作成するうえで最も効果的な手段であるはずの録音をすることに消極的であった可能性——少くとも、総括文書管理者以下の者からみて、録音をすることに消極的であるように見えたであろうこと——[17]が、示唆されている。

道がなされた。仮にそうした「背景」があったとしたら、そうした「背景」が「背景」のままに終らず、いわば「前景」にせり出したその消息を解明する作業が不可欠となるはずである。そのような作業を欠いた民主党政権（政治家）の断罪は、今日も繰り返されている官僚叩きの単なる不毛な反転にすぎない。筆者が試みようとしたのは、上記消息を具体的な事実ないしその解釈のうちに探る作業を行うための枠組作りであったが、本小稿は、そうした枠組作りに向けた筆者の粗い試行錯誤にとどまった。

16） 前掲注 12）「『原子力災害対策本部』に関するヒアリング結果」4 頁。

17） 前注 15）を参照。なお、政治家が録音に消極的であったならば録音やそれにもとづく議事録作成が困難になるという連環は、問題を孕んでいる。ウォーターゲート事件において重要な役割を演じたホワイトハウスでの録音テープの存在を念頭に置きながら、社会学者の宮台真司は、「アーキテクチャー上の自動的に録音される仕組みで、公共的なというか政治的なディスカッションはすべて自動的に録音される部屋でとるという仕組みを作るか、でなければ……記録を残すことについて条件を列記した法律を作るということ」が重要ではないかと述べている。自動的に録音される仕組みでなければ、概して録音に消極的であることが多い政治家の意向を官僚は聞かないわけにいかない面があるが、自動的に録音される仕組みであれば、——どんな場合にも大抵抜け道はあるものではあるが——録音が政治家の意向によって掣肘されるリスクが少くてすむという条理を言っているのであろう。そのうえで宮台は、それを、「アーキテクチャー上の自動的に録音される仕組み」と呼んでいる。「議事録未作成問題が意味するもの」2012 年 2 月 2 日 videonews. com「ニュース・コメンタリー」〈http://www.youtube.com/watch?v=rVv4lqJNMCA&feature=plcp〉。録音設備も含めて「アーキテ

しかも、原子力災害対策本部についての「ヒアリング結果」が想起させるのは、それだけではない。すでにみたように「業務が比較的落ち着いた後も、議事録・議事概要が作成されていなかった」ことに正面から言及していた「ヒアリング結果」は、ほかに、「業務が比較的落ち着いた後」の状況について、「出席者による議事メモ、記録等は存在しているが、本部として確認された議事概要は未作成」であること、および、「業務が落ち着いてき［て］以降は、事務方でメモを作成していたが、本部員の確認を経た正式な議事概要は作っていなかった」こと[18]に言及している。事務方では議事メモ等をすでに作成しているけれどもいまだ政治家である「本部員の確認を経」ていない旨を述べるこれらの言及もまた、——それらの言及がヒアリングの際の「説明者」であった総括文書管理者以下の者の発言から起したものである以上——議事概要案を校閲し「確認」を与えることに対して、政治家たる本部員らが消極的であったこと、もしくは、少くとも総括文書管理者以下の者にはそう映ったことを暗示していると読むことができる。

官僚がしばしば問題の責任を政治家に着せようと行動することがあることにかんがみれば（その逆も例に事欠かないとはいえ）、上記のような読み取り方は、やや政治家に酷であるといえるかもしれない。また、「ヒアリング結果」ではなく、それをふまえてとりまとめられた「原因分析及び改善策」に即していえば、「原因分析及び改善策」が、原子力災害対策本部に関して、「原子力災害対策本部は、事前に作成されていたマニュアルにおいて、原子力安全・保安院が運営事務局を担うこと、議事録を作成すること等が明記されていたにもかかわらず、原子力安全・保安院に運営事務局として議事録作成等を行う自覚がなかった」こと、「さらに、当該マニュアルが存在するにもかかわらず、記録を作成するための訓練が実施されていなかった」ことを「原因分析」の劈頭で記している[19]事実——そこか

クチャー上の仕組み」であるという観点は、「建築と政治」の問題系に連なるものといえよう。この点については、後注 67）を参照。

18） 前掲注 12）「『原子力災害対策本部』に関するヒアリング結果」2 頁、3 頁。

19） 前掲注 10）「原因分析及び改善策」2 頁。

らは、運営事務局に充てられた官僚組織の側にも小さくない問題が存したことが看取されうる――には、説得力がある。けれども、一般に会議体の議事録というものが当該会議体構成員による議事録の「確認」という過程を経由しなければ効力を発生しえないものである以上、本部長以下の政治家が事務局から「確認」の作業を求められてもいないにもかかわらず、それらの政治家のなかから、――「確認」の必要がないのかを事務局に問いただすべきところ、そうしないというだけでなく、進んで――議事録が作成されていなかったとは思わなかったとの発言を聞くとしたら傍ら痛いというほかない[20]。原子力災害対策本部の議事録未作成問題については、以上に述べてきた意味において、本部長以下の政治家は、(議事録作成について消極的である外観を積極的に作出したという意味において) 積極的にも、また、(録音の許可を与えることや議事録案の「確認」を申し出ることを進んではしなかったという意味において) 消極的にも、責任を免れることはできない[21]。

それならば、議事録作成について消極的である外観を作出したり、また、

---

20) 「震災当時、官房長官だった枝野経済産業相は［2011年1月］28日、スイス・ダボスでの記者会見で、『重要会議については、当然、議事録が作られていると思い込みをしていた。事務方に作成の徹底を指示しなかったことは大変申し訳ない』と陳謝した」。2012年1月29日付読売新聞朝刊。2011年3月30日と同年5月11日の枝野発言については、前注5) および6) に対応する本文を参照。本注引用の枝野発言の後段については、後注22) を参照。

21) 立ち入った推測ではあるが、原子力災害対策本部における議事録未作成の原因として「記録の作成状況の確認体制が不十分であった［傍点は筆者による］」ことを挙げた「原因分析及び改善策」の認識が、議事録案の確認を本部長以下の政治家からとりつける作業を政治家の抵抗を排して完遂することの困難を示唆するものとして書かれているのであれば、政治家の責任は愈々重いといわなければならない (ただし、「記録の作成状況の確認体制が不十分であった」の意味は、ある種の日本的な「横並び」意識に由来するものである可能性がある。たとえば「『被災者生活支援チーム (旧被災者生活支援特別対策本部)』に関するヒアリング結果」〈http://www8.cao.go.jp/koubuniinkai/iinkaisai/2011/20120229/20120229haifu1-4.pdf〉(3頁) と「『平成23年 (2011年) 東北地方太平洋沖地震緊急災害対策本部』に関するヒアリング結果」〈http://www8.cao.go.jp/koubuniinkai/iinkaisai/2011/20120229/20120229haifu1-3.pdf〉(3頁) とには、まったく同じ文言で「録音内容及び議事録の公表の取扱については、他の会議とのバランスを踏まえ、政府全体の方針の検討が必要」との回答が「会議の録音について」の欄に記されている)。前注15)、後注36)・54) を参照。なお、電力需給に関する検討会合と政府・東京電力統合対策室における議事録未作成の原因についても、「原因分析及び改善策」は、「記録の作成状況の確認体制が不十分であった」ことを挙げている。

録音の許可を与えることや議事録案の「確認」を申し出ることを進んではしなかったりするのは、議事録の作成に関する民主党政権のいかなる基本認識に由来するものなのであろうか。先にもみたように、およそ会議体の議事録案は、当該会議体構成員による「確認」の作業がなければ正式の議事録として効力を発生しない。そうである以上、当該会議体の構成員は、議事録案が作られたならば議事録案の「確認」に協力する職務上の義務を負っているはずである。議事録作成について消極的である外観を作出し、または、議事録案の「確認」を申し出ることを積極的にはしない原子力災害対策本部の本部員たる政治家のそのような作為ないし不作為は、本部長および副本部長も含めて、潜在的に、職務上の義務違反を構成しかねないものというべきである[22)]。他の業務についてであれば職務上の義務違反を冒すことのない者が、議事録の作成についてだけは、潜在的な職務上の義務違反をも辞さないのであるとしたら、それは、その者が議事録作成の必要性を他の業務一般の必要性とは異質のものと捉えているからではあるまいか。議事録作成の要請は、いわば外から天降ってきた要請であり、会議体についての他の業務に対する職務上の要請とは違って厳格に拘束される必要はないとの判断に、本部長以下の政治家が暗々裡に立っていたということなのではないか。これが、会議体の議事録作成に関する民主党政権の基本認識を示唆する先述した第2の観点、すなわち、議事録作成の要請を

---

22) この点に関連して注目すべき言明がある。枝野経済産業大臣が、2012年10月刊行の著書のなかで、「情報公開の原則」の項目のもとに、「当時の所管ではなかったものの、これは私の情報公開に対する感度が足りなかったことによる失態である」として「議事録未作成問題」に言及し、「私は公文書管理法を作った当人だったため、議事概要を残すべきことの重要性を認識していた。だからこそ、原子力対策本部のような重要な会議では当然作ってあるものだと思い込んでいた。ふだん役所は黙っていても、議事録や議事メモを作ってくるからだ。その場で所管を超えてでも、『この会議は、のちのち公文書管理法上も情報公開法上も絶対重要になるから議事概要は作っているか。大丈夫か』と確認する感度がなかったと強く反省している。ましてや2011年4月1日に新しい公文書管理法が施行されるタイミングであったことを考慮すれば、念を押す必要があった［傍点は筆者による］」と書いている点である。枝野幸男『叩かれても言わねばならないこと。』（東洋経済新報社・2012）215～216頁。議事概要だけでなく議事録の作成こそが求められていることの把握がどこまでできているのかという一抹の不安が残るが、上記の「確認する感度」「念を押す必要」がほかならぬ政治家に求められていることの認識は、それとして評価に値するといえよう。前注20）、後注35）に対応する本文、後注71）を参照。

会議体の業務一般の必要性とは異質な外からの要請とみる観点に直接連なるものであることは、もはや説明を要しないであろう。

（3）

では、会議体の議事録作成に関する民主党政権の基本認識を示唆する第1の観点である会議体構成員の自由な意見（情報）交換を尊重するという観点は、「原因分析及び改善策」のなかに、果して、あるいは、どのように現われているであろうか。

「原因分析及び改善策」のなかの「改善策」の部分は、「歴史的緊急事態[23]に対応する会議等」を「意思決定型の会議等」と「事務事業型の会議等」の2種に分類し、前者を、「国民の生命、身体、財産に大規模かつ重大な被害が生じ、又は生じるおそれがある緊急事態に政府全体として対応するため、政策等の決定又は了解を行う会議等」と、後者を、「国民の生命、身体、財産に大規模かつ重大な被害が生じ、又は生じるおそれがある緊急事態に関する各府省の対応を円滑に行うため、政府全体として情報交換を行う会議等」と、定義する。前者の具体例としては、原子力災害対策本部、緊急災害対策本部、政府・東京電力統合対策室等が、後者の具体例としては、被災者生活支援チーム等が、それぞれ挙げられている[24]。「原因分析及び改善策」は、このように、大震災の対応のために設置された諸会議を大きく二分し、「政策等の決定又は了解を行う会議等」と「情報交換を行う会議等」とに仕分けしたうえで、前者の会議等（「意思決定型の会議等」）については、「当該会議等における決定又は了解及びその経緯に関する5W1H（when, where, who, what, why, how）の記録を作成・保存すべきである。具体的には、開催日時、開催場所、出席者、議題、発言者及び発言内容を記録した議事録又は議事概要、決定又は了解を記録した文書、配布資料等を作成・保存することが必要である」と定め、後者の会議等（「事務事業型の会議等」）については、「当該会議等の事務及び事業の実績に相当する当該チームの活動に係る5W1Hの記録を作成・保存すべきである。具体的には、意思決定型の会議等とは異なり、事務事業の実績の

23）「歴史的緊急事態」については、後注37）に対応する本文。

24） 前掲注10）「原因分析及び改善策」7～8頁。

記録として、活動期間、活動場所、チームの構成員、その時々の活動の進捗状況や確認事項（共有された確認事項、確認事項に対して構成員等が具体的にとった対応等）を記載した文書、配布資料等を作成・保存することが必要である」と定めている[25]。

これによれば、会議自体に、そもそも意思決定型と情報交換型とがあることになるわけであるが、およそ意思決定が情報の交換を前提としてでなければなされえないものであることにかんがみるならば、意思決定型の会議と情報交換型の会議とを、会議それ自体の性質決定としてはじめから截然と二分し、後者に該当する場合には「議事録又は議事概要」の作成を不要とすることには、大きな問題がある[26]といわなければならない。この点で、「原因分析及び改善策」は必ずしも雄弁ではないけれども、情報交換型の会議を「事務事業型の会議等」と呼んで、意思決定型と情報交換型という安易な対置を回避していることには、上記問題を予防しようとする一定の考慮が働いているのではないかと推測される。実際、東日本大震災の対応のために設置された諸会議のうち、「原因分析及び改善策」によって「事務事業型の会議等」に分類されたのは、官邸緊急参集チームを除けば、被災者生活支援チームのみであり、そこには、「議事録又は議事概要」の作成が不要となる会議体を限定しようとする発想を看取することができる。

「事務事業型の会議等」とは、では、何か。「事務事業型の会議等」の1つの典型的な例は、おそらく被災者生活支援チームであろう。「原因分析

25）同前8頁。

26）歴史学者（日本近現代史）の瀬畑源による次の指摘は的確である。「気になるのはやはり『意思決定型の会議等』と『事務事業型の会議等』を分けたという点。前にヒヤリング結果を見たときの感想として、公文書管理課が『意思決定』をしている会議なのか否かで話を分けたがっていると指摘し、そこは大いに問題があるという話を書いた。つまり、その会議の場で意思が決定されていれば『意思決定型の会議』であり、情報交換をしているなどの会議を『事務事業型の会議』に分けているのだ。だが公文書管理法の主旨は、意思決定の過程を『第一条の目的の達成に資するため』（国民への説明責任のため）に残さなければならないと書かれているわけであり、『個別の会議に限定』して意思決定を残せと言っているわけではない。情報交換している会議も、政策を決断するという大きな流れから見れば『意思決定過程』であり、こういった形で会議の種類を分けるのはあまり納得できるものではない」（「公文書管理委員会第18回傍聴記（上）」2012年4月26日「源清流清—瀬畑源ブログ」〈http://h-sebata.blog.so-net.ne.jp/2012-04-26〉より）。

及び改善策」の該当部分によれば、「政府としての重要な意思決定を行う会議等である」「原子力災害対策本部や緊急災害対策本部」と違い、「被災者生活支援チームは、緊急災害対策本部長決定により、同本部の下に置かれて、被災者の生活支援のための調整等に取り組んでいたチームであり、原子力災害対策本部や緊急災害対策本部とは、その任務、性格が異なる」[27]とされる。では、「その任務、性格」は、どう「異なる」のか。ヒアリングをふまえての「原因分析及び改善策」の理解によれば、それは、「会議体というより物資の調達・輸送を行う実戦部隊であり、巨大な配送センターのような仕事をしていた」[28]ということのようである。

それならば、では、「会議体というより」は「巨大な配送センター」であるところの被災者生活支援チームにおいて観念しうる「議事録又は議事概要」とは、どのようなものなのか、あるいは、そもそも、そこにおいて観念しうる会議体とはいったいいかなるものを指すのか。「『被災者生活支援チーム（旧被災者生活支援特別対策本部）』に関するヒアリング結果」の記すところによると、被災者生活支援チームは、「チームの運営のためチーム長及びチーム長代理等と事務局との情報交換の場として、被災者生活支援チーム『運営会議』（通称）を開催していた」とのことであり、「『運営会議』の議事録・議事概要は未作成」であるとのことだが、その「理由」としては、当該会議が「そもそもチームの内部の会議であり、限られた人員と時間の中で、議事録や議事概要は作成せず、チームの活動については①記者会見を通じ、随時情報発信すること、②会議の内容について残すべき情報は、会議資料の形で作成・共有・保管すること、という形で対応してきた」こと、「会議室内で並行して議論が行われているという場合もあり、議事録という形式が会議実態にそぐわない一面がある」こと等が挙げられている[29]。感触としては、この会議は、独立した会議体というよりは、食糧その他の物資の調達・配送を手配する「実戦」的機構の内部に

27） 前掲注10）「原因分析及び改善策」4～5頁。

28） 同前5頁。

29） 前掲注21）「『被災者生活支援チーム（旧被災者生活支援特別対策本部）』に関するヒアリング結果」2頁。

おかれた、役職者と事務局との間のやりとりの場というべきものであり、その点ですでに大きく「原子力災害対策本部や緊急災害対策本部とは、その任務、性格が異なる」ものといわざるをえない。「原因分析及び改善策」が考える情報交換型の会議としての「事務事業型の会議等」は、物資の調達・配送を手配する「実戦」的機構の内部的仕組みであるところの、この被災者生活支援チーム「運営会議」のような会議等に限定される（と解釈しうる）可能性がある。

この意味で、いかに情報の交換がそこでの議論の実質的主要部分を占めるとはいえ、政府・東京電力統合対策室が、だからといって、「事務事業型の会議等」に分類されるわけではないことは、「原因分析及び改善策」が考える「意思決定型の会議等」と「事務事業型の会議等」の差違を検討するうえで重要な示唆を与える。現に「『政府・東京電力統合対策室』（旧：福島原子力発電所事故対策統合本部）に関するヒアリング結果」のなかでは、政府・東京電力統合対策室における議事録未作成の「理由」として、「議事録が未作成の理由は、本会議は情報共有が主な目的であるため議事概要で十分との認識だった」との認識、および、「情報共有を主な目的とした会議においては、録音は必要ないと認識している」との認識——これらは、ヒアリングの際の「説明者」であった総括文書管理者（経済産業省大臣官房長、内閣府大臣官房長）以下の者[30)]の発言を受けてのものであろう——がそのまま記載されていた[31)]のに対し、この「ヒアリング結果」をふまえた「原因分析及び改善策」での該当部分にはその叙述がなく、「改善策」の部分では、先にも見たように一層明確に、政府・東京電力統合対策室を、「事務事業型の会議等」ではなく、「意思決定型の会議等」の具体例として挙げているのである。

一口に「情報交換の場」といっても、情報交換がなんらかの意思決定の前段階で必要的前提として行われる場合と被災者生活支援チーム「運営会議」のような会議等でなされるように行われる場合とでは、同列には扱え

30）「『政府・東京電力統合対策室』（旧：福島原子力発電所事故対策統合本部）に関するヒアリング結果」〈http://www8.cao.go.jp/koubuniinkai/iinkaisai/2011/20120229/20120229haifu1-2.pdf〉1頁。
31） 同前3頁。

ないのであり、後者の意味での「情報交換の場」が「事務事業型の会議等」とされて、「議事録又は議事概要」の作成が義務とはされないからといって、前者の意味での「情報交換の場」までが「事務事業型の会議等」と性格づけられて、「議事録又は議事概要」の作成を免除されることにはならないと考えるべきであろう。

この点で、本稿冒頭でも引用した2011年3月30日の記者会見において、「[東京電力の] 会長が会見で、統合対策本部 [政府・東京電力統合対策室の前身である福島原子力発電所事故対策統合本部を指す] の会議で議事録があるが、政府とすりあわせて公開するならしたいと発言した。議事録はあるのか、あるなら公開するつもりか」[32] との質問を受けた枝野官房長官が、「統合本部はいわゆる会議というより、会議を始めます、会議を終わりますというような会議体というよりは、随時関係者間で様々な議論や情報交換を行っている場だ。そのやりとりを、個人的に適宜メモしている方はいるかもしれないが、統合本部として、あるいは政府として議事録を作成を[ママ]しているものではない。その議論や情報交換の中身については、すみやかに記者会見などで報告し、また質問にお答えして東電の方で発表させて頂いている」と述べていることは、特筆に値する。福島原子力発電所事故対策統合本部ないしその後身である政府・東京電力統合対策室のように、のちに「原因分析及び改善策」によって「事務事業型の会議等」ではなく「意思決定型の会議等」に分類される[33] 会議体までもが、そこでの議論の実質的主要部分を占めるものが何であるのかという点だけでいえば、「情報交換の場」であるようにもみえ、その結果、本来求められるべき議事録作成を免除される扱いを受けることさえ可能となる危険が、ここにうかがわれるのである。

だが、個々の会議体を「意思決定型の会議等」と「事務事業型の会議等」のいずれかに分類することは極めて難しい問題であり、とりわけ当該会議体の記録作成担当者にとって、無視することのできない問題である。政府・東京電力統合対策室は、上記「ヒアリング結果」においては、ヒア

32） 前掲注5）「枝野官房長官の会見全文〈30日午後5時前〉」。

33） 前掲注10）「原因分析及び改善策」7頁、8頁。

リングの際の「説明者」がそう発言したからであろうが、「本会議は情報共有が主な目的である」とか「情報共有を主な目的とした会議」であるとかいう認識がそのまま記載されていたけれども、2012年2月15日の当該ヒアリングを実施委員として行った1人である公文書管理委員会のある委員は、同月29日開催の公文書管理委員会第14回委員会で、ヒアリングを総括しつつ、「情報共有のための会議であったという認識で良いのかということは、多少疑問に思いました」と述べている[34]。政府・東京電力統合対策室は、先にも見たように、結局、4月25日公表の「原因分析及び改善策」のなかでは、「事務事業型の会議等」でなく「意思決定型の会議等」の側に組み入れられたわけであるが、この会議体を「意思決定型の会議等」と「事務事業型の会議等」とのいずれの範疇と理解するかが困難な問題であることは承認されよう。そのうえで、上記総括のなかで同委員が、「意思決定を伴う会議か、それとも情報共有か」について、「会議体が発足した時に、行政の側が会議の運営要領をどうしようかという話にはなかなかならないので、やはり大臣、すなわち政治家の側が主導して指示を出していかなければならないのかなと思います」[35]との提案をしていたことは、吟味すべき重要な問題[36]を提起して示唆に富む。

この点からいっても、3月30日の枝野官房長官がみずから「統合本部は、いわゆる会議というより、……随時関係者間で様々な議論や情報交換を行っている場だ」との性格規定を下したことは、問題を孕むものであったといわなければならない。「大臣、すなわち政治家の側が」「意思決定を伴う会議か、それとも情報共有か」につき性格規定を下すことを期待されるとすれば、大臣が当該会議体の議事録作成を回避しようと欲したとした場合、その意思が——たとえ明示的意思でなく「空気」としての意思にすぎなかったとしても——貫徹する蓋然性は増すこととなる。それは、とりもなおさず、当該会議の責任者たる政治家が当該会議を「情報交換の場」

34） 歴史学者（日本近代史）の加藤陽子委員の発言である。「公文書管理委員会第14回議事録」〈http://www8.cao.go.jp/koubuniinkai/iinkaisai/2011/20120229/20120229gijiroku.pdf〉3頁。

35） 同前。

36） 前注15）、後注54）を参照。

であると規定づけるだけで当該会議の記録作成担当者に対して議事録不作成への誘導を可能にすることを意味する。ここには、会議体における議事録作成に関する民主党政権の基本認識を示唆する第1の観点、すなわち、会議体構成員の自由な意見（情報）交換を尊重する政治家の観点が、窮極において、重要会議の議事録未作成問題を招き寄せる規定因となるメカニズムを、垣間見ることができる。

2　日常のアーカイヴズ

（1）

以上、議事録未作成問題の拠って来るところを会議体における議事録の作成に関する民主党政権の基本認識を示唆する2つの観点に分解して考察した。その際、主たる参照枠を「原因分析及び改善策」にとったから、その作業は、同じ問題に関する民主党政権の基本認識に関連させるという視角の限定はあるものの、公文書管理委員会による議事録未作成問題の原因分析と改善策の提示を検討するという付随的意味を持った。「原因分析及び改善策」において注目されるのは、公文書管理委員会がそこで「東日本大震災のような、国家・社会として記録を共有すべき歴史的に重要な政策事項等のうち、国民の生命、身体、財産に大規模かつ重大な被害が生じ、又は生じるおそれがある緊急事態」を「歴史的緊急事態」と呼んだうえで、そうした「歴史的緊急事態」に対応する諸会議での議事録の作成を、次々に要求される緊急事態の展開への諸対応の前に劣後させてもやむをえないとはせず、逆に、「東日本大震災が我が国にとって未曾有の国難であり、国民の関心や社会的影響が大きな事案であることを踏まえれば、……東日本大震災に対応するために設置された各会議等において、より積極的な議事内容の記録の作成を行うことが望ましかったと考えられる」と述べている[37]点である。ここには、類例をみない緊急事態への対応の必要を通常の記録作成の要請よりも優先することを避止し、非常時においても平時と変

37）　前掲注10)「原因分析及び改善策」7頁。

わらぬ仕方で、それどころか、大非常時にあっては平時以上に「積極的」に記録の作成が求められるべきであるとする考え方が示されている。そこに浮び上がるのは、未曾有の危機時を会議体の議事録作成についての平時の規律を高からしめるための範例として利用しようとしているかにすらみえる公文書管理委員会の討議の消息である。

以下にいくつかの位相を通して描かれるのは、議事録の作成という営為をめぐる緊急時と平時における規律の交錯である。

はじめに、平時の規律が緊急時の規律に影響を及ぼす位相をみる。「原因分析及び改善策」は、議事録未作成問題の原因と改善策を提示するという目的に仕えながら「歴史的緊急事態」のみに妥当する非常時固有の議論を展開することをあえてしなかったが、そのために公文書管理委員会がとったのは、公文書管理法の枠組を援用するという方式であった。

公文書管理法（以下、さらに「法」とすることがある）は、第2章「行政文書の管理」の第1節を「文書の作成」にあて、その唯一の条文である4条で、「行政機関の職員は、第1条の目的[38]の達成に資するため、当該行政機関における経緯も含めた意思決定に至る過程並びに当該行政機関の事務及び事業の実績を合理的に跡付け、又は検証することができるよう、処理に係る事案が軽微なものである場合を除き、次に掲げる事項その他の事項について、文書を作成しなければならない」としたうえで、2号で、「閣議、関係行政機関の長で構成される会議又は省議（これらに準ずるものを含む。）の決定又は了解及びその経緯」と定めている[39]。法4条は、「合

38）「国及び独立行政法人等の諸活動や歴史的事実の記録である公文書等が、健全な民主主義の根幹を支える国民共有の知的資源として、主権者である国民が主体的に利用し得るものであることにかんがみ、国民主権の理念にのっとり、公文書等の管理に関する基本的事項を定めること等により、行政文書等の適正な管理、歴史公文書等の適切な保存及び利用等を図り、もって行政が適正かつ効率的に運営されるようにするとともに、国及び独立行政法人等の有するその諸活動を現在及び将来の国民に説明する責務が全うされるようにすること」。

39）法4条柱書は、衆議院内閣委員会において重要な修正がなされた法文のひとつである。公文書管理法の制定にとって重要な画期となったのは、2008年2月18日の福田康夫内閣総理大臣による施政方針演説での法制化に向けた言及である。その後、同年2月29日以降、上川陽子公文書管理担当大臣のもとに開催された「公文書管理の在り方等に関する有識者会議」は、同年11月4日に公表された最終報告「時を貫く記録としての公文書管理の在り方」〈http://www.cas.go.jp/jp/seisaku/koubun/hokoku.pdf〉において、作成されるべき文書を

理的に跡付け、又は検証することができるよう」にする対象として、「当該行政機関における経緯も含めた意思決定に至る過程」と「当該行政機関の事務及び事業の実績」の２つを挙げているが、これが、先述した「原因分析及び改善策」がその「改善策」の部分のなかで「歴史的緊急事態に対応する会議等」を「意思決定型の会議等」と「事務事業型の会議等」の二種に分類した着想の淵源をなすものと思われる[40]。

もっとも、この着想が法４条の立法趣旨をそのまま体現したものといえるかは、検討を要する。なぜなら、先述したところからも明らかなように、会議体という文脈に即していえば、第１に、法４条が取り出しているのは「意思決定に至る過程」と「事務及び事業の実績」という、潜在的にはどの会議体もが有している２つの要素であるのに対し、「原因分析及び改善策」の該当部分は会議体そのものをはじめから２つの型に分類しているからであり、第２に、法４条は「意思決定に至る過程」と「事務及び事業の実績」とを規律の上で必ずしも区別しているわけではないのに対し、「原因分析及び改善策」の該当部分は「意思決定型の会議等」と「事務事業型の会議等」とで前者の場合は議事録等の作成・保存が必要だが後者の場合

「経緯も含めた意思形成過程や事務・事業の実績を合理的に跡付けることができる文書」とした（４条）。ところが、2009年３月３日に閣議決定された「公文書等の管理に関する法律案」では、文書作成義務の対象は「当該行政機関の意思決定並びに当該行政機関の事務及び事業の実績」であったため（４条）、当時野党であった民主党の公文書管理プロジェクトチームが問題点を指摘したのを受け、同チームと当時の与党の公文書館推進議員懇談会とが修正協議を行い、この協議がまとまって、同年５月21日からの衆議院内閣委員会での審議のうえ、同委員会で、同年６月10日、修正案（および修正部分を除く原案）が可決され、附帯決議が付されるなどして、同年７月１日、公布されたのである。修正を経たうえで成立した現行の４条柱書では、「当該行政機関における経緯も含めた意思決定に至る過程並びに当該行政機関の事務及び事業の実績を合理的に跡付け、又は検証することができるよう、……文書を作成しなければならない」と定められている。以上の立法経緯の整理は、宇賀・前掲注3）8～9頁、27頁、64～65頁に依拠した。

40）文書管理にかかわる諸々の概念設定でしばしば用いられるのが、意思決定の要素とその他の要素を基本的な二分割の核とする着想である。それぞれの概念設定には巧拙があるが、そもそも文書管理概念自体を「意思決定型文書管理」と「記録保存型文書管理」に区別し、比較制度的に検討したうえで、「意思決定型文書管理の中に記録保存型文書管理が浸透する」ことを日本における課題として提示する牧原出「『記録保存型文書管理』と『意思決定型文書管理』」総合研究開発機構=高橋滋編『政策提言―公文書管理の法整備に向けて』（商事法務・2007）246頁（、263頁）は、特に参照されるべきである。

はそうではないとして異る規律を与えているからである。

次に、そうして得られた緊急時の規律が翻って平時の規律に影響を及ぼす位相を見る。ここでは、「原因分析及び改善策」（2012年4月25日）による議事録未作成問題の原因と改善策の提示に続けて公文書管理委員会が2012年7月4日にとりまとめた「政府の重要な意思決定にかかわる会議に関する議事概要・議事録作成の在り方〈論点整理〉」（以下、「議事概要・議事録作成の在り方・論点整理」とする）を素材とする。そこにおいて「歴史的緊急事態」対応の会議に限らず「政府の重要な意思決定にかかわる会議」一般につき「議事概要・議事録作成の在り方」を考究した公文書管理委員会は、——内閣総理大臣決定として公文書管理法の施行と同じ2011年4月1日付で出された「行政文書の管理に関するガイドライン」が「審議会等や懇談会等の議事録については、法第1条の目的の達成に資するため、当該行政機関における経緯も含めた意思決定に至る過程並びに当該行政機関の事務及び事業の実績を合理的に跡付け、又は検証することができるよう、発言者名を記載した議事録を作成する必要がある」[41]と定めたものの、「審議会等や懇談会等の議事録」以外の「政府の重要な意思決定にかかわる会議」の議事録に関しては定めを置いていなかったため、かかるガイドラインの欠落を埋めるべく作業に着手し、「原因分析及び改善策」のとりまとめと同日の2012年4月25日に、公文書管理委員会第18回委員会に内閣府大臣官房公文書管理課名義で出された「事務局案」を叩き台として審議を進めるなかで——従来「議事概要・議事録［が］作成されていない」閣議について、「閣議が内閣の最終的な意思決定の場であることに鑑み、議事概要・議事録を作成・保存することが望ましいと考えられる」[42]との規律を提示した。これは、ひとまず画期的なことであるといわなければならない。なぜなら、「議事概要・議事録作成の在り方・論点整理」自身が示す通り、「閣議の議事概要・議事録については、国会答弁

41）「行政文書の管理に関するガイドライン」（別添）〈http://www8.cao.go.jp/chosei/koubun/hourei/kanri-gl.pdf〉8頁。

42）「議事概要・議事録作成の在り方・論点整理」〈http://www8.cao.go.jp/koubuniinkai/iinkaisai/2012/20120620/20120620haifu5.pdf〉3頁。

（平成11年6月3日官房長官答弁等）において言及されているように、閣僚同士の議論は、特に重大な国家機密や高度に政治性を有する事柄をも含め、自由に忌憚なく行われる必要があること、また、内閣の連帯責任の帰結として、対外的な一体性、統一性の確保が要請されていることから、閣議の議事概要・議事録を作成し、これを公開することは適当でないとの考えの下、閣議の議事概要・議事録は作成されていない」[43]からである。それならば、公文書管理委員会を、長い日本政治史を通じて作成されることのなかった閣議の議事録等を作成すべきであるとする立場の表明に踏み切らせたものは何か。それは、閣議の議事録等を作成すべきではないとした理由の裏返しである。「議事概要・議事録作成の在り方・論点整理」によれば、「閣議の議事概要・議事録を作成した場合、現行の情報公開法との関係では、個人情報、外交・安全保障、事務・事業に関する情報等の情報公開法の規定に基づく不開示事由に該当するか否かについて、個々に判断することとなる。このため、内閣の重要政策等に関する閣僚等の様々な議論であっても必ずしも不開示事由に該当するとは限らず、比較的短期間のうちに開示される可能性があり、上記の国会答弁における政府見解のような閣議に求められる議事内容の秘密保持による『内閣の統一性・一体性の確保』の要請を満たすことができなくなるおそれがあるという問題がある」[44]。これが閣議の議事録等が作成されるべきでない理由であるとすれば、その理由、すなわち、〈作成されれば開示しなければならなくなる〉という命題を崩せば、議論は逆転する。かくして、「議事概要・議事録作成の在り方・論点整理」は、「本来、『記録の作成・保存』と『記録の公開』は分けて考える必要があり、公文書管理制度の目的に照らせば、閣議が内閣の最終的な意思決定の場であることに鑑み、議事概要・議事録を作成・保存することが望ましいと考えられる」とし、「関連法の改正の検討を行い、『議事概要・議事録の作成・一定期間経過後公開ルール』を制度化することが考えられる」との提案に出たのである[45]。

43） 同前。

44） 同前3頁、4頁。

45） 同前。その具体的な制度化については、公文書管理制度だけでなく情報公開制度との適切な連動が求められ、公文書管理委員会の職掌を超える面があると考えられたことから、2012年7月6日、公文書管理委員会とは別に「閣議議事録等作成・公開制度検討チーム」（共同座長：岡田副総理・藤村官房長官）が設けられ、審議が付託された。同検討チームの作業チームは、3回の会議（第1回2012年8月9日、第2回同年8月29日、第3回同年10月10日）を開催し、2012年10月10日、閣議や閣僚懇談会の議事録の作成を義務づけるとともに、原則として30年後に公開することを柱とする素案をまとめた。これを受け、政府は公文書管理法の改正に向けた作業にとりかかることを決定した。同日公表された「閣議等議事録の作成・公開制度の方向性について（修正案）」〈http://www.cas.go.jp/jp/seisaku/gijiroku/sagyou3/ 3siryou3.pdf〉（以下、「方向性について（修正案）」とする）は、「閣議（閣僚懇談会を含む。以下同じ。）については、政府における意思決定に至る過程として特に重要であることに鑑み、議事録の作成を法律上、義務付けることとする。意思決定に至る過程の記録としての議事録は、各種政策判断に当たっての参考資料として『行政の適正かつ効率的な運営』に資するとともに、現在の国民への説明のためのバック・データとして、また、後世の国民が政策を検証するための歴史資料として『現在及び将来の国民に説明する責務』を全うすることに資すると考えられる」と述べて、「議事録の作成義務」を明示した。その際、「方向性について（修正案）」は、「意思決定に至る過程の記録として法律上の作成義務を課すという趣旨を踏まえ、議事録には、閣議における主要な発言を記載する」とした。そのうえで、「公文書管理法では、一般的な文書の保存期間や移管・廃棄については、行政機関の長が判断することとしている」のを、「しかし、閣議の議事録については、歴史公文書等としての重要性に鑑み、作成から法律で定める一定期間を経過した時点で国立公文書館への移管を義務付け」、「国立公文書館への移管後は、公文書管理法に基づき、一般の利用に供し、利用の促進を図る」としたのである。「移管までの期間については、①公文書管理法に基づく閣議資料の保存期間（業務上必要な期間及び歴史公文書等として国立公文書館に移管し公開されるまでの期間）が30年とされていること、②諸外国の閣議等の議事録が移管・公開されるまでの期間が内閣の一体性・統一性を確保しつつ自由な意見交換を行う必要性に鑑みて30年とされていること（イギリスは、現行は30年だが、2013年から10年をかけて20年に移行。ドイツは原則30年）などを踏まえ、原則として30年とする」としたが、「ただし、諸外国の例なども踏まえ、特に必要な場合にはこの期間を延長することができる仕組みについて検討する」との一文を付加している（以上、2～3頁。大飯原発再稼働決定をめぐる関係閣僚会議への言及はないが、東日本大震災に対応する諸会議における議事録未作成問題から閣議における議事録作成問題に至るまでの議事録作成義務をめぐる国政上の議論動向を概観するものとして、畠基晃「議事録未作成問題の経緯と現状―東日本大震災・原発事故対応会議から閣議へと展開」立法と調査333号（2012）160～174頁がある）。なお、上記検討チームの2012年10月24日開催第2回会議で配布された「制度の方向性に対する岡田共同座長意見」〈http://www.cas.go.jp/jp/seisaku/gijiroku/dai2/2siryou4.pdf〉は、議事録の記載事項について「閣議における主要な発言を記載する」とされていた上記10月10日案を「閣議等における発言者名及び発言内容を記載する」に修正している。閣議が「内閣の最高かつ最終的な意思決定の場である」ことに照らしての極めて重要な修正であるが、これを評価するに当っては、そこにいう「内閣の最高かつ最終的な意思決定の場」の性格を「政府の重要な意思決定」過程全体のなかでどう位置づけるかを問題とする同年7月30日開催第1回会議での小早川光郎委員と長谷部恭男委員の発言が示唆に富む。行政法学者の小早川委員は、「いろいろなプロセスを経」たうえでの「最終の決裁の場」が閣議であるとすると「国

ここでは、閣議の議事録等が従来作成されてこなかった基底的要因として「議事概要・議事録作成の在り方・論点整理」が挙げた「閣僚同士の議論は、特に重大な国家機密や高度に政治性を有する事柄をも含め、自由に忌憚なく行われる必要があること」という認識に関して、二点指摘する。第1に、この認識は、「議事概要・議事録作成の在り方・論点整理」が認めるように、「国会答弁（平成11年6月3日官房長官答弁等）において言及されている」もの、すなわち、1999年6月11日の衆議院特別委員会において当時の自民党政権下での野中広務内閣官房長官がした答弁のなかにほぼ一字一句そのままみられるものであるから、会議体の議事録作成に関する民主党政権の基本認識を示唆する第1の観点として本稿が摘示した「会議体構成員の自由な意見（情報）交換を尊重するという観点」は、それ自体としては決して民主党政権のみに排他的にみられるものというわけではないという点である。第2に、「意思決定型の会議等」と「事務事業型の会議等」の区別を非常時から平時に拡張すれば、「原因分析及び改善策」では「会議体構成員の自由な意見（情報）交換を尊重するという観点」が重視されるのはもっぱら「事務事業型の会議等」であったのに対し、「議事概要・議事録作成の在り方・論点整理」では「意思決定型の会議等」の極北ともいえる閣議にまで「会議体構成員の自由な意見（情報）交換を尊重するという観点」を推し及ぼしているという点である。

「議事概要・議事録の作成・一定期間経過後公開ルール」の「制度化」という担保のもとで、閣議の議事録等の作成を義務化するという従来からいえば画期的ともみえる規律を提示した「議事概要・議事録作成の在り方・論点整理」は、裏からいえば、「議事概要・議事録」の「公開」は

の重要な意思決定のプロセス」の公開を「閣議というところに絞って考えることで、果たしてうまくいくのだろうか［傍点は筆者による］」と問い、憲法学者の長谷部委員は、閣議が「かなり大きなサイズを持ったパワーセンターの中の一つの要素としての性格を持っている」とすれば「そこで閣議だけについて何か非常にぎりぎりと枠を付けてしまいますと、パワーセンターの内部でのバランスが動く可能性がある［傍点は筆者による］」と注意を喚起している。内閣官房公文書管理検討室「閣議議事録等作成・公開制度検討チーム第1回議事録」〈http://www.cas.go.jp/jp/seisaku/gijiroku/dai1/1gijiroku.pdf〉10～11頁。これらの発言によって提起されているのは、本稿跋で述べられる「決定の審級」の（私的次元への）「移行」の問題と密接に牽連する問題である。

「一定期間経過後」に限定するという保証と引き換えに、「会議体構成員の自由な意見（情報）交換を尊重するという観点」を「政府の重要な意思決定にかかわる会議」にあまねく及ぼすことに成功したともいいうる。すなわち、「議事概要・議事録作成の在り方・論点整理」は、「検討対象とする会議」として、公文書管理法4条2号にのっとり、閣議・「関係行政機関の長で構成される会議」・省議をとりあげるが、「関係行政機関の長で構成される会議」に関しては、「法律に基づき設置され、法律上明確な所掌事務と権限を有する会議」については、閣議の場合と同様に「議事概要・議事録を作成・保存することが望ましいと考えられる」と規律するとともに、「法律ではなく閣議決定や内閣総理大臣決裁など様々な開催根拠に基づく会議」については、あるいは「閣議における最終的な意思決定が行われる前段階において、内閣の意思統一の確保に向け、関係閣僚によって調整や意見交換を行う等の性格を有していると理解される」とし、あるいは「自由で忌憚のない意見交換の場として機能しなくなる可能性」への配慮が必要であるとしたほか、省議に関しても、「省議、さらには大臣等との打合せや意見交換などについても、率直な意見交換を損なうおそれ等のために、議事概要・議事録などの記録が作成・保存されないことも多いとの指摘もある」と認めたうえで、「これらの会議についても、各省大臣等が意思決定を行う上で重要な決定や了解が行われる場合については、議事概要・議事録を作成することが望ましいと考えられる」とし、「適切な記録の作成・保存を確保していく観点からは、諸外国の実情も把握しつつ、情報公開との関係について運用面も含めた検討を行う必要があると考えられる」としている[46]。

閣議が議事録作成の対象とならなかったのは、1999年6月11日の野中官房長官答弁、および、同答弁に依拠した「議事概要・議事録作成の在り方・論点整理」の該当箇所がいうように、単に「閣僚同士の議論は、特に重大な国家機密や高度に政治性を有する事柄をも含め、自由に忌憚なく行われる必要があること」のみによるのではなく、「内閣の連帯責任の帰結

46） 前掲注42）「議事概要・議事録作成の在り方・論点整理」5～6頁。

として、対外的な一体性、統一性の確保が要請されていること」にもよって、「閣議の議事概要・議事録を作成し、これを公開することは適当でない」と考えられたためである。閣議の議事録不作成をこれまで正当化してきた理由に、閣議に固有とも思われるそのような条件が作用していたと理解されるとすれば、他の会議体（「関係行政機関の長で構成される会議」や省議）において、当該会議体の性格によっては必ずしもそのような条件が閣議と同等の厳格さで問われるわけではない場合があるから、そのような場合にまで、議論が「自由に忌憚なく行われる必要があること」のみを理由として、閣議の場合と同様の規律を要求すること[47]に対しては異論の余地もありうるといわなければならない。

会議体の「意見（情報）交換」の場としての要素に対する「議事概要・議事録作成の在り方・論点整理」の強い配慮が、閣議のみならず「関係行政機関の長で構成される会議」や省議にもあまねく及ぼされているのには、大震災対応に当った諸会議における議事録未作成問題からの影響を看取することができる。「原因分析及び改善策」におけるよりも「会議体構成員の自由な意見（情報）交換を尊重するという観点」が全面化したという先にもふれた事態を生じさせた要因を特定することは困難であるが、大震災対応の諸会議へのヒアリング等において、「会議体構成員の自由な意見（情報）交換を尊重するという観点」が諸会議の説明者から繰り返し提起され、公文書管理委員会の委員・事務局員の思考のなかに、それが肯定的と批判的との両様の意識を媒介として滲透していったと想像することは的

47）民主党政権の初代内閣官房長官である平野博文氏は、2009年12月1日の記者会見で、鳩山由紀夫内閣が閣議だけでなく閣僚懇談会と各閣僚委員会に関して、「閣僚間の忌憚ない意見交換ができる場だから、議事録は作成していない」と述べ、「いろんな意見が出るので、取り方によっては『各大臣の言っていることが違うじゃないか』ということが後で出てくる可能性もある」と敷衍しているが（2009年12月1日付時事通信）、これは、閣内不統一を追及されることを閣議以外の会合についても警戒する趣旨と解される。なお、同氏は、議事録未作成問題が明るみに出て間もない2012年1月31日の記者会見で、文部科学大臣として同問題に関連して発言し、「議事録をとって活発な議論が低調に終わるとすれば、議事録を作る必要性はない」と述べている（2012年1月31日付毎日新聞夕刊）。「活発な議論」を重視することによって「議事録を作る必要性」をそのまま相対化させる基本態度は、彼が官房長官を務めた鳩山政権時代と変っていない。

外れであろうか。さらにいえば、そうして諸会議の説明者から繰り返し提起される「会議体構成員の自由な意見（情報）交換を尊重するという観点」が、民主党政権下の閣僚たちの発言によって、あるいは方向づけられ、あるいは増幅されたものである可能性はないであろうか。

以下において、本稿は、関西電力大飯原子力発電所の再稼働問題を素材に、「会議体構成員の自由な意見（情報）交換を尊重するという観点」に対する民主党政権下の政治家たちの言動を吟味する。

（2）

関西電力大飯原子力発電所（以下「大飯原発」とする）の再稼働問題とは、定期検査で運転を停止していた大飯原発（福井県大飯郡おおい町）3・4号機の再稼働に向けて2012年2月6日に調整に入った政府の動きとそれをとりまく諸主体の動向を指す。実現すれば2011年3月11日以降でははじめての原子力発電所の再稼働となることから、大きな政治的・社会的関心を集めた。いわゆる原発再稼働問題は、2011年7月6日に菅直人内閣総理大臣のもとでの政権が原発再稼働を認める条件としてストレステスト（耐性評価）の実施を各電力事業者に義務づけたことの当否等をめぐって広く論議を呼んだが、本稿の観点からは、大飯原発の再稼働について協議した関係閣僚会議における議事録作成状況とそれをめぐる議論が、同じ時期に公文書管理委員会を中心に進行していた「関係行政機関の長で構成される会議」における議事録作成に関する規律づけをめぐる審議・決定過程との間に、果して、または、いかなる連関をもって展開したかが、主たる関心対象となる。実際、2012年2月6日に政府が再稼働に向けた調整に入り、同年6月14日に再稼働が正式に決定されるまでの期間は、ちょうど「関係行政機関の長で構成される会議」（大飯原発の再稼働を協議した関係閣僚会議もそれに含まれるであろう）の議事録作成をどうするかについて、同年7月4日公表の「議事概要・議事録作成の在り方・論点整理」で「制度化の方向性」が示される途上にあった時期に重なる。したがって、大飯原発の再稼働の是非を協議した関係閣僚会議の議事録作成をめぐる問題状況は、大震災に対応する諸会議における議事録未作成問題に端を発して審議されることとなった「政府の重要な意思決定にかかわる会議」一般の議事録作成問題にとっての、何よりのケース・スタディとなるはずである。

大飯原発再稼働の是非を協議した関係閣僚会議は、計8回に及ぶ。第1回は2012年4月3日、第2回は4月5日、第3回は4月6日、第4回は4月9日、第5回は4月12日、第6回は4月13日、第7回は5月30日、第8回は6月16日である。主要な参加者は、野田総理のほか、藤村官房長官、枝野経済産業大臣、細野豪志原発事故の収束及び再発防止担当大臣である。

関係閣僚会議における議事録は、だが、作成されていなかった。そのことが明らかになったのは、4月17日の藤村官房長官の記者会見においてである。

藤村官房長官は、閣僚による協議について、主要な議論の部分で官僚を退席させて議論しており、議事録を作成していないと明かした。その主たる理由として藤村官房長官が挙げたのは、「最終判断は政務で行う必要がある。自由討議で、記録を残すような話し合いではない」という関係閣僚会議の性格に対する理解であるが[48)]、その藤村官房長官は、第1回会議を終えた後の4月4日の記者会見では、当該関係閣僚会議の議事録と議事要旨を作成すると述べていたのである[49)]。これでは、翌日（4月5日）の第2回会議以後になんらかの事情が生じたのではないかとの憶測を呼んでも致し方があるまい。議事録がない以上、その事情が何であるか、そもそもそのような事情が本当に存したのかは、不明である。

第2回会議では、経済産業省原子力安全・保安院が提示した福島第一原発事故の教訓を盛り込んだとされる安全基準（ストレステストの第1次評価を軸とするもの）が大筋で承認された。第3回会議では、大飯原発3・4号機がこの基準を充たすかどうかの判断に入り、第4回会議では、大飯原発

48） 2012年4月17日付共同通信。

49） 2012年4月5日付毎日新聞朝刊。同紙によれば、藤村官房長官は、「議事録と議事要旨を作成し、議事要旨は会議終了後1週間をめどに原則公開する方針を示した」うえで、「詳細な議事録の公開については『個別に判断する』とし、閣僚協議の議長である枝野幸男経済産業相が必要と認める場合は非公開とする意向を示し」、「公開する議事要旨は発言者の氏名も記載するが、藤村氏は『発言者の全ては入らない』と述べ、一部は匿名にとどめる可能性を指摘した」。

3・4号機が政府の新たな安全基準におおむね適合している旨の安全性確認を行った。第5回会議を経て、第6回関係閣僚会議において、大飯原発3・4号機再稼働の方針が了承された。枝野経済産業大臣が早くも翌4月14日には福井県知事を訪ね、再稼働に向けた協力要請を行ったことは、当時稼働していた唯一の原発である北海道電力泊原子力発電所の1基も5月5日には定期検査のため運転停止になることを見越して、国内で運転中の原発が零になる事態を回避する（ために大飯原発3・4号機の再稼働を急ぐ）ことが、電力業界およびそれを有力な担い手とする経済界ならびに政権にとって焦眉の急となっていた情勢を物語る。そのうえで、5月17日のNHKのニュース番組に出演した野田総理は、「おおい町の町議会はこれは再稼働について『合意する』という、意思表明をしていただきました」、「おおい町であるとか、福井県であるとか、そのいわゆる立地自治体[、]40年間にわたって原発と向き合ってきて、そして消費地に電力を供給してきた、そういう皆さんのご意向はやっぱり最優先に考えるべきだとおもいます」としたうえで、「これは自治体に判断をお任せしている訳では[なく]」、「重たい判断を頂きました［、］今度重たい判断をするのは、政府の番だというふうに思います」、「それは最後は政府が責任を持って意思決定をするということであります」と述べた[50]。野田総理は、この13日後、5月30日の第7回関係閣僚会議で、「関係自治体の一定のご理解が得られつつあると認識している」と述べたうえで、「立地自治体の判断が得られれば、最終的には4大臣会合でしっかり議論し、最終的には総理大臣である私の責任で判断する」と断言した[51]。そうして、6月8日、野田総理は、首相官邸で記者会見し、大飯原発再稼働の問題を「国の行く末を左右する大きな課題」と語り、「社会の安全・安心の確保、エネルギー安全保障、産業や雇用への影響、地球温暖化問題への対応、経済成長の促進といった視点を持って、政府として選択肢を示し、国民の皆様との議論の中

50） 2012年5月17日NHK「ニュースウォッチ9」。引用は、「『私のリーダーシップのもとで再稼働判断の時期は近い』野田総理5/17 NHK」〈http://kiikochan.blog136.fc2.com/blog-entry-1886.html〉より。

51） 2012年5月31日付朝日新聞朝刊。

で、8月をめどに決めていきたいと考えております。国論を二分している状況で1つの結論を出す。これはまさに私の責任であります」と述べて[52)]、大飯原発3・4号機を再稼働すべきであるとの判断を示したのである。これを受け、6月14日、おおい町町長が町議会全員協議会で再稼働への同意を表明、福井県議会も全員協議会を開いて、町長からの報告を受けた福井県知事と意見交換の後、判断を知事に一任。6月16日、知事が首相官邸で野田総理に同意を伝え、その後行われた同日の第8回関係閣僚会議で、大飯原発3・4号機の再稼働が決定された。

大飯原発の再稼働を協議する関係閣僚会議が「関係行政機関の長で構成される会議」に含まれるとすれば、これらの関係閣僚会議の議事録を作成するかどうかは、公文書管理委員会で審議された「関係行政機関の長で構成される会議」の議事録作成についての規律のまたとない恰好の「適用」事例となるべきものといえよう。しかも、事態の経過をやや踏み込んでみるならば、上記関係閣僚会議のなかでも実質的な審議というべき部分が2012年4月上・中旬に集中的に行われたこと（第1回会議から第6回会議）と、公文書管理委員会において前記「議事概要・議事録作成の在り方・論点整理」の叩き台となった「事務局案」（2012年4月25日付）が2012年4月下旬までに作られたこととの、さらに、大飯原発3・4号機の再稼働決定が固まっていった時期（第7回会議から第8回会議）が同年5月30日から6月16日にかけての時期であることと、「議事概要・議事録作成の在り方・論点整理」（2012年7月4日付）に結実する公文書管理委員会での実質的な審議が4月25日（第18回委員会）と6月20日（委員懇談会）になされたこととの間には、時系列における巧まざる符合があるというべきであり、この符合に照らすなら、上記関係閣僚会議の議事録作成状況が、同時進行的に、公文書管理委員会により示された「関係行政機関の長で構成される会議」の議事録作成に関する規律の「制度化の方向性」にとってなにがしかの影響を及ぼした可能性すらありえなくはない[53)]。

52）「平成24年6月8日 野田内閣総理大臣記者会見」首相官邸ホームページ〈http://www.kantei.go.jp/jp/noda/statement/2012/0608.html〉。

53） なにがしかの影響を及ぼしたかどうかは分明ではないが、弁護士の三宅弘委員は、2012年

しかしながら、問題の関係閣僚会議の議事録作成状況が「関係行政機関の長で構成される会議」の議事録作成に関する規律に及ぼした影響とは逆向きに、「関係行政機関の長で構成される会議」についての審議の動向が件の関係閣僚会議の議事録未作成に影響を与えた可能性もある。公文書管理委員会による来るべきとりまとめが会議体の「意見交換」の場としての要素に強く配慮することを見越して（意を強くして）であれ、反対に、来るべきとりまとめが議事録等の作成を閣議のほか閣議に準ずるものにも義務づける「方向性」になるのを恐れて（駆け込み的に）であれ、公文書管理委員会の動きをみながら、あるいは、動きを先取りして、関係閣僚会議での議事録不作成という事態が現出した一面もありうる。

だが、そうであるとすれば、関係閣僚会議での議事録不作成という事態を現出させたのは誰か。これは個人を特定しようとするための問いではない。それはいかなる範疇に属する者（たち）であろうか、という問いである。

正式の議事録をあえて作成しないということは、しばしば、日本の官庁文化の特徴とされ、官僚の基本的処世術に属するともいわれる。そういう面がないとはいえない。だが、他方で、会議があればメモをとっておくというのも、官僚のむしろ得意とするところであろう。記録（メモ）を残すことも、記録（発言者の氏名を記した議事録）を残さないことも、同時に、官僚が有する典型的な行動様式といいうるのである。それならば、件の関係閣僚会議の議事録不作成は、主として、官僚たちの積極的不作為によって現出された事態なのであろうか。

一般に、規範が実態を制御し方向づけるものであるとして、しかし、こ

6月20日開催の公文書管理委員会委員懇談会で、「昨今の原発の再稼働なんかでも重要な4大臣の協議とか閣議でどういうことがされるかということは、やはり国民から見ると非常に関心の高いところです」とか、「『関係行政機関の長で構成される会議』というのは昨今、頻繁にマスコミに出てまいりまして、法律上の位置づけはどうなっているのかなというのは1つ気になっているところもありますが、現に重要な意思決定がそこでなされている」などと発言しており（内閣府大臣官房公文書管理課「公文書管理委員会委員懇談会・議事録」〈http://www8.cao.go.jp/koubuniinkai/iinkaisai/2012/20120620/20120620gijiroku.pdf〉9頁、10頁）、同時並行的に進行していた大飯原発再稼働を協議する関係閣僚会議の動向それ自体が公文書管理委員会の審議のなかで意識されていたことはうかがえる。とはいえ、当該関係閣僚会議で議事録が作成されていない状況が直接問題とされていたわけではない。

こに存在しているのは、規範（「関係行政機関の長で構成される会議」の議事録を作成させようとする公文書管理委員会の規律）と実態（大飯原発再稼働を協議する関係閣僚会議の運営の実際）が相互に牽制し合うなかで、規範の拘束をすり抜けるか、または、あわよくば規範を自己の側に引き寄せようとさえする実態の側の、正確には、実態を主導的に担っている者の、狡知であるかもしれない。本稿の関心を引くのは、その狡知の主体、いいかえれば、そこでの議事録不作成のイニシアティヴをとった者は誰か、という問いである。具体的には、それは、官僚（という範疇に属する者たち）であるか、それとも、政治家（という範疇に属する者たち）であるか、という問いである。

先にもみたように、関係閣僚会議について、第2回会議を間近に控えた2012年4月4日の記者会見の段階では議事録等を作成することを明言していた藤村官房長官は、第6回会議が終了した4日後の4月17日の記者会見の段階では議事録を作成していない旨を明らかにした。第2回会議で原子力安全・保安院が提示した安全基準が大筋で承認され、第6回会議で大飯原発3・4号機再稼働の方針が了承されたのであるから、再稼働に向けた協議の最も核心にふれる審議が実際に行われた段階に至って、議事録作成から議事録不作成への方針転換が決定されたことになる。審議がなされる前に、なんらかの必要から議事録不作成を決めたのではない。第2回会議で実質的な審議がなされる前までは議事録は作るつもりでいたのに、現に実質審議をしてみて、その後で議事録不作成を決めたのである。審議の内容にかかわるなにがしかの判断があって、そこに、議事録不作成への方針転換に向けたなんらかの力学が働いたと見るよりほかはないであろう。

この力学を始動させるレヴァーを引いた者は誰か。繰り返すが、これは個人を特定しようとする問いではない。範疇を尋ねるむしろ無機的な問い——レヴァーを引いたのは、官僚か、政治家か[54]——である。この問いに接近するうえで逸することができないのは、藤村官房長官の2012年4月17日の記者会見における答弁である。先にも記したが、藤村官房長官は、そこで、当該関係閣僚会議について、主要な議論の部分で官僚を退席させ

54） 前注15）・36）、および、それらに対応する本文を参照。

て議論していることを明かしたうえで、その主たる理由を、「最終判断は政務で行う必要がある」という説明によって示している。ここには、政治家と官僚の関係についての、その時点での民主党政権の基本的な態度が集中的に表現されている。それは、一言でいえば、国の運営にかかわる重要な討議および決定（先述の「議事概要・議事録作成の在り方・論点整理」のいう「政府の重要な意思決定」）は「政務」、すなわち政治家によって担い、「事務方」、すなわち官僚には、単にその過程に実質的に立ち入らせない（討議・決定過程に介入させない）だけでなく、そもそもその場に立ち入らせない（退席させる）、という構えである。

そうである以上、そこでの議事録不作成は、先に言及した「メモはとっておく」けれども「正式の議事録は敢えて作成しない」という「日本の官庁文化」に根差した「官僚たちの積極的不作為」としての議事録不作成ではありえない。それは、官僚によって現出した議事録不作成ではなく、官僚が「政府の重要な意思決定」の過程から締め出されたことによって現出した議事録不作成である。いいかえれば、それは、官僚を「政府の重要な意思決定」の過程から締め出した政治家によって現出された議事録不作成である。そこに参加した政治家たちは、第１回会議を終えた段階では議事録を作成することにとりたてて問題を感じていなかったものの、第２回会議以降、実質的審議が進むなかで、そこでの政治家たちの発言内容にかんがみるならば議事録は作成しない方がよいと考えるに至ったのではないか。その場合、同席している官僚がとったメモをもとにして後に議事録ないしそれに準じた記録が復元されないとも限らないから、そうした可能性を抜本的に絶つうえでも官僚を退席させるのが至当であると併せ考えたものと思われる。さらに、当時公文書管理委員会で同時並行的に行われていた「関係行政機関の長で構成される会議」の議事録作成に関する規律をめぐる審議動向を一定程度把握したうえで、その動向に照らすならば当該関係閣僚会議の議事録を作成しないこととしても公文書管理法の趣旨に決定的に違反するとの評価を受けるおそれはないと判断したのではないか。かくして関係閣僚会議に参加した政治家が当該会議の議事録不作成という成果を首尾よく勝ちえたという１つの見立てが、ここに成立するのである。

（3）

2012年4月17日の記者会見で藤村官房長官は、大飯原発の再稼働を協議する関係閣僚会議の会議体としての性格につき、「最終判断は政務で行う必要がある。自由討議で、記録を残すような話し合いではない」という理解を示した。これが、会議体における議事録の作成に関する民主党政権の基本認識を示唆する2つの観点として本稿が取り出したもののうちの第1の観点、すなわち、「会議体構成員の自由な意見（情報）交換を尊重する観点」に直接接続するものであることはいうまでもない。この意味で、大飯原発再稼働について協議した関係閣僚会議における議事録不作成の結果は、この第1の観点に大きく起因するものである。

だが、当該関係閣僚会議における議事録不作成は、この第1の観点のみではその全貌を説明することができない。先にも述べたように、ここでの議事録不作成は、官僚を退席させることによって、同席した官僚が残すメモをもとに議事録が事後的に作成される可能性をも絶つという周到さをもって目論まれたものである。これは、単に「会議体構成員の自由な意見（情報）交換を尊重する」という説明だけでは説明しきることの困難な、意味上の余剰を残しているといわなければならない。ここにおいて、ここでの議事録不作成には、同時に第2の観点が作用していることを看取しうるのである。会議体における議事録の作成に関する民主党政権の基本認識を示唆する第2の観点、すなわち、「議事録作成の要請を会議体の業務一般の必要性とは異質な外からの要請と見る観点」とは、大震災に対応する諸会議での議事録未作成問題の例でいえば、もし議事録作成が通常業務であったとしたら「危機管理対応」の切迫性ゆえに例外状況的に議事録作成の必要性が減じたと解されるとしても例外状況が過ぎれば議事録作成が要請されるのが当然であるところ、NHKによる情報公開請求とそれに続く取材による議事録未作成の事態の報道があるまで、例外状況がひとまず過ぎた後も議事録作成の必要が日程に上ることはなかったという点に端無くも現われているような、議事録の作成を会議体の通常の業務遂行に付随する基本的な業務とみる観点の不在、いいかえれば、議事録作成の要請をもっぱら会議体の業務とは別の外在的要請とみる観点を指す。

一般に、録音をするのでなければ、会議の議事録を事後的にであれ作成可能にするための手立ては、出席者のとったメモくらいであろう。官僚を退席させたということは、そのメモを残す可能性それ自体を残さないという決断をしたということにほかならない。この意味で、大飯原発再稼働について協議した関係閣僚会議での官僚を退席させたうえでの議事録不作成は、上述した例外状況が過ぎた後もなお議事録作成の必要を日程に上さなかった大震災に対応する諸会議での議事録不作成との間で実質的な観点を共有しているといえる。それが第2の観点である。

かくして、大震災に対応する諸会議での議事録未作成問題がそうであったと本稿が考えるのと同じように、大飯原発の再稼働を協議する関係閣僚会議での議事録不作成もまた、第1に、会議体構成員の自由な意見（情報）交換を尊重する観点と、第2に、議事録作成の要請を会議体の業務一般の必要性とは異質な外からの要請とみる観点とが、独特に組み合わさった帰結である可能性がある。以下では、そこにいう独特な組み合わせの実体が何であるかに多少とも肉薄すべく考察したい。

まず、官僚を退席させたことが、官僚が当該関係閣僚会議の正式の構成員ではないという理由からではないことを確認しておく。当該関係閣僚会議には、仙谷由人民主党政務調査会長代行と斎藤勁内閣官房副長官が参加している。関係閣僚ではない2人は関係閣僚会議の正式の構成員ではない。したがって、官僚を退席させたのは、官僚が当該関係閣僚会議の正式の構成員ではないという理由からではなく、官僚が官僚だからである。これを逆にいえば、「最終判断は政務で行う必要がある」という藤村官房長官の発言にいう「政務」を担う主体には、関係閣僚会議の正式の構成員である野田総理、藤村官房長官、枝野経済産業大臣、細野原発事故担当大臣のほか、閣僚ではない点で関係閣僚会議の正式の構成員といえるか疑義がありうる仙谷民主党政調会長代行と斎藤官房副長官もが加えられていると推測されるけれども、関係閣僚ではない2人が、にもかかわらず「政務で行う」という「最終判断」に関与できるとされているのは、2人が政治家だからである。

2011年3月30日と同年5月11日の枝野官房長官の発言から、本稿は、会議体の議事録作成に関する民主党政権の基本認識を示唆する2つの基本的観点を抽出したが、大飯原発再稼働を協議した関係閣僚会議における議事録不作成を、官僚を退席させたという事実を含めて、説明するものとしての2012年4月17日の藤村官房長官発言が、上記2つの基本的観点の基層を——政治家と官僚の関係性の次元に迫って——鋭く抉り出すものとなっていることは、今や明らかであろう。「会議体構成員の自由な意見(情報)交換を尊重する観点」という第1の観点についていえば、そこで「自由な意見(情報)交換」を「尊重」すべきであるとされている主体が、民主党政権においては、つまるところ、政治家に限られるということ、また、「議事録作成の要請を会議体の業務一般の必要性とは異質な外からの要請とみる観点」という第2の観点についていえば、「議事録作成の要請」を「外からの要請とみる」ことによって、官僚の基本的な業務遂行の自律性が浸蝕されようとしているということが、官僚を退席させたという事実のうえに立った前記藤村官房長官発言のなかに窺知することのできる会議体の議事録作成に関する民主党政権の基本認識の基底である。

したがって、会議体の議事録作成に関するかかる民主党政権の基本認識の2つの基底は、それぞれ、「政治家主導」と「脱官僚依存」という、会議体の議事録作成に関する文脈を離れても一般的・概括的に指摘される民主党政権の基本的な政権運営方針に重なるものであるようにみえる。「政治家主導」と「脱官僚依存」という民主党政権の基本的な政権運営方針には、もとより長所・短所があり、簡単に総括することを許さないが、そこには、「政務」と「事務」、政治家と官僚の関係についての危うい不均衡が存することも指摘しないわけにはいかない。

一般的にわたることを避け、本稿の視角に限定する。そこで、大飯原発再稼働に向けた関係閣僚会議での非閣僚政治家2人(仙谷民主党政調会長代行と斎藤官房副長官)の参加資格のあいまいさと、同会議に陪席していた官僚に対し必要な限度を超えて発言を認めないだけでなく退席させるまでの措置をとったこととの間の、処遇の著しい差違に象徴される政治家と官僚の関係づけ方についての不均衡を例にとろう。問題の根本は、この意味での処遇の著しい差違それ自体に求めるべきではない。2012年4月17

日の藤村官房長官の説明によれば、「技術的問題などを説明した後に官僚を退席させ、首相ら政治家6人だけで協議する時間を設けている」とのことであるが、「技術的問題」を超える問題を大所高所から論ずるために官僚を退席させて（形式的資格はともあれ）政治家だけで協議することは、あってはならないことではない。問題の根本は、官僚の退席が、「政府の重要な意思決定」にかかわる討議・決定過程における「脱官僚依存」を意味するにとどまらない点にある。官僚の退席は、討議・決定に関与する潜在的可能性のある主体としての官僚の退席を意味するにとどまらず、討議・決定過程の検証を可能にするメモ（記録）採取の主体としての官僚の退席をも同時に意味する。それは、「政府の重要な意思決定」にかかわる討議・決定過程の検証を不能にする事態をもたらす。

民主党政権の「脱官僚依存」には、このように、統治過程の検証可能性を縮減する内在的傾向性が一定程度看取されるのであるが、そのことが、官僚の叡智を従来のようには動員できないということとはさしあたり独立に、統治過程の運営における根底的な欠損を構成することは、もはや縷言を要しないであろう。そうして、この傾向性が、先にみたような（それ自体としてはあってはならないこととはいえない）資格のあいまいな政治家の関係閣僚会議への恒常的参加に端的に現われているような民主党政権のいわば形式に縛られない「政治家主導」と結合するとき、「政府の重要な意思決定」にかかわる討議・決定過程が、ますます政治的に不可視の領域へと吸い込まれていく加速力を押しとどめることは至難となる[55)]。

この点で象徴的なのが、大震災対応の諸会議における議事録未作成問題が国会で野党からの追及を受けていた際の野田総理の発言と、公文書管理委員会で「関係行政機関の長で構成される会議」の議事録作成のあり方に

55） 大飯原発再稼働をめぐる関係閣僚会議は、それ自体が「形式に縛られない」性格を有するものであるといえるが、「再稼働要請を主導した仙谷由人政調会長代行」が（閣僚でないにもかかわらず）「この会議に毎回同席する一方、」みずから「と枝野幸男経済産業相、細野豪志原発事故担当相、古川元久国家戦略担当相、斎藤勁官房副長官の『5人組』」「の会合をホテルなどで重ねてきた」とされる事実（2012年4月17日付毎日新聞朝刊）は、「形式に縛られない」会議を活用することがそれ自身さらにその外延に一層「形式に縛られない会議」を繁茂させる呼び水となる消息を伝えるものとなっている。後注63）を参照。

ついて審議していた際の岡田副総理の発言との、(時期の近接した) 意図せざる符合である。

2012年2月1日の衆議院予算委員会で質問に立った自民党の斎藤健議員は、「かつてアメリカの大学院に私が留学をしていたとき、こういう授業がありました。グラハム・アリソンというハーバード大学の大変有名な教授が、この方は政治の意思決定のあり方の専門家でありますが、学生が円形になって向かい合って、そこにカセットテープが置かれております。そこから流れてくるものというのは、キューバ危機のときにケネディ大統領とロバート・ケネディと、それからそのときの意思決定にかかわった人たちの、まさに現場で録音をした肉声でありました。そして、その肉声を聞きながら、このときのケネディ大統領のこの発言はどう評価されるべきか、それに対するロバート・ケネディは冷静でいい対応をしているじゃないか、そういうことを学生が議論する、そういう授業を受けたことが」あったと述べた後、「こうやってアメリカでは、キューバ危機というのは一触即発の核戦争の危機でありました。大変大きな、それこそ緊急事態であったと思いますが、そういう事態においても、公開するかどうかは別にして、テープをきちんと残しているわけであります。……キューバ危機は一九六二年のことで、五十年前のアメリカにできて日本にできないことはないと思います。確かに自民党時代にも録音が行われていなかったかもしれませんが[56]、今回の不幸な出来事を契機として、会議の録音ということ

56） 斎藤議員への答弁において、この日、平野達男防災担当大臣は、阪神・淡路大震災における非常災害対策本部の会議でも議事録が作成されていなかったことを指摘している。「会議録－予算委員会－平成24年2月1日第3号」衆議院ホームページ〈http://kokkai.ndl.go.jp/SENTAKU/syugiin/180/0018/18002010018003a.html〉。なお、平野防災担当大臣は、この前日である2012年1月31日の記者会見で、いわゆる自社さ政権下の阪神・淡路大震災（1995年)、いわゆる自公政権下の新潟県中越沖地震（2007年）等の際における議事録不作成の事実を明らかにし、議事録不作成に関しては「『会議の後に記者会見で報告し、資料を公表すれば十分という判断だった。政府の慣習のようなものがあった』と釈明した」(2012年1月31日付毎日新聞夕刊)。「政府の慣習のようなもの」への言及は、自民党（を中心とした）政権時代からの連続性を強調する趣旨であろうと推測される。事実としてはおおむねもっともな言及である。だが、公文書管理法（2009年7月1日公布、2011年4月1日施行）の制定は、東日本大震災の以前と以後とで上記のような連続性を素朴に想定することを困難にしているはずである。

についても積極的に評価をしていくべきではないでしょうか。まず、きちんとした録音はする。しかし、それをそのまますぐに公開するのはいろいろ問題があるでしょう。それには二十年、三十年の期限をつけて公開をする。そしてそれに基づく議事録も、会議によっては、そのまま出せるもの、出せないもの、いろいろあるでしょう。そういうものは配慮しなくちゃいけないとしても、きちんとしたテープなり録音なりを残しておいた上で、その後の対応をどうするかということをこれからきちんとしていくことが私は大事じゃないかと思います。確かにいろいろ検討しなくてはならないことも多いと思いますが、一方で、政治家や公務員が歴史の検証というものを意識して仕事をするようになります。このことは大きな意識改革になるんじゃないでしょうか。ぜひこの機会に、後世の人たちに恥ずかしくないよう、官庁記録文化というものを一新すべく一大見直しを行ってはいかがかと思いますが、総理の見解を伺いたいと思います」と質問した[57)]。

これに対し、野田総理は、「特にこういう大きな災害があったときには歴史の教訓として記録に残さなければいけないというふうに思います」などと答えたうえで、次のように述べている。「録音テープの問題提起がございました。一つのアイデアだと思うんですが、例えば、何人かが会いながら物事を決めていく会議というのは、そういうやり方もあるかもしれません。ただ、悩ましいのは、よく電話で政治家同士がやりとりをして、すとんとものを決めることがありますね。そういうことも含めて、意思決定のプロセスの中で、どういう形で透明性を担保するかということ、あるいは記録の残し方ということは、総合的に考えさせていただきたいというふうに思います」[58)]。

斎藤議員の質問は、記録の作成と公開を区別し、公開を制限する必要があることは作成を抑止する理由にならないとする点をはじめ、文書館学の観点からみても興味ある基本的な論点提起をしているといえるが、会議の録音を制度化することの是非を問うたことによって、野田総理から図らずも率直な所見を引き出した点に、本稿の主たる関心は向く。一体、会議体

57） 前掲注 56)「会議録－予算委員会－平成 24 年 2 月 1 日第 3 号」。

58） 同前。

の議事録不作成を厳しく追及されている国会審議のさなかに、「何人かが会いながら物事を決めていく会議というのは、そういうやり方もあるかもしれません」などと飄々と話を切り出すその風情は、なかなか味があるといえなくもないが、そう切り出すことによって野田総理が伝えようとしていることは、録音テープもいいが、余りにがちがちと会議の透明性を追求すると、政治家が会議以外の場（電話など）に実質的な意思決定の場を移す傾向はますますとどめがたいものになる、という、認識とも、また、言い含めともつかぬ、呟きのように聞える。

これを、より屈託なく、むしろ拍子抜けするくらいの真率さで語ったのが、岡田副総理である。2012年2月3日開催の公文書管理委員会第12回委員会において、これも会議の録音が議論提起され、「議事概要など本当に項目柱だけのもので出てきた場合、これでは、将来世代が、合理的に跡付けて検証することはできないと思います。それでは駄目で、改めて復元をお願いするような場合、この点、議事録体に戻していく作業をする際、やはり録音があるかないかの問題は重いと思います」[59]という発言を受けての文脈においてであるが、岡田副総理は、「今のところは非常に大事な点で、諸外国の例もよく調べてみないといけないと思うんです。全部録音ということにしたときに、その公開の在り方とか、そういうこともよく議論しないと、結局会議は形式だけということになってしまいかねない。そして、会議そのものではない他のところで事実上のやりとりがあるというリスクも一方であるわけで、そこら辺は全体に合理的に考えて、どういう仕組みがいいか、よく御議論をいただく必要があると思います［傍点は筆者による］」[60]と述べている。岡田副総理は、ほぼ同様の内容を、2012年4月25日開催の公文書管理委員会第18回委員会でも、「いろいろな無数の会議や非公式、公式の根回しとか、いろいろなことがあるわけですが、そんなものは全部残していたら、記録に残すだけで役所が一つ必要になるわけですから、どこまで残すということが必要なのか、望ましいのかという

59）加藤委員の発言である。「公文書管理委員会第12回議事録」〈http://www8.cao.go.jp/koubuniinkai/iinkaisai/2011/20120203/20120203gijiroku.pdf〉12頁。
60）同前。

ことをある程度きちんと示してやらないと、各省庁も困ってしまうのではないかと。ですから、こうした問題について、委員の先生方のお知恵をいただきたいということであります。そもそも日本というのは根回し文化もありますから、公私に根回しをしながら物事を決めていく。会議というのは最後のところで形式みたいなところがあります［傍点は筆者による］」[61]と発言している。

政治家を構成員とする会議体において議事録の作成を厳格に義務づけ、それを担保するために「会議の録音」を広く制度化するならば、そのような拘束を嫌って、「電話で［の］政治家同士［の］やり取り」（野田総理）や「会議そのものではない他のところ」（岡田副総理）へと討議・決定の実質的な場を不断に逃れさせていくのが政治家の傾向性であり、会議の録音、ひいては、会議体の議事録作成の義務化を審議するに当っては、政治家が有しているかかる傾向性にも応分の顧慮を示すのでなければとうてい義務化は不可能であり、可能であるとしても効能を望めない、というのが、野田総理と岡田副総理それぞれの発言に共通した認識上の前提であることがうかがえよう。そうして、その認識上の前提のさらに基底に存するものが、会議はしょせん形式にすぎないという脱形式化志向であることも、岡田副総理の上記二度にわたる言及から知ることができる。

政治家を会議という形式に縛りきらず、可能な限り政治家の「自由な意見（情報）交換を尊重する」ことを志向する民主党政権の「政治家主導」と、議事録の前提となるメモ（記録）ないし録音をとらせなくするためには官僚を退席させることも辞さない民主党政権の「脱官僚依存」とが、互いに他を補完し合うところに現出したのが、大飯原発再稼働を協議した関係閣僚会議における議事録不作成という事態にほかならない。「政治家主導」と「脱官僚依存」の独特の混成体が民主党政権の「政治主導」であるとすれば、議事録不作成問題は、良きにつけ悪しきにつけ、民主党政権の「政治主導」の縮図[62]である。

61）「公文書管理委員会第 18 回議事録」〈http://www8.cao.go.jp/koubuniinkai/iinkaisai/2012/20120425/20120425gijiroku.pdf〉12 頁。

62） 議事録不作成方針は、通常は、情報の隠蔽に結びつけて否定的な含意で観念されることが

跋

本稿序の禅問答に戻る。

「再稼働は、私が責任をもって決定します。」は、大飯原発再稼働をめぐる野田総理の言葉から造形したものである。果して、野田総理は、2012年5月30日の第7回関係閣僚会議で、「立地自治体の判断が得られれば、最終的には4大臣会合でしっかり議論し、最終的には総理大臣である私の責任で判断する」と断言したうえ、6月8日に記者会見し、「国論を二分している状況でひとつの結論を出す。これはまさに私の責任であります」と述べて、大飯原発3・4号機を再稼働すべきであるとの判断を示した。ここにいう「責任」が原発を再稼働するという危うい決定をしたことに対

多い（ただし議事録不作成方針の弊害は「情報の隠蔽」の意図に結びつけて観念される問題に還元されない。議事録不作成方針は「情報の隠蔽」の意図がなくとも問題であり、だからこそまた議事録不作成がたとえなんらの「方針」にもとづくものでない場合にもその問題性は消滅しない。むしろ今日にあっては「情報の隠蔽」の意図なき議事録不作成の問題性にこそ注意が喚起されるべきである。後注68）を参照）。だが、「政治主導」の名のもとに、「鳩山内閣が政治主導の舞台としている閣議や閣僚懇談会、閣僚委員会、政務三役会議の議事録を基本的に残さない方針を続けている」（2010年1月3日付共同通信）という形で意味づけられると、同じ議事録不作成方針も、事務局として議事録を作成する役目を持つ官僚が同時に審議・決定過程に実質的な影響力を行使する事態を喰いとめるという肯定的価値を担うものとして、社会的評価が顚倒することもありうる。閣議や閣僚懇談会は民主党政権以前から議事録不作成の慣行があるけれども（ただし事務次官会議の廃止と結びつけて政策決定過程における閣議の重要度が変化したとの見方がある）、「閣僚委員会、政務三役会議」という民主党政権が鳩山由紀夫内閣以来「政治主導の舞台としている」看板の会議体で「議事録を基本的に残さない方針を続けている」という事実——政務三役会議についてはその時の担当大臣の方針によって議事録に相当するものが作成された例もあるようであるが——は、「民主党を中心とした政権になって、立法過程にも大きな変化が生じた分野が少なくなく、従来とは異なり、審議会、検討会で、ゼロから審議がなされるのではなく、政治主導ということで、担当大臣による座長案がまず提示され［る］ことが多くな［り］、その他の面でも、重要な意思決定が政務三役会議で政治主導で行われることが多くなっているように思われる」なかでは、「政務三役会議での意思決定過程の公開が、説明責務を果たすという観点から、非常に重要になっている」ため、「政務三役会議での決定のみならず、決定に至る経緯についても、文書を作成し、原則公開［す］ることが期待される」（宇賀・前掲注3）67～68頁）だけに、とりわけ一層、大飯原発再稼働を協議した関係閣僚会議における議事録不作成問題を一角とする氷山の小さくないことを暗示して余りある。

する批判は挙げて自分が引き受けるという意味の「責任」であることは、本稿序に記した通りである。上記の「4大臣会合」は、本稿のいう関係閣僚会議である。

それでは、野田総理のこの「責任」は、何によって担保されるものなのであろうか。再稼働の「決定」が上記関係閣僚会議での「議論」にもとづくものであるなら、上記関係閣僚会議での「議論」が検証可能であることが、野田総理の「決定」の「責任」を担保する最低限の要請でなければならない。関係閣僚会議での「議論」が、実質的には、大飯原発再稼働を「決定」したといえるからである。実際、5月30日の第7回関係閣僚会議で野田総理が前記断言をなすための前提は、立地自治体の一定の判断動向を見定めたことのほかは、4月13日の第6回関係閣僚会議までにすでに準備されていた。だが、第6回ないし第7回までの関係閣僚会議が実質的に大飯原発再稼働を「決定」したという理解は、民主党政権によってはとられなかった。というのも、4月3日の記者会見において、岡田副総理は、関係閣僚会議での協議は議事録作成の対象外であるとの考えを示し、その理由を、当該関係閣僚会議は「物事を決める場ではなく、記録を残す対象ではない」という点に帰した[63]からである。さすがに、先にみた4月17日の藤村官房長官の記者会見では、同会議につき「最終判断は政務で行う」とされているから、関係閣僚会議が「物事を決める場ではな［い］」という理解までは政権によって追認されなかったといえるかもしれないが、同会議を「自由討議で、記録を残すような話し合いではない」と性格づけている点では、藤村官房長官も、岡田副総理との間で基本的な理解を共有しているといわなければならない[64]。だが、大飯原発再稼働を協議した関

63） 2012年4月4日付東京新聞朝刊。同紙は、「岡田氏は首相らの協議が法的な権限を持たない非公式な会合との見解を示し『物事を決める場ではなく、記録を残す対象ではないと思う』と述べた」と伝えている。「法的な権限を持たない非公式な会合」を設置する政治手法が「政治主導」と結びついて多用される場合のありうべき問題点については、前注55）および同注に対応する本文を参照。

64） 2012年3月30日の記者会見で枝野官房長官が政府・東京電力統合対策室を「議論や情報交換を行っている場」であるとみなしたうえで議事録不作成を正当化していたことについてはすでにみたが、この着想は、大震災に対応した諸会議や原発再稼働を協議した関係閣僚会議に限られない。民主党政権が「閣議や閣僚懇談会、閣僚委員会、政務三役会議」は「自由

係閣僚会議が「決定」のための会議でないとしたら、どんな会議であれば「決定」のための会議なのか。

当該関係閣僚会議を「決定」のための会議とは認めず議事録作成が免除される会議体であるとみなすことは、当該関係閣僚会議に参加した政治家に対して過度に「自由な意見（情報）交換を尊重する」だけではない。それは、当該関係閣僚会議での協議に依拠した野田総理の再稼働決定それ自体を、関係閣僚会議での協議から切り離して「自由」にすることをも意味する。それは、「これはまさに私の責任であります」と語られた野田総理の「決定」に額面通り単独行為としての性格を付与することさえを意味し、その「決定」を、拠って立つあらゆる根拠から切り離された零からの「決断」にしてしまう。

大飯原発の再稼働決定は、関係閣僚会議による「決定」とみなす場合には、政治家同士の「自由な意見（情報）交換を尊重する」必要を理由に、議事録作成の対象外とされやすく、野田総理の単独の「決断」とみなす場合には、「決断」に至る意思決定過程は政治家一己の内面の軌跡を問題とするに等しいから、およそ記録作成の対象外とされやすい65）66）67）。

闊達な意見を述べてもらい方向性を出していく場だ」として、これらの会議で「議事録を基本的に残さない方針を続けてい」たことについては、前注62）を参照。

65） 会議体における協議を経由した政府の意思決定の過程を記録に残すための方法は、広く捉えれば、また、厳密に捉えても、会議体の議事録を作成することのみには限られない。後注66）・67）に、参照すべきであると思われる例を挙げる。なお、たとえば東日本大震災に関していえば、民間・政府・国会で設置された事故調査委員会のそれぞれの報告書が上記の意義の一端を担いうるものであることはいうまでもないが、ここでは、歴史学の方法一般により直截に連なるものをとりあげるという観点から割愛した。

66） 阪神・淡路震災復興委員会の下河辺淳委員長を対象として1995年3月から1996年2月にかけて計12回にわたって行われた政策研究大学院大学政策研究院によるオーラル・ヒストリー・プロジェクトは、その（会議体における協議を経由した政府の意思決定の過程を記録に残すための方法の）1つの可能性を示唆する。同プロジェクトは、政治学者（日本政治史）の御厨貴の発案にかかるものである。御厨は言う。「下河辺の受諾条件は、オーラル・ヒストリーを十年はタイムカプセルに入れるというものであった。それでも必要があると思ったのは、復興委員会が内閣にできる諮問委員会であったからだ。内閣設置の委員会は寄合所帯で作られるので、必ず資料がなくなる。資料の保存が他の官庁以上に曖昧になるわけだ。その意味でも、私はこれを断固としてやるべきだと思った」（御厨貴『オーラル・ヒストリー―現代史のための口述記録』（中公新書・2002［初版］・2012［再販］）193～194頁）、なお、「現実には五年目で一時タイムカプセルから取り出し、最終的には七年で全面公開の運びとなった」（同書195頁）。政策研究大学院大学（政策研究院）C.O.E. オーラル・政策研究プロジェクト編『「阪神・淡路震災復興委員会」（1995－1996）委員長・下河辺淳「同時進行」オーラルヒストリー（上）（下）』（政策研究大学院大学政策研究院・2002））。これが、議事録の作成を重要と考える発想と通底しないはずがない。御厨は続けて言う。「先回りしていうと、案の定、復興委員会の議事録は現在も内閣にはない。誰かがもっている可能性もあるが、公的な場所にはない。私は早い段階で、公的な議事録を押さえたいと思ったが、ついにそのままになってしまった」（御厨・前掲194頁）。1995年1月の阪神・淡路大震災に対応するために設置された会議等でのこうした議事録不作成は、2011年3月の東日本大震災に対応するために設置された会議等での議事録未作成問題となって再現された。東日本大震災対応のために民主党政権によって設置された15の会議のうち議事概要のみならず議事録も作成していたのはわずかに4の会議であったが（前注3）参照）、そのなかのひとつに復興構想会議がある。御厨は、同会議の副議長であった。「政府の重要な意思決定」を行う会議体の議事録が作成されないことを恐れ、オーラル・ヒストリーのプロジェクトを活用した御厨が、後に公文書管理委員会委員長として、「政府の重要な意思決定」を行う会議体の議事録作成のための活動に従事することを役割づけられたのは運命の配置であろうか。だが、それ以上に注目すべきは、その御厨が、同時に、みずから「政府の重要な意思決定」を行う会議体（それも下河辺の阪神・淡路震災復興委員会に照応する東日本大震災の復興構想会議）を運営する当事者の立場に立たされ、議事録作成を遂行した事実である。2012年6月20日開催の公文書管理委員会委員懇談会で、御厨は、「歴史家として私が見てきた感じでいえば……従来は［残された記録というのは］公的なものではない。だから後世の検証にたえるようなものを、最終的にどうなるかわかりませんけれども、やはりここで導入するということに関しては私は非常に強い関心を持っております」と語っている（前掲注53）「公文書管理委員会委員懇談会・議事録」10頁。なお、参照、御厨貴「公文書管理」2012年4月30日付読売新聞朝刊）。公文書管理委員会委員長としての御厨が、仮に議事録作成の要請を主として「歴史家として［傍点は筆者による］」の「関心」から導出したとしても、復興構想会議副議長としての御厨は、「政府の重要な意思決定」を行う会議体を運営する当事者として議事録作成のいわば不文の要請にみずから拘束されようとしたといえる。このようなことは、実際には簡単なことではない。少くとも、野党時代に情報公開を自民党政権に強く要求し、情報公開を重要な党是のひとつに掲げてきた限りにおいて、広い意味で類似の境地に置かれていたといえる政権担当後の民主党にとって、それは簡単にできることではなかった。

67）政府の意思決定の過程――前注66）に摘示したオーラル・ヒストリーもそうであるが、必ずしも会議体における協議を経由した政府の意思決定過程に限定されない――を記録に残すためのもう1つの可能性を示唆するものに、ジャーナリストによる取材・著述活動がある。ここでは、一例として、木村英昭『検証 福島原発事故―官邸の100時間』（岩波書店・2012）を挙げる。本書は、朝日新聞朝刊に連載されている「プロメテウスの罠」において2012年1月3日から2月6日にかけて掲載された「官邸の5日間」をもとに大幅に加筆が施された、1人の新聞記者による〈3.11〉からの5日間の首相官邸の記録である。「原発事故の対応そのものを巡って、政府や東電が一体どんなやりとりをしていたのかを、自分の足と目と耳できちんと向き合い、検証することが、自身に課した宿題となっていた。……それなら、官邸を書こうと決断した。……政府の中枢がどう立ち振る舞ったのかを検証する作業は、原発事故を語る上で欠かせない作業だ。……言うまでもなく欲しかったのは［官邸の当時の主であった］菅［直人］氏の見方や解釈、論評、評価ではない。官邸で何があり、どんな会話

会議体の議事録作成に関する民主党政権の基本認識から推すならば、議事録も、その前提をなす会議体も、政治家にとってみずからを外から拘束する形式であるとみなされ、「政府の重要な意思決定にかかわる会議」の議事録は、そこでの審議の最も枢密な部分——それは政治家同士の「自由な意見（情報）交換に委ねられるべき部分として聖別される——を除いて作成されることになりがちであり、より進むと、「政府の重要な意思決定」それ自体が、場を会議体以外に移していくことにすらなる。

この事態を、政治的決定の審級が会議体の議事録、さらには、会議体そのものから遊離することと仮に表現しておく。それならば、会議体から離れた決定の審級はどこへ向うのか。拘束からの捌け口を求めるかのように、決定の審級は、議事録の作成されない非公式の会議や会議でさえない私的なやりとりに向うだろう。だが、決定の場が形式を免れるたびに、その審級は、そのつど、より私的なものへと移行していく。その際、官僚が事務局を担当する会議体から決定の審級が離れれば離れるほど、国民によって

が交わされたのかというファクトだった」（同書 300 ～ 301 頁）。首相官邸とは何か。御厨貴の著作に『権力の館を歩く』（毎日新聞社・2010）がある。そこで２つの単元にわたってとりあげられている「首相官邸」が「権力の館」の典型であることを疑う者はあるまい。東日本大震災に際して官邸の機能不全がいわれることが少くないが、御厨は、「菅さんの影響力は政界では極小化の一途をたどってい」た「が、首相官邸（公邸も含む）という『権力の館』の中では、独特の磁場を形成してい」たのであり、「確かに与野党もメディアも国民もすべてが菅さんを見放してい」たけれども「菅さんの官邸は」「それなりに遅れを伴いつつも歩みは止まらな」かったと記している。御厨貴「3.11 後の政治」2011 年８月７日付読売新聞朝刊。「それなりに遅れを伴いつつも」という点は逸するわけにいかない。木村は上掲書で、「本来なら事故現場の原発の近くにある」べき「オフサイトセンター」が「機能しなかった」ために「官邸がオフサイトセンターになってしまった」と述べているが（２～３頁）、永田町の「オフサイトセンター」において危機管理センターが地下で総理執務室が５階にあるといった事情が情報伝達その他でのさまざまな「遅れ」の物理的背景になっているといった分析もこれまでしばしば行われてきた。御厨の得意とする「建築と政治」の主題は建築設計上の「動線」を分析の１つの核とするものといえるけれども、地下と５階という物理的ないし心理的距離は「権力の館」で行われたこと・行われえなかったことの配合にとっての構造的基盤をなした可能性が高い。とりわけ国家的危急時にあっては、首相官邸で「政府の中枢がどう立ち振る舞ったのか」が、あるいは、そこで「交わされた」「会話」のひとつひとつが、そのまま「政府の重要な意思決定」に直結する潜在性を有している。アーカイヴズ（archives）の語源が「統治の場所」であることを想起するならば、そのような首相官邸で生起した「ファクト」を収集・保存する作業は、——その形式はどうあれ——アーカイヴズの名に値するというべきであろう。

選出された政治家は拘束なく審議・決定を行えるようになるから、その政治的決定の審級は、それだけ国民的正統性に近づくかにもみえるが、政治家が拘束なく「自由」に審議・決定を行えるということは、それだけでは国民的正統性を徴達する根拠にはならない。なぜなら、政治家一己の内面の軌跡が最たるものであるけれども、政治家同士の「自由な意見（情報）交換」も、それが議事録という拘束や会議体という形式から逃れている限りは、政治家にとっては私的性格の拭いがたく混入した存在局面であり、それらへと決定の審級が移ることは、決定の審級をなにがしかの意味と程度で私的な次元に隠すことを帰結するからである。それは、決定に対する「責任」[68]をあいまいにすることにつながる。

翻って、政治家同士の「自由な意見（情報）交換」を議事録という、また、政治家一己の内面の軌跡を会議体という、それぞれに政治家を拘束す

68）「政府の重要な意思決定」を行う会議体の議事録の作成要請は、広くいって、政策決定過程の合理性を確保する目的に仕えるものである。この目的は、乱暴にいえば、文書化を通じて政策決定過程それ自体を分析的に言語化するという目的と（広い意味での同時代人も含めた）将来世代という意味での「歴史」に対する（説明）責任の充足という目的の、2つの目的に大別することが可能であるけれども、両者は、区別する必要があると同時に、内在的に関連づけて理解する必要もある。前注66）に記した「下河辺淳『同時進行』オーラルヒストリー」は、その「同時進行」性という点において、この関連を際立たせるものになっている。御厨は言う。「最近この記録を読み直して思ったのは、聞き手であるわれわれがよく話しているということである。……結局われわれの行為は、下河辺の委員会における政策決定、活動方針の判断に影響を与えていたことになる。われわれはもちろん後追いでやっているので、結果について聞いていくということしか頭になかった。しかし現実に下河辺は、事後にわれわれに対して語らなければならないので、委員会での指示行動、パフォーマンスが、われわれに話すために合理的にならざるをえなかったのではないか。……彼は前の委員会のことを話しているときに、おそらく次の委員会でどうするかを同時進行的に考えている。次の委員会では、われわれにその次のオーラル・ヒストリーのときにきちんと話せるようにパフォーマンスをして、そしてわれわれに語る。その繰り返しであったという感じを否めない」。この事情は、会議体の議事録作成についてもあてはまる。公文書管理委員会の委員を務める加藤陽子は、次のように述べている。「本来、国家が一連の政策決定を合理的かつ適正に行うためには、類似した過去の事案についての詳細な調査と検討が絶対に必要だ[……]。適正な政策決定は、それを支えるに足る十分な記録が決定の場に迅速に提供されて初めて可能となる。……記録を大切にしない風土の根幹には政治の不在がある」（加藤陽子「公文書の不在」2012年2月19日付毎日新聞朝刊）。「政府の重要な意思決定」を行う会議体の議事録の作成は、政策決定過程の合理化に資し、そのことのゆえにまた、同時代および将来世代の公衆（Publikum）に対する「責任」を果しうる。

るものとして嫌われる形式から解放することは、それ自体高い価値があるとする考え方が、とりわけ近年、広く社会に滲透しているようにみえる。この考え方に立つならば、政治家が会議体という形式から離れ、議事録という拘束からも解き放たれて、蛮勇を奮って下す「自由」で「内面」からの「決断」は、積極的に肯定的な価値づけを付与されるものとなる。今日「決められる政治」の名のもとに語られることの多い決定モデルは、突き詰めていえば、この型の「決断」にほぼ重なる。この決定モデルのもとでは、決定の審級が最終的には政治家一己の内面の軌跡に求められることは、「責任」をあいまいにするどころか、「責任」ある決定といえるための不可欠の条件とさえなる。

決定の審級がなんらかの意味と程度で私的次元に移行し、窮極には政治家一己の「決断」へと集中していくことは、「責任」をあいまいにするものなのか、それとも、「責任」ある決定のための条件なのか。これは、本稿序の禅問答における、追及者のいう「責任」と答弁者のいう「責任」との関係の1つの変奏である。最後に、そのことが「責任」の観念に対して提起する問題の一端にふれて、拙い本稿を閉じる。

答弁者のいう「責任」に具体例を提供した「私の責任」を強調する野田総理の発言も、そこで野田総理自身によって強調される再稼働「決定」の個人「決断」的性格をあたかも裏書するかのような（関係閣僚会議は「決定」のための会議ではないと性格づける）岡田副総理の発言も、大飯原発の再稼働決定を本気で総理の個人的「決断」であると考えているわけではない[69]。両発言に体現されたものの要諦は、決定の審級を議事録から免れさ

69）大飯原発再稼働を「決定」した主体が、では何であるのかは、いうまでもない。先に本稿は、「5月30日の第7回関係閣僚会議で野田総理が前記断言［「最終的には総理大臣である私の責任で判断する」との断言］をなすための前提は、立地自治体の一定の判断動向を見定めたことのほかは、4月13日の第6回関係閣僚会議までにすでに準備されていた」と書いた。第7回関係閣僚会議が行われた時点での「立地自治体の判断動向」の最も重要なものは、5月30日の関西広域連合（7府県4政令指定都市から構成される特別地方公共団体）の会合において再稼働を容認する内容の声明文が一部修正を経て採択されたことであるが、この採択自体が政府の意向によって鋳型づけられた色彩がある。5月30日当日になって、第7回関係閣僚会議——この第7回関係閣僚会議で野田総理の前記断言がなされたことは、上に記した

せ、いわば記録からの自由を確保しようとする点にある。だが、記録が「聴衆（Publikum）」を予定するものであり、「公衆（Publikum）」が、そうした記録の聴衆としてでなければ再稼働決定の「経緯も含めた意思決定に至る過程」（公文書管理法4条）に接近する術をもたないとしたら、「決定」を記録から切り離すことは、「決定」を「公衆」から切り離すことと同義となる[70]。それは、野田総理と岡田副総理の発言が、しばしば「政府の重要な意思決定」における決定の審級を政治家の私的な存在局面へと逃れさせる性向を示してきたこととも照応する。「公衆」から切り離された「決定」ないし「決断」においては、どこまでも公的であるところに本籍をもつ「責任」の観念は蒸発する。野田総理が繰り返し語った「私の責任」が、日常言語としての個人の責任という通常の意味を超えて、民主党政権における「責任」観念のパラドクスの能弁な隠喩になっていないか[71]。

通りである――が同会合の後に開かれるとの「一報が飛び込み」、修正から採択まで、「事態は急転」した（2012年5月31日付読売新聞朝刊）といわれるからである。5月30日の関西広域連合の会合は「紛糾」したことが伝えられているが、その「紛糾」が一気に収束していった消息を報道番組は次のように伝えた。「関係者によると、この会合の一部非公開の席上、政府側から出席した斎藤官房副長官がこう切り出した。／『もう決めます。』／大飯原発を再稼働させるという強い意思を野田政権が示した瞬間だった」。2012年6月2日 TBS「報道特集」。動画等につき、参照、「原発再稼働容認の“ウラ側”と菅前首相の思い 6/2 報道特集」〈http://kiikochan.blog136.fc2.com/blog-entry-1960.html〉。この日の関西広域連合の会合に細野原発事故担当大臣とともに参加した斎藤官房副長官（彼が関係閣僚会議にも参加していることについては本文を参照）が鶴の一声の如く発したとされる「もう決めます。」の一語は、「政府の言論（government speech）」として、J・L・オースティンあるいはジャック・デリダの名とともに知られる〈事実確認的（constative）／行為遂行的（performative）〉のうち後者の言明としての機能を果した。行為遂行主体は、いうまでもなく、政府である。

70）〈聴衆＝Publikum＝公衆〉の境位については、蟻川恒正「責任政治」法学59巻2号（1995）1～37頁を参照されたい。

71） この点で注目に値するのが、大飯原発再稼働を協議した関係閣僚会議での議事録不作成問題をめぐる枝野経済産業大臣の動静である。大震災に対応するために設置された諸会議での議事録未作成問題においては、会議体における議事録の作成に関する民主党政権の基本認識を示唆する2つの観点を、2011年3月30日と同年5月11日の記者会見において、ともにみずから代表していた枝野氏であるが、岡田副総理が上記関係閣僚会議を指して「物事を決める場ではなく、記録を残す対象ではない」と述べた同じ2012年4月3日の記者会見で、「会合［本稿のいう関係閣僚会議］メンバーの枝野幸男経済産業相は」「『記録はしっかりと残し、いずれは国民の皆さんに評価していただくことになる』」と述べ、岡田副総理との間で「意見が食い違った」（2012年4月4日付朝日新聞朝刊）からである。すでに本文でみたように、4月17日には結論において岡田副総理と同じ立場を表明した藤村官房長官も4月4日の記者

これは、ひとり民主党政権のみに向けられた問いではない。

会見では当該関係閣僚会議の議事録等を作成する旨を述べていたうえ、「岡田氏が言ったのは一般論」(2012年4月5日付毎日新聞朝刊）と述べて、4月3日の岡田副総理の発言に対しては留保を付してさえいたから、枝野氏が4月3日の自身の立場をその後も（閣内不一致に連なる問題はここではいったん措く）一政治家として維持しえているかは不明である。とはいえ、2011年3月30日と同年5月11日とをくぐったうえの2012年4月3日であるから、そこには、藤村官房長官の2012年4月4日とはまた違った何かが賭けられていた可能性がないとはいえない。この点で、前注22）に引いた枝野氏の弁明の帰趨を追跡することは、民主党政権に集った政治家たちの「責任」観念の今後を占ううえで死活的重要性を有している。

第4章

執政・行政・国民

フランス原子力安全規制を素材として

曽我部真裕

本稿では、フランスの原子力安全規制を素材として、執政（政治）・行政・国民（民意）の編成のあり方を考察する。フランスの原子力安全規制は、従来は法律による根拠の欠如、推進と規制の組織的な一体性、情報公開の不足などの問題を抱えていたが、1990年代末以降、改革の努力が重ねられてきた。その集大成が2006年制定の原子力安全・透明化法であって、同法により原子力安全に関する独立機関が設立されたが、その権限は、政治の役割との関係で慎重に限定されている。また、原子力発電所等の立地自治体には透明性確保のために地元議員や環境保護団体代表者などから構成される委員会が設置されているほか、一般国民に対しても原子力安全に関しては一般の情報公開法よりも強化された情報公開請求権が認められている点や、全国公開討論委員会による公開討論が組織される点など、一般国民に対する情報公開や参加への配慮は周到であるが、決定権についてはやはり政治の役割との関係が考慮されている。これを通観すると、かなり明確な考え方にもとづいた構想のようにみえる。日本ではこうした構想を、どのように受け止めるべきだろうか。

1　はじめに

〈3.11〉で問われたのは、原子力という、人間には統御不可能な魔物を統御することを夢想した「近代の過剰」ではなく、「近代の欠落」であったという指摘[1)]に、筆者は同意したい。このように指摘した論者は、続けて、「近代」の論理からすれば、「科学は事物を明らかにし、技術は一定の目的を前提としてその実現を可能にする手段を提供する。目的と手段についての評価をふまえて政治は政策を提言し、そして国民が選択する」のであるが、個人が「自分自身の利益を『正しく理解』することは、複雑に入

1）樋口陽一「〈3.11〉後に考える『国家』と『近代』―『耐えられぬほどの軽さ』で扱ってよいのか」法学セミナー683号（2011）39頁。

り組む問題の見通しがますます得がたいものになっている現在、容易なことではない。そうであるだけに、科学・技術の専門知に携わるものの役割は日増しに重く大きいものになっている」[2]という。

ここで述べられていることは、統治機構論の文脈でいえば、執政（政治）と、専門知に携わる広い意味での行政、そして国民の民意との編成の問題に関わる。

この点、原子力発電という主題は、国民生活の存立の基盤となるエネルギー問題の中核的テーマのひとつである一方で、それを扱うのにきわめて高度な専門性を要し、かつ、ひとたび事故が起きれば甚大な被害が想定されるという点で、安全保障・軍事という主題とともに、執政・行政・国民という三者の編成のあり方の問題に関して、もっとも鋭い課題を突きつけるものである。今回の原子力危機に際しては、危機管理における執政のあり方や、平時におけるいわゆる「原子力村」の問題について多くの批判が行われており、上記の課題に対して日本の統治機構がまったく不十分にしか応えられていないことが白日のもとにさらされた[3]。本稿では、この意味での憲法危機を、重大なものとして受け止めたい。

この点について考える素材として、本稿では、フランスの原子力安全法制、とりわけ、2006年に制定された原子力安全・透明化法（2006年6月13日法律第2006-686号。以下「2006年法」ともいう）をとりあげる。同法を中心とするフランスの法制は、執政・行政・国民という三者の編成のあり方について、かなり明確な思想にもとづいているように思われ、肯定的にとらえるにせよ否定的にとらえるにせよ、議論を触発するところがあるからである。

2）同前39頁。

3）もっとも、フランスでも同様であるとの指摘はある（Michel Prieur, *Droit de l'environnement*, 6e éd. (Dalloz, 2011) p.796, 脇坂紀行『欧州のエネルギーシフト』（岩波書店・2012）48～49頁)。

2　原子力安全・透明化法制定前のフランスの原子力安全法制

（1）背景――フランスの原子力発電政策

今日の日本においては、フランスでは発電における原子力への依存度がきわめて高い（2011年において77.7%[4]）ことはよく知られているが、同国で原子力発電重視の政策がとられるようになったきっかけは第一次石油危機（1973年）であった。このできごとを契機に、日本と同様、一次エネルギー源に乏しいフランスでは、エネルギー安全保障の観点から原子力発電所の建設が急速に進められ、その結果、1974年の原子力依存度は9.6%であったのが、1980年に27.4%となり、さらに1990年には80.3%と、今日の水準に達した[5]。

この間、ジスカール・デスタン、ミッテラン、シラク、サルコジと、左右両派の大統領が誕生したが、原子力発電を中心に据える電力政策の基本は変更されていない[6]。実際、「脱原発」を求める緑の党はフランスでは大きな政治的影響力を及ぼしておらず、主要な政治アクターレベルでは原子力発電に対する広範なコンセンサスがみられる。もっとも、緑の党が連立政権に参画したジョスパン内閣においては、同党が政治的影響力を発揮し、一定の政策変更ないし改革の動きがみられた[7]。本稿で中心的に扱う原子力安全・透明化法も、この時の動きの延長線上にある。

なお、前述のような政治アクターレベルでのコンセンサスは、市民レベ

4）〈http://www.world-nuclear.org/info/reactors.html〉（2012年8月1日最終アクセス。以下同じ）.

5）近藤哲男「新たな局面を迎えるフランスの原子力」海外電力49巻8号（2007）34頁表-1。

6）もっとも、2012年に就任したオランド大統領は、選挙公約では原発依存度を50%に下げることを提案し、この点は2012年7月3日に下院で行われたエロー首相の一般政策演説でも明言されており、今後の動向が注目される。

7）ただし、緑の党は、1997年に成立した社会党のジョスパンを首相とする連立政権に参加し、緑の党の指導者ドミニク・ヴォワネは環境大臣のポストを獲得したうえ、高速増殖炉スーパー・フェニックスの廃炉を実現させた。しかし、これ以外の点では原子力発電推進の基本方針は維持された（福沢義晴『欧州原子力と国民理解の深層』（郁朋社・2007）112～118頁、畑山敏夫『フランス緑の党とニュー・ポリティクス』（吉田書店・2012）146～154頁）。

ルでのコンセンサスの存在を必ずしも意味してはいない[8]ことに注意する必要がある。

（2）従前の原子力安全法制

フランスの原子力安全法制、さらには原子力法制の展開においては、組織法の観点からは、独立規制機関を設立するなどした2006年の原子力安全・透明化法が大きな画期となる。ただし、2006年法による改革は短期間になしとげられたものではなく、むしろ同法は、1990年代末からの一連の改革の動きの到達点ということができる。すなわち、ジョスパン内閣の時代の1998年、同首相からの諮問を受けて作成された原子力安全に関する報告書（ル・デオ報告書）[9]により原子力安全に関わる組織のあり方についての提案が行われ、2002年のデクレ等によってこれらの提案に一部応える改革がされた後、同じくこれらの提案に応える形で2006年法が制定されたのである。

ここでは、こうした改革の動きが具体化するまでの間、原子力法制の問題点として指摘されてきたものをまとめておきたい。

その第1は、法律の枠組の不十分さである。従来、原子力に関する包括的な法律は存在せず、法律による規律は断片的に存在するにすぎなかった。原子力施設に関しては、大気汚染・悪臭対策に関する1961年8月2日法律第61-842号8条にもとづいて制定された1963年11月11日デクレ第63-1228号が実質的な規律を行っていた。しかし、1961年法はその表題が示す通り大気汚染・悪臭に関する法律であり、これにもとづいて原子力施設の規律を行うのはいかにも便宜的にすぎ、かえって原子力施設に関する法律の欠如を印象づけるものである[10]。

8） 1997年の世論調査では、原子力を肯定する者が反対者を5対3で上回っていたが、2001年末の世論調査では、はじめて原発に否定的な意見が肯定的な意見を上回った（福沢・前掲注7)122頁）。他方、別の資料では、たしかにチェルノブイリ事故までは賛成者が多数派であったが、事故後の1986年11月の調査では52%、1989年には58%が反対だったという（Henri Pac, *Droit et politiques nucléaires*（PUF, 1994）p.62）。

9） Jean-Yves Le Déaut, *Le système français de radioprotection de contrôle et de sécurité nucléaire*, La documentation française, 1998.

10） Prieur, *supra* note 3, p.788.

第2に、原子力の規制と推進との組織的一体性である。従来、原子力発電の推進・研究開発を担当する行政機関としては、産業省をはじめとする関係省庁のほか、特に原子力庁（Commissariat à l'énergie atomique（CEA））が中心的な役割を担ってきた。CEAは、原子力の国家的重要性から、①政府にきわめて近い存在でありつつも、②実効性発揮に不可欠な行動の自由を保持した組織が必要であるということで1945年10月18日オルドナンスにより創設された公施設法人であり、当初は首相直属とされたが、後に産業省に属することとされたものである。CEAは、研究開発機関としての性格と原子力規制を行う行政機関としての性格、さらに、後には子会社を設立して原子力企業の運営にも乗り出し、産業的な性格をも有していた。専門的な見地から助言を行う原子力防護安全研究所（Institut de protection et de sûreté nucléaire（IPSN））は原子力庁の内部組織であった[11]。

第3に、原子力に関する一般的・個別的な決定を行う権限が、執行府に集中しており、議会や、原子力発電所が立地する地方自治体、あるいは国民の関与の余地が限られていたことである。「フランスを動かすのはデクレ、少人数の閣議、大統領声明であって、真の意味での対話や議論はなされない。軍事用に関しても民生用に関しても、原子力について、国民の眼前で重要な議論がなされることは決してなく、議会の関与が求められることも決してなかった」[12]といわれる。

このことと関連して、情報公開について、1978年には一般的な情報公開法（1978年7月17日法律第78-753号。以下「情報公開法」とする）[13]が制定され、また、1981年12月15日の首相通達（モーロワ通達）[14]によって原子力施設立地自治体に地域情報委員会（Commission locale d'information

11） 以上の点については、参照、Grégory Rolina, "Les institutions françaises de la sûreté nucléaire" *Regards sur l'actualité*, n° 373, pp.56-58（2011）; Pac, *supra* note 8, pp.76-82, 熊倉修『フランスの経済発展と公企業―フランスの電力公社の成長と構造変化』（芦書房・2009）127～137頁。

12） Pac, *supra* note 8, pp.47-48.

13） その後の改正も含め、小原清信「ドイツとフランスの情報公開法について」久留米大学法学56=57号（2007）41頁参照。

14） 〈http://www.seiva.fr/ensavoirplustelecharger/textesDeLoi/circulaireMAUROY.pdf〉.

(CLI)）が設置されるなどの試みはあったが、概して不十分であるとされた。この点について国民の不信を増幅したのが、チェルノブイリ事故（1986年）時の政府の対応である。当時、政府は、フランス国内への放射性物質の飛来状況について誤った情報を発表し続けた[15]。これがその後の原子力発電に対する国民の認識に大きな影響を与えたことが、後の透明性重視の政策展開の背景となる。

3　原子力安全･透明化法の制定

（1）ル･デオ報告書

1997年6月、右派のシラク大統領のもと、ジョスパン左派連合内閣が成立した（第3次コアビタシオン）。翌年2月、政府は原子力安全法制の改革の必要性を認め、原子力規制組織と推進組織の分離、独立規制委員会の創設、透明性の向上などを図る方針を決定した。そして、その具体的な方策の検討を、社会党の下院議員で分子生物学者でもあるル・デオに委ねたのである。1998年12月に首相に提出された報告書の副題は「独立性と透明性に向けての長い道のり」というものであった。

ル・デオ議員による報告書の結論は、首相からの諮問事項の段階ですでに示されていた基本方針を逸脱するものではなく、また、2001～2002年および2006年の改革によってほぼ忠実に実現されているため、ここでは立ち入らない。

他方、ル・デオ報告書による検討の過程では、本稿の関心からして注目すべき次のようないくつかの考え方が見いだされる。

第1は、原子力に関する事項を法律事項に含めるための憲法改正の提案である。前述のように、フランスの原子力法制には法律の根拠が乏しく、ほとんどがデクレ以下の法形式によって構成されている。これはもちろん、憲法に列挙された法律事項に該当しないものはデクレによって定めることができるとする第五共和制憲法の特殊性によるものであるが、報告書は、

15）簡単には、参照、山口昌子『原発大国フランスからの警告』（ワニブックス・2012）154～159頁。

憲法改正によってこの点を改めようとするものである。もっとも、この点については今日に至るまで実現していない。

第2に、独立規制機関設置の必要性およびその執政（政治）との権限分配についてである。報告書は、従来、原子力安全規制に関わる行政組織は、産業省、厚生省、環境省、科学研究省、労働省、防衛省に分散しており、かつ、それぞれの行政組織において原子力安全に関わる事務が優先的なものとして扱われているわけでは必ずしもなく、人的物的体制も不十分であることから、原子力安全規制を一元的に管轄する専門的な機関が必要であるとする。

また、報告書によれば、当時も規制機関や専門機関の独立性は事実上達成されているものの法律的な担保はなく、国民の信頼の観点から、この点の手当てが必要だとされる。これも独立機関設置の理由として挙げられてよいだろう。

しかし、より注目すべきは、こうした規制機関と政治との権限分配に関する次のような指摘である。

> 原子力の領域においては、すぐれて当不当を内容とする基本的な選択は、政治に属し、他方、安全に関する決定は独立したものであることが重要であると思われる。新たな原子力施設の設置やその解体、恒久的停止は、政治の領域に属すべきものである。公衆への諮問の方法などの一般的な規範もまた、政治の領域に属すべきである。許可にかかる施設の一時的な停止や再稼働は、政治的決定ではなく、安全に関する決定である。技術的な規範は安全に関する決定である。こうして、政治に属し、その結果法律またはデクレに属するものと、安全規制機関に属しアレテまたは個別決定に属するものとを区別することが可能である[16]。

こうして、政治（執政）に属する事項は安全規制機関の権限外とすることが提案されたわけであるが、執政に属する事項の決定をいかなる形で行うかについても、報告書は一定の方向性を示唆しているように思われる。すなわち、前述のように、従来は執政に属する一般的・個別的決定は、政

16） Le Déaut, *supra* note 9, pp.40-41.

府ないし大臣を中心として行われてきたところ、報告書は、前述の法律事項の拡大によって、一般的規範の定立については議会の権限を強化することを意図している。他方、個別的な決定については、地元住民や地方自治体、あるいは国民全体の意向を汲むことを重視しつつも、政府ないし大臣の決定権を維持する立場であると思われる。

次に、報告書が規制権限と研究機能の組織的分節化の問題を提起したことが注目される。すなわち、原子力安全に関する研究を行い、それにもとづき規制部門に助言を与える組織を規制機関内におくことが妥当かどうかという問題を提起したうえで、両者を分離すべきことを提案する。その理由はまず、研究部門は実験用原子炉を保有しているので、その規制を規制機関が担当することを考慮すると、両者は分離すべきであるということである。しかし、より一般的かつ重要な理由は、多くの国において、少なくとも2つの意見が表明されるような組織が選好されており、規制機関と助言部門とのあまりに強い結びつきはそれを阻害するという点にあるように思われる。また、規制機関と助言部門とを分離することにより、規制機関が被規制事業者の虜となることの防止にも資するようにも思われる。なお、報告書では、独立の専門家による対抗助言（contre-expertise）の重要性についてもふれられている。

第3に、透明性ないし情報公開の重要性である。報告書は、原子力に対する国民の信頼を再確立することがきわめて重要であり、透明性はそのための必要不可欠な原則であるとした。もちろん、それまでも、後述する地域情報委員会の設置などの試みもあり、また、一般的な情報公開法による情報公開もなされていた。しかし、前者は首相の通達にもとづくものにすぎず、法律の根拠を有さず財源も不十分であるなどの問題があり、後者については、不開示事由の存在や、また、EDF（フランス電力公社）のような事業者は対象外であるなど、限界があった。そこで、報告書は、原子力安全規制の透明性の原則を明記した法律の制定を提案した。

第4に、規制機関・助言機関の人事についてである。原子力のような高度の専門性が要求される分野においては、必要な知識を持ち合わせた人材は限られており、こうした人材の処遇のあり方によっては前述のような関係機関間や事業者との分節化が空洞化し、システムが想定されたような機能を果たさないことになるおそれもある。他方、人材の流動を制限して同一機関内での処遇を続けた場合、本人にとって魅力ある職務を用意できるとは限らず、人材確保に支障が生じるおそれもある。こうした観点から人事のあり方は重要であるが、報告書はこの点について相当の配慮を示している[17)]。

（2）2001 ～ 2002年の改革

ル・デオ報告書を受けて、1998年12月9日、政府の関係閣僚会議において、原子力安全と放射線防護に関する規制体制の再編と透明性の向上を目的とした法案を作成することが決定された。しかし、法案作成段階の1999年6月3日、コンセイユ・デタが「政府と問題の機関との間の権限分配が不明確かつ不適切」であるとして反対意見を述べた[18)]ため、独立規制機関の設立はいったん断念された。

他方、報告書で提案された研究・助言機関の統合や、それまで別々であった原子力安全と放射線防護をそれぞれ担当する組織の統合、軍事原子力関係法制の改革などがデクレによって順次行われた[19)]。

透明性の向上などを目的とする法案は、2001年7月に下院に提出されたが、下院議員の任期満了時期が近づいたため一度撤回され、総選挙後（右派の勝利によりラファラン内閣が成立しコアビタシオンが解消された）の2002年6月、あらためて上院に提出されたものの、法案審議は進まなかった[20)]。

17） 人材の問題と関連して、物質的な処遇という主題とは離れるが、専門家の責任・職業倫理のあり方についての問いも重要であることを、フランスの原子力安全規制に即して指摘するものとして、磯部哲「フランス原子力法制をめぐる近時の動向について」原子力行政に係る法的問題研究班『原子力行政に係る法的問題に関する総合的検討』（日本エネルギー法研究所・2011）78頁。

18） Marianne Moliner-Dubost, “Nucléaire” *Jurisclasseur administrative*, fasc. 378, n° 8（2009）.

19） 研究・助言機関の統合は2001年5月29日法律第2001-398号、原子力安全と放射線防護組織の統合は2002年2月22日デクレ第2002-255号、軍事原子力関係法制の改革は2001年7月5日デクレ第2001-592号による。

20） 以上の経緯については参照、近藤・前掲注5）40～41頁、Alain Venot, *Rapport sur le projet de loi relatif à la transparence et à la sécurité en matière nucléaire*, AN, n° 2976, 2006, pp.8-10.

（3）原子力安全・透明化法の制定

こうした停滞状況が変わったのは、シラク大統領が2006年の年頭挨拶において、この法案の成立と独立規制機関の創設を目指す意向を明らかにしたことがきっかけであった。これを受けて、政府は提出済みの法案を修正し、独立規制機関の設置をその内容に加え、これが議会で可決成立したのが2006年6月13日の原子力安全・透明化法（法律第2006-686号）である[21)]。

このように事態が急展開した背景として、長年の課題であった放射性廃棄物管理法が2006年中の制定を目指して準備中であったこと[22)]、国内の原子力発電所の中には老朽化の問題を抱えるものが出てきており、リプレースを視野に入れる時期にきていたこと、それにもかかわらず、高レベル・長寿命放射性廃棄物や新型の原子炉である欧州加圧水型炉（EPR）に関して全国規模で実施された公開討論会（後者については5（3）b）で後述）において、原子力に関する情報の不透明性が指摘されていたことから、原子力に対する国民の理解を得る必要があったことが指摘されている[23)]。また、その前年には、エネルギー政策の基本方針に関する大綱法（2005年7月13日法律第2005-781号）[24)]が制定され、議会がエネルギー政策の諸目標の設定にはじめて関与したことの延長線上に意義づける指摘もある[25)]。さらに、この前年に、情報に対する権利を明記した環境憲章[26)]が制定されたことも、背景のひとつといえるかもしれない。

2006年法の内容そのものについては、4で必要に応じてふれることとし、

21）なお、原子力安全規制については、その後2007年11月2日デクレ第2007-1557号が制定された。

22）この放射性物質および放射性廃棄物の管理に関する法律は、原子力安全・透明化法成立直後、2006年6月28日に制定された（法律第2006-739号）。同法については、近藤哲男「放射性廃棄物の処分方針に関する法律が制定（フランス）」海外電力48巻10号（2006）40頁など参照。

23）近藤・前掲注5）40～41頁。

24）同法については参照、福井千衣「フランスにおける再生可能エネルギー振興等に関する法律の成立」外国の立法226号（2005）83頁。

25）Venot, *supra* note 20, p.11.

26）環境憲章については、淡路剛久「フランス環境憲章について」ジュリスト1325号（2006）98頁など参照。

ここでは立ち入らない。なお、同法は2012年1月5日オルドナンス第2012-6号によって、環境法典の中に組み込まれた（以下、同法の規定は環境法典の条文番号によって示すこととする）。

4　フランスの原子力安全法制における「執政(政治)」と「行政」

（1）視　点

以下では、2006年法制定後のフランスの原子力安全法制について、執政（政治）・行政・国民の編成のあり方に着目しつつ、その全体像を概観する。原子力発電に関する各種の決定においては、リスクの許容度をもふまえつつ、国民生活の基盤であるエネルギー政策に関する高度に政治的な判断が要求されるとともに、同様に高度な専門的知識を要するものでもある。また、関係者の利害が激しく対立する最中において決定を下さなければならないという意味で強いリーダーシップが求められると同時に、民主政のもとでは国民全体あるいは施設の立地地域の住民の民意に応答するものでなければならない。

統治機構をめぐる議論は、結局のところこれらの相対立する要請の均衡を追求すべきものであるが、1にも述べたように、原子力に関わる決定は、この均衡のあり方がもっとも鋭く問われる場面のひとつである。この点、フランスの2006年の改革後のありさまはどのようなものだろうか。

（2）ASN（原子力安全庁）の役割――「政治」の領域との境界を意識しつつ

a）地位・組織　原子力安全庁（Autorité de sûreté nucléaire（ASN））は「原子力安全と放射線防護の監督規制（contrôle）、およびこの両領域における公衆への情報公開に参画する独立行政機関」である（環境法典L592-1条。以下、環境法典の条文については、条文番号のみによって示す）。2（2）のように、従来は産業大臣やCEA等の管轄下におかれていた部局が、2006年法により独立行政機関化されたものである。また、ASNの任務について、上記規定は「監督規制」「情報提供」に言及するが、一般的には「規制（réglementation）」、「監督（contrôle）」、「情報公開（information）」の3つに整理されている。

ASNの委員は5名であるが、原子力安全および放射線防護について識見を有する者の中から、委員長を含む3名は大統領により、残りは下院議長および上院議長によりそれぞれ1名ずつ任命される。任期は6年で、再任は認められない（以上、L592-2条1～4項）。当然ながら身分保障があり、辞職や欠格事由が生じた場合のほかは、職務遂行への支障や重大な義務違反があった場合に、原則としてASNみずからの議決によってのみ罷免される（L592-2条5項、L592-4条1項）が、重大な義務違反については大統領が罷免することもできる（L592-4条2項）。

ASNの委員は常勤である（L592-8条1項）。独自の事務局を有し（L592-12条）、財務会計についても相応の独立性が保障されている（L592-14条～L592-18条）。

最後に、2011年末現在のASNの人員は456名であり、2010年度予算は522万ユーロであった[27]。

b）権限ないし役割　ASNの主な権限には、以下のようなものがある。

① 一般的な規制規範に関する権限　規制に関する権限としては、一般的規範の制定に関するものと、個別の決定に関するものがあるが、まず前者をとりあげる。

まず、ASNは、デクレやアレテ案について政府に意見を述べることとされている（L592-25条）。また、ASNは、労働医療に関するものを除き、原子力安全または放射線防護に関するデクレおよびアレテの適用方法を補完する技術的な規則を定めることができるが、それは、原子力安全または放射線防護を所管する大臣のアレテによって承認を受けなければならない（L592-19条1項・2項）。さらに、大臣の要請により、ASNは技術的な訓令を定める（L592-29条2項）。

フランスでは、憲法21条により規則制定権が首相に属するものとされているため、独立行政機関に規則制定権を認めることには憲法上の制約がある。しかし、憲法院は、一定の範囲では独立行政機関に規則制定権を認めることは合憲であるとしている[28]のに対し、ASNには上記のような大

27）〈http://www.asn.fr/index.php/Les-actions-de-l-ASN/L-ASN/Les-moyens〉.
28） Cons. Const, Décision n° 86-217 DC du 18 septembre 1986, *Rec.*, p.141; Décision n° 88-248

臣の承認のもとに技術的な細則の決定権が認められているにとどまり、かえってASNは原子力安全に関するデクレやアレテの案について諮問を受けることとされている（L592-25条）にとどまることからすれば、ASNの一般的な決定権限は憲法の枠よりもさらに限定されたものだといえる。このような大臣の承認権は、1999年の法案段階で表明されたコンセイユ・デタの反対をふまえたもので、同様の仕組みは他の独立規制機関にもみられる。

こうした仕組みについては、たしかに、政策的配慮によって安全規制が緩和されるおそれがあるという批判も考えられる。他方で、許容できるリスクの水準については民意を考慮した政治の決定に委ねられるべきであるということもできる。フランスでは、安全基準についてはデクレやアレテで定めることとしつつ、ASNがそれに対して意見を述べることとされているが、それは今述べたようなディレンマの調整を試みる趣旨だといえる。

なお、この点に関連して、サルコジ大統領の諮問を受け、2030年までの原子力政策について検討を行った作業グループが2010年6月に提出した報告[29]の一節が興味深い。同報告書では、安全規制について、「安全の要請の普遍性は、民間原子力に関して世界的な規範の採用をもたらしたわけではない」としたうえで、次のように述べている。

> 受け入れ可能な原子力のリスク、あるいはより一般的に、受け入れ可能な技術的リスクの問題は、社会全体で議論されるものであり、その回答は、当然、政治の役割に属する。……安全のための諸要件の恒常的な増加ということが、合理的な唯一の論理というわけではない。こうした文脈において、国家の責任のもとに、国際的な視野、あるいは少なくともヨーロッパ的な視野をもって、安全のための諸要件と経済的な制約をよりよく結びつけるために、諸々の提案を行う任務を負う作業グループを立ち上げることを提案する。

DC du 17 janvier 1989, *Rec.*, p.18.

29） François Roussely, *Synthèse du rapport Avenir de la filière française du nucléaire civil*, 2010 〈http://www.ladocumentationfrancaise.fr/var/storage/rapports-publics/104000414/0000.pdf〉.

続いて同報告書はASNの役割にふれ、次のように述べる。

> フランスにおいては、国家はASNとの間で均衡のとれた妥協策（modus vivendi）を定めるべきである。すなわち、国家は、独立機関に委ねてはならない主権的な役割（rôle régalien）を再確認すべきである。
>
> ASNはまた、きわめて多数の見解表明を行うことによって理解を得る努力を続けるべきである。ASNのコミュニケーションの権利と義務は複合的な主題に関わるものであり、この権利と義務はとりわけセンシティヴなものである。きわめて些細な出来事が、1つの技術全体に対して不当な疑惑を投げかけるようなことになるのは避けるべきである。

ここで述べられているのは、安全規制の水準の決定をASNから政治に取り戻すべきであるという点、また、過度の情報公開によって小さなトラブルが頻繁に報道されることで、国民の間に原発に対する不信が広がることの問題性、であろう。この報告書は全体として、〈3.11〉以前には広く語られていた「原子力ルネッサンス」に竿をさして、原発輸出の推進を図ることを1つの主眼とするものであり、上に引用した部分もそのような観点から読まれるべきであろう[30]。ただ、安全規制の水準については、本項で先に述べたように、制度的には、ASNが単独で決定できる事項ではない。にもかかわらず報告書が前述のような主張をするのは、逆に、ASNの事実上の独立性や影響力が大きいということを示唆しているのではないだろうか。また、情報公開に関する指摘も同様であろう。

② 規制に関する個別的な決定に関する権限　個別の決定に関する権限については、原子力基本施設[31]の設置や運転に関するもの、放射性物質の運搬に関するもの、医療活動に関するものがあるが、ここでは最初のものにつき概観する。

30）同報告書を批判してASN、さらにはASNへの助言機関である放射線防護原子力安全研究所（Institut de radioprotection et de sûreté nucléaire（IRSN））の独立性を擁護するものとして、Pierre Bringuier, “Brèves observations sur le principe d’indépendance dans le domaine nucléaire” *Environnement*, n° 1, étude 1（2011）.

31）原子力基本施設には、①原子炉、②原子炉で使用する核燃料を精錬、濃縮、製造、処理または保管し、および放射性廃棄物を処理、保管または貯蔵する施設、③放射性物質および核分裂物質に関する施設、④粒子加速器の4つが含まれる（L593-2条）。

まず、ASNは大臣の決定に対して意見を述べる権限を有する場合があり、それは、原子力基本施設の設置や、公衆の安全、健康、衛生または自然・環境の保護に対して重大な危険または支障を及ぼすおそれのある原子力基本施設の閉鎖および解体、原子力基本施設の閉鎖および監視フェーズへの移行、原子力基本施設の許可の失効（L593-13条）に関してである。

次に、ASNみずからに決定権のある場合がある。すなわち、ASNは原子力基本施設の運転開始の許可権限を有し（2007年11月2日デクレ第2007-1557号7条）、また、重大かつ切迫した危険がある場合において必要があるときは、原子力基本施設の運転を一時的に停止させることができる（L593-22条、2007年デクレ34条Ⅱ）。したがって、原子力基本施設にトラブルがあった場合の運転停止、再稼働に関する判断はASNに権限がある[32)]。

また、原子力施設の設計、建設、運転に関し、公衆の安全や健康、環境保護のために必要な指示を定めることができる（L593-27条、L593-32条、L593-35条）。

③ 原子力基本施設の安全監督に関する権限　原子力基本施設の安全に関しては、ASNは、事業者に第一の責任があるという「責任原則」（L593-6条）を前提として、施設の設計から解体に至るすべての段階において、法令やASNの定めた指示が遵守されているかどうか監督する（L592-21条）。

監督の手法は、書類審査や技術的会合、現地での監査などであるが、中でも現地監査が重要である。原子力施設や放射性物質の輸送に対するASNの監査は毎年850件以上行われている[33)]。

ASNは違反に対する制裁権をも有している。法令等への違反に対する是正命令（L596-14条）、必要な工事の代執行や施設の運転停止命令（L596-15条）、無許可での施設の設置や運転に対する是正命令や停止命令等

32）菅原慎悦=城山英明「フランス地域情報委員会の原子力規制ガバナンス上の役割」日本原子力学会和文論文誌9巻4号（2010）376頁。

33）監査について詳細は参照、日本エヌ・ユー・エス株式会社「欧米主要国の原子力法規制の調査」（2009）〈http://www.n.t.u-tokyo.ac.jp/nishiwaki/tonnbunn-toukou-houkokusyo/ 2009gijyutu-dai3hen.pdf〉13～35頁。

（L596-16条、L596-17条）であるが、緊急時を除き、L596-15条からL596-17条までに所定の措置は大臣の承認を要する（L596-18条）。ただし暫定措置をとることはできる（L596-19条）。

④ **情報公開**　前述のように、ASNは公衆への情報公開をその任務のひとつとしているが、ASN固有の情報公開制度や個別の情報開示義務を定める規定は特段存在しない。

しかし、ASNは、「機能的で、正統で信頼性があり、市民にも承認された原子力の監督を行うというその希望は……、大部分は、知らせ、協力し、報告するASNの能力にかかっている」[34]として、情報公開の任務を果たすため、かなり積極的に広報活動を展開しており、日本でも注目されているところである[35]。

具体的には、ASNは、毎年約700件の監査の結果や、原子力発電所の停止があった場合の情報などを含む豊富な情報をインターネット上で公開しているほか、『コントロール』と題する広報誌をはじめとする多くの出版物を刊行（およびインターネット上で公開）している。また、後述の通りCLIへの情報提供（L125-24条2項）もなされている。

なお、関連して、政府、両議院の委員会や議会評価局の要請により、ASNはみずからの所管事項に属する問題について意見を述べ、または調査を行う（L592-29条1項）。両議院の委員会や議会評価局の要請により、委員長がASNの活動について説明を行う（L592-30条）。議会、政府および大統領に対して年次報告を行う（L592-31条）。

⑤ **緊急事態**　最後に、緊急事態におけるASNの権限・役割について一言する[36]。緊急事態が生じた場合、ASNはその管轄に属するあらゆ

34）〈http://www.asn.fr/index.php/Les-actions-de-l-ASN/L-ASN/Les-missions/Informer〉.

35） 村岸由紀「フランスの原子力安全性に関するリスクコミュニケーション」行政＆ADP 42巻10号（2006）78頁、福沢・前掲注7）186～188頁。

36） 概観として、Office parlementaire d'évaluation des choix scientifiques et technologiques, *Rapport de la mission parlementaire sur la sécurité nucléaire, la place de la filière et son avenir*, AN, n° 3614, Sénat, n° 701, 2011, pp.55-74。原子力事故への対応に関する法的枠組は、災害等一般への対応に関するそれ（2004年8月13日法律第2004-811号が原則を定める）と関連しつつ、原子力緊急事態固有の枠組によって補完されている。災害一般への対応に関する枠組については、新井誠「フランスにおける危機管理の憲法構造と災害対策法制」浜谷英博＝

る問題について政府を援助し、医療・衛生または民間防衛に関してとるべき措置を権限ある機関に勧告する。また、緊急事態に起因する施設の安全状態や、環境への排出物の状況やその健康や環境にとってのリスクについて公衆に情報を提供する（L592-32条）。

すなわち、緊急事態においてASNが行うのは、あくまで原子力安全・放射線防護の専門機関としての助言ないし情報提供であって、とるべき措置についての決定権はまったく認められていない。原子力緊急事態の際に、原子力基本施設外における住民や環境の保護の責任を一義的に負うのは県知事（日本とは異なりフランスでは県における国家の代理人である）であり、ASNを含めた国の行政機関は、情報収集、専門知識の提供等によって知事を援助することになる[37]。

（3）原子力基本施設の設置・停止・解体における「執政（政治）」と「行政」の権限分配

上記のような概観をふまえ、ここでは原子力基本施設の設置・停止・解体に関する権限分配を概観する。

2（2）ですでに指摘したように、1998年のル・デオ報告書を受けた一連の改革がなされるまでは、フランスの原子力規制の主導権は執行権が握っていたといえる。同報告書は、独立規制機関の設置等を通じて原子力安全規制のあり方を修正することを提案したものであるが、それでもなお、原子力規制のうち一定のもの、具体的には新たな原子力施設の設置やその解体、恒久的停止の判断や、一般的規範の制定については政治の領域に属し、独立規制機関に委ねるべきではないとした。

このようなル・デオ報告書の立場を受けて、2006年法制定後も、原子力基本施設の設置・停止・解体といった基本的な決定は、立地自治体やASNをはじめとする諸アクターの意見を徴しつつも、デクレによって行われることになっている（L593-7条、2007年11月2日デクレ16条Ｉ）。

松浦一夫編『災害と住民保護』（三和書籍・2012）200頁参照。さらに、1999年にボルドー近郊ブレイエ原子力発電所で発生した事故における対応を報告したものとして、石倉重行「ブレイエ原子力発電所の洪水被害で全国的な緊急時体制が敷かれる（フランス）緑の党による批判で危機管理・情報公開を巡る議論に発展」海外電力42巻3号（2000）69頁。

37）県知事の役割については参照、Henri Masse, “Le préfet face aux situations d’urgence” *Contrôle*, n° 171, p.36（2006）.

これを原子力基本施設の設置に関する規制を例にみてみると、まず、事業者は原子力安全を所管する大臣に対して申請書を提出する。その際、環境影響評価、安全性の事前評価、リスク統制の調査、解体計画などの書類を添付する必要があり、5でふれる公開討論の議事録と総括も提出すべき一件書類に含まれている（2007年デクレ8条Ⅰ）。

申請を受けた大臣は立地予定県の知事に一件書類を送付し、地元での意向調査が行われる（2007年デクレ12条1項）とともに、知事は県議会、関係の市町村会、CLI、地域水委員会に諮問を行う（同デクレ13条Ⅲ）。

その後、デクレの草案が作成されて事業者の所見を徴した後、ASNに意見を求めたうえで、デクレが決定されることになる。

他方、原子力基本施設の廃止と解体については、事業者がその許可を申請する場合のほか、公衆の安全、健康、衛生または自然・環境の保護に対して重大な危険のある原子力基本施設であって、ASNによる規制措置では対応できないものについて、ASNの意見を徴しコンセイユ・デタの議を経たデクレによってその廃止と解体を命じることができる（L593-23条、2007年デクレ35条）。また、2年以上停止している原子力基本施設について、原子力安全を所管する大臣は、ASNの意見を徴した後、事業者に対して、その再稼働を禁止し、廃止・解体の許可を申請するよう求めることができる（L593-24条）。

5　フランスの原子力法制における「国民（住民）」

（1）情報公開

a）従来の情報公開制度の限界　　前述2（2）のように、フランスの情報公開法は1978年に制定された。しかし、環境に関する情報、とりわけ原子力発電所等の原子力基本施設に関する情報公開に関しては、同法では不十分であることが指摘されてきた[38]。主な問題としては、まず、(i)原子力に関する情報は、軍事利用がなされていることもあり、情報公開法では

38） Prieur, *supra* note 3, pp.132-134.

不開示事由に該当しやすいということであり、また、(ii)情報公開法は、行政機関が保有する情報を対象とするものであって、電力会社等の事業者の保有する情報の開示を求めることができない[39]ということである。さらに、近年、環境情報の公開を強化する動きがあったこと[40]も、原子力基本施設に関する情報公開の不十分性を意識させる要因となった。

b) 2006年法による情報公開制度の拡充　2006年法は、環境情報の公開に関する2005年10月26日法律第2005-1319号の規定の特別規定として、原子力の危険に関する情報公開請求権を明確に定めることで、前述のような課題を克服することを目指したものである。

まず、何人も、電離放射線の被曝に関する危険についての情報、およびこれらの危険や被曝を防止しまたは抑制するためにとられる安全および放射線防護措置に関する情報であって、原子力基本施設の運営者、および一定の放射性物質の運搬の責任者が保有するものを得る権利を有することが、明文で認められた（L125-10条）。

新制度においては、前項で示したような、情報公開法によった場合の問題点が解消ないし緩和されている。まず、(i)の情報公開の範囲の点については、不開示事由が限定されている。すなわち、外交政策の遂行、公の安全もしくは国防、裁判手続の遂行、犯罪捜査、知的財産権に関わる不開示事由は認められている。他方、情報公開法では不開示事由として認められている、政府の評議の秘密、産業の秘密などを理由とした不開示は認められていない（L124-1条、情報公開法6条）。

(ii)の実施機関の範囲の点についても、原子力基本施設の運営や放射性物質の運搬を行う企業が明文で情報公開の対象となった。さらに、前記2005年法も含め環境情報の公開に関しては、行政文書を開示する仕組み

39)　本文でも次項で言及する2005年法は、行政機関だけではなく、公役務の任務を帯びる者の保有する環境情報も開示の対象としていたが、行政文書アクセス委員会（CADA）は、発電事業そのものは公役務上の活動ではないとして、EDFへの開示請求を否定した（CADA, avis du 8 juin 2006）。もっとも、CADAは後に、EDFの活動を公役務上の活動であるとして2005年法にもとづく開示請求を認める答申を行っている（CADA, avis du 31 mars 2011）。

40)　国連のオーフス条約の発効、EUの2003年1月28日ディレクティヴ（2003/4/CE）とその国内法化のための2005年10月26日法律第2005-1319号の制定など。

である情報公開法とは異なり、情報そのものの提供を求めることができ、文書の不存在による不開示という問題が解消されている。他方、2006年法による情報公開請求の対象となるのは、前述のように、「電離放射線の被曝に関する危険についての情報、およびこれらの危険や被曝を防止しまたは抑制するためにとられる安全および放射線防護措置に関する情報」に限られるため、原子力企業の財務情報など、これに該当しない情報は公開の対象外である[41]。

なお、情報公開法において不開示処分に対する不服申立てに関し必要的に諮問を受けることになっている行政文書アクセス委員会（Commission d'accès aux documents administratifs(CADA)）は、2005年法および2006年法による情報公開制度にもとづく不開示処分に対しても管轄権を有する（L125-10条、L124-1条）。

（2）地域情報委員会(CLI)

a）法的根拠　次に、原子力基本施設の立地自治体ないしその住民と、国や事業者とのコミュニケーション回路の問題であるが、これについては、立地自治体ごとに設置されている地域情報委員会（CLI）の役割が重要である。

この種の委員会の最初の例は、1977年にフェッセンハイム原子力発電所に関して設置されたものであるとされる[42]が、CLIの発展の契機は、前述（2(2)）の1981年12月15日の首相通達（モーロワ通達）によってその設置が推進されたことにある。同通達は、原子力に限らず、1000万メガワット以上の規模をもつ発電所を対象に、立地県の議会が住民への情報提供と環境影響調査を任務とする委員会を設置するよう促すものであった。委員会は、少なくとも半数は市町村長、県会議員、国会議員であるものとし、労働組合、産業界、環境保護団体、有識者など幅広い関係者から構成することとされている。

前述のように、2006年法は、CLIに法的根拠を与え、すべての原子力基

41）2006年法による情報公開制度の問題点の指摘として、Katia Lucas-Alberni, "La loi relative à la transparence en matière nucléaire" *Revue du Droit Public*, n° 3, pp.720-728（2007).

42）Prieur, *supra* note 3, p.133.

本施設においてCLIが設立されるべきものとした（L125-17条1項）。また、CLIの目的は、当該施設の活動における原子力の安全性および放射線防護に関する調査、情報収集および評価を行い、さらには、事業者、地方自治体および地域住民との議論の場を設けることであるとされる（同条2項）。なお、細則を定めるデクレが2008年に制定されている（2008年3月12日デクレ第2008-251号）。

b）組織　CLIの組織において重要な役割を果たすのは立地県の県会議長（原子力基本施設が複数県にまたがる場合には関係する県の県会議長が共同して決定）であり、県会議長は、CLIの設置そのものの決定を行う（L125-21条1項）ほか、委員を任命し、さらに、みずからまたはその任命にかかる県会議員を通じてCLIの会議を主宰する（同条2項）。

CLIの委員は4つのカテゴリーから任命される。すなわち、①県会や市町村会等の議員、②当該県選出の国会議員、③環境保護団体、経済団体、労働組合および医療関係専門職の代表、④有識者、である（L125-20条1項）。委員数そのものについて法令上の定めはないが、①のカテゴリーの委員から全委員数の50％以上を任命し、②から④までのカテゴリーの委員がそれぞれ少なくとも全委員の10％含まれることとされており（2008年デクレ5条4項）、地方議員の比率が高い。このことは、想定されるCLIの役割を示しているように思われる。

なお、ASN等の国の関係機関や厚生関係の地方機関、そして原子力事業者の代表もCLIの会議にオブザーバーとして参加することができるとされる（2008年デクレ5条2項）。

CLIの財源は、国（ASN）、および地方自治体によってまかなわれる（L125-31条1項）。2006年法制定までは財源の保障がなかったために、各地のCLIの活動内容には大きな差がみられたという[43]。

c）権限および活動　CLIの主な権限は、以下のようなものである。

まず、調査権限である。CLIは、原子力基本施設の排出物による環境への影響についてあらゆる専門的調査を行わせることができる（L125-24条1

43）菅原=城山・前掲注32）371頁。

項)。CLIは、この権限によって得た独自の情報をもとに、事業者やASNと対話を行うことができるのである[44]。また、原子力事業者、ASNその他の国の関係機関は、CLIの任務の達成のために必要なあらゆる文書・情報を提供するものとされる（同条2項)。

次に、関係事業者・機関への質問権がある。CLIは、原子力基本施設事業者に対して質問を行うことができ、事業者は8日以内に回答を行うものとされている（L125-25条1項)。事業者は、所定のインシデントまたは事故についてすみやかにCLIに報告するものとされる（同条2項)。CLIは、ASNおよび担当大臣に対して、当該原子力施設に関する原子力安全および放射線防護についてのあらゆる質問を行うことができる（L125-27条)。

さらに、CLIが諮問を受けることがある。ASNおよび担当大臣は、原子力基本施設が設置されている地域でのすべての事業計画についてCLIに諮問することができる（L125-27条1項)。この諮問は、住民からの意見聴取が必要な事業計画においては義務的である（同条2項)。CLIは、環境や健康・技術リスクを管轄する県の委員会による諮問を受けることができる（L125-28条)。

CLIの実際の活動としては、事業者やASNからの事業活動等の報告聴取、定例会合（年間5～6回）の開催、住民との意見交換会の開催、広報誌の発行やインターネットによる住民への情報発信、専門機関等への委託あるいは協働による環境モニタリングの実施、原子力防災訓練への参加等が挙げられるという[45]。

d）まとめ　以上の概観から、原子力基本施設の立地自治体ないしその住民と、国や事業者とのコミュニケーション回路としてのCLIの役割については、以下のような点が注目される[46]。

まず、CLIの権限は情報に関するものに限られており、たとえば、原子力施設の運営に関してなんらかの決定権を有することはなく、ましてや、

44） Olivier Henrard, “L’information du public en matière de sécurité nucléaire après la loi du 13 juin 2006” *Actualité Juridique Droit Administratif*, n° 38, p.2116（2006).

45） 菅原=城山・前掲注32）373頁。

46） 同前378頁以下も参照。

原子力施設の稼働、停止、再稼働等に関して介入する権限は与えられておらず、事実上も介入することはないということである[47]。

制度設計として、あくまで、原子力基本施設の設置や稼働については政治部門の、原子力安全規制についてはASNの責任であって、CLIが決定に関与することはないという責任分担の明確化の思想がみてとれる。

他方、コミュニケーション回路として特化したことは、CLIの機能性に好ましい影響を与えているように思われる。まず、委員の過半数が地方議員であることは、CLIが専門的知識をもとに議論を行う場ではないことを示し、民意の反映という観点からも、CLIでの議論の過度の専門化を防ぎ一般の住民の理解を可能にするという観点からも意義があろう。また、CLIに労働組合や、とりわけ環境保護団体の代表を参加させている点は、CLIでの議論に多様な意見の表出の機会を与えようとするものとして重要であるように思われる。

(3) 全国公開討論委員会(CNDP)

a) 全国公開討論委員会とは　原子力に関する問題についても、国民の民意は、公共空間における議論等において形成され、選挙や国民投票を通じて表明されることについては他の公共的問題の場合と同様である。しかし、本稿では、選挙や国民投票とは別の、民意を形成し政治に伝達するための制度的な仕組みとして、全国公開討論委員会（Commission nationale du débat public（CNDP））に着目してみたい[48]。

CNDPは、社会経済的に重要な、または環境や国土開発に重要な影響を与える開発計画の策定プロセスへの公衆の参加を尊重する目的で、これらに関する公開討論会を中立的な立場から組織するために[49]設置された委員会である。CDNPは、環境問題に関する公衆の参加権保障の文脈で、

47） 同前381頁。

48） 関連して、原子力基本施設の新設について地元住民等利害関係者の意見を聴く公開聴聞（enquête publique）の手続があるが、本稿では立ち入らない。参照、青山美子ほか「原子力発電所建設の社会的意思決定プロセスにおけるステークホルダー関与の日仏比較分析」日本リスク研究学会誌19巻2号（2009）11頁。

49） CNDPは、公開討論の対象にかかる事業計画の是非についてみずから判断することはない（L121-1条7項）。

いわゆるバルニエ法（1995年2月2日法律第95-101号）によって設置された委員会である。その後、2002年のいわゆる近隣民主主義法（2002年2月27日法律第2002-276号）により、対象となる開発計画の範囲が拡大されるとともに、独立行政機関化された。さらに、2010年のいわゆるグルネルⅡ法（2010年7月12日法律第2010-788号）により、具体的な開発計画だけではなく、環境大臣が、環境、持続可能な成長、または開発に関する一般的な選択肢について公開討論を開催するようCNDPに付託することも認められた（L121-10条）。

CNDPによる公開討論の対象となる開発計画には、法律上当然に対象となるものと、10名以上の国会議員、関係する地方自治体、認定環境保護団体によるCNDPへの付託とCNDPの決定を経て対象となるものとがあり（L121-8条）、原子力基本施設の設置はその事業規模により、前者の場合と後者の場合がある（R121-1条、R121-2条）。

以下ではまずb）で、原子力基本施設の設置に関わる公開討論の手続について概観し、次にc）で、原子力についてのより一般的な政策に関わる公開討論について言及する。

b）原子力基本施設の設置に関わる公開討論　前項で述べたように、大規模な原子力基本施設は当然に公開討論の対象となり、それ以外のものでも一定の場合に公開討論の対象となりうる。この公開討論は、前述（4（3））の原子力基本施設の設置許可の申請に先立つものと位置づけられている（2007年11月2日デクレ8条Ⅰ 12号）。

この場合、CNDPはまず、公開討論の日程を定めるが、その期間は原則として4か月以内である（L121-11条1項）。公開討論の終了後2か月以内に、CNDPの委員長は討論の議事録と総括を作成する（同条3項）。事業者または所管の公法人は、CNDPによる総括の公表後3か月以内に開発計画の原則と継続条件を公表するが、そこでは必要に応じて、主な修正点が示されるほか、公開討論での指摘に応えるために必要な措置を提示するものとされる（L121-13条）。

ここで、2005年10月19日から翌年2月18日まで行われた、フランス国内で最初のEPR型原子力発電所であるフラマンヴィル原子力発電所3

号機の設置計画に関わる公開討論を例として公開討論の実際の進め方をみてみよう。公開討論は、CNDPみずからが主催して行われる場合と、事業者に委任して行われる場合があるが、本件はCNDPの主催によるものである。このような場合、小委員会が組織され、実際にはこの小委員会が各案件を担当する（R121-7条）が、本件では上記の期間中、全国各地[50)]で21回の集会が開催された。

公衆への情報提供については、本件専用のウェブサイト[51)]が開設され、CNDPによる公開討論の仕組みの概説や集会の日程といった事項に加え、本件計画の内容についても、事業者作成にかかる詳細な資料は当然として、関係行政機関、環境保護団体・反原発団体、推進派団体など各種のアクターの主張をまとめた文書、論点整理の文書やビデオなど、かなり豊富な資料が掲載されている。その他、個人の意見や質問を送信することも可能であった。また、公開討論の議事録や総括も掲載されている。前述のように本件は2005年から翌年にかけて実施された案件であるが、これらのコンテンツは、終了後かなりの期間が経過した現在においても閲覧可能である。

c）より一般的な政策に関わる公開討論　前述（a)）のように、一般的な政策に関わる公開討論の制度は2010年の法改正により導入されたもので、いまだ実例がない[52)]。しかし、CNDPは2005年に産業担当大臣および環境大臣の要請を受けて、放射性廃棄物の処分方針に関する公開討論を実施した実績がある。これは、当時の法令によれば公開討論の対象となるものではなかったが、関係大臣からの要請を受けたことや国民の関心の高さをふまえて、公開討論の実施が決定されたものである。

これについてもフラマンヴィル原子力発電所3号機設置計画の場合と同

50）フラマンヴィルに比較的近いシェルブールやカンなどだけではなく、パリや、ボルドー、ストラスブール、マルセイユなど遠隔地でも開催され、文字通り全国各地で開催されたといってよい。

51）〈http://cpdp.debatpublic.fr/cpdp-epr/index-2.html〉.

52）この制度は、2010年法改正に先立つグルネル会議での政府の約束にもとづくものであり、この段階で実施された公開討論として、2009年10月から翌年2月まで行われたナノテクノロジーの発展と規制についての基本的選択肢に関する公開討論がある〈http://www.debat-public-nano.org〉。

様、専用ウェブサイト[53]で詳細な情報が提供されたうえで、全国で13回の集会が開催された。本件では、反原発団体の作成資料が検閲されたこと等を理由として一部の環境保護団体が参加を拒否したという事件が発生したが、原発に否定的な専門家も含めたさまざまな立場の参加者による議論が行われたことは、今後実施されると予測される原子力関連の討論の好例になったという評価もある[54]。本件公開討論の終了後、放射性廃棄物管理法（2006年6月28日法律第2006-739号）が制定されたが、そこには、公開討論において指摘された懸念に応えるような内容が含まれているという[55]（もっとも、どの程度直接的な影響があったのかは不明である）。

6　結　び

本稿では、簡単ではあるが、フランスの原子力安全規制における執政（政治）・行政・国民の編成のあり方を検討した。法制度の大枠を概観したにすぎないが、その限りでは、かなり明確な考え方にもとづいて構想されているようにみえる。日本では、こうした構想をどのように受け止めるべきだろうか。

53）〈http://cpdp.debatpublic.fr/cpdp-dechets-radioactifs/index-2.html〉.

54）近藤・前掲注22）46頁。

55）同前53頁。なお、この公開討論と、対応する日本の事例とを比較検討したものとして、青山ほか・前掲注48）がある。

第5章

危機・憲法・政治の“Zone of Twilight”

鉄鋼所接収事件判決におけるジャクソン補足意見の解剖

駒村圭吾

危機に際して憲法（学）を語るとはどのような営みなのか。危機的状況とは、誤解を恐れずにいえば、祝祭的な時でもある。それは、絶望と歓喜、熟慮と決断が背中あわせで軋みあい、法と政治をはじめとするあらゆる境界が動揺をきたす、そういう瞬間である。この“混沌領域（Zone of Twilight）”が生み出すカタルシスの中でいかに正気を保ち、理性的に思考するか。果たして、危機において平然と憲法を語ることができるものなのだろうか。本稿は、朝鮮危機に際して下されたアメリカ最高裁のある判例において示されたロバート・ジャクソン裁判官の補足意見の中に、危機の憲法（学）を語る、1つの範型を見いだす。危機は、混沌領域に人を投げ込むが、同時に、人はそこから一個の思想家として立ち上がろうとする。危機はまた、従来顕現されなかった言説が思想として立とうとする瞬間でもあるのだ。ジャクソンは、「ひとつの憲法（a constitution）」の死守と「ひとつの政府（a government）」の誘惑の間を行き来し、徹底的に悩み抜いた。その軌跡をこの補足意見のテクストを読解することによって追体験するのが本稿の目的である。

1　危機における憲法、そして政治

初学者が「危機における憲法」というテーマにはじめてふれるのは、教科書的順序でいくと、おそらく日本国憲法の制定の箇所であろうかと思われる。その後、平時憲法学が綿々と続き、憲法保障のチャプターで抵抗権に出会い、そして国家緊急権の項目に逢着するに至って「危機における憲法」という主題を否が応でも意識せざるをえなくなる。しかし、制定経緯や憲法保障論は、各種試験需要を優先させる必要から、教室ではその論点の存在すら言及されず、もっぱら平時憲法学に明け暮れることになる（らしい）。幸か不幸か、私が受講した（正確にはもぐっていた）学部第2学年配当の憲法学では、講義のほぼ劈頭で憲法保障論が語られていたので、筆

者にとって憲法学との出会いは「危機の憲法」との出会いから始まったといってよい。その担当教授（当時助教授）は今も昔もレジュメ集のような教科書しか公刊されないので、他の平均的基本書で国家緊急権の項目を調べてみると、大要、“緊急時には憲法はなくなってしまう、でも事態をやり過ごすと、立憲主義は回復される（元に戻るという意味だろう）……”という趣旨のことが書いてあったと記憶する。

現在の支配的な基本書も、国家緊急権を「平時の統治機構をもっては対処できない非常事態において、国家の存立を維持するために、国家権力が、立憲的な憲法秩序を一時停止して非常措置をとる権限」[1]と定義しており、筆者の記憶にある緊急権の描写と同様のものが示されている。一時的にせよ憲法が停止されるというのは由々しき事態ではないか。また、一時的な停止が解除されれば憲法が元の通りに動き出すことが前提とされているようだが、果たしていったん停止した規範体系がまるで停電や断水の復旧のように元の通りに動くのだろうか。それを担保してくれるものは何か。同じ基本書は次のようにもいう。「超憲法的に行使される非常措置は、法の問題ではなく、事実ないし政治の問題である［傍点は筆者による］」[2]と。これを額面通り受け取ると、立憲体制の回復を担保してくれるものは、法ではなく、ましてや停止されている憲法であるはずがなく、ずばり「政治」であるということになる。だとすれば、立憲体制の回復、憲法の一時停止の解除、要するに、憲法そのものを究極的に支えているのは「政治」ということになるのではないか。

本稿は、憲法の停止とはいかなる様相の事態として構想されるべきか、危機において憲法と政治はどのように交錯するのか、なかんずく、危機の状況にあって憲法のことを考えること、すなわち本書の題名であるところの「危機の憲法学」を（「危機の政治学」としてではなく）考え抜くということはどのような思想的営みなのか、等々、筆者がかつて抱いた素朴な疑問を、アメリカ最高裁が朝鮮危機に際して下した鉄鋼所接収事件判決(Steel Seizure Case)、正確にいえば、同判決に付されたロバート・ジャク

1） 芦部信喜（高橋和之補訂）『憲法〔第5版〕』（岩波書店・2011）365頁。
2） 同前。

ソン裁判官の補足意見を手がかりに考察するものである。

2 鉄鋼所接収事件判決とジャクソン補足意見

(1) 背景と事実

オハイオ州ヤングスタウンは、19世紀末から20世紀初頭にかけて鉄鋼生産の拠点として飛躍的な成長をとげ、また、かかる鉄鋼生産業の巨大化と並行して、それまではローカルな出来事にすぎなかった労働争議を全国規模の交渉事にのしあげるなど、アメリカ労働運動史上画期的な組合活動の発火点となった町でもある。この町に拠点をおく巨大鉄鋼所の中でも、Youngstown Sheet & Tube Co.は全米有数の鉄鋼生産企業であった。1951年、宣戦布告を欠いたままアメリカ合衆国がコミットした朝鮮戦争はこの時点で停戦が模索されていたが、交渉は難航し依然として緊張状態にあった。ヤングスタウンの鉄鋼生産はアメリカの軍事力・経済力を支え、この緊張状態の平衡を保つ役割を果たしていたのである。

同年12月、産別連合鉄鋼労組は、労使協定の失効期限到来にともない大規模なストライキに入ることを宣言していた。労働条件をめぐる労使交渉は決裂必至となったため、トルーマン大統領は、連邦斡旋調停庁を介入させるが失敗に終わり、次いで、連邦価格安定化庁に労使交渉妥結を模索させるがこれも不首尾に終わる。そうこうするうちに、全国規模の鉄鋼産業ストライキの決行日程が1952年4月9日午前0時1分と決定された。トルーマン大統領は、鉄鋼生産の停止は現下の朝鮮危機に照らしてアメリカの安全保障を損なうこと、ならびに、他の複合的な理由[3)]から鉄鋼生産

---

3) 接収の理由は、朝鮮危機に対処することのほか、多岐にわたる。鉄鋼産業における労使対決の解決を阻んでいたのは、時間給を26セント増額するという連邦価格安定化庁の調停案に対して、トン当たり12ドルの鉄鋼価格上昇という条件をもって応じた経営側であった。民主党は労組を基盤とし、大統領選も労組に依存して戦ってきたという事情もあるが、当時、鉄鋼産業の最大の顧客は政府であったという事情が大きい。それはなぜか。すでに停戦が模索される状況にあった朝鮮危機の当時の現況は中国政府を抑制することによって成立していたため、アメリカとしては中国に対して強大な軍事力を維持しえていることを誇示し続ける必要があったのである。のみならず、拡大する共産主義との冷戦状況下において、アメリカは同盟国に対する武器提供を持続することによって、西側の指導者的立場を保持し

を政府が管理する必要があると判断し、決行の数時間前に大統領命令第10340号を発し、商務長官に鉄鋼所を接収させ、同長官の指揮監督のもとに操業を継続させたのである。同日、トルーマンはただちに連邦議会に対して命令の趣旨を伝えるメッセージを送った。そこでは、接収はやむをえない措置であり大統領自身も望ましい事態ではないとの認識をもっていること、今般の事態に適切に対処する法律を将来構想するならば、大統領は議会に協力する準備があること、そして、議会がなんらかのアクションをただちにとる必要はないと判断するのであれば、大統領はみずからの権限を用いて鉄鋼所の運営を一時的に継続すること、が明記されていた[4)]。また、接収から12日経った4月21日にも同様のメッセージを送ったが、連邦議会は何のアクションも起こさなかった。

経営側は、本件命令は法律にも憲法にも根拠をもたないとしてただちに連邦地区裁判所に接収の差止めを求めて出訴した。これに対して、政府は、国家の安全が危殆に瀕しているときには[5)]、今般のごとき措置をとる「固有の権限（inherent power）」が、憲法上も、歴史上も、判例上も、認められるとして争った。連邦地裁は4月30日に差止命令を発し、同日、連邦控訴裁もそれを維持した。5月3日、最高裁は裁量上告を認め、事件は上告審に係属した。同12日と13日に口頭弁論が開かれ、6月2日に判決が下された。これが、いわゆる鉄鋼所接収事件（Steel Seizure Case）と通称されている、Youngstown Sheet & Tube Co. v. Sawyer 事件判決[6)]である。

（2）ジャクソン補足意見の概要

a）脆弱な法廷意見　ブラック裁判官の筆になる法廷意見はシンプルなものであった。大統領命令を制定するには、議会の定める法律あるいは憲法それ自体を根拠にしなければならない、というものである（343 U.S.

なければならなかったのである。*See e.g.,* Noah Feldman, *Scorpions: The Battles and Triumphs of FDR's Great Supreme Court Justices*（Twelve, 2011）p.356.

4）Cong. Rec., April 9, 1952, pp.3962-3963. Youngstown Sheet & Tube Co. v. Sawyer, 343 U.S. 579, 675-677（1952）（Vinson, C.J., dissenting）.

5）派遣兵士に対する戦争遂行能力の継続的提供と、前注3）の後半で述べた状況の緊迫性が、ここにいう危機の実態である。

6）Youngstown Sheet & Tube Co. v. Sawyer, 343 U.S. 579（1952）.

579, 585 (1952). 以下、括弧内における数字の表示はこの判例集からの引用頁を指す)。この原則に照らしてブラック法廷意見は、大要、①連邦議会は、民間企業の接収や労働争議への政府介入を認めた法律をすでに3つ用意していたが、大統領はいずれも用いなかった、②執行権はただ法律を誠実に執行する権限であり、大統領自身が立法者になる権限を認めたものではない、というものであった(原判決維持)(at 585-589)。

このシンプルな意見、とりわけ憲法上の権限に関する明快さは、ブラックの十八番である厳格なテクスト主義によるものであり[7]、政治と法が交錯する危機の状況に対応する憲法論としては、多くの陰影ある憲法解釈を弾き飛ばすものであったのであろう、ブラック法廷意見は結論において多数意見であるものの、はじめから理由づけにおいては脆弱な基盤に立たされることが運命づけられていた。法廷意見に続いて述べられたフランクファーター裁判官の付言(同裁判官はこれとは別に自身の単独執筆になる補足意見を書いている)は、権力分立に対する微妙な見解の相違を一個の意見に集約することは困難であったとして個別意見を付す重要性を指摘している(at 589)。要するに、のっけからブラック法廷意見は相対化されるべきものであると宣告されているに等しい。これは異例の付言である。

b) ジャクソン補足意見における「3つの場合分け」　このような事情もあり、このブラック法廷意見は事案の重大性と比較した場合、見事なまでに脚光を浴びない法廷意見となった。代わりに、後世、ケースブックで必ずとりあげられ[8]、最高裁自身が"先例"として重大局面で引用するようになるのは[9]、ジャクソン裁判官の筆になる補足意見であった。ジャクソ

7) Geoffrey R. Stone, *et al.*, *Constitutional Law*, 6th ed. (Aspen Publishers, 2009) p.368.

8) Vicki C. Jackson, "Constitutional Law and Transnational Comparisons: The Youngstown Decision and American Exceptionalism" *Harvard Journal of Law & Public Policy*, vol.30, pp.191, 198, 198 n. 28 (2006-2007). そこでは、ジャクソン補足意見を引用する12冊のケースブックが羅列されている。

9) たとえば、Hamdi v. Rumsfeld事件判決(542 U.S. 507 (2004))はいわゆるテロとの戦いにおける身柄の拘束と人身保護請求が問題になったケースであるが、本判決ではYoungstown事件判決が引用されると同時に、スカリア反対意見、トーマス反対意見、スーター一部反対一部補足意見では、ジャクソン補足意見が引用されている。また、これもテロとの戦いがらみであるが、軍事委員会の設置の合憲性等が争われた、Hamdan v. Rumsfeld事

ン補足意見で頻繁に引用される箇所は、同意見の前半部分で述べられた、以下の「3つの場合分け（tripartite schema, three-part framework）」の定式である。少々長いがその全貌を紹介しておく（at 635-638）。

1　大統領が連邦議会の明示的または黙示的な権限付与（an expressive or implied authorization）にもとづいて行動するとき、彼の権限は最大化される。彼が自分の権利の中に保持しうるものに加えて、連邦議会が委任しうるものが包含されるからである。かかる状況において、そして、かかる状況においてのみ、……大統領は連邦主権を人格化するに至る（to personify the federal sovereignty）といいうるのである。かかる状況下で大統領の行動が違憲とされるのであれば、それは、連邦政府が不可分の総体として（the Federal Government as an undivided whole）無力であることを意味する。連邦議会の定める法律にもとづいて大統領が実行した接収であれば、それは最強の合憲性の推定および最大幅の司法によって支持され、説得の負担はこれを攻撃する者に重くのしかかるであろう。

2　議会による権限の付与あるいは付与の拒絶がいずれもなされていない状況において大統領が行動する場合、彼は自身の独立した権限にのみ依拠しうる。しかし、大統領と連邦議会が競合的に権限を分有する、あるいは、分配そのものが不明確な、混沌領域（a zone of twilight）がそこには存在する。したがって、議会の怠惰、無関心、あるいは不作為は、時に、少なくとも実務上は、大統領の独立した責任にもとづく施策を、必然的に要請するわけではないにせよ、可能にする。この領域での、権限に対する現実的テストは、抽象的な法理論にではなく、事態の緊急性や現在する不測の事態（the imperatives of events and contemporary imponderables）に依拠するものになるだろう。

3　大統領が連邦議会の明示的または黙示的意思に反する措置をとる場合、彼の権限は最弱化する。当該事項について連邦議会が有するあらゆる憲法上の権限を除した、大統領自身の憲法上の権限にしか依拠できないからである。そのような場合における大統領の排他的な統制権を、裁判所は、

件判決（548 U.S. 557（2006））でも、スティーヴンス法廷意見、ケネディ補足意見、トーマス反対意見においてジャクソン補足意見が引かれている。その他、Dames & Moore v. Regan事件判決（453 U.S. 654（1981））のレンキスト法廷意見、Medellin v. Texas 事件判決（552 U.S. 419（2008））のロバーツ法廷意見においてもジャクソン補足意見が引用されている。

当該事項に対し連邦議会が関与できないものでありさえすれば、支持することができるのである。決定的かつ排他的な権限を一挙に求める大統領の主張は、慎重に審査されなければならない。我々の憲法が樹立した均衡がそこでは問題になっているからである。

上記の定式は次のように適用された。

まず、議会の明示的・黙示的授権が大統領権限を最大化させるとする、ケース1の該当可能性については、あっさりと退けられる。本件のような事案において接収権を授権する法律は存在しないからである（at 638）。

次に、ケース2であるが、これは、①議会による権限の付与も付与の拒絶もない場合は、大統領は固有の憲法上の権限を行使しうる、ことを前提として、②その権限が大統領と議会が管轄を競合させる“混沌領域”にある場合には事態の緊急性を勘案して、大統領がこれを行使することが認められる、とするものである。ジャクソン補足意見は、この点、議会は、鉄鋼所の接収をオープンフィールドにしていないので、そもそも①の要件に欠けると判断した（at 639）。つまり、本件事案のような状況に対処する術を議会は以下の3つの法律によってかねてから用意していたのである。第1に、1948年選抜徴兵法（Selective Service Act of 1948）は、政府が発注した製品の生産を拒絶ないし怠った工場プラントを接収する大統領権限を認めていた。第2に、1950年防衛生産法（Defense Production Act of 1950）は、国防上の必要による戦時財産徴収権を、正当な補償を条件に、認めていた。第3に、1947年労使関係法いわゆるタフト=ハートリー法（Labor Management Relations Act of 1947, Taft-Hartley Act）は、全国的影響のあるストライキに対してはその敢行を80日間停止する差止請求ができると定めていた。これらの方法を大統領が用いなかった理由があるにせよ[10]、実

10）選抜徴兵法による接収にしても、本件の事案では政府発注を拒絶しているわけでも、生産能力に欠けるわけでもなく、それ自体は正当な労働者の権利であるストライキによって生産が一時停止されるだけあり、同法が適用されるのは困難であった。また、防衛生産法による戦時財産徴収も、財産を政府が保有することはできたとしても、その操業を政府が直接行えるかどうかは不明であったし、タフト=ハートリー法においても、事前の調整手続に時間がかかり、停止措置は補充的なものと位置づけられていた。特に、タフト=ハートリー法は、前身であるワグナー法のもと労働運動が過剰にわたったため、労働者の権利や労働組合の活

際用いなかったのであり、また、以上の諸策を法律で提供していた以上、議会は鉄鋼所を接収する権限を大統領に認めていなかった、とジャクソン補足意見は考えているようである[11)]。

したがって、ケース2の“混沌領域”に議論は進まず、そもそも議会は授権を拒絶していたということになり、本件はケース3の事例とされた。そうなると、鉄鋼所接収が大統領固有の憲法上の権限行使として正当化される必要がある。この点、ジャクソン補足意見は、まず、合衆国憲法第2条第1節第1項の「執行権（executive power）」についてであるが、これを無制限と解することはかつての君主大権に懲りて今のアメリカ合衆国があることに照らせば採用できないとし、同条第2節第1項の「軍総司令官（commander in chief of the army and navy of the United States）」についても、軍に命令を与えることは大統領の権限であるが、他方で、同法第1条第8節第11～13項が陸海軍を募り、設営し、維持することを連邦議会の権限としている以上、軍を維持すべき鉄鋼生産物を供給するための接収は大統領の権限ではない、などと判断した（at 640-645）。こうしてジャクソン補足意見も法廷意見と同様に、本件大統領命令は法律にも憲法にも根拠をもたないものと結論したのである。

（3）ジャクソン補足意見の謎

ジャクソン補足意見にはどのような特徴があるのか。

動を抑制するもので、労働団体の支持を基盤とする民主党にとっては受け入れにくいものであった。このような事情からタフト=ハートリー法案に対しては、トルーマン大統領が拒否権を発動したものの、議会が再可決を果たして成立した経緯がある。トルーマンとしては、自己の拒否権をオーヴァーライドしたこの法律を使うのをためらわざるをえなかったようである。おそらくトルーマンは、ストライキが真に目指したもの、つまり労働条件の改善を支持母体である労働団体のためにも政府の手によって達成し（実際、労働組合は接収を歓迎した）、対して、鉄鋼価格の上昇、ひいては物価の高騰を回避するために、経営者に苦い条件を飲ませるためにこそ、政府による鉄鋼所接収が望ましいと判断したのではないか。そうであれば、トルーマンの接収は、国際的な冷戦に対処し、朝鮮危機を乗り切ることを目的としていたと同時に、（ある意味それ以上に）準戦時体制における物価の安定と支持母体である労働者の労働条件改善という「国内問題」に照準した措置であったといえるだろう。なお、本件接収に至る詳細な分析は、Maeva Marcus, *Truman and the Steel Seizure Case: The Limits of Presidential Power*（Columbia University Press, 1977）参照。

11） Feldman, *supra* note 3, p.366.

同補足意見は、大統領権限と議会権限の配分問題を真正面から受け止めつつ、権限作用の実質を画定する線引きには手をつけないで、両統治部門の権限問題が浮上する3つのケースを整理し、いわば機能的にこの問題に対処する憲法的枠組を提示したのであった。そして、事案がケース3に分類されることを前提に、個別憲法条項に規定された大統領権限の解釈が求められることになり、かかる論脈に限定した形で実質的な権限作用の線引きを画定するという構成をとったのである。

この枠組の設定の仕方で重要なのは、第1に、議会に重点がおかれている点である。少なくとも、議会意思と大統領権限の合致・不一致を基準にケースが分類されており、また、政府が主張する、大統領に“固有の権限”があるか否かは別としても、憲法に定められた個々の大統領権限の射程や本質が問われるのは、議会意思に反するケース3においてであって、しかも、それは議会が関与する余地のない大統領固有の領域であることが条件であり、かつ、それを問う「慎重な審査」をパスする論証責任を果たすことが大統領に要求されるのである。

また、第2に重要なのは、緊急事態に対する配慮が後景に退いている点である。ジャクソン補足意見は、この憲法的枠組を緊急事態の法理として述べているわけではない。ジャクソンはあくまで、戦時平時の別を念頭におかずに、合衆国憲法が普通に想定している権限配分問題の判断枠組として上記の定式を設定した。ただし、ケース2で述べられているように、大統領と議会の権限が競合する“混沌領域”において権限の帰属を決定するのは「事態の緊急性や現在する不測の事態」である。要するに、緊急事態が憲法的枠組そのものを決めるのではなく、あくまでも憲法が設定した権限配分の枠組を前提に、ある特定の事例類型に限って、緊急事態性が1つの考慮要素として働く、という仕掛けになっているのである。

緊急事態においても立憲主義を貫き、とりわけ議会中心的な権力配置を貫徹するものとして、1つの憲法解釈を確立したジャクソン補足意見は、当初はあまり注目されなかったものの[12]、次第に脚光を浴びて後世に名を

12） Adam J. White, “Justice Jackson' s Draft Opinions in the Steel Seizure Cases” *Albany Law Review*, vol.69, pp.1108, 1108 n.4 (2006).

残す名補足意見となった[13]。

しかし、である。脚光を浴びた「3つの場合分け」の定式とそのあてはめが述べられたのは、補足意見全体のうちの前半、しかもその一部にすぎない。ジャクソン補足意見には後半部分がある。補足意見後半部分の最後の方には次のようなくだりがある（at 654）。

> 本法廷の判決であれば、問題に対処するに賢明でもなくまた時宜を得たものでないとしても、権力を連邦議会の手中につなぎとめておくことができる、などという幻想を私は抱いていない。危機は大統領に対する挑戦であるが、それは、同様に、あるいはおそらく第一義的に、連邦議会に対する挑戦でもある。良き法とはいえないものの、ナポレオンの作とされる“道具はそれを用いる者に帰属する”という俗世の知恵がある。危機に対処する立法をなす権限は議会の手中にあるが、しかし、それが指の間から漏れ出ないようにするのは議会自身である、といえよう。

補足意見を閉じるにあたり、ジャクソンはなぜ議会への挑戦を強調したのだろうか。この謎を解明することが“危機における憲法”という主題に対する1つの回答になるというのが本稿の見立てである。ジャクソン補足意見は、脚光を浴びたその前半部分の三定式だけでは、同補足意見がもちうる真の意義はみえてこない。後半部分と連結させてジャクソンの定式を理解してはじめて、危機における憲法という争点のcriticalさが明らかになる。

そこで、脚光を浴びたジャクソン補足意見の前半部分の意味を、脚光を浴びていない、いくつかの素材との対照で分析してみたい。対照に用いる素材とは、Youngstown判決に付された、フランクファーター裁判官その他の少数意見、ジャクソン補足意見の注に引用された最高裁先例、そしてジャクソン自身の過去、である。

13） 著名な憲法学者もジャクソン補足意見を賞賛している。Neal K. Katyal and Laurence H. Tribe, “Waging War, Deciding Guilt: Trying the Military Tribunals” *Yale Law Journal*, vol.111, pp.1273-1274（2001）; Sanford Levinson, “Introduction: Why Select a Favorite Case?” *Texas Law Review*, vol.74, pp.1196-1198（1996）; Sanford Levinson, “Constitutional Norms in a State of Permanent Emergency” *Georgia Law Review*, vol.40, p.749（2006）.

3　ひとつの憲法(a constitution)

（1）フランクファーター補足意見

ジャクソン補足意見の意味を明らかにするための対照として最初にとりあげるのは、同じ判決に付されたフランクファーター裁判官の補足意見である。

フランクファーター補足意見は、そもそもこの事件について判断を下すことに逡巡するところから始まる。進むか退くか、ややくどいほどの悩みと言い訳が続く意見なのであるが、そこにフランクファーター補足意見の本質がある。

フランクファーターは、憲法判断回避準則としてのブランダイス・ルールをまず引用する。そのうえで、最高裁判事の使命とは、憲法上の争点をまるごと放り出すのではなく、できるだけ狭い範囲でそれを扱うことであると述べ、大統領と連邦議会の間の権限争議という「建国以来、政治家と裁判官の思索を占領してきたこの最もデリケートな問題」から論じ起こすことは誤りである、とする[14]。他の二部門の権限と責務について司法が介入することは本当はやりたくないことであるが（with the utmost unwillingness, with every desire to avoid)、本件大統領命令の legality を審査することは避けられない、と弁明が続くのである[15]。

このような逡巡の末、彼が到達したのは次のような審査姿勢であった[16]。

> 憲法訴訟の導きの星はジョン・マーシャルの次の偉大なる司法的言明である。「我々が解釈しているのは、ひとつの憲法（a constitution）である」(McCulloch v. Maryland, 4 Wheat. 316, 407, 4 L. Ed. 579）というのがそれである。それは、「不確かで、拡大し続ける未来のために作られた」統治の技法を適用するに際して広い視野に立つこと（Hurtado v. People of State of

14）Youngstown Sheet & Tube Co. v. Sawyer, 343 U.S. 579, 595(1952)（Frankfurter, J., concurring).

15）*Ibid.*, at 596（Frankfurter, J., concurring).

16）*Ibid.*

California, 110 U.S. 516, 530, 4 S. Ct. 111, 118, 28 L. Ed. 232）と、憲法上の争点の問題範囲を、状況が許す限り（as the circumstances permit）、狭く設定することをともに要求する。未来を拘束することなど企てないという姿勢こそ、憲法制定者たちが示した偉大なる政治家的資質の特徴的な点であった。それは、今日、不要な宣言をして未来に足かせをしてはならない職責が最高裁にはある、という意味である。

ここでフランクファーターが、McCulloch事件判決におけるマーシャル首席裁判官の「ひとつの憲法」論を引いたのは重要である[17]。フランクファーターは再び重ねて「ひとつの憲法」の語を引いて、「このマーシャルの警句は、憲法の基盤的原則、つまり権力分立の原則、に法的サンクションを与えることを本法廷が求められる場合、特に重要な意味をもつ」と指摘し、そのことを理由に、大統領権限の包括的な定義に挑戦するのではなく、本件のように権限争議に判定を下すことが求められている場合でも、裁判官は「慎重かつ謙抑的（wary and humble）」でなければならない、とする[18]。こうして、彼は、1916年以来の接収事案のほとんどすべてが時限的・状況限定的な条件をともなって大統領により行使されてきたことを指摘し、かかる歴史的展開を参酌すれば、本件において関連する3つの法令の趣旨は大統領に対して接収権限を拒絶していると理解できる、との判断を示したのである。

かかるフランクファーターの論旨において「ひとつの憲法」観が果たす役割はもはや明らかであろう。彼にとって「ひとつの憲法」は過去と未来を通貫する同一の規範として存立していなければならない。憲法は、過去と未来で異なるものではない以上、危機の状況と平時の状況でも同じ規範

17）このマーシャルの言明に夙に着目したものとして、蟻川恒正『憲法的思惟―アメリカ憲法における「自然」と「知識」』（創文社・1994）261頁注37がある。蟻川もおそらくは気がついているように、このマーシャルの言明における「ひとつの憲法」は、憲法の永続性と、それゆえの可変性の両方を含意する「ひとつの……」であった。マーシャルの言明における可変性についての言及は、McCulloch v. Maryland, 4 Wheat 316, 415, 424（1819）参照。「ひとつの憲法」における可変性への着目については、後述（2）におけるヴィンソン反対意見についての分析を参照されたい。

18）343 U.S., at 596-597（Frankfurter, J., concurring）.

体系として存立していなければならない。要するに、フランクファーターにとって、憲法とは、過去も未来も、平時も緊急時も、分け隔てなく同じ規範として通用するものである必要があるのである[19]。そこで、彼が選択した戦略とは、上述の引用部分からも明らかなように、憲法（憲法訴訟）のプレゼンスをできる限り小さくするというものであった。フランクファーターがいわゆる司法消極主義の泰斗であることはよく知られていることである。それにかんがみれば、憲法が「ひとつの憲法」であり続けるために、憲法の規範的射程を狭く低く設定して憲法訴訟において憲法の出番を限定し、多くを政治過程に委ねるという憲法観を彼がとることはいわば当然の成り行きであった。

かくしてフランクファーター補足意見は、統治の歴史に深く根付いた伝統は憲法や立法を凌駕するものではないが、憲法や立法のテクストの文言に意味を与えるものである[20]と述べ、本件と類似する過去の諸事案を検証した結果、トルーマンの鉄鋼所接収はそのような歴史と伝統にそぐわないとしたのである。

このようなフランクファーター補足意見と、ジャクソン補足意見とを対照してみる場合、何が指摘できるか。マーシャル由来の「ひとつの憲法」観はおそらくジャクソン補足意見も共通して依拠するところであろうと思われる。平時と緊急時を憲法的に決定的な意味をもつ臨界とはみない点で両者は一致している。この２つの補足意見を通読しても、いずれにおいても「緊急事態」は後景に退いていることからそう理解できるだろう。しかし、両者が異なるのは、肝心の「ひとつの憲法」がいかなる憲法なのか、それをどう貫徹しようとしているか、である。フランクファーター補足意

19） フランクファーターが、“状況論（circumstance）”という視点を判例法理に持ち込もうとしていたこと、そして、この状況論の中に、平時・戦時の状況判断、もっといえば、戦時憲法の延伸が忍び込む可能性と危険性については、蟻川・前掲注 17）222 ～ 235 頁を参照されたい。もっとも本判決におけるフランクファーターの状況論は、状況に応じて憲法の出番を控えるべきだという方向ではなく、状況によっては憲法の規範的プレゼンスを水準線以上に引き上げるべきだ、というものである。

20） 343 U.S., at 610（Frankfurter, J., concurring）.

見は、「状況の許す限り」[21]、憲法の規範的プレゼンスを小さく設定して（同時に、裁判所の司法審査権を消極的なものととらえることによって）、憲法の貫徹を図ろうとするのに対して、ジャクソン補足意見はそのような憲法の割引はせず、権限配分の憲法的アレンジメントを３つのケースに整理し、あくまでもその枠組を、平時・緊急時の別にかかわりなく、貫徹しようとしている。事態の緊急性はケース2における“混沌領域”での考慮事項に組み込まれているにすぎない。緊急事態が憲法のあり方そのものを差配するのではなく、憲法的枠組が緊急事態を取り込む形で法的構成がなされているのである。フランクファーター補足意見では、接収等の大統領権限をめぐる立法史について詳細な検討が加えられているが、大統領の憲法上の権限の本質や射程については、語るところが少なく、ルイス・ブランダイス裁判官の有名な権力分立論（諸部門の対立の解消ではなく、対立を惹起することを権力分立の目的とみる所説[22]）を引用するのみで、実質的憲法解釈を回避している。対して、ジャクソン補足意見は、すでにみたように、個々の大統領権限とそれと対抗的関係にある議会権限の競合について実質的な線引きを試みる憲法解釈を果敢に行っている。

「ひとつの憲法」にも、貫徹されるべき憲法の要求水準を最低限に設定し、政治部門の判断や憲法実践の伝統に憲法の命運の多くを委ねる方法と、憲法の要請する規範枠組を、かかる枠組の中に内蔵された考慮要素のひとつに事態の緊急性を囲い込んだうえで、平時・緊急時、過去・未来の別なく、貫徹する方法とがありうる。後者に属するジャクソン補足意見前半部分は、厳格テクスト解釈のごとき単純で妥協のない貫徹のスタイル[23]をとるブラック法廷意見とも一線を画しており、そのような意味で後世の憲法理論家や裁判官の心をつかんだのかもしれない[24]。

21）“状況論”については、前注19）を参照されたい。

22）Myers v. U.S., 272 U.S. 52, 293（1926）（Brandeis, J., dissenting）.

23）時に、ブラックのこのようなスタイルは、absolutismとも呼称される。

24）先にもふれたように、「ひとつの憲法」というマーシャルの言明に夙に着目したのは、蟻川・前掲注17）261頁注37である。蟻川は、本注記において、「アメリカ司法史に底流する思想に、『一つの憲法』とでも呼ぶべきものがある。尤も、それは、思想にまで抽象化されぬことによって却って定着しえたところの観念、と云うべきかもしれぬ」と指摘し、マー

（2）Emergency Constitutionあるいは「ふたつの憲法」？

他方で、Youngstown 判決には、緊急事態を意識した意見もみられる。バートン補足意見、クラーク補足意見もそのような意見であった。

バートン補足意見は、今回のような事態に対して、連邦議会はその緊急性に見合うような措置と手続をすでに法律によって大統領に提供していた、とする。その背後にある思考は次のようなものであった[25]。

> 今回の状況は、急迫の侵略でも差し迫った攻撃に相当するものでもない。かかる破滅的な状況に対処する大統領の憲法上の権限が何であるかという争点に、我々は直面していない。また、今回の接収は、全面戦争を遂行しようとする、あるいは、その脅威にさらされている、動員体制下にある国民に対して、軍司令官たる大統領が発する軍事命令としての性質を有する、という主張がなされているわけでもない。

つまり、突如の侵略や差し迫った攻撃などの高度緊急事態であれば、別の憲法がありうるかもしれないことをバートン補足意見は示唆している。今回の事態の緊急性はそのような次元には至っていない、というのである。

このような論旨は、クラーク補足意見も同じである。彼はよりはっきりと次のようにいう[26]。

> 私の見方では、……、憲法は、重大かつ不可避の国家的緊急時には（in times of grave and imperative national emergency）、大統領に広汎な権限を

シャルの言明が思想として抱える脆弱性、あるいは一個の思考が思想として立ちうることの危機性を喝破している。蟻川の観測が正しければ、Youngstown 判決におけるフランクファーター補足意見でのマーシャルへの言及は、ひょっとしたらこの憲法観が一個の思想として、しかもある特定の偏りをもって、樹立されうるモメントになったかもしれず、そしてそれはきわめて例外的なモメントであった、という見立てを可能にするだろう。どう転ぼうがマーシャル一己の思考が思想化されるモメントは危機のモメントである。おそらく本判決を経ても、「ひとつの憲法」が思想として抽象化されぬまま生き延びているとしたら、それは、フランクファーターによる思想化に対して、ジャクソン補足意見に潜在していた、もう1つの「ひとつの憲法」観が、思想の安直な抽象化を阻んだことによる点が大きいのではないか。「ひとつの憲法」は、思想として1つにならないことによって、その潜勢力を保ちえている。それは、この憲法観が思想として取るに足らないからではなく、あまりにも重要なものであるからである。

25） 343 U.S., at 659（Burton, J., concurring）.

26） *Ibid.*, at 662（Clark, J., concurring）.

付与している。実際、私の考えでは、かかる権限の付与は、まさしく憲法それ自体の存立にとって必要であるといえよう。かつてリンカーンが適切にも述べたように、「国家が滅んで、憲法が残るなどということがありえようか？」

クラーク補足意見はこれを受けて、政府側が主張した、大統領の「固有の権限」をかかる高度緊急事態に限って承認する（クラークは「固有の権限（inherent power）」という名称にはこだわらないという）。そして、バートン補足意見と同様、彼も、今回の事案はこのような高度緊急事態ではないので、議会があらかじめ用意した3つの法律によって十分対処しえた事態であるとするのである[27]。

バートン補足意見もクラーク補足意見も緊急時固有の憲法（"emergency constitution"）を彷彿とさせるが、いずれにしても、本件事案はそのような事態ではないと認識する点で一致している。他方、本件事案の緊急事態性を正面から主張するのが、ヴィンソン首席裁判官らによる反対意見である。ヴィンソン反対意見には、「危機の時（time of crisis）」、「尋常ならざる時（extraordinary times）」、「国家緊急事態（national emergency）」という表現が散見されるが、彼がそのように事態を重くみる、その視線の先に映っているのは、今般の鉄鋼所ストや朝鮮危機のみならず、広く国際的な冷戦状況の拡大である（彼の反対意見も冷戦の略史から説き起こされている）。

ヴィンソン反対意見は、フランクファーター補足意見がその基本的立脚点として依拠したMcCulloch判決を引用する。フランクファーターが同判決におけるマーシャル首席裁判官の「ひとつの憲法」観を引き合いに出したのに対抗してか、ヴィンソンは同じ判決のマーシャルによる別の言明――「[憲法は] 来るべき数世代を耐えうるように設計されており、結局のところ、人間社会の無数の危機に対応すべく設計されている」――を引く[28]。McCulloch判決で述べられたマーシャルの「ひとつの憲法」は、実は、永続性・不変性とともに、ここに引かれた可変性・柔軟性の要素も内

27） *Ibid.*, pp.662-667.

28） 343 U.S., at 682（Vinson, C.J., dissenting）. *See also*, McCulloch v. Maryland, 4 Wheat 316, 415, 424（1819）. なお、ブラケット内は筆者による（以下、引用部分につき同じ）。

包した構想であり、ヴィンソンはこの可変性・柔軟性の方に照準して次のようにいう。つまり、「憲法とは、新たな状況に対応可能な、ひとつの生ける文書（a living document adaptable to new situations）として扱われてきた」[29]と。

しかし、ヴィンソン反対意見は、本事案においては「新たな状況」への対応を考える必要はなく、歴史を参照すればそれですむのだ、という。つまり、「歴史を耐え抜いた憲法原理（time-honored principles of constitutional law）」とは、本件の場合、軍総司令官条項と誠実執行条項[30]の解釈伝統である、とする。これらの確立した解釈とは次のようなものであったという[31]。

> 大統領は、明示的な法律上の授権があろうがなかろうが、国家的緊急事態に対処すべき時には、迅速かつ決然と行動することによって、立法政策を実施する権限、少なくとも連邦議会が動き出すまでの間かかる立法政策を保つ権限を有するのであり、裁判所はかかる大統領の主導性に一貫した是認をもって応じてきたのである。

このような視点から、ヴィンソン反対意見は、アダムズ、ジェファーソン、リンカーン、ヘイズ、セオドア・ローズヴェルト、タフト、ウィルソン、フランクリン・ローズヴェルトの各政権における接収権行使や非常措置の歴史を検証し、「歴史を耐え抜いた憲法原理」を導出しようとしている。かかる原理こそは、上述の引用部分に集約されており、また、反対意見の最終部で総括されている、「過去の大統領、また、将来その地位に就くにふさわしい人物、は国家の生存にとって必須の立法政策を執行するのに必要な暫定行動（interim action）を自由にとってきた」という慣行であった、とするのである[32]。しかも、ヴィンソン反対意見にとって決定的なのは、本事案においてトルーマンが接収の直後に議会にメッセージを伝達

29） 343 U.S., at 682-683（Vinson, C.J., dissenting）.

30） 誠実執行条項とは、合衆国憲法第2条第3節の「大統領は、法律が誠実に執行されるよう配慮」するとの規定を指す。

31） 343 U.S., at 683（Vinson, C.J., dissenting）.

32） *Ibid.*, p.709.

し、議会の意思に従う用意があると述べたにもかかわらず、連邦議会は何もしなかったという事実である。要するに、本件接収は「恣意的行動でも、無制約な権限でも、議会権限の専制的な簒奪でもない」[33]というのがヴィンソン反対意見の結論である。

上にみてきた、バートン補足意見、クラーク補足意見、ヴィンソン反対意見からうかがえるのは、緊急事態固有の憲法（“emergency constitution”）、あるいは、平時／緊急時の「ふたつの憲法」の発想である。とりわけ、緊急時には平時憲法における統治権限のアレンジメントが停止され、大統領が議会の承認を待たずに暫定措置を実施できるアレンジメントに移行することを示唆するヴィンソン反対意見の思考方法は、近時のアメリカ公法学において毀誉褒貶喧しい、ブルース・アッカーマンのEmergency Constitution論[34]と同型の議論になっている。その意味では、「ふたつの憲法」も、時代を超えて、その思想化が目論まれる点では、「ひとつの憲法」と同様なようである。

マーシャルの一言が、ひとつの憲法思想、ひとつの憲法観として立ち上がろうとした、まさにその契機がこのYoungstown判決であった。しかし、それが個々の裁判官によって憲法思想としての像を結ぼうとしたその瞬間、分岐が始まり、像は拡散する。厳格テクスト主義に立つブラック法廷意見、ミニマム憲法観と司法の謙抑性・消極性を説くフランクファーター補足意見、そして、通常の憲法的権限配分の論理を押し出そうとするジャクソン補足意見、の分岐がそうである。とはいえ、これらに共通するの

33） *Ibid.*, p.710.

34） Bruce Ackerman, *Before The Next Attack : Preserving Civil Liberties in an Age of Terrorism*（Yale University Press, 2006）; Bruce Ackerman, “The Emergency Constitution” *Yale Law Journal*, vol.113, p.1029（2004）. アッカーマンの緊急事態憲法においては、エスカレーター式特別多数（supermajoritarian escalator）という独特の手続による次のような危機対処を核心とする。まず、危機が発生すると、大統領は単独でその認定を行う権限を有するが、ただし、その有効期間は1、2週間という短い期間に限られ、議会多数による賛成が得られなければ緊急事態認定は自動的に終了する。議会による賛成が得られた場合には緊急事態は継続するが、その期間も2、3か月程度に限定される。その後、再度議会の承認を求める場合、単純多数ではなく60%の特別多数が課せられ、以降更新に際し70%、80%と上乗せが図られる。以上のアッカーマンの諸説の概観については、大河内美紀「Emergency constitution」法政理論39巻4号（2007）606～608頁を参照のこと。

は、過去・未来、平時・緊急時の別を超えて、一貫する不変的・永続的憲法観としての「ひとつの憲法」であった。

これに対して、バートン補足意見、クラーク補足意見、ヴィンソン反対意見は、逆の道を示している。とりわけ、ヴィンソン反対意見は、フランクファーター補足意見が引いたMcCulloch判決におけるマーシャルの別の言明を持ち出した。それは、すでにみたように、「ひとつの憲法」が「ひとつ」であり続けるためには、状況に応じた一定の可変性・柔軟性をもたなければ、それはなしえない、との言明であった。しかし、可変性や柔軟性を認めるとしても、憲法が「ひとつ」であるといいうるには、当然のことながら、許容される閾値があるはずである。それを超えれば、もはや「ひとつの憲法」たりえない断絶が生まれるだろう。臨界を超えた「ふたつの憲法」の現出である。

かかるヴィンソン＝アッカーマン的な思考をジャクソン補足意見はとらない。ジャクソン補足意見の前半部分の定式は、とりあえず、そのような「ひとつの憲法」観に立脚するものとして存在している。

4　ひとつの政府（a government）

（1）議会の役割とDivided Governmentの死守

ヴィンソン反対意見のごとく、大統領のメッセージと判断要求にもかかわらず議会が沈黙していたことを重くみる立場もありうるところであるが、ジャクソン補足意見では、本件の場合、大統領に接収権を授権することを拒絶したという議会意思がはっきりしている以上、それを理由に、大統領権限と議会権限の“混沌領域”の藪に立ち入ることなく、事件はケース3の場合として処理されたのである。にもかかわらず、なぜジャクソン補足意見は、「危機は大統領に対する挑戦であるが、それは、同様に、あるいはおそらく第一義的に、連邦議会に対する挑戦でもある」と“議会に対する挑戦”であることを強調したのだろうか。ここでは、本稿においてジャクソン補足意見の“謎”として設定した、この問題に戻って同意見の読解をさらに進めてみたい。

ジャクソン補足意見は、本稿のはじめの方で掲げた「3つの場合分け」からなる憲法的枠組の提示、およびその事案への適用からなる“前半部分”と、執行者と議会の関係をめぐる比較憲法的検討と上記の「議会に対する挑戦」を強調する終結部からなる“後半部分”から構成されている。この比較憲法的検討の部分で、ジャクソンは、ドイツ・フランス・イギリスの過去の経験について、クリントン・ロシターによる有名な独裁制研究[35]を参照しながら、簡単に言及している。

この比較憲法的検討の箇所は、政府が主張する「固有の権限（inherent power）」の論点に回答するために書かれている。ジャクソンは、「固有の権限」論が緊急事態において無制約の権限を正当化するために用いられてきた以上、その歴史的経験を一瞥することは大切である（may not be irrelevant）、との観点から、第一次・第二次大戦前後の各国史にごくごく簡潔にふれ、議会の機能不全ないし議会の主導によって、独裁制がもたらされたことを読み取っている（343 U.S. 579, 650-651（1952）（Jackson, J., concurring）. 以下再び、括弧内における数字の表示はこの判例集からの引用頁を指す）。この点、ジャクソンがニュルンベルグ裁判における首席検察官を務めた経験が重要であろう。彼は、1941年、フランクリン・ローズヴェルト大統領によって連邦最高裁判事に任命されたが、トルーマン大統領により、ニュルンベルグ裁判の実施のため首席検察官に任命され、1945年から翌1946年にかけてその任にあった。ナチスの戦争犯罪を告発する立場にあった彼が、ワイマールの悲劇と議会制の崩壊を一般教養以上の深刻さで受け止めていたことは容易に想像がつく。

このような比較憲法的検討から学ぶべきことをジャクソン補足意見は次のようにまとめている（at 652）。

> 近時の外国の経験は、緊急事態権限（emergency powers）の居場所を近代政府のどこかに確保するという知恵にとって決定的なものではないだろう。しかし、それは次のことを示唆しているように思われる。つまり、緊急事態権限が自由な政府と整合的でありうるのは、それを行使する執行部

35） Clinton L. Rossiter, *Constitutional Dictatorship*（Princeton University Press, 1948）.

以外のどこかに、それをコントロールする仕組みの居場所を確保する限りにおいてである。

ここに、国家緊急事態においてもなお権力分立という憲法的枠組をぎりぎり死守しようとするジャクソンの「ひとつの憲法」論が看取できると同時に、彼の「3つの場合分け」定式が議会の主導権を基礎に組み立てられた、その実質的理由も読み取ることができる。それは、大統領の「固有の権限」論の背後にある思想――「道具はそれを用いる者に帰属する」というナポレオンの格言――に対する徹底的な抵抗であり、緊急権の行使者である大統領に対して、緊急権の統制者としての議会を配置することが不可欠であるとの、ジャクソン流“危機の憲法学”である。

緊急事態において権限を主張しそれを担うのは、大統領であり、大統領のみである。このことをジャクソンは否定するどころか、それを認めるからこそ、上記のアレンジにこだわるのである。緊急時における大統領のプレゼンスをジャクソン補足意見は次のように描写する（at 653-654）。

> 執行権［≒大統領］は、全国民に関わる選択に際して、一個の首長（a single head）にすべてを集中できる利点を有する。それによって彼は公衆の希望と期待の焦点にみずからを任ずることができるのである。劇的状況において、彼が下す決定の規模と終局性は、他の何人の存在感をも希薄化してしまうので、ほとんど彼だけが公共の耳目をひきつける。近代的コミュニケーション手段を通じて公衆の心理にアクセスする点において、公的生活上、彼に比肩しうる人格（personality）は他にいない。元首（head of state）としての彼の位格、世論に対する彼の影響力を通じて、大統領は、……彼の権限を抑制し均衡を図ろうとするものを抑え込もうとするのである。

国家有機体説的な発想までをもちらつかせながら、ジャクソン補足意見は、憲法上の権限主体としての大統領論ではなく、政治的・権力的シンボルとしての大統領論を展開し、他を圧倒して譲らない大統領の存在感の絶大さについて指摘する。そんな“人格”でなければならないのが、まさに大統領なのである、と。こうして、政治的・権力的シンボルに対する陶酔の中に憲法論が吸収されてしまいそうな臨界に迫ったうえで、ジャクソン補足意見は我に返ったかのように、こう述べる（at 654）。

> ただでさえすでに強大で、司法審査からも相対的に免じられてきた大統領職を、本法廷が議会を犠牲にしてさらに強大化することに手を貸すことを拒否すれば、この国は災厄に見舞われる、ということを私は信じる気にはさらさらなれない。

このように緊急時における二方向からの圧力、つまり、権力集中を訴求する“危機の憲法学”（あるいは、緊急時憲法の承認を訴求する「ふたつの憲法」論や「固有の権限」論）ならびに政治的・権力的シンボルたる大統領という一個の凝集点的人格の社会心理学的プレゼンス、からくる圧力と、それに対して議会の対抗性を死守することにより「ひとつの憲法」を維持せんとする内的圧力とに挟撃されながらも、後者を裁判所の任務とみる点にジャクソン補足意見の特徴は見いだされるべきである。国家元首、権力の単独集中、凝集点的人格、といった危機において人々を魅惑する権力配置から、あえて、アメリカ権力分立論の本質であり、また時として病理ともいわれる「分裂政府（divided government）」の意義を限界状況においても貫徹しようとする憲法思想をこの補足意見から読み取らなければならない。本補足意見の前半部の定式は、後半部分の比較憲法的分析、議会制論、社会心理学、権力分立論とあわせて理解しなければ、その議会主導的な定式の真の意義はみえてこない。

（2）主権の人格化

しかし、である。これで謎のすべてが解明されたようには思われない。

大統領への権限集中、緊急事態憲法への収斂を、議会の存在を擁護することにより、最高裁自身の手によって防止すると決意したはずのジャクソンが、舌の根も乾かないうちに、つまり、すぐ上に掲げた引用部分に続いて、述べたものこそが、ジャクソン補足意見における“謎”の部分、つまり「議会に対する挑戦」の強調部分であった。再度引用しよう（at 654）。

> 本法廷の判決であれば、問題に対処するに賢明でもなくまた時宜を得たものでないとしても、権力を連邦議会の手中につなぎとめておくことがで

きる、などという幻想を私は抱いていない。危機は大統領に対する挑戦であるが、それは、同様に、あるいはおそらく第一義的に、連邦議会に対する挑戦でもある。良き法とはいえないものの、ナポレオンの作とされる“道具はそれを用いる者に帰属する”という俗世の知恵がある。危機に対処する立法をなす権限は議会の手中にあるが、しかし、それが指の間から漏れ出ないようにするのは議会自身である、といえよう。

先ほどまで、ジャクソンは、「ひとつの憲法」を死守するために、危機の誘惑に抗して、権力集中に手を貸すことを敢然と拒絶することを、そして、議会を擁護し続けることを、彼がまさに奉職する最高裁判所の職責として引き受けたはずである。しかし、上の言辞は、それは「幻想」であると突き放している。最高裁の決断は最後の砦たりえない。ナポレオンの格言に引き込まれることを峻拒し、議会が留保すべき権限を守り切るのは、結局のところ、議会自身の責務である、と宣言して、ジャクソン補足意見は終わるのである。こうみてくると、「議会に対する挑戦」の強調は、議会への単なる励ましなどではない。最高裁がいかにふるまおうと、究極的には議会自身が「ひとつの憲法」の命運を握っている、というかなり切実な言明であったことがわかる。

ジャクソン補足意見の謎解きは、この切実さがどこから来るのかを突き止めることなしには完結しない。手がかりは、ジャクソン補足意見の「3つの場合分け」定式のケース1であろう。何度もいうように、ジャクソン補足意見において本件はケース3として処理されるべき事件であり、事実、彼はそのように処理した。しかし、その処理の華麗さを称賛する前に、それと逆の事態が起きた場合、ジャクソン補足意見の輝きはどのように変化するのかを確かめてみる必要がある。つまり、本件がヴィンソン反対意見の見立てるような案件であった場合、あるいはそれを超えてさらに、大統領の行動に連邦議会が全き支持を明示的に表明し、その権限行使に包括的同意を与える場合、要するにケース1の場合に、ジャクソン補足意見の枠組に何が起きるか、である。

この点、ケース1におけるジャクソンの定式には国家論の根幹に関わる、由々しき一言がある。該当部分を再掲してみよう（at 635-636）。

1　大統領が連邦議会の明示的または黙示的な権限付与にもとづいて行動するとき、彼の権限は最大化される。彼が自分の権利の中に保持しうるものに加えて、連邦議会が委任しうるものが包含されるからである。かかる状況において、または、かかる状況においてのみ、……大統領は連邦主権を人格化するに至るといいうるのである。

この“連邦主権を人格化する（to personify the federal sovereignty）”という言辞は看過することができない。主権という法概念が、人格という実存的概念に結合する瞬間こそが、連邦議会と大統領が合一化するケース1のモメントである、というのである。先に引用した部分、すなわち、政治的・権力的シンボルに権化した大統領について、「公的生活上、彼に比肩しうる人格（personality）は他にいない」と語った、補足意見後半部分の言辞は、前半部分の「3つの場合分け」定式に現れた「連邦主権を人格化する」の箇所と実は共振している。どうも人格というタームはジャクソン補足意見において重要な役割を負っていそうである。

では、この主権の人格化という発想はどこから来ているのか。実は、上記引用部分の「彼が自分の権利の中に保持しうるものに加えて、連邦議会が委任しうるものが包含されるからである」とのくだりには注記がついている（at 635 n.2）。この注記は、連邦議会がその専権であるはずの立法権を大統領に委任する法律の合憲性（つまり委任立法の合憲性）に関する著名判決、U.S. v. Curtiss-Wright Export Corp. 事件判決（1936年）[36]を引用するものである。これは1932年に勃発したボリヴィアとパラグアイ間の戦争（通称チャコ戦争）に関係する南アメリカ諸国に武器の輸出を禁ずる権限を議会の共同決議によってフランクリン・ローズヴェルト大統領に委任したことの合憲性をめぐるものであった。Curtiss-Wright Export Corp. 判決は、従来、委任立法には明確な授権の基準の設定を求める統制論が最高裁判例で育まれてきたものの、外交の問題領域では委任立法に明確な基準の設定を求めなくてもよい、と判断したケースであるが、ジャクソン補足意見はこの判決から下記の部分を引用している[37]。

36）　299 U.S. 304（1936）.

37）　*Ibid.*, pp.321-322.

> すでに本法廷が当該論点について明らかにしてきたことと関連して、かかる考察は、この問題領域［外交領域のこと］において大統領を統制する狭く限定された基準を設定することを連邦議会に要求することは賢明ではないことを示唆している。本法廷が、Mackenzie v. Hare 事件判決[38]……で述べたように、「合衆国は、ひとつの政府として、主権の属性のすべてを付与されている。合衆国は国家性という性質を有するがゆえに、国家性に由来する権限をもつのであり、とりわけ他の国との関係や交渉に関わる国家の権限である場合はなおさらである。かかる権限を制限することや阻害することは厳に慎むべきである」[39]と。

このくだりは、要するに、外交関係において大統領の裁量を広汎に承認すべきであるとしたCurtiss-Wright Export Corp. 判決の論理は、Youngstown 事件には適用することができないことを指摘するために引用された。ローズヴェルトの武器の禁輸は外交問題であるが、トルーマンの鉄鋼所接収は国内問題であるとジャクソン補足意見は、この注記で総括しているのである。

しかし、本節の課題との関連で注目すべきは、上記のCurtiss-Wright Export Corp. 判決が引用した先例の括弧（「　」）内の言明である。引用された先例、Mackenzie v. Hare 事件判決は、外国人と婚姻関係に入ったアメリカ市民である女性は、その婚姻によって市民権を喪失すると定めた1907 年市民権法につき、連邦議会の広汎な裁量権を承認したものであるが、ジャクソン補足意見が、Mackenzie v. Hare 事件判決のこの言明を含めて、Curtiss-Wright Export Corp. 判決を引用したのは、おそらく、否確実に、意図的である。上に掲出したMackenzie v. Hare 事件判決の引用部分は、国家論と主権論が凝縮された、アメリカ判例には珍しい言明になっており、そこにはジャクソン補足意見の核心ともいえる思想が垣間見えるからである。すなわち、「主権の属性のすべて（all the attributes of sovereignty)」が帰される合衆国とは、「ひとつの政府として（as a government)」の合衆国である。統治の機構が「ひとつの政府」として立ち現れるとき、そ

38） 239 U.S. 299（1915).

39） *Ibid.*, p.311.

れは「国家性という性質（the character of nationality）」を帯び、それゆえに、「国家性に由来する権限（the powers of nationality）」を有するようになる。つまり、「ひとつの政府」は「主権の属性のすべて」を帰せられることによって、「国家性」を帯びることになり、憲法上の権限とは区別される「国家性に由来する権限」を行使する公共体になる、というのである。そのような権限の典型例は外交権限であるが判決はそれに限っていない。そして、重要なのは、「ひとつの政府」が行使する「国家性に由来する権限」は、「制限することや阻害することは厳に慎むべきである」と判決が結論しているように、（少なくとも司法による）統制から自由な権限として構想されている点である。

要するに、国家は、「ひとつの政府」になることによって国家になる。「ひとつの政府」になったその瞬間、主権の属性のすべてがその主体に帰属し、憲法の定めから自由な「国家性に由来する権限」を行使することが可能になる。こういった激烈な国家論をジャクソンが引用した理由はもはや明らかである。ジャクソン補足意見のケース１において、大統領と連邦議会が合一した瞬間、「大統領は連邦主権を人格化するに至る」と宣言されていたが、これを言うためには「ひとつの政府」論を下敷きにする必要があったはずである[40)]。「ひとつの政府」は主権的属性のすべてを糾合する凝集点であるために、つまり「ひとつ」であるために、一個の「人格」を必要とする。ジャクソン補足意見が“主権の人格化”という禍々しい表現によって言いたかったことは、「ひとつの政府」が立ち現れるためには「一個の人格」に主権が糾合される必要がある、という思想ではなかったのか。

「一個の人格」として権化するのは独任機関であり合議機関ではない。つまり、議会ではありえない。必然的に大統領に主権は人格化される。その瞬間に現出する社会イメージは、補足意見後半部分でふれられていた、

40）　この点、ジャクソン補足意見は、「3つの場合分け」のケース１のところで、連邦主権が大統領に人格化された場合、大統領の行使する権限を違憲と断じることは、「連邦政府が不可分の総体として（the Federal Government as an undivided whole）無力であることを意味する」と述べていたが、ここにいう不可分の総体としての政府は、「ひとつの政府」論を下敷きにしている可能性が高い。

政治的・権力的シンボルとしての大統領像であり、「公的生活上、彼に比肩しうる人格（personality）は他にいない」という社会心理学であった。こうした主権的属性の総動員体制において神格化されるのは大統領であるが、唯一これを阻止できるのは議会である。大統領と合一化する誘惑に抗し、それを掣肘しうるのは議会しかない。この究極のモメントのありうることを、ここで読解したように、ジャクソン補足意見は知っていた。知っていたからこそ、補足意見末尾で「議会に対する挑戦」を強調せざるをえなかったのである。したがって、その強調は、議会中心的立憲主義からの励ましといった微温的なものではなく、国家の究極的モメントに対する根源的な畏怖に根差したジャクソンによる黙示録であったのである。

5 “危機の憲法学”とは何か——「ひとつの憲法」対「ひとつの政府」

ジャクソン補足意見の「3つの場合分け」定式は、「ひとつの憲法」と「ひとつの政府」の巧妙な入れ子構造になっている。

ヴィンソン＝アッカーマン的な緊急事態憲法ないしは「ふたつの憲法」に抗して、権力分立の本則つまりは divided government の憲法的枠組を貫徹することによって「ひとつの憲法」をぎりぎり死守しようとしたのが、ジャクソン補足意見の「3つの場合分け」であった。事態の緊急性はケース2の中の“混沌領域”で考慮されるにすぎない。緊急事態の論理を「ひとつの憲法」の判断枠組の中に封じ込めたのである。しかし、一方で、当の「3つの場合分け」のケース1において、大統領と連邦議会が合一化する瞬間に大統領は連邦主権を人格化した主体となり、したがって、大統領の権限は最大化される、とのモメントがこの憲法論の中に埋め込まれてもいる。主権が人格化するモメントとは、主権的属性を一身に化体した人格たる大統領が「ひとつの政府」として立ち上がる瞬間である。その権限は最大化されるだけでなく、憲法規範とは別次元の「国家性に由来する権限」が無制約な形で行使されることを帰結する。この地平は、もはや「ひとつの憲法」も「ふたつの憲法」もなく憲法自体が主権的人格の統治する「ひとつの政府」に吸収されていく、最高次政治の地平といえよう。

憲法が政治を統御し続けるか、政治が憲法を飲み込むか、その瀬戸際にあって、ジャクソンがとことん悩んだことはたしかであろう。ジャクソン補足意見におけるこの呻吟を理解する人物にサンフォード・レヴィンソンという異端の憲法研究者がいる。彼は、Youngstown 判決、さらにはジャクソン補足意見が、200 年以上にわたる最高裁判例史の中で最もお気に入りであると公言してはばからない[41]。レヴィンソンによれば、ジャクソン補足意見こそは、「自覚的ポストリアリストが法的判断の本質と遭遇したといいうる例の、私の知る限り、最良のもの」[42]と言い切る。劇的な応答を迫ってくる緊急事態に直面し、自由民主主義を維持することの困難さと真に格闘した男の姿がそこにあるというのである[43]。レヴィンソンは、危機における大統領権限のあり方という争点に解決をもたらすのは、「大統領といえども法の下にある」というような法的な思考ではなく、高次政治（high politics）の思考であるという[44]。自己の所属する政党の党派的利益にそってどのような結論を出すか決める、近時のアメリカ最高裁判事たちの低次元政治（low politics）とは違い、自己統治という共同的企てのための根本的な政治原理を考え抜いたのがジャクソン補足意見である、とレヴィンソンの賛辞は続くのであった。

では、ジャクソンの高次政治的思考は何に由来するのだろうか。ジャクソンには連邦最高裁判事というプロフィールのほかに、ニュルンベルグ裁判における主席検察官であったというプロフィールがあることは先にふれた。実は、これにもう１つ付け加えるべきプロフィールがある。それは、彼が連邦最高裁判事になる前の前職、すなわち、ローズヴェルト政権の司法長官職にあったというプロフィールである。ジャクソンは、ローズヴェルトから請われて司法長官になり、またローズヴェルトに請われて最高裁判事になった人物である。主席検察官と司法長官。この２つの職位に在任

41） Levinson, *supra* note 13, “Introduction” p.1196.

42） *Ibid.*, p.1197.

43） *Ibid.*, pp.1197-1198.

44） Levinson, *supra* note 13, “Constitutional Norms in a State of Permanent Emergency” p.750. *See also*, Jack M. Balkin and Sanford Levinson, “Understanding the Constitutional Revolution” *Virginia Law Review*, vol.87, pp.1062-1063（2001）.

中、ジャクソンがみたものは、ヒトラーとローズヴェルトという２人の「主権的人格」であった。ニュルンベルグ主席検察官としてヒトラーを告発し、他方で、ヒトラーと対峙したローズヴェルトの法律顧問として仕えた彼こそは、「ひとつの政府」の崩壊過程と主権的人格の何たるかを経験的に知悉する唯一の最高裁判事であった。彼の高次政治的思考はこのあたりの消息を抜きにしては語りえないだろう。

かかる高次政治的思考の果てに、議会に一縷の望みを託したジャクソン補足意見であったが、Youngstown 事件の事実関係において議会はアクションをとることをしなかった。議会は、危機において「ひとつの政府」が出現しつつある状況に何かを言うことはなかったのである。「議会への挑戦」を強調したジャクソンの気持ちの中には、おそらく議会の沈黙に対しての非難的含意が多分に含まれていたであろう。しかも、トルーマンは、議会のアクションに従うことをほのめかしていたのである。この事実がある以上、法廷意見や他の補足意見が、議会は接収権を大統領に付与することを拒絶していたと強弁するのは理解しがたい、というのがヴィンソン反対意見の核心的主張であった。

しかし、ヴィンソン反対意見にとっては、他の意見と異なり、とりわけジャクソン補足意見は怒り心頭に達するものであったことだろう。というのは、ジャクソンが司法長官であったとき、彼は、Youngstown 事件とほぼ同型の事案でローズヴェルトの接収権を正当化する論理をせっせと提供していたからである。なぜ、ローズヴェルトではよくて、トルーマンではだめなのか、二重基準ではないか、このようなヴィンソン反対意見の批判[45]は、ジャクソンもよくわかっていて、補足意見の端々にそれへの弁明が語られている。

問題の接収事案とは、1941 年の North American Aviation という軍用機生産工場で計画されていたストライキに対処するためのものであった。Youngstown 事件と異なり、計画されていたストの規模ははるかに小さく、また、アメリカ空軍は実際にはまだ戦闘行為に従事していなかったが、そ

45）343 U.S., at 694-696（Vinson, C.J., dissenting).

れでもローズヴェルトはこの工場を接収した。この接収事案の法的正当化を行ったのが、司法長官ジャクソンであった。ジャクソンは、軍総司令官としての大統領の地位や誠実執行義務など、憲法上の権限に由来する権限として、議会の授権がなくとも、接収権を行使できるという正当化を試みていたのである[46]。

このような自身の過去の言明に対してジャクソン補足意見は、両事案には表面上の類似性（superficial similarities）があるにすぎず、決定的な差異が存在すると弁明している[47]。つまり、当時、North American Aviation社と政府は拘束力のある直接の軍用機供給契約を締結していた。1940年選抜徴兵法は、政府が発注した製品の生産を拒絶ないし怠った工場プラントを接収する大統領権限を認めている。だから、ローズヴェルトの接収は、法律上の根拠を完璧にもっているが、対してYoungstown事件はそうではない、ジャクソンはこう言うのである。だが、この違いは果たして決定的なのか。Youngstown事件でも、当該鉄鋼所の最大の発注者は政府であったことには変わりはない。また、そもそも、工場が生産を止めるのは、生産の拒絶でも懈怠でもない。労働者の正当な権利行使としてのストライキである。ストによる生産停止も選抜徴兵法の接収権行使が可能な場合であるというのであれば、Youngstown事件でもそれは可能であったはずである。だとすれば、議会が沈黙していたのは、結果的には、同法に則った事態が進行しているだけであったからではないか。つまり、議会の沈黙は、接収の拒絶ではなく、容認であったことにならないか。

いずれにしても、ジャクソンの弁明は脆弱である。ジャクソンは補足意見を書くにあたって、自身が司法長官であった履歴やローズヴェルト政権での党派的法曹として行った代弁行為（partisan advocacy）を隠さない[48]。むしろ、かかる職歴に由来する経験があるからこそ、この事案について語る適格があるとさえ考えている節がある。しかし、その経験をポストリア

46） *Ibid.* ジャクソンは、この軍用機生産工場のストライキは、共産主義者によって誘導されたことをストの背景的事情として指摘している。

47） 343 U.S., at 648-649（Jackson, J., concurring）.

48） *Ibid.*, pp.634-635, 649.

リストのジャクソンは自身の法的主張の中に活かすにしても、かかる経験を規定しているはずのローズヴェルト政権における過去の言明にもっと説得力のある釈明をすべきではなかったのか。

果たして、ジャクソンをして、ローズヴェルトとトルーマンを分けたものは何であったのか。ニュー・ディーラーとしてローズヴェルトと盟友関係にあり、政治的野心も手伝って長年コンビを組んできたジャクソンは、ローズヴェルトには並々ならぬ崇敬の念を抱いていたと思われる[49]。ローズヴェルトはジャクソンに最高裁首席裁判官の椅子を約束していたらしい。しかし、ローズヴェルトが斃れたことにより、大統領になったトルーマンは、ジャクソンとブラックの対立ゆえに両者を首席裁判官の候補から外し、ヴィンソンを指名したのである。このような確執が、ジャクソン対ヴィンソンの対立となって表面化したという整理も可能であろうし、実際はそんなところなのかもしれない。

しかし、あの巧妙な構成のジャクソン補足意見に込められた憲法思想はそれとは別に評価されなければならない。上記の確執をこの憲法思想の水準でとらえなおすことが許されるのであれば、ジャクソンは、ローズヴェルトには「主権的人格」をみたが、トルーマンにはそれを見いださなかったということではないか。ローズヴェルトという一個の政治人格に、議会政治も糾合され、「主権の属性のすべて」が収斂し、「ひとつの政府」が立ち上がるとともに、ぎりぎりまでもちこたえていた「ひとつの憲法」もその渦の中に吸い込まれていく。主権的人格として権化したフランクリン・デラノ・ローズヴェルトに対する陶酔的帰依は、「ひとつの憲法」と「ひとつの政府」が背中あわせで軋みあう“Zone of Twilight”に迷い込み、そこでまどろみかけている憲法思想家ジャクソンがみた白昼夢である。夢から覚めたあとには、「ひとつの憲法」が生き残っているのか、それとも「ひとつの政府」が倨傲しているのか。

ローズヴェルトの死によって、まどろみから目覚めたジャクソンは、ト

---

49) 晩年、ジャクソンはローズヴェルトとの交流を綴ったメモワールを執筆していた。50年を経て、それは公刊されるに至っている。Robert H. Jackson (John O. Barrett (ed.)), *That Man: An Insider's Portrait of Franklin D. Roosevelt* (Oxford University Press, 2003).

ルーマンを冷めた目でみることができた。だから、朝鮮危機を第三次世界大戦の前兆とみて、それに立ち向かうトルーマンに主権的人格への陶酔的帰依を奉じようとするヴィンソンの姿[50]に、ジャクソンは、おそらくある種の既視感を抱いたに違いない。「議会への挑戦」を強調する一言を補足意見の末尾に付け加えたのは、陶酔的帰依から正気を取り戻すための最後のリアリズムを議会に期待したからである。

危機の憲法学を語るには、そういう思想の臨界をさまよい、そこから生きて還ってこなければならない。

50）ヴィンソン補足意見は、その冒頭で「世界は第二次世界大戦の惨禍からいまだ立ち直っていないのに、再び、より恐るべき国際的対立の脅威に直面することを強いられている」と述べて、朝鮮危機を第三次世界大戦に発展しうるものとみていた。

第6章
国家緊急権論と立憲主義

愛敬浩二

緊急事態（文脈によっては、「非常事態」と表記する場合もある）に対して、憲法と憲法理論はいかなる対応をするべきか。①国家権力の法的統制が立憲主義の核心である以上、国家緊急権に関する規定を憲法や法律のレベルで整備しておくことが、立憲主義を守る方法なのか。それとも、②緊急事態法制の整備は「平時」の憲法・法律の性格を変える危険性が高いから、「真の緊急事態」における「超法規的」措置の可能性を容認することで、立憲主義を守るべきか。本稿では、〈9.11〉後の英語圏の憲法学の議論状況を参考にしつつ、②の立場からの議論が、「立憲主義を守る」という目的を達成するための諸条件について考察する。なお、その考察の前提として、緊急権条項をいっさいもたない日本国憲法のもとで、抽象的に国家緊急権論を行うことの問題性を指摘しつつも、〈9.11〉後のアメリカでは、拷問禁止の緩和さえ真面目に議論されている以上、緊急事態の問題を憲法理論のレベルで考察する必要があることを明らかにする。また、「立憲主義国家においては、緊急事態においてもなしえない行為がある」という命題を、法哲学の議論を参考にしつつ、憲法理論のレベルで正当化する。

1　本稿の問題関心

「国家緊急権論と立憲主義」という題名のもとで、私が考えてみたいと思うのは、立憲主義を信奉する憲法学者は、国家緊急権に対してどう向きあうべきか、という問題である。そして、この問題を考えるうえで、「有事法制」の整備が政治的争点となっていた当時、森英樹があるインタビュー記事で行った問題提起は、最適の出発点となるように思われる。

> 誤解を恐れずにあえて言えば、予想外の事態には、事としだいによっては「超法規的」に対応することが真にやむをえない場合もありうるでしょうが、しかし普通の法制のままでの超法規的対応のほうが、違法なだけにそれを最小限に食いとめる法的緊張感が働き、かえって危機を危機として対処することができるし、責任を問うなかで本当にやむをえなかったかど

うかも検証できるのではないでしょうか[1)]。

「米国防大学国家戦略研究所特別報告書」(2000年10月。いわゆるアーミテージ・リポート)が露骨に述べていた通り、「グローバル有事における米軍支援の円滑化」を課題とする「有事法制」の整備が、「備えあれば憂いなし」(小泉純一郎)という空虚な標語と、相当に無内容な「立憲主義・法治国家」との関係で正当化される言説空間において、森の問題提起の実践的「効用」を評価することはむずかしくない[2)]。ただし、本稿で考えてみたいのは、その憲法理論上の意義についてである。

2 〈3.11〉の後で国家緊急権を論ずる意味(と無意味)

国家緊急権とは、「最も一般的には、戦争、内乱、大規模自然災害等国家の維持・存続を脅かす重大な非常事態に際して、平常時の立憲主義的統治機構のままではこれに有効に対処しえないという場合に、執行権(政府・軍部)に特別の権限を付与または委任して特別な緊急措置をとりうるように国家的権力配置を移行する例外的な権能」のことをいう[3)]。そして、日本国憲法の特徴は、国家緊急権に関わる規定をいっさいもっていない点にある[4)]。

だからこそ改憲派は、東日本大震災(福島第一原発事故とそれに起因する災害も含めて、以下〈3.11〉と記す)を「奇貨」として、日本国憲法では、〈3.11〉のような事態に対応できないから、緊急権条項を導入するための憲法

1) 森英樹「『備えあれば憂いなし』ってホント?—有事法制を考える」世界699号(2002)57頁。

2) 愛敬浩二「『有事』対処システムの法的問題点」山内敏弘編『有事法制を検証する』(法律文化社・2002)120〜122頁。日本が集団的自衛権の行使に踏み切ることを求めた「アーミテージ・リポート」には、「改定された米日防衛協力のためのガイドラインの誠実な実行。これには有事法制の成立も含まれる」との一節があった。同報告書の内容は、渡辺治『憲法「改正」の争点—資料で読む改憲論の歴史』(旬報社・2002)295頁以下を参照。

3) 水島朝穂『現代軍事法制の研究—脱軍事化への道程』(日本評論社・1995)196頁。

4) 参議院の緊急集会の規定(憲法54条2項)は、ここでいう国家緊急権の問題ではない。小林直樹『国家緊急権—非常事態における法と政治』(学陽書房・1979)179〜180頁。

改正が必要であると主張し始めている[5)]。たとえば、自民党が2012年4月に公表した「日本国憲法改正草案」は、「緊急事態」と題する独立した章を新設し、「我が国に対する外部からの武力攻撃、内乱等による社会秩序の混乱、地震等による大規模な自然災害その他の法律で定める緊急事態」において、内閣総理大臣は「緊急事態の宣言」を発することができる旨を定めている（98条1項）[6)]。「地震等による大規模な自然災害」という文言が露骨に示すように、これも「惨事便乗型」の改憲案といえよう[7)]。

樋口陽一は、〈3.11〉に便乗したこの手の改憲論を「気の利かぬ冗談」と切って捨てる。なぜなら、政府が〈3.11〉に迅速・的確な対応ができなかったのは、憲法に緊急権条項がなかったからだとは決していえないからである。樋口によれば、国家緊急権の必要性を論ずる意味があるのは、①外部からの武力攻撃のように「対応すべき対象が意思を持った主体としての敵」である場合と、②「対応しようとする主体が内側に敵を抱えている場合」（内乱が典型）である。自然災害の場合でも、政府・議会の側に②の条件があれば、国家緊急権の必要性を論ずる意味もありうる。しかし、「〈3.11〉後の事態はそれとは正反対に、野党を含めて、災害への対応に『協力を惜しまない』ことを表明したほどであり、『但し首相が交替すれば』という条件をめぐって混迷しただけのことであった」[8)]。

私も樋口の見解に賛成であり、「〈3.11〉との関係で国家緊急権の可否を論ずるのは無意味である（有害である）」と考える。ならば、本稿でなすべき作業は、日本国憲法との関係で国家緊急権（と緊急権条項）の問題点を検討した研究成果を手際よく整理したうえで、「〈3.11〉便乗型改憲論」を

5） 2011年5月2日付朝日新聞朝刊、2011年5月3日付読売新聞朝刊。岩間昭道「日本国憲法と非常事態・環境保全」ジュリスト1427号（2011）15頁の指摘も参照。

6） 自民党改憲草案は、<http://www.jimin.jp/activity/colum/116667.html>からダウンロードできる（2012年6月10日最終アクセス）。

7） 森英樹「3.11が問いかけたもの―憲法で診る」森英樹=白藤博行=愛敬浩二編『3.11と憲法』（日本評論社・2012）3～4頁と、水島朝穂『東日本大震災と憲法―この国への直言』（早稲田大学出版部・2012）85頁は両者とも、ナオミ・クライン（幾島幸子=村上由見子訳）『ショック・ドクトリン(上)(下)』（岩波書店・2011）に言及しつつ、本文と同様の評価をしている。

8） 樋口陽一「〈3.11〉後に考える『国家』と『近代』―『耐えられぬほどの軽さ』で扱ってよいのか」法学セミナー683号（2011）36～37頁。

批判的に検討することなのかもしれない。しかし、1で述べた通り、本稿では、「超法規的対応」に関する森の問題提起を念頭におきつつ、国家緊急権論と立憲主義の関係を憲法理論のレベルで考察してみたい。

もちろん、日本国憲法のもとで国家緊急権の問題を抽象理論（憲法理論や法哲学）のレベルで考究することの問題性は、私も承知している。たとえば、日本公法学会第19回総会第1部会（1957年）が国家緊急権をとりあげたことに対して、山本浩三が「日本国憲法に緊急権の制度がないのにとりあげたのは、立法論としてあった方がよいとの下心があったのではないか」と質問したところ、理事会を代表して宮沢俊義は「下心」を否定したうえで、「……緊急権は、制度的な問題であると同時に法哲学の問題でもある。従って種々な角度からの見解、また立法論もあることを予想していた」と答弁した[9)]。

この宮沢答弁について古川純は、「この発言は、『戦後の日本において、国家緊急権という言葉は公法学者の間ですら久しくタブー的存在であった』状態を破って学界が踏み出す理由としては、いささか薄弱であったように思われる」と論評している[10)]。私も同感である[11)]。よって、「〈3.11〉との関係で国家緊急権の可否を論ずるのは無意味である（有害である）」と考える私が、それにもかかわらず、「国家緊急権論と立憲主義の関係」に関する憲法理論的考察を行うのであれば、その理由が示されるべきであろう。ただし、その前に、若干の寄り道をしておきたい。

3　拷問禁止緩和論とリベラル・イデオロギー

〈9.11〉後のG・W・ブッシュ政権の行動について、国際法学との関係

9）　討議報告「第1部会 緊急権の問題」公法研究17号（1957）58～59頁。なお、当時の公法研究は正字を用いているが、現在の一般的な用字に改めて引用する。後注24）の大西論文についても同様である。

10）　古川純「国家緊急権」法律時報臨時増刊『憲法30年の理論と展望』（日本評論社・1977）252頁。古川の文章中に引用されているのは、畑博行「国家緊急権」法律時報41巻5号（1969）42頁の一節である。

11）　村田尚紀「立憲主義と国家緊急権論」憲法問題14号（2003）117頁も、古川の宮沢批判に賛同する。

で衝撃的であったのが、「予防戦争」として正当化されたイラク戦争であったとすれば[12]、憲法学との関係では、「臓器の損傷、肉体的機能の障害、あるいは死に至らない程度」の拷問は、アメリカの制定法にも、国際法にも違反しないと結論した「拷問メモ Torture Memo」(2002 年 8 月 1 日)であったといえよう[13]。「拷問メモ」が、ジェイ・バイビーとジョン・ユーという「最良の法律家」によって作成されたことも大きな問題であるが[14]、憲法理論との関係でとりわけ深刻な問題であると私が考えるのは、アラン・ダーショヴィッツによる拷問禁止緩和論が、ブッシュ政権の政策を批判する識者の間でもシリアスに受け止められたことの方である。

たとえば、サンフォード・レヴィンソンは、「拷問の可能性によって生み出された道徳的困難を回避する道はない」と述べる。なぜなら、国民の多数が「拷問に至らない強力な尋問」(「拷問メモ」はこの手法を正当化した)を支持する限り、「拷問を非難することは、必要な対話の端緒に過ぎない」からである[15]。『クリスチャン・サイエンス・モニター』の調査(2001 年 11 月)によれば、32%のアメリカ人がテロ容疑者に対する拷問を容認したという[16]。そんな中、リチャード・ポズナーは、ほとんどの者が極端な条件下での拷問の必要性を受け入れているのに、拷問を無条件に非難するのは不当であると論じている[17]。拷問禁止の堅持を訴えたジェレミ

12) たとえば参照、浅田正彦「国際法における先制的自衛権の位相」安藤仁介先生古稀記念『21 世紀国際法の課題』(有信堂・2006) 319 ～ 326 頁、植木俊哉「国際テロリズムと国際法理論」国際法外交雑誌 105 巻 4 号 (2007) 12 ～ 14 頁。

13) 「拷問メモ」は次の書物に全文収録されている。Karen J. Greenberg (ed.), *The Torture Debate in America* (Cambridge University Press, 2006) pp.317-360.

14) ブッシュ政権内の法律家が「悪徳ビジネス・ロイヤー」のように、クライアントの要求に従って「法律の抜け穴」を探す専門家になってしまったことが、法曹倫理の問題として深刻に受け止められている。たとえば参照、Richard B. Bilder and Detlev F. Vagts, "Speaking Law to Power: Lawyer and Torture" *American Journal of International Law*, vol. 98, pp.689-695 (2004) ; Burt Neuborne, *et al.*, "Torture: The Road to Abu Ghraib and Beyond" in Greenberg, *supra* note 13, pp.13-32.

15) Sanford Levinson, "Contemplating Torture" in Sanford Levinson (ed.), *Torture: A Collection*, revised edition (Oxford University Press, 2006) p.39.

16) David Luban, "Liberalism, Torture, and the Ticking Bomb" *Virginia Law Review*, vol. 91, p.1426 (2005).

17) Richard A. Posner, *Not a Suicide Pact* (Oxford University Press, 2006) p.83.

ー・ウォルドロンは論争当時（2003～2004年頃）を回顧して、道徳哲学者・法哲学者の間で自分は少数派であったと述べている[18]。

それでは、ダーショヴィッツの拷問解禁論をみてみよう。彼の議論の構造は比較的単純である。まず、①「時限爆弾のシナリオ」によって原理論のレベルで拷問禁止論の不合理さを攻撃する。次に、②拷問の目的をカタストロフ的な惨劇の回避のための情報収集に限定する。そして、③拷問を司法的監視（裁判官の令状）のもとにおくことで、拷問が限定的・抑制的であることを担保すべきと主張する[19]。

デヴィッド・ルーバンによれば、リベラルには拷問を嫌悪するさまざまな理由があるので（拷問が行われる状況は、リベラルな価値観の対極にある）、④リベラルな政治文化のもとで唯一許容されうるのは、情報収集のテクニックとしての拷問である。そして、⑤拷問を正当化する唯一の目的は、カタストロフ的な惨劇の回避である。とりわけ重要なのは、⑥拷問がリベラリストの価値観に反するからこそ、彼らは拷問の是非を高度に様式化された人工的なシナリオで考察せざるをえないとの指摘である[20]。ルーバンはこれらの点を「拷問のリベラル・イデオロギー」と呼ぶが、ダーショヴィッツの議論がこのイデオロギーへの訴えかけを企図していることは明白である（②は④と⑤に、①は⑥に対応）。

18） Jeremy Waldron, *Torture, Terror, and Trade-offs* (Oxford University Press, 2010) pp. 5-6.

19） Alan M. Dershowitz, *Why Terrorism Works: Understanding the Threat, Responding to the Challenge* (Yale University Press, 2002) pp.131-163.

ちなみに、哲学者が用いる標準的な「時限爆弾のシナリオ」とは次のようなものである。「政治体制と協調するくらいなら死を選ぶことを必ず選択する狂信者が、パリの中心街で爆発させるために、核爆弾をどこかに仕掛けた。人々や芸術品をその場所から退避させる時間的余裕はなく、惨劇を回避する唯一の望みは、犯人を拷問して核爆弾を発見し、爆発を止めることである」(Henry Shue, “Torture” in Levinson, *supra* note 15, p.57)。

このような極端な状況を前にして、「拷問は絶対に許されない」と主張できる人がいるのか、とウォルドロンは問いかける。極端な状況は道徳的絶対主義を馬鹿馬鹿しいものとするが、とりわけ学者は、馬鹿にみられることに耐えられないので、「時限爆弾のシナリオ」に屈服してしまいがちである（Waldron, *supra* note 18, pp.41, 217-218)。そして、拷問解禁論者からすれば、絶対禁止論者がいったんこのシナリオにおいて譲歩すれば、拷問の是非は原理の問題ではなく、トレードオフの問題になるという「効用」がある（Luban, *supra* note 16, p.1440)。

20） Luban, *supra* note 16, pp.1429-1431, 1436, 1439.

③の点についてダーショヴィッツは、裁判官の令状による拷問のシステムを導入すれば、被疑者に対する肉体的暴力の程度は緩和される、裁判官は拷問令状を発給する場合、拷問が「真にやむをえないことを示す証拠 compelling evidence」を要求するので、拷問が実際に行われる頻度は低下する、拷問令状制度のもとで令状なしの拷問を行った公務員は絶対に免責されない、等々の拷問令状制度の「効用」に関する「信念」を並べ立てる[21]。しかし、「信念」はしょせん「信念」である。たとえば、「拷問メモ」にサインをしたバイビーは現在、連邦控訴裁判所判事である。「拷問文化」を受け入れておきながら、裁判官が歯止めを提供するはずと想定するのは、あまりにナイーブな議論であろう[22]。

4　イデオロギーとしての立憲主義?

3で瞥見した拷問禁止緩和論をめぐるアメリカの議論状況は、日本国憲法のもとでの国家緊急権論のあり方について、どのような示唆を与えているのだろうか。

明文改憲論者や「軍隊」容認論者にとって、国家緊急権論を行うことの「効用」は、私のみるところ、①緊急権条項をもたない日本国憲法の「欠陥」を攻撃して、明文改憲の必要性を訴えることができる、②「緊急事態への対処」を論ずることによって、自衛隊や防衛法制の「軍事化」を推進することができるし、国民の間に「緊急事態」への想像力をかきたてることで、合憲性の脆弱な自衛隊の「正当性」を強化できる、という2点にある[23]。以上の通り、政治実践の場面での国家緊急権論の(特定の人々にとっての)「効用」は明白であるが、緊急権条項を学問的に正当化したい憲法学者は、憲法9条(とそれを支持する世論や学説)との関係で、特有な言

21) Dershowitz, *supra* note 19, pp.147, 159; Alan M. Dershowitz, "Tortured Reasoning" in Levinson, *supra* note 15, pp.257, 264-270.

22) Luban, *supra* note 16, p.1452.

23) 合憲・合法に存在する軍事組織の活動が国連憲章51条の場合に限定されるのと、「憲法によっても否定できない固有の自衛権」によって辛うじて正当化されている軍事組織とでは、「緊急事態への想像力」への依存度が異なるものと解される。

説上の戦略をとることを余儀なくされる。このことを如実に示しているのが、大西芳雄の1957年公法学会報告である。

大西は冒頭、立憲主義憲法の不可欠の要素は「権力の分立と基本的人権の保障」であるが、「戦争、内乱、経済恐慌」等の非常事態において、立憲主義を一時的に停止する非常措置を、「多くの立憲的憲法はあらかじめ憲法の中で予定している」との認識を示したうえで、「そこでこの権力の集中と拡大、立憲主義の一時的停止を、どうして理論的に根拠づけるか、という問題がおきる」と述べる。しかし、大西はこの問題に深入りすることを避けて、「私にとっての問題は、むしろ、この立憲主義の一時的停止がなお立憲主義憲法の枠内にとどまるためには、どういう条件が必要であるか、ということである」と論ずる[24)]。

大西は結論として、立憲主義憲法のもとでの国家緊急権（立憲独裁）に不可欠な5条件を示すが、ここで注目しておきたいのは、「すべての国家権力の行使が憲法および法律の定めるところに従って合法的になされることが立憲主義の根本的要請である」以上、「憲法にも法律にも非常事態に対する何らの措置をも予定しない国は、一見、立憲主義の原則に忠実であるかの如く見えて、実は、その反対物に転落する危険性をふくむものと言ってよかろう」と断じている点である[25)]。大西は別稿において、国家緊急権の行使を統制する「方法の探求をはじめから断念して、国家緊急権をはじめから濫用におちいるものときめこみ、頭から毛ぎらいするのは、少なくとも科学的な態度ではない」とも論じている[26)]。

3で瞥見したダーショヴィッツの拷問禁止緩和論と大西の国家緊急権論の議論の構造の類似性は次の点にある。①緊急事態が起これば、憲法上・法律上の権限がなくとも、政府は非常的措置を行う、②よって、法律家が考えるべき問題は、当該措置の全面的禁止ではなく、実効的な法的統制の

24） 大西芳雄「緊急権について」公法研究17号（1957）1～3頁。

25） 同前11頁。ちなみに、大西が示す5条件とは、①緊急権の条件・効果は憲法・法律で定めること、②緊急権の発動の決定権は議会に留保すること、③緊急権の終期は発動の際に明定されること、④緊急権の効力は必要最小限かつ時限的なものであること、⑤緊急権の行使についての責任を追及する制度を設けること、である。同論文11～15頁。

26） 大西芳雄「国家緊急権の問題」立命館法学1号（1952）39頁。

方法である。①と②という「現実主義」的な問題設定によって[27]、「そもそも許される拷問がありうるのか」(→ダーショヴィッツ)、「憲法9条のもとで緊急事態法制が正当化されるのか」(→大西) という実質論が回避される。また、拷問禁止緩和論におけるリベラル・イデオロギーと同様に機能しているのは、諸個人の基本的人権の保障とは切断された立憲主義の観念である (この観念の問題性は5で詳述する)。

大西の議論にみられる立憲主義の考え方は、「有事法制」論議の際、メディアや一部の学者からも示された。たとえば、朝日新聞の解説記事「一からわかる有事法制」は、「もし、今、戦争が起こり、自衛隊が『順法精神』を貫いたら、どうなるか」という問いをみずから立て、自衛隊がいかに何もできないかを詳述する。そして、「戦争なんだから法律に従わなくていいと考えるか、法治国家として『超法規』の事態は避けるべきだと考えるか」と再び問いを立て、「外国の例を見ても、主要先進国はいずれも、有事に対応する国家の法的枠組を定めている」と答えて、アメリカとドイツの緊急事態法制を概説する[28]。この記事の内容をもう少し学問的に表現すれば、次のようになるだろう。

> すべての国家《権力》が憲法・法律に従って合法的に行使されることが近代立憲主義の根本的要請であるとすれば、実定法秩序は平常時のみならず戦争・内乱・大災害等の非常事態においても国権の行使を規律し、可能な限りその濫用を防止するものでなければならない。…… [非常措置] の正当性を不文の国家緊急権により根拠づけ、政府の超法規的措置を許容することは、原理上無限定の権能を承認することになり、立憲国家破壊の危険を内包することになる。このような危険を予防するには、国家の非常事態対処制度を何らかの形で法制化する必要がある (ブラケット内の補足は筆者による。以下引用部分につき同様)[29]。

27) ①と②の議論が本当に「現実主義」的なものかは疑わしいが、ここでは立ち入らない。
28) 2002年4月3日付朝日新聞朝刊。
29) 松浦一夫「序論—立憲主義と国家緊急事態」防衛法研究24号 (2000) 9頁。

5　国家緊急権と立憲主義の関係

村田尚紀も指摘する通り、「立憲主義の立場は、国家緊急権をめぐるいずれの立場からも標榜されている。したがって、問われるのは、立憲主義の意味である」[30)]。村田の指摘との関係で今なお再読に値する論稿が、岩間昭道「非常事態と法」である[31)]。

岩間論文の意義は、①立憲主義の理念へのこだわりを堅持しつつ、②国家緊急権に関する3つの立場の論理的帰結を考究したうえで、③日本国憲法のもとでとりうる非常事態への対処方法について具体的提言を行った点にある[32)]。ここでとりわけ重視したいのは、①の点である。

岩間によれば、「立憲主義の理念は、一般に法により国家権力を拘束し、市民の権利と自由を保障することに核心をもつ」[33)]。立憲主義を定義するにあたって、(α)法による国家権力の拘束と、(β)市民の権利と自由の保障の2点を挙げ、(β)が立憲主義の目的であり、(α)はそれを実現するための手段であるという説明の仕方は、ごく一般的なものである。しかし、国家緊急権を論ずる場合、多くの論者は、「緊急事態においては、平時と同様の人権保障はできない」ことを自明の前提にするため、(β)の問題の重要性が相対化され、立憲主義の名のもとで論じられる事柄のほとんどが、(α)の論点となる。その結果、緊急事態との関係で擁護される立憲主義は、人権保障との関係が切断（あるいは極度に相対化）された「形式的法治主義」のごときものになる場合が多い。4で概観した大西の議論にみられる立憲主義の観念はその典型である。

30）村田・前掲注11)115頁。この問題提起をしたうえで村田は、憲法の明文に根拠のない権限を認めるのは「外見的立憲主義」に適合的であるとしても、近代立憲主義の解釈技術とは相容れないと批判する。

31）岩間昭道「非常事態と法」小林直樹先生還暦記念『現代国家と憲法の原理』（有斐閣・1983)。同論文は、岩間昭道『憲法破毀の概念』（尚学社・2002）に再録されている。本稿では、同書から引用する。

32）たとえば、井上典之「国家緊急権」長谷部恭男編『岩波講座 憲法6 憲法と時間』（岩波書店・2007）209頁は、岩間論文の結論への賛同をもって筆を擱く。

33）岩間・前掲注31）308頁。

では、岩間論文の要点を確認しておこう。岩間は、国家緊急権論を次の3説に大別する。①非常事態を法の問題として承認し、実定法によって対処しようとする立場（実定法無限界説）、②非常事態を法の問題として承認しつつも、不文法ないし不文の法理によって対処しようとする立場（法無限界説）、そして、③非常事態は原則として法の外の問題だとして、非常事態を法の世界から追放・排除しようとする立場（法限界説）である[34]。この分類に従う場合、大西は明確に①の立場、森は一応、③の立場に位置づけられるものと解される。

岩間はドイツ公法学の議論を参考にしつつ、①から③のいずれの立場も、国家緊急権の創設・承認のために提出されている論拠が、現代の非常事態においては実際には貫徹できず（あるいは機能せず）、「立憲主義の論理が非常事態において究極的には貫徹することができない」ことを詳述する。ここで注目したいのは、岩間が決定的な論証の場面で、立憲主義の観念における(β)の問題（市民の権利と自由の保障）を持ち出す点である。たとえば、①説は非常事態をも実定法で規律すべきとする「実定法秩序の完結性」を肯定する立場に立っているが、非常事態における「法」は、「国家権力を平常時における法の拘束から解き放ち、個人の権利・自由を制限する点に本質をもつ」から、「立憲主義の観念は少なくとも非常事態においては結局のところ貫徹されえない」と岩間は論じている[35]。

従来の国家緊急権論の問題点を検証したうえで岩間は、「国家の存立」を維持・保障することが国家の基本任務であるとするイェリネック流の国家観が、国家緊急権論や日本の有事法制論議において当然の前提とされているが、日本国憲法のもとでこのような国家観に立脚することが妥当なのか、という問題提起を行う。「個人主義的国家観」に立脚する日本国憲法のもとで、国家権力は法理上、本来的に限定された権力であり、「伝来性」を本質とする。すなわち、国家権力は「始原的力」ではありえず、「始原的力」は個人の権利のみである。また、個人の人権の保障が国家の最重要任務である以上、個人の人権の保障のため、究極的には国家の消滅も肯定

34） 同前308頁。
35） 同前316頁。

される[36]。このように論じた岩間は、次のように結論する。

> 右の個人主義的国家観のもとで設けられる緊急権制度が立憲主義的法秩序と調和可能な限定された権限を内容としなければならないとすると、かような限定された権限によっては対処し難い事態（外国からの侵略など）が発生した場合にはどうすべきかという問題が生じうることになろうが、かような場合には、先に指摘したように、事態対処の任務は法理上は国家権力以外（社会的諸集団、最終的には個人）に帰属するということになろうし、またこのような事態対処の方式こそが個人主義的国家観のもとでのある意味では最もふさわしい非常事態対処の方式（緊急権制度）ということもできよう。何故なら、自らの人権を守るためにかような事態にたいしていかに対処すべきか、自らの生命を賭して抵抗するか降伏するかあるいは亡命するかといったことがら［に］ついての最終的決定権の留保にこそ人権の究極の核心が存在すると考えられるからである（傍点は原文）[37]。

もちろん、非常事態における対処方法の合理性という観点から、岩間の結論を拒否する立場もありえよう。ただし、ここで確認しておきたいのは、岩間の結論は、個人の人権保障を核心とする立憲主義の観念との関係で、国家緊急権の問題を論理的に考え抜いた結果であることだ。換言すれば、「立憲主義へのアフェクション」を標榜しつつ、岩間の結論を拒否する者は、どこかでそのアフェクションを相対化せざるをえないことになろう[38]。

6 〈9.11〉後の国家緊急権論

以上の通り、本稿は岩間論文の意義を高く評価するものであるが、他方、〈9.11〉後の英語圏の憲法理論、とりわけアメリカ憲法理論の文脈では、岩間の結論では対処できない問題が論じられているという印象をもっている。たとえば、3で瞥見した通り、国家緊急権の援用によって正当化され

36）同前 333 〜 336 頁。

37）同前 337 頁。

38）「立憲主義へのアフェクション」ということばはもちろん、佐藤幸治『憲法〔第３版〕』（青林書院・1995）１頁からの借用である。

たのは、情報収集のための「拷問」の使用であった。ブッシュ政権が実際に行った「拷問」はともあれ、ダーショヴィッツの拷問禁止緩和論が識者の間でシリアスに受け止められたことは前述した通りである。また、「テロとの戦争」の文脈で実定法無限界説の立場から「緊急事態憲法」を体系的に構想したブルース・アッカーマンが擁護したのは、「第２の攻撃」の抑止を目的とする、情報機関のリストにもとづく「テロ容疑者」の一網打尽の予防的拘禁であった[39]。イギリスの公法学者、コナー・ギアティのことばを借りるならば、英語圏の憲法論議では今日、緊急事態を理由として、「語りえないもの」が大っぴらに語られている状況がある[40]。

ところで、「自由と安全のトレードオフ」の問題を考える場合、①「個人内トレードオフ」と②「個人間トレードオフ」の区別をすることが重要である[41]。①の典型例は、シートベルト着用の法的強制である。シートベルトの着用により、「私の安全」が高まることに納得して、私は「私の自由」の制限を受け入れる。他方、飛行機が離陸する直前、ムスリムの乗客Ａがお祈り（ドゥアー）をしていることに気付いた乗客Ｂが騒ぎ出し、Ａが飛行機から降ろされた場合、これは②の例である。ここでは「Ａの自由」と「Ｂの安全」がトレードオフされており、より深刻な道徳的問題が生ずる。有利な立場にある多数派の利益のために不利な立場にある少数派が犠牲にされているのであれば、問題はとりわけ深刻になる。

デヴィッド・コールも指摘する通り、現実問題として、「テロとの戦争」を理由として拘禁された者のほとんどがアラブ諸国の出身者であった[42]。よって、私たちが扱っているのは、「個人間トレードオフ」という厄介な問題の方なのである。しかし、このように「我々」と「彼ら」の間に明白な区別がある場合、すなわち、「無知のヴェール」に裂け目がある場合、「我々」は「彼ら」に向けられた抑圧的な非常手段を安易に容認してしま

39） Bruce Ackerman, *Before the Next Attack*（Yale University Press, 2006）pp.46-54.

40） Conor Gearty, *Can Human Rights Survive?*（Cambridge University Press, 2006）p.132.

41） この問題に関しては、愛敬浩二「自由と安全のトレードオフ？」ジュリスト1422号（2011）31～33頁を参照。「個人内トレードオフ」と「個人間トレードオフ」を区別するアイディアは、Waldron, *supra* note 18, pp.12-13を参考にした。

42） David Cole, "The Priority of Morality" *Yale Law Journal*, vol. 113, p.1754（2004）.

う[43]。このような場合、ロナルド・ドゥオーキンも述べる通り、トレードオフやバランスの比喩はミスリーディングである。必要とされるのは、「我々」の利益のバランスの考慮ではなく、自分の利益を犠牲にしてでも実現すべき正義の要求は何かを考えることだからである[44]。

ところで、「抵抗・降伏・亡命の最終的決定権」を個人に留保すべきとの論法からみて、岩間の結論は、「他国による武力攻撃」の事態を念頭におきつつ、「個人内トレードオフ」の問題について述べられたものであると理解できる。では、岩間の結論を、「個人間トレードオフ」の問題（緊急事態を理由とする拷問や予防的拘禁）にも、適用することは可能だろうか。もし、それがむずかしいのであれば、岩間と同様、個人の権利・自由の保障を立憲主義の核心と理解する立場を堅持しつつも、別の立場をとるべき理由も存在することになる。すなわち、1で論及した森の問題提起の再評価という論点である。「テロとの戦争」の文脈で、森と類似の問題提起を行ったのが、私のみるところ、オレン・グロスである。そこで以下では、グロスの「法外モデル」の意義と問題点を検討してみたいと考えるが、その前に、その検討に必要な法理論上の問題に寄り道をしておきたい。

7 「則法性」と「法システムの元型」

カール・シュミットが「主権者とは非常事態についての決断者である」と論じたとき、彼の念頭にあった「法」とは、憲法と議会制定法（＝法規）であったものと解される。たとえば、シュミットは、「正常時に効力をもつ法規たる一般規範は、絶対的非常事態を決して把握することはできず、従って真の非常事態の存否の決断を完全に基礎づけることはできな

43） Oren Gross, "Chaos and Rules : Should Responses to Violent Crises Always Be Constitutional? " *Yale Law Journal*, vol. 112, p.1083（2003）. 実際、〈9.11〉の前は80％の人々が人種的プロファイリングに反対していたが、〈9.11〉の後、プロファイリングの対象がアラブ人やムスリムの場合、60％が賛成したと報告されている。David Cole and James X. Dempsey, *Terrorism and the Constitution : Sacrificing Civil Liberties in the Name of National Security*, 3rd ed.（The New Press, 2006）pp.219-220.

44） Ronald Dworkin, "The Threat to Patriotism" in Craig Calhoun, *et al.*(eds.), *Understanding September 11*（The New Press, 2002）pp.281-282.

い」とか、「どのような時が危急事態かを明示することも、現実に非常な危急事態が生じた場合にそれを除去するためにとるべき措置の内容を列挙することも不可能で、非常時決定権限の要件も内容も必然的に無限定なものとなる。否そこでは法治国的意味の権限なるものはそもそも存在しえず、憲法はせいぜいそのような場合に誰が行動しうるかを定めうるだけである」と述べている[45]。

ちなみに、非常事態を法と接合しようとした従来の法学説はすべて誤りであると喝破し、非常事態の中に「政治的に行為するとは何を意味するのか」という問いへの答えを見いだそうとするジョルジョ・アガンベンの難解な議論においても、「法」ということばで意味されているのは基本的に制定法である[46]。しかし、〈9.11〉後の英語圏の国家緊急権論において議論されたのは、"legality"の観念であって、「法規たる一般規範」という定義には解消しきれない「法」の問題であった[47]。「合法性」とは別の意味で用いられる「則法性 legality」の観念について、長谷川晃の説明を参照しておこう。

> 則法性は、抽象的には政治や権力行使を軸とする社会の人間活動が一定の形で法に服することを求める理念である。それはまさにそのような理由によって、様々な準則や基準が法という秩序を形づくるための、形式的ではあるがしかし根本的な条件である。換言すれば、それは法実践が様々の種類の準則や基準や批判的政治道徳などの価値観の争いを含む場であるとしても、それがまさに法的な争いであることにおいて境界条件は成り立っているということである[48]。

45）カール・シュミット（長尾龍一訳）「政治神学」長尾龍一編『カール・シュミット著作集 I 1922-1934』（慈学社・2007）2～3頁。

46）ジョルジョ・アガンベン（上村忠男=中村勝己訳）『例外状態』（未来社・2007）7～9頁、38～40頁、78～82頁、102頁。

47）本稿が注目するオレン・グロスとデヴィッド・ダイゼンハウスの議論を中心にして、国家緊急権論の問題を扱った書物の題名を参照。Victor V. Ramraj (ed.), *Emergencies and the Limits of Legality* (Cambridge University Press, 2008). また、ダイゼンハウスが国家緊急権と法の支配の関係を体系的に論じた著書の副題も参照。David Dyzenhaus, *The Constitution of Law: Legality in a Time of Emergency* (Cambridge University Press, 2006).

48）長谷川晃「21世紀の法の概念」法の理論30号（2011）70頁。

「則法性」の観念との関係でただちに思いつくのは、ロン・フラーの「法の内在道徳」の議論であろう。「法が人々の行動を規制しうるために必要な条件は何か」を検討することを通じて、フラーが遡及処罰法の禁止や法の明確性等の実体的な規範的内容を法の支配の内容に読み込んだことはよく知られている[49)]。また、「法は正義への企てである」という立場から法概念論の意義をあらためて強調する井上達夫も、「則法性」の問題を論じているものと評価できる[50)]。

「則法性」の観念への注目は、「法的立憲主義の主流化」という歴史的条件のもとでは、国家緊急権論に対して一定のインパクトを及ぼす。すなわち、シュミットのいう通り、法律が事前に、緊急事態への対応措置を具体的に列挙することが不可能であるとしても、裁判所が事後に個別の措置の当否を判断することは——制度上の困難や政治上のリスクがあるとはいえ——不可能ではないからである[51)]。そのため、〈9.11〉後の国家緊急権論において、執行権に対する法の統制を極小化しようとする論者の多くは、裁判官が緊急事態の問題に干渉すべきではない理由を実質的に論じている事実に注目しておきたい[52)]。

次に、法システムの「元型 archetype」に関するウォルドロンの議論をみてみよう。ウォルドロンは、所与の法システムの参加者によって共有される「元型」という概念を提示する。この「元型」は、ある準則や実定法の規定であるが、それがもつ力と明晰性ゆえに、法システム全体を活性化させるような精神を具現しており、法システム全体の象徴（icon）となる

49） Lon Fuller, *The Morality of Law*, revised edition（Yale University Press, 1969）pp.33-94.

50） 井上達夫『法という企て』（東京大学出版会・2003）i ～ xii 頁。

51） Victor V. Ramraj, “No Doctrine More Pernicious? Emergencies and the Limits of Legality” in Ramraj, *supra* note 47, pp.3-4 は、「法の支配」が多義的な概念であることを前提にしつつ、「則法性」と「法の支配」という概念の互換可能性を論じている。なお、「法的立憲主義の主流化」については、愛敬・後掲注 93）119 ～ 120 頁。

52） たとえば参照、Ackerman, *supra* note 39, pp.101-114; Cass R. Sunstein, “Minimalism at War” *Supreme Court Review*, pp.103, 109（2004）; Eric A. Posner and Adrian Vermeule, “Accommodating Emergencies” in Mark Tushnet（ed.）, *The Constitution in Wartime: Beyond Alarmism and Complacency*（Duke University Press, 2005）pp.55-56, 89.

ものである[53]。そして、英米法において拷問禁止はこの「元型」であり、ダーショヴィッツの提案に従って裁判官による拷問令状を許容することは、「我々の法の真髄と精神」に違反することになる[54]。

ここで注意したいのは、ウォルドロンは実際上の問題として、英米法のもとでも拷問が導入される可能性があることを認めつつも（ダーショヴィッツのように法改正によって明示的に、あるいは、「拷問メモ」のように法解釈によって黙示的に）、それは「我々の法の真髄と精神」に違反すると論じている点である[55]。ウォルドロンによれば、もし裁判官が拷問令状を発給すれば、我々の法システムの「元型」が失われることになる。ウォルドロンは自分の議論が「滑り台の議論」ではないことを強調する。すなわち、ダーショヴィッツの提案にあるような「抑制的な拷問」をいったん認めたら、拷問禁止というルールが維持しえなくなるという議論ではなく、「元型」である拷問禁止の是非を議論し始めたら、他のより確信的ではない法的信念（「自白の強制の禁止」等）を維持する参照点を失うという議論である[56]。

以上の通り、仮に緊急事態が法律の外の問題であるとしても、そのことからただちに、「法」の外の問題であるとの結論には至るわけではない（「則法性」の問題や「法システムの元型」という観点から、個別の緊急事態措置の是非を法理論的に検討できる）。すなわち、シュミットの主張にある通り、緊急事態を事前に一般的法規範（＝法律）で統制することが不可能であるとしても、法律学者はなお、緊急事態の法的統制の可能性を考え抜く責任があるということである。

8　オレン・グロスの「法外モデル」の検討

では、グロスの「法外モデル Extra-Legal Measures Model」論の意義と問題点を検討することにしよう。法外モデルの内容は比較的シンプルな

53）よって、「元型」は自然法のように超実定法的で不変なものではない。「元型」は我々が明示的・黙示的に作り上げるものである。Waldron, *supra* note 18, p.227.

54）*Ibid.*, pp.222-228.

55）*Ibid.*, p.223.

56）*Ibid.*, pp.242-244.

ものである。グロスは、法外モデルのもとでは、公務員が緊急事態を前にして国家と公衆を守るために必要不可欠であると確信する場合、自己の行動が「法外」のものであることを公に認めることを条件として、法外行動を行うことが許されると論ずる。グロスがこのように論ずるのは、「平時」と「緊急時」の区別が不可能でないとしても困難であるのに、緊急事態において「通常モデル Business as Usual Model」に固執すると、法システム全体が非現実的なものとして描きだされることになるからである。すなわち、グロスによれば、法外モデルは政治的現実主義の議論ではなく、長期的な観点に立って法原理・準則・規範を堅持し、それらに対する公権力の服従を確保するための議論である[57)]。

法外モデルのもと、公務員の法外行動は事後的な公的討議を経て、免責される場合もありうるが、決して合憲・合法と評価されることはない[58)]。法外行動を立法等で事前に承認することを決して容認しない点も、グロスの議論の特徴である[59)]。行動と承認の文脈を分離することにより、行動の時点での不確実性を確保することで、法外行動に出る公務員への抑止力を担保しようとグロスは考える。そのため、公務員は自己の法外行動について、民事上・刑事上の責任を個人として負う。また、公務員のみならず、公衆も大きな責任を負う。法外モデルのもとで公衆は、公務員の法外行動について、他人事として目を瞑ることは許されない[60)]。

9で検討するデヴィッド・ダイゼンハウスの議論と比較する場合、ダイゼンハウスの議論の名宛人が主に裁判官であるとすれば、グロスの議論の名宛人は主に公衆であるということができよう[61)]。実際、グロスは、緊急事態において裁判所は過度に敬譲的であると論ずる一方、立憲主義・政府の説明責任・人権保障といった諸価値が堅固に定着し、伝統的に尊重され

57） Gross, *supra* note 43, pp.1022-1024, 1045.

58） Oren Gross, “Extra-Legality and the Ethic of Political Responsibility” in Ramraj, *supra* note 47, p.71.

59） Oren Gross, “The Prohibition on Torture and the Limits of the Law” in Levinson, *supra* note 15, pp. 244-247.

60） Gross, *supra* note 43, pp.1099-1101, 1113, 1126-1127; Gross, *supra* note 58, pp. 64-67.

61） Ramraj, *supra* note 51, p.27.

てきた民主主義社会において、公衆は違法行為を正当化あるいは免責する政府の行為に対して警戒的であることを期待できると論じている[62)]。

グロスの法外モデルは、岩間の分類に従えば、法限界説にあたるものと解される[63)]。石村修によれば、法限界説は、「非常事態を法の世界以外の所に設定するので、最終的には合法性以外の正当性を認めることになる(Necessity knows no law)。この場合、法にもとづかない権力行使を前提にするので、立憲主義を護るという憲法保障の目的が確実に達成されるということは期待できなくなる」[64)]。実定法無限界説の立場から、緊急権条項をもたない日本国憲法の「欠缺」を論じた大西も、「実定法を超越しその規定を無視した法外の国家非常権」を認める説は、「それこそ危険であり、立憲主義の放棄である」と厳しく批判していた[65)]。ただし、グロスは法外行動が免責される場合があることは認めても、それが合憲・合法となることは認めていない点は確認しておこう。

たしかに石村の指摘にある通り、グロスの議論によって、「立憲主義を護るという憲法保障の目的」が達成されるか否かは不確かである。しかし、非常事態への対応を精緻に法制化したドイツにおいても、新たな緊急事態(1970年代の一連のテロリズム等)に関連して、超法規的緊急避難の法理が援用され、学説では不文の超憲法的国家緊急権の法理が論じられた事実にも注意を払う必要がある[66)]。水島朝穂は、「緊急権の制度化を極限まで追求しても、『新しい事態』の出現によって制度化の枠を超える遠心・解離的傾向が不可避的に生み出されるという緊急権のアポリアに逢着する」ことを指摘する。この場合、不文の国家緊急権の承認に踏み込むか、「新しい事態」に対応して制度自体の「拡張→改変」を繰り返すかのいずれかに帰着する危険性がある[67)]。

---

62) Gross, *supra* note 43, pp.1034, 1123; Gross, *supra* note 58, pp.81, 85.

63) 岩間の分類については、5を参照。

64) 石村修『憲法国家の実現―保障・安全・共生』(尚学社・2006) 22頁。

65) 大西・前掲注26) 37～38頁。

66) 岩間・前掲注31) 311頁。ドイツの状況に関して、水島・前掲注3) 225～252頁、山内敏弘『立憲平和主義と有事法制の展開』(信山社・2008) 263～289頁も併せて参照。

67) 水島・前掲注3) 208頁。

なお、グロスの法外モデル論をシュミットの緊急権論と関連づけて批判する論者もいるが[68]、この理解は正確ではないと私は考える。毛利透によれば、シュミットの議論において、「公論は、国民の同一性意識の直接の表現なのであり、シュミットの同一性民主政はこの同一性意識の存在に依存している。つまり、公共において公論は立ち現れるか立ち現れないかであり、彼は公論の形成プロセスには興味を示さない」[69]。他方、グロスは明らかに、公務員の法外行動の評価について「熟議民主主義」を期待しており、そのために、法外行動の「決断」の場面と法外行動の「承認」の場面を切断するという工夫をしているからである[70]。

以上の通り、グロスの法外モデル論は、「立憲主義＝法の支配」との調和を追求する法限界説としては、よく考えられたものであると評価できる。もちろん、問題点も多数ある。思いつくままに列挙すれば、①法外行動の評価に関する公衆の判断を信頼することができるのか（とりわけ、個人間トレードオフの問題について）、②事後の免責を実際に行うのは立法府や裁判所であり、それらの機関の判断に公衆の意思が反映される保障はあるのか、③大統領（執行権）による情報操作の問題を軽視しているのではないか、等々の疑問がただちに思い浮かぶ。また、グロスは事前承認の禁止が法外行動の抑止力となることを強調するが、④同種の緊急事態が繰り返されれば、事後の免責条件は予見可能なものとなり、抑止力は働かなくなるのではないかという疑問もある[71]。ただし、私が特に問題だと考えるのは、次の２点である。

第１の問題は、グロスが、法外モデルは真に例外的な事態のための理論であり、国家緊急権を憲法上制度化するモデルを排除するものではないと論じている点である[72]。しかし、制度化モデルを容認するのであれば、

68） 後注 77）とそれに対応する本文を参照。

69） 毛利透『民主政の規範理論—憲法パトリオティズムは可能か』（勁草書房・2002）119 頁。

70） Gross, *supra* note 43, pp.1023-1027.

71） David Dyzenhaus, “The Compulsion of Legality” in Ramraj, *supra* note 47, p.44 は①の点を、William E. Scheuerman, “Presidentialism and Emergency Government” in Ramraj, *supra* note 47, pp.270-272 は③の点を批判する。

72） Gross, *supra* note 43, p.1134.

「平時」と「緊急時」を区別する基準が必要となるはずであり、もしその基準はないというのであれば（グロスはこの立場のはず)、彼の議論は、「公務員が法外行動を行った場合でも、公衆はそれを免責する場合がある」という事実認識の単なる表明と変わらないことになる[73)]。すなわち、グロスは、事後の承認のプロセスにおける公的討議による抑止で満足しているため、「真の緊急事態」や「平時と緊急時のグレーゾーン」における「則法性」や「法システムの元型」という問題への関心が乏しい。この点が、彼の議論の第1の問題である。

第2の問題は、法外モデル論に自信があるためなのか、拷問禁止の問題にまで、このモデルを安易にあてはめる点である。グロスは、時限爆弾のシナリオはきわめて稀であるが現実的なものであり、人為的なものではないと認めたうえで、時限爆弾のシナリオを無視すると、法システムを非現実的で不十分なものにみせることになるとか、カタストロフ的なケースにおいて法外行動の可能性を認めると、拷問の絶対的禁止の正当化が容易になると論ずる[74)]。しかし、このように安易な法外モデルの利用には賛成できない。なぜなら、法律家がこのように論じてしまえば、法外行動（→拷問！）を公衆が事後的に評価するための道徳的資源を枯渇させるおそれがあるからである。拷問の問題に対して法外モデルを適用するとしても、法律家は、個別の事案との関係で時限爆弾のシナリオの人為性と無関係性を注意深く議論すべきであるし、事後的にせよ拷問が免責されることの問題性を、「法の元型」との関係で徹底的に議論すべきであろう[75)]。

73） ダイゼンハウスが同様の観点からの批判をしている。Dyzenhaus, *supra* note 71, pp.54-55.

74） Gross, *supra* note 59, pp.231-234, 237, 242.

75）「時限爆弾のシナリオ」には、①シナリオの想定がそもそも非現実的である（拷問を行う公務員は最低限、核爆弾が実際に設置されていること、爆発の時間が刻々と迫っていること、被尋問者が設置場所を正確に知っていること等々を事前に知っていなければならない。Luban, *supra* note 16, p.1442)，②現実の拷問（アブグレイブやグアンタナモ）とは無関係である（Ronald Dworkin, *Is Democracy Possible Here?*（Princeton University Press, 2006）p.50)、③拷問によって正確な情報が得られる保証はない（Stephen Holmes, "In Case of Emergency: Misunderstanding Tradeoffs in the War on Terror" *California Law Review*, vol.97, p.342（2009）; Philippe Sands, *Torture Team*（Penguin Books, 2008）pp.150-155)、④拷問が厳格な監視のもとで抑制的に行われるという想定は非現実的である（Luban, *supra* note 16, pp.1447-1449; Shue, *supra* note 19, pp.57-58）等々、抽象的・人工的な「思考実験」から解放されれば、

9 「アンチ・シュミット」モデルとの比較

〈9.11〉後の英語圏における国家緊急権論の動向を調査した論稿において、ウィリアム・ショウアーマンは、「国家緊急権を法の支配といかに調和させるか」という問題への学問的関心が突如、復活したことはなんら驚くべき事柄ではないが、多くの論者が、シュミットの著作に依拠して、その問題に取り組んだことは驚くべき事柄であると論ずる。シュミットは自由民主主義体制（liberal democracy）の厳しい批判者であり、彼の国家緊急権論は、国家緊急権と法の支配が調和不可能（水と油の関係）であることを明らかにするためのものだったからである。シュミットの権威主義的結論を受け入れることなく、シュミットの理論的主張の一部を利用可能であると考える論者もいるが、この立場は結局、当初の目的である「法の支配の維持」に失敗する[76]。ショウアーマンは、アガンベンとグロスの議論をこの立場に位置づけている。なぜなら、両者とも、緊急事態を「法外の問題」としてとらえているからである[77]。他方、アンチ・シュミット的前提、すなわち、国家緊急権を法的に統制しうるという前提から議論を進める立場がある。ショウアーマンは、こちらの立場の方が、国家緊急権と立憲民主政（Liberal democracy）の実りある総合を可能にすると主張する。この立場の論者として彼が主にとりあげるのが、アッカーマンとダイゼンハウスである[78]。そしてショウアーマン自身は、アッカーマンの「緊急事

「時限爆弾のシナリオ」の説得力は相当に減殺される。

76） William E. Scheuerman, "Emergency Power and the Rule of Law" *Journal of Political Philosophy*, vol.14, pp.61-62（2006）. なお、"liberal democracy" を「自由民主主義体制」と「立憲民主政」とに訳し分けたのは、シュミットの攻撃対象の歴史性を強調するためである。たとえば、自由主義的議会主義と大衆民主主義を対立させる議論の立て方を参照。カール・シュミット（樋口陽一訳）「議会主義と現代の大衆民主主義との対立」長尾編・前掲注 45）156 頁以下。

77） Scheuerman, *supra* note 76, pp.68-70. ダイゼンハウスも、グロスの「法外モデル」は、「緊急事態は法の限界を現す」というシュミットの主張を受け入れるものであると評価する。Dyzenhaus, *supra* note 71, p.33.

78） Scheuerman, *supra* note 76, pp.62, 74-79. ショウアーマンは、アッカーマンのような論者を "democratic formalists"、ダイゼンハウスのような論者を "liberal common lawyers" と呼ぶ。

態憲法」論を好意的に評価している[79]。

しかし、別稿でも論じた通り、アッカーマンの「緊急事態憲法」論にはさまざまな問題点がある[80]。たとえば、緊急事態において裁判官は頼りにならないという前提から、「緊急事態憲法」を正当化しておきながら、大統領や議会が「緊急事態憲法」に違反する場合、裁判所が積極的に介入してそれを阻止すべきと論ずるのは、明らかな矛盾である[81]。ただし、私としては、〈9.11〉後の実際の被拘禁者のほとんどがアラブ諸国の出身者である事実を指摘して、「安心原理」にもとづく予防的拘禁はカントの定言命題（人間を手段ではなく、目的として扱え）に反する不道徳な手段であると批判したコールに対して[82]、アッカーマンが致死性ウィルス感染者の強制隔離とテロ容疑者の予防的拘禁を同一視し、前者を受け入れるのであれば、コールの道徳的直観を拒否すべきと論じている一点において、アッカーマンの議論を真面目に受け止める理由はないと考える[83]。社会的に排除された少数者のみが感染するウィルスが存在するとでも、アッカーマンは考えているのだろうか。

それでは、ショウアーマンがもう１つの有力候補として挙げたダイゼンハウスの議論をどう評価すべきか。ダイゼンハウスの「法の支配プロジェクト」論についても別稿で紹介・検討したことがあるので、ここでは、要点のみ示すことにしたい[84]。

ダイゼンハウスは、法の支配を「国家の恣意的活動から個人を保護する基本的憲法原理による支配」と実質的な観点から定義したうえで、「緊急事態への対処は法の支配によって統制されるべき」と主張する。「法の支配による統治」というプロジェクトの実現に関わるのは、裁判所だけではなく、立法府・行政府を含めたすべての国家機関である。しかし、「法の

79） Scheuerman, *supra* note 71, p.279.

80） 愛敬浩二「緊急事態における法の支配」山内敏弘先生古稀記念『立憲平和主義と憲法理論』（法律文化社・2010）5～7頁。

81） Ackerman, *supra* note 39, pp.3, 105. ダイゼンハウスもアッカーマンのこの矛盾を指摘する。Dyzenhaus, *supra* note 71, p.45, n.24.

82） Cole, *supra* note 42, p.1754.

83） Bruce Ackerman, "This Is Not a War" *Yale Law Journal*, vol.113, pp.1881-1882（2004）.

84） 愛敬・前掲注80）9～12頁。

支配プロジェクト」における立法府・行政府の協働が失われたとき、裁判官は「天気予報士」として、「どちらに風が吹いているか」を人々に知らせる責任がある。すなわち、緊急事態において、司法審査が困難であったり、有効でない場合でも、できる限りの司法審査を行って、行政的専制に抵抗する法的言説を残すべきである、とダイゼンハウスは論ずる[85)]。

トマス・プールは、ダイゼンハウスの議論を「コモン・ロー立憲主義者が危機の時代の裁判官に対して抱く英雄的見方」と評したうえで、それは現実を反映していないと批判している[86)]。この指摘は妥当であろう。しかし、ダイゼンハウスの議論は、緊急事態においても法の支配を追求することを可能にする裁判官の規範モデルであって、「事実による反証」は決定的批判とはいえないのではないか。ダイゼンハウス自身、法の支配を維持する裁判官の義務は、すべての裁判官がそれを果たせない場合にも存続すると述べている[87)]。すなわち、マーク・タシュネットも指摘する通り、ダイゼンハウスの議論は、国家緊急権の行使は法によって統制可能であり、また、統制すべきであるという前提に立つならば、法理論はどこまでいくことができるかを吟味するものといえる[88)]。よって、その問題点は、「事実による反証」(のみ)ではなく、憲法理論のレベルで検討される必要がある。

「緊急事態における法の支配」の可能性を強調するあまり、ダイゼンハウスが「民主主義＝自己統治」の価値を重視する憲法理論に対して、過剰に敵対的であることは別稿でも指摘したが[89)]、ショウアーマンの指摘にある通り、ダイゼンハウスがこの議論をするうえで、「法実証主義と自然法の対立という使い古しのレンズ」に過度に頼りすぎている点は大きな問題

---

85) Dyzenhaus, *supra* note 47, pp.2-4, 8-11, 63-64.

86) Thomas Poole, "Constitutional Exceptionalism and the Common Law" *International Journal of Constitutional Law*, vol.7, p.270 (2009).

87) David Dyzenhaus, "An Unfortunate Outburst of Anglo-Saxon Parochialism" *Modern Law Review*, vol.68, p.676 (2005); Dyzenhaus, *supra* note 47, pp.33, 63-65.

88) Mark Tushnet, "The Political Constitution of Emergency Powers" in Ramraj, *supra* note 47, p.147.

89) 愛敬・前掲注80) 11～12頁。

である[90]。ともあれ、「グローバル資本主義が猛威をふるい、世界大の著しい格差と各国内の格差社会化が二重写しになった」状況であるにもかかわらず[91]、政治的進歩主義が失われた世界において、国家緊急権に対する法的統制の可能性を堅持する議論しか手元に残っていないことについて「居心地の悪さ」を感じないとすれば、少なくとも民主主義者としては、不健全であるように思われる[92]。

ダイゼンハウスの議論は憲法制度との関係でも、問題点を指摘できる。憲法問題に関する“last word”を裁判官がもつ「アメリカ型」のもとでは、「天気予報士としての裁判官」となることは、イギリスの1998年人権法のような「ハイブリッド型」の場合よりもむずかしい[93]。ハイブリッド型のもとでなら、裁判官の決定は公式の手続を通じて覆されうるので、裁判官の権威・権限は——政治的にはともあれ、憲法的には——傷つかないが、アメリカ型のもとではそうではないからである。蟻川恒正が『憲法的思惟』の考察を、Ex parte Merrymanに対するロバート・H・ジャクソンのコメントに付された「感嘆符」(こんな先例は、1つで沢山だ!)から始めたのも、アメリカ型のもとで「天気予報士としての裁判官」であることの困難性を見抜いていたからであろう[94]。他方、ダイゼンハウスは、裁判官が緊急事態への対処措置を公式に無効としたり(アメリカ型)、不適合宣言を出したとしても(イギリス型)、彼女は、国家を救うために法に不服従す

90) Scheuerman, *supra* note 71, p.276.

91) 本秀紀『政治的公共圏の憲法理論—民主主義憲法学の可能性』(日本評論社・2012) 1~2頁。

92) Bonnie Honig, *Emergency Politics* (Princeton University Press, 2009) p.81. ちなみに〈9.11〉以前のダイゼンハウスは、ダイシーやハイエクの法の支配論はリバタリアニズムとの親和性が高いことを正当に指摘していた(David Dyzenhaus, “From and Substance on the Rule of Law” in Christopher Forsyth (ed.), *Judicial Review and the Constitution* (Hart Publishing, 2000) pp.149-151)。また、ワイマール共和国の根本的問題は十分な民主主義者が存在しなかったことにあるとし、政治と政治哲学の双方において平等主義の後退があるとき、我々はヘルマン・ヘラーの議論を再考する必要があると論じていた(David Dyzenhaus, *Legality and Legitimacy: Carl Schmitt, Hans Kelsen and Hermann Heller in Weimar* (Oxford University Press, 1997) pp.5, 258)。

93) 愛敬浩二「法的立憲主義の主流化と憲法理論—比較憲法学的考察」ジュリスト1400号(2010) 122~123頁。

94) 蟻川恒正『憲法的思惟—アメリカ憲法における「自然」と「知識」』(創文社・1994) 3頁。

ることを決断したグロス流の「道徳的英雄」ではなく、立憲民主政を維持する裁判官の義務を単に履行したにすぎないと論じている[95]。この論法には、「ジャクソンの感嘆符」への共感を窺うことはできない。

結果として、ダイゼンハウスは、Korematsu 事件におけるジャクソン反対意見の「峻烈な立場」を正当に評価できないでいる[96]。ジャクソン判事はこう論じた。軍事力の存在は自由に対する本来的な脅威であるが、その審査を人々が連邦最高裁に期待するのは完全な思い違いである。人々が戦争権限を無責任な者の手に委ねたら、裁判所がそれを制約することはできない。大統領の戦争権限に対する主な抑制は、同時代人の政治的判断と歴史の道徳的判断に対する彼の責任である、と[97]。蟻川によれば、ジャクソンがこう言明したのは、「国民の司法に頼る精神を潰えさせるためであった」。そして、蟻川がジャクソン反対意見の核心から取り出したのは、「自由の真の護り手は、司法ではなく国民ひとりひとりであるとする鞏固な意思」である[98]。

グロスの議論を検討する際に指摘した通り、「緊急事態＝法外の状況」において、ひとりひとりの法律家、そして市民がいかに思考し、行動すべきかについて、法理論はなんらかの道徳的資源を提供すべきであると考える。このような観点からみて、①「裁判所は軍事政策の道具になるべきではない」という規範的命題と、②「緊急事態において裁判官は無力である」という経験的命題を、「自由の真の護り手は……国民ひとりひとりである」というメッセージによって結合させたジャクソン反対意見の論理構造とレトリックは、「緊急事態においても、法的立憲主義の元型を堅持しようと奮闘する裁判官の規範モデル」にふさわしい内実を備えていると評価できるであろう。

95） Dyzenhaus, *supra* note 71, p.51.

96） 愛敬・前掲注 80）13 頁。

97） Korematsu v. United States, 323 U. S. 214, 248（1944）.

98） 蟻川・前掲注 94）267 ～ 268 頁。

10　森英樹による問題提起の評価――結びに代えて

以上の検討をふまえて、森の「緊急事態における超法規的対応」という問題提起の憲法理論的意義について若干の考察を加えることで、本稿の結びに代えたい。

小林直樹は、「権力に対する警戒心や人権尊重の度合が一般に高く、また司法権の権威がそれと見あってきわめて高度なアメリカなどとはちがって、わが国でextra-constitutionalな措置を許容することは、立憲秩序をまもることを前提とするかぎり、理論上も実際上もはなはだ危険だというべきであろう」と述べている[99]。この批判の射程は、森の問題提起にも及ぶであろう。この点に関してグロスは繰り返し、「立憲主義、政府の説明責任および個人の権利が堅固に保障され、伝統的に尊重されてきた民主社会においては、違法行為を正当化・免責する政府の企てに対して警戒的であることを、私たちは期待できる」と述べている[100]。では、森がグロスと同様の「信頼・期待」を論ずることができるのか。

「できない」のであれば、「超法規的」対応について論ずるべきではない、というのが素直な結論なのかもしれないが、私は捻くれ者である。「できない」からこそ、「超法規的」対応を論ずる意味があると考える。実際、グロスは法外モデルを信頼するあまり、①ある事態が本当に「真の緊急事態」なのかという点についての分析が甘くなる（→「時限爆弾のシナリオ」の安易な受容）、②「真の緊急事態」や「平時と緊急時のグレーゾーン」の領域での、「則法性」等に依拠した法的統制の可能性を追求するインセンティブが弱くなる、③法外モデルの適用範囲の拡張について慎重さに欠ける（→拷問禁止の問題）といった問題がある。これらの問題点はいずれも、

99）小林・前掲注4）185頁。

100）Gross, *supra* note 43, p.1123; Gross, *supra* note 58, p.81. とはいえ、〈9.11〉後のアメリカの状況をみる限り、少なくとも、緊急事態を理由とする「個人間トレードオフ」の問題（テロ対策としての拷問や予防的拘禁）について、「権力に対する警戒心や人権尊重の度合が一般に高」かったといえるのかは疑問である。この問題との関係で、長谷部恭男「どこへ行くのか」同『憲法のimagination』（羽鳥書店・2010）86～90頁が示唆的である。

公務員の法外行動に対する統制を「事後の熟議」に委ねれば、国家緊急権の濫用を抑止できるという、グロスの基本的発想に由来するものと考える。他方、「事後の熟議」に安易に依拠できない論者であれば、①から③の問題をもう少しシリアスに受け止めるはずである。

実際、森は、「安全・安心」を（注意深く）議論する理論枠組を提供することによって、「リスク主流化社会」に対応した憲法理論の構築を試みている。ちなみに、「リスク主流化社会」とは、市民の「安全・安心」の保障を国家の最重要任務ととらえる考え方が近年、とりわけ〈9.11〉以後、国を問わず、人々の間に広がってきていること、そして、法学の分野でも、その動向を正当化する議論が有力化してきていることを表すために、私が便宜上使っている造語である[101)]。

それでは、森の議論をみてみよう。森によれば、日本語で「安全」と訳される safety と security には語義的な差異があり、safety は「客観的な現実の危険に対する具体的な安全」を意味し、security は「将来の不安に備える安心のシステム」を意味する。この区別を利用して森は、統治・政府の任務としての security は「具体的な人間の『安全』をベースに構築する『安心』のシステム」のことであり、この原点を離れると、根拠薄弱な「安心」を求めて、非合理な「安全」のシステムを追求することになると論ずる[102)]。そして森はこの理論枠組を用いつつ、「3.11 にみまわれた私たちは、『安全の権利』を守れたか、『安心のシステム』に虚構はなかったかを点検する責務と権限がある」、「人権としての安全に向けた本来の安心と、人権なんかくそ食らえ式の情緒的『安心』とを混同してはならない」と論じている[103)]。

101）愛敬浩二「リスク社会における法と民主主義」日本法哲学会編『リスク社会と法（法哲学年報 2009）』（有斐閣・2010）16 ～ 17 頁、同「『予防原則』と憲法理論」森英樹編『現代憲法における安全』（日本評論社・2009）139 ～ 145 頁。

102）森英樹「憲法学における『安全』と『安心』」同編・前掲注 101）12 ～ 13 頁。

103）森・前掲注 7）16 ～ 17 頁。森が、「危機」の多様性に応じた「きめ細かい個別の法制」は、「それはそれで真剣に考えるべき」と論じている点にも注目しておこう。森・前掲注 1）57 頁。水島朝穂も、緊急権の制度化は、憲法 9 条との関係では閉じられているが、「地震国の憲法」として、「国民の生命・財産を守るため、大災害時に必要な権限の臨時的集中の仕組みについては、厳格な要件のもとで開かれている」と述べている。水島・前掲注 7）84 頁。

ボニー・ホーニグは、国家緊急権論は「決定」の場面を特権化させるが、大切なのは、民主主義社会としてのインテグリティを維持したまま、いかに緊急事態を生き延びるかという「事後の問題」であると論ずる[104)]。この指摘は重要である。そして、「真の緊急事態」における「法外」の措置を認める議論（森・グロス）は、「決定」の場面よりも、「事後の問題」を重視しているものと評価できる。もちろん、本節の冒頭でふれた、法外の措置を認める議論に対する小林の批判は、今なお有効である。ただし、「リスク主流化社会」のもとで、「例外的な超レアケースを根拠に法的武装を高める手法が『民主政』のゆえに産出されるのは、万万万が一であれ生起するかもしれないというリアリティに衝迫された市民感覚が下支えしているからでもあるという面はあなどれない」[105)]と考えるのであれば、そして、「自由の真の護り手は、司法ではなく国民ひとりひとりである」というジャクソン判事の考え方を受け入れるのであれば、次のように結論することも許されよう。

慎重な配慮のうえで「超法規的」措置の可能性を認める議論の当否は、各国の法制度・法伝統・政治状況・社会状況等々の諸条件との関係で個別的かつ実践的に判断されるべきであり、内容空疎な「形式的立憲主義」との関係でこの議論を斥けるのは、「法の賢慮」への無理解を示すものである[106)]。

104）Honig, *supra* note 92, pp.8-9.

105）森英樹「『戦う安全国家』と個人の尊厳」ジュリスト 1356 号（2008）65 頁。

106）「他国の武力攻撃による緊急事態」との関係で配慮すべき事柄を挙げれば、①抽象的に「独立の主権国家の緊急権」として考えるのではなく、日米安保条約体制を構造的に組み込んだ議論をする必要があること（水島・前掲注 3）222 ～ 223 頁）、②個別国家による国家緊急権の濫用に対する国際的監視の実効性への期待を背景とするヨーロッパの緊急権論を、そのような条件を欠く日本に「輸入」することについては慎重であるべきこと（樋口陽一『憲法Ⅰ』（青林書院・1998）403 ～ 404 頁）、③ソ連、中国、北朝鮮のように日本海で国境を接する諸国を「仮想敵国」としておきながら、日本海側に多数の原子力発電所を設置する「危機感」の欠如した政府に国家緊急権を委ねるのは、国民ひとりひとりの「安全・安心」の保障という観点からみて背理であること、などがある。

第7章 世代間の均衡と全国民の代表

長谷部恭男

民主政国家では、その時々の有権者の意見が国政に反映されるべきだといわれる。しかし、多くの有権者が短期的視野からの特殊利益にもとづいて投票するとき、有権者の声を国政に反映した結果は、世代間の受益と負担の均衡を含めた、中長期的な全国民の利益と齟齬をきたすこととなりかねない。本稿は、こうした問題に対処するうえで、従来の主権および代表に関する概念枠組が十分な役割を果たしえないことを指摘したうえで、代表民主政の質の向上を図るとともに、それを補完する制度を設営する等、問題解決の方向性を指し示そうとする[1]。

1 はじめに

2011年11月11日付の朝日新聞朝刊（14版）は、東日本大震災の復興財源にあてる増税の種類や税率等について、民主、自民、公明3党の税制調査会長が合意した旨を報じている。たばこ増税が見送られる一方で、当初の政府・与党案では10年とされていた所得税と個人住民税の増税期間が25年に大幅にのばされる形で決着したとのことである[2]。同紙は、この増税期間の大幅延長のため、復興の負担が若い世代に先送りされ、野田佳彦内閣総理大臣が訴えていた「次世代に負担を先送りしない」との理念が後退したと伝えている。

世代間の衡平は、受益と負担のバランスを世代間でいかにとるかという

1） 本稿は、2011年10月8日および9日、名城大学で開催された日本公法学会第76回総会第二部会での諸報告、とりわけ青柳幸一、碓井光明、神山弘行、藤野美都子の諸教授の報告から大きな示唆を得ている。

2） 東日本大震災からの復興のための施策を実施するため、東日本大震災復興特別会計が設置され、その財源は、復興特別税収（所得税、法人税）、一般会計からの繰入金（歳出削減分等）のほか、復興債発行収入等でまかなわれることとされている（「特別会計に関する法律の一部を改正する法律」224条参照）。復興特別税および復興債の発行については「東日本大震災からの復興のための施策を実施するために必要な財源の確保に関する特別措置法」がこれを定めている。

問題である。財政学の井堀利宏教授が指摘するように[3]、仮に1000年に一度の大規模な地震・津波によって被害を受けたのだとすると、その時点の国民に異常に大きな負担が生じているので、短期間の臨時増税で復興のコストをまかなうのは世代間の衡平という観点からみて望ましくなく、むしろ莫大な負担を長期にわたって平準化すべきだとの議論は成り立ちうる。経常的な社会保障費用について受益と負担とのバランスをいかにとるかという問題とは異なる考慮が働く。

もっとも、これも井堀教授が指摘するように、大規模な地震・津波が頻繁に発生する日本のような社会では、むしろ短期間で復興費用を返済する方が適切な世代間の均衡を図ることにつながるという見方もありうる。また、仮に長期にわたる世代間の負担の平準化が望ましいとしても、「復興費用」とされる支出の中に震災からの復興とは関係の薄い費用が紛れ込まないように財政支出の内容をコントロールすることも必要である。

以下、本稿で扱うのは、世代間の衡平をいかに図るかという問題自体ではなく、こうした課題を解決すべき基本的責務を担う国会議員が「全国民を代表する」とは何を意味するかという問題である。別の言い方をするならば、負担と受益の衡平を図られるべき複数の世代を含む「全国民」はいかに観念されるべきか、そしてその「代表」は何を任務とすべきかという問題である[4]。

2　プープル主権とナシオン主権

憲法43条1項は、国会の「両議院は、全国民を代表する選挙された議員でこれを組織する」と定める。ここでいう「代表」という概念について、

3）内閣府「経済社会構造に関する有識者会議」の財政・社会保障の持続可能性に関する制度・規範ワーキング・グループ第1回会合（2011年9月30日）議事録〈http://www5.cao.go.jp/keizai2/keizai-syakai/k-s-kouzou/shiryou/wg2-1kai/wg2-1kai-gijiroku.pdf〉参照。

4）世代間衡平の問題を将来世代の「権利」観念を通じて解決することはできないとの点で、筆者は、森村進「未来世代への道徳的義務の性質」鈴村興太郎編『世代間衡平性の論理と倫理』（東洋経済新報社・2006）285～287頁の議論に同意する。前注1）でふれた青柳幸一教授の報告も、権利観念を通じた世代間衡平問題の解決の筋道には否定的であった。

これが「法的意味の代表」ではなく「政治的意味の代表」であるとの議論が有力に提唱されてきたこと、そしてそうした議論にさしたる説得力がないことについては、別稿で論じた[5)]。

結論のみを手短にいうと、国会議員が政治的意味の代表である根拠として指摘される、議員が選出母体の意思に法的に拘束されない事態は、国会議員および彼らによって組織される国会が、法人たる全国民を代表する機関であること、つまり、典型的な法的意味の代表であることによっても、少なくとも同じ程度に説明が可能である。また、議員が選出母体の意思に拘束されることが望ましい民主政の姿であるかについても、重大な疑義がある。前提となっている宮沢俊義およびハンス・ケルゼンの民主政観は、社会全体に共通する客観的公益などというものは存在せず、あるのは多様な利益集団が競合と妥協の末に各自の目的を可能な限り実現しようとする多元主義的なプロセスであって、その結論を「公益」と呼んでいるにすぎないというものであり、だからこそ、国会議員が選出母体の個別利益と離れて社会全体の利益について審議・決定する自由を保障する理由はないという見方である。社会全体の中長期的利益についての客観的判断はおよそありえないという民主政観は、バランスを失した極論といわざるをえない。

ところで、国会議員への命令委任あるいはリコール制度という形で選出母体による国会議員の行動の拘束を制度的に実現しようとする議論として、フランスに由来するプープル主権（souveraineté populaire）という考え方があるといわれることがある。ナシオン主権（souveraineté nationale）と対比される観念である。たとえば、モーリス・デュヴェルジェ著の憲法概説書をみると、次のように説明されている[6)]。

> ［プープル主権の理論］は、ジャン－ジャック・ルソーによって敷衍されたもので、すべての人間に平等に備わる自然権の観念に支えられている。最高の権力が民衆に帰属するのであれば、個々の構成員は他の成員と同等に最高権力の分け前（portion）をもつはずである。「国家が１万人の市民

5）　長谷部恭男「国民代表の概念について」法学協会雑誌 129 巻 1 号（2012）参照。

6）　Maurice Duverger, *Le système politique français*, 21e éd.（PUF, 1996）pp.193-194. ブラケット内は筆者による（以下、引用部分につき同じ）。

によって構成されていれば、個々の成員は主権の1万分の1ずつのみをもつ」とルソーはいう。このため、この理論は「分割主権 souveraineté fractionnée」の理論ともいわれる。

個々の市民は自身で主権の分け前を行使することができないので、その名において行動する代表を選ぶ必要がある。しかし、各市民は選挙に参加する権利を本来有しているのだから、普通選挙が帰結する。主権である以上、選挙権は社会の各構成員にとって不可譲である。さらに、市民のみが主権の保有者であり、議員も統治者もそれを簒奪することは許されない。そのため任期は短期とされ、議員には命令委任が課され、委任の範囲を逸脱したとき、人民には議員を罷免する権利があることとなる。

［ナシオン主権の理論］は、1791年憲法が準備された1789年の革命の初期段階において形成された。穏健な革命家たちは、普通選挙に不信を抱いた。彼らは、多くが文盲であった人民の行きすぎを恐れた。巧妙なごまかし（tour de passe-passe）を使って、彼らは、ナシオン（nation）、つまりその時々の構成員を超越する永続的な総体（collectivité）に主権が帰属するとした。主権はフランス人たちにではなく、フランスに帰属するわけである。この結果、選挙権を認められる者はナシオン［の意思］を表明する機関となる。そうした有資格者は、善き統治にもっとも相応しいようナシオンが定める選挙方法によって指定されうる。

また、2つの主権原理の対比を説明する代表的な邦語文献である樋口陽一『比較憲法』は、次のように述べる[7]。

［1791年憲法は］「すべての権力は、国民のみから発し、国民は授権によるのでなければ、それを行使することができない。フランス憲法は、代表制である」（第3篇［前文］2条）とのべている。こうして、国民は主権者とされるが、それは国民が統治の正統性根拠だというのにとどまるのであり、しかも、国民がみずから主権を行使することは、建前上すでにはっきりと否定されていたのであった。もともとここでいう「国民」は、……個々の「市民」の総体としてとらえられた《peuple》に対して、ひとつの抽象的全体を示す《nation》としてかんがえられていた。だから、《na-

7） 樋口陽一『比較憲法〔全訂第3版〕』（青林書院・1992）65頁。

tion》は、ことのはじめから、「代表者」によって媒介されてはじめて意思をもつことができるのであり、自分自身の意思を「代表者」の行動に反映させそれを拘束するということは、そもそも論理的に不可能であるように、概念構成されていたということができる。したがって、《nation》の主権か、《peuple》の主権かというちがいは、具体的な統治機構のありかたにきわめておおきなちがいをもたらすのであり、フランスでは、とりわけ、のち第三共和制期にカレ・ド・マルベールによる二つの主権の体系的な対比がおこなわれるようになってから、二つの主権のどちらかという問題がたえず意識され、論議されるようになる。

2つの主権理論を対比させるこうした思考様式は、最近のフランスの憲法概説書にも受け継がれており[8]、日本の憲法学界でも広く共有され、議論の素材とされてきた[9]。

しかし、カレ・ドゥ・マルベールが確立したこの2つの主権理論の対比については、近年、さまざまな方向から批判が加えられている。それとともに考慮すべきなのは、カレ・ドゥ・マルベールの理論の継承の仕方に問題はなかったか、少なくとも彼自身の当初の意図とは異なる仕方でその後の憲法学に継承されてはいないか、という点である。

3　伝統的図式への批判

(1) フランス憲法史との対応

第1に問題となるのは、伝統的な2つの主権原理の対比の図式が、現実のフランス憲法史と対応しているかである[10]。1793年憲法は「主権は人

8) Bernard Chantebout, *Droit constitutionnel*, 27e éd. (Sirey, 2010) pp.81-89; Pierre Pactet et Ferdinand Mélin-Soucramanien, *Droit constitutionnel*, 30e éd. (Sirey, 2011) pp.81-82.

9) 樋口陽一『憲法〔第3版〕』(創文社・2007) 130～132頁での解説およびそこで引用されている文献参照。Pasquale Pasquino, *Sieyès et l'invention de la constitution en France* (Éditions Odile Jacob, 1998) pp.212-213, n.1 によると、2つの主権原理の区分は、イタリアの憲法学界においても議論の基軸のひとつとされている。

10) 以下、3(1)の記述は主に Francis Hamon et Michel Troper, *Droit constitutionnel*, 32e éd. (L.G.D.J., 2011) pp.195-198 に依拠している。

民（peuple）に存する」とし、プープル主権の原理を宣言しているかにみえる[11]。であれば、プープル主権原理に従って、普通選挙、国民投票、そして命令委任の原則が規定されるはずである。前二者はたしかに規定されているが、同憲法は人権宣言の26条で「人民のいかなる部分も人民全体の権力を行使することはできない」とし、さらに憲法本文の29条は、「議員は全体としてのナシオンに属する」とするなど、伝統的にはナシオン主権原理に属するとされる考え方が述べられている。また、共和暦Ⅲ年憲法は、人権宣言17条で「主権は本質的に市民の全体に属する」とプープル主権に親和的な主権原理を宣言しているが、その一方で、制限・間接選挙を定め、人権宣言18条では、「いかなる市民もまたその部分的集合も、主権をわがものとすることはできない」と規定し、命令委任を否定している[12]。

そもそも「人民 peuple」と「国民 nation」とは、1791年に至るまで、相互互換的に用いられてきたことばであり[13]、主権者が人民と国王との両者を構成員として包含していたために人民を主権者とすることができなかった1791年憲法は別として[14]、1793年憲法以降の共和政憲法は、「人民」と「国民」とのいずれをも使用することが可能であった。また、伝統的な図式では、人民は具体的な実在であり観念的な存在ではないとされるが、1793年憲法では、「主権者たる人民はフランス市民の総体である」とさ

11） 同憲法の人権宣言25条。同条項は主権が唯一不可分であることも宣言している。

12） *See also*, Pactet et Mélin-Soucramanien, *supra* note 8, p.83. 1791年憲法もpeupleということばを、そして1793年憲法もnationということばを用いていることに留意を要する。1793年憲法がnationに言及していることは本文で述べた。1791年憲法第3篇前文第2条は「いかなる人民の部分も、いかなる個人も、主権の行使をわがものとすることはできない」と規定する。

13） たとえば、1789年9月7日のシィエスの演説における「人民（peuple）または国民（nation）は、単一の声、つまり国民議会の声しかもちえない」（*Archives parlementaires*, tome 8, p.595）を参照。シィエスはまた、「政治社会（société politique）、人民（peuple）、国民（nation）は同義語だ」ともいう（“Contre la ré-totale”, reproduced in Pasquino, *supra* note 9, p.175）。

14） Michel Troper, *La séparation des pouvoirs et l’histoire constitutionnelle française*（L.G.D.J., 1980）pp.140-141. トロペールによると、国王は立法に関与する国民代表としての地位を彼自身が国民の構成要素であることから抽き出していた。

れ[15]、誰がフランス市民であるかは憲法自体が定めている[16]。人民の権限の内容を定めているのも憲法であり、こうした点で、1793年憲法の基本構造と1791年憲法のそれとの間に違いはない。たしかに1793年憲法は国政への市民の直接参加の制度をとりいれているが[17]、これは「人民」か「国民」かの違いというよりは、1793年憲法が1791年憲法と異なり、主権の「源泉 principe」ではなく、主権そのものが人民にあるとしたことにもとづいていると考えるべきである。いずれにせよ、両憲法の相違は質的なものではなく、量的なものにとどまる[18]。

(2)「人民」は実在するか？

第2に、2つの主権理論対比の図式を確立したカレ・ドゥ・マルベールの議論が、それとして筋が通っているかという問題がある。まず、彼のルソー理解が的確なものであったかに疑問がある。カレ・ドゥ・マルベールによると、ルソーの描いた主権的な個人相互の契約によっては国家は生み出されない。契約によって形成されるのが組合（association）であって国家権力でないのは、国家相互の契約によって形成されるのが国家連合であって新たな国家ではないことと同様である。つまり、ルソーが『社会契約論』で描くように「民主国家が、主権的な市民の純粋な組合または同盟（confédération）にすぎないのであれば、民主国家は真の国家ではないといわざるをえない。……つまるところ、ルソーの教説は、国家と主権を基礎づけるどころか、両者の否定を帰結する」[19]。カレ・ドゥ・マルベールに

15） 同憲法7条。

16） 同憲法4～6条。

17） 同憲法59～60条。

18） Marcel Morabito, *Histoire constitutionnelle de la France*（*1789-1958*）, 11e éd.（Montchrestien, 2010）p.90. 政治権力の源泉が人民にあるとの観念は、オッカムのウィリアム、パドゥワのマルシリウス、ニコラウス・クザーヌス等、中世カトリック神学においても広く受け入れられていたことに留意する必要がある。誰が権力者であり、いかなる政体をとるべきかは人民が決めるべきもの（a Deo per populem; from God through the people）であった。世俗の権力の正統性が神と直結することを強調したのは、むしろプロテスタンティズムである。たとえば、Brian Tierney, *Religion, Law and the Growth of Constitutional Thought 1150-1650*（Cambridge University Press, 1982）Chapter IV; Michel Villey, *La formation de la pensée juridique moderne*（PUF, 2003）p.364 参照。

19） Raymond Carré de Malberg, *Contribution à la théorie générale de l'État*, tome II（CNRS,

よると、そもそも主権は国家の存在を前提とする観念であって、個人相互の契約関係によって形成したり処分したりできるものではない。そして、国家は法人の定款にあたる組織規定、つまり憲法の存在を前提とする。国家のみが主権の保有者であり、国家以前に主権者は存在しない[20]。

ここではいくつかの論点が複雑に絡み合っている。契約によっては法人は設立できず（そのためには合同行為が必要）、したがって社会契約によって法人としての国家が形成されるはずはないというのは、たしかにありうる議論の道筋である[21]。しかし、ルソーが国家を法人としてとらえていないという議論として受け取るならば、カレ・ドゥ・マルベールの議論はルソー理解として誤っている。ルソーは明らかに国家を法人（personne morale）としてとらえていたし[22]、主権が分割されえないことを明言している[23]。「国家が１万人の市民によって構成されるとすれば、個々の成員は主権的権限の１万分の１ずつのみをもつ」という前述のデュヴェルジェの引用する文言の現れる箇所で、ルソーは前置きとして、「主権者は集合的に、また団体としてしか考察されえない」ことを指摘している[24]。つまり、１万分の１の「分け前」という言い方は、株式会社の株式と同じ観念的な

1962〔1922〕）p.165. カレ・ドゥ・マルベールの考えでは、プープル主権論はかつてのフランス絶対王政における国王を人民に置き換えたものであり、人民が絶対権力を行使すると主張する議論であって、そもそも立憲国家を支える議論ではない（Raymond Carré de Malberg, *Contribution à la théorie générale de l'État*, tome I（CNRS, 1962〔1920〕）p.83）。この点につき、Éric Maulin, *La théorie de l'État de Carré de Malberg*（PUF, 2003）pp.110-118; Didier Mineur, *Carré de Malberg, le positivisme impossible*（Michalon, 2010）p.31 参照。

20） Carré de Malberg, *supra* note 19, *Contribution*, II, p.166.

21） 法実証主義者であるマルベールにとって、国家成立前には契約の基礎となる法さえ存在しない。*Cf.*, Carré de Malberg, *supra* note 19, *Contribution*, II, p.490.

22） 『社会契約論』第１篇第７章、第２篇第４章等。また、『エミール』末尾の「旅について」にも同様の記述がみられる。ルソーが国家を法人としてとらえていたことについては、Robert Derathé, *Jean-Jacques Rousseau et la science politique de son temps*, 2e éd.（Vrin, 2009〔1971〕）pp.397-413; Guillaume Bacot, *Carré de Malberg et l'origine de la distinction entre souveraineté du peuple et souveraineté nationale*（CNRS, 1985）pp.20-23 参照。

23） 『社会契約論』第２篇第２章。

24） 『社会契約論』第３篇第１章。「自然権」に言及する点でも、デュヴェルジェの記述はルソー理解として正確さに欠ける。『社会契約論』第１篇第６章および第８章が描くように、ルソーの国家内で市民が享有する権利は、すべて国家が共通の利益にもとづき、その制約内で各人に与えた権利であり、自然権ではない。

分け前を意味しており、市民が文字通り国家を分割所有しているという意味ではない。

問題はむしろその先で、ルソーは団体実在論にコミットしていたのではないかという疑いがあることである[25]。団体実在論は、観念的抽象的な存在であるはずの団体（法人）が、いかなる具体的個人またはその会議体によって代表されることもなく、それ自身で意思を決定し、表明しうるという議論であって、別稿で論じた通り[26]、筋の通った議論として受け取ることは困難である。しかし、ルソーは『社会契約論』で、「主権は本質的に一般意思に存し、その一般意思は決して代表されえない」という[27]。なぜ、一般意思は代表されることなく表明されうるのであろうか。

ルソーが仮に団体実在論にコミットすることでこの疑問に答えようとしたとすると、それはなぜかが問題となる。『エミール』に登場するサヴォワの助任司祭の信仰告白[28]が、この問題の手がかりを与える可能性がある[29]。ルソーは司祭の口を借りて、「あらゆる行動の根源は自由な存在者の意思にある」。「人間はだからその行動において自由なのであって、自由な者として非物質的な実体に生命をあたえられている」。自由を与えられ

25） ルソーをある種の団体実在論者として理解するものとして、Monica Brito Vieira and David Runciman, *Representation*（Polity, 2008）p.33 がある。他方、Derathé, *supra* note 22, pp.410-413 はこうした理解に批判的である。『社会契約論』第1篇第7章は、特殊意思で目の眩んだ市民は、「国家を構成する法人（personne morale）を、人ではないという理由で、理性の産物（être de raison）とみなすかもしれない」とする。つまり、一般意思からすれば、国家は虚構ではなく、実在のはずである。

26） 長谷部恭男『憲法の境界』（羽鳥書店・2009）6～9頁参照。全能の憲法制定権者たる国民が憲法を始源的に創設するという議論も、したがって、筋の通ったものではありえない。憲法制定権力概念を確立したシィエスが、憲法の制定にあたって特別の委任を受けた「代表」の行動を想定していたことについては、『第三身分とは何か』（稲本洋之助ほか訳、岩波文庫・2011。以下、この邦訳の頁数で引用する）122～123頁参照。関連して「誰が憲法を作るか」という問題設定を無意味だとする G.W.F. Hegel, *Grundlinien der Philosophie des Rechts*（Suhrkamp, 1970）p.439［§273］;『法の哲学(上)(下)』（上妻精ほか訳、岩波書店・2001）474頁参照。

27） 『社会契約論』第3篇第15章。

28） 『エミール(中)』（今野一雄訳、岩波文庫・1963。以下、この邦訳の頁数で引用する）120頁以下。『エミール』と『社会契約論』は、ともに1762年5月に公表された。

29） ピエール・ブリュネの示唆する解釈である。*Cf.*, Pierre Brunet, *Vouloir pour la nation: le concept de représentation dans la théorie de l'État*（L.G.D.J., 2004）pp.140-145.

た人間は、悪を行うこともできるが、「他人に害をあたえて自分に都合のいいことをしているとき、わたくしたちは悪いことをしているのだ、と内面の声が語りかける」。「良心はけっしてだますようなことはしない。良心こそ人間のほんとうの案内者だ」と主張する。

「良心！良心！神聖な本能、滅びることなき天上の声、無知無能ではあるが知性をもつ自由な存在の確実な案内者、善悪の誤りなき判定者、人間を神と同じような者にしてくれるもの、おんみこそ人間の本性をすぐれたものとし、その行動に道徳性を与えているのだ」というわけである[30)]。

すべての人間の心の中に判断を誤ることのない生得の良心が存在し、何が善であり、何が正義にかなうかを明確に教えるとの前提がとられているのであれば、何が社会公共の利益にかなう一般意思であるかも、すべての市民が共有する良心が誤ることなく指し示すはずである。「市民がお互いに意思を少しも伝えあわない」で決議するとき、常に一般意思が帰結するとの『社会契約論』の不思議な主張も[31)]、市民に共通のこうした良心の指導があるとすれば、素直に理解できる[32)]。そして、こうした良心がすべての市民に共有されているのであれば、特定の個人や会議体によって代表されることもなく、団体が１つの声で語り、一体として行動することができるという考え方も理解できないではない[33)]。

もっとも、こうした素朴きわまりない司祭の告白をルソーの真摯な信念の吐露とみてよいか、深刻な疑念が残る。ルソーは『社会契約論』第２篇

30）『エミール㈲』172 頁。ルソーは、最晩年の自伝的作品『孤独な散歩者の夢想』（今野一雄訳、岩波文庫・1960）46 頁で、「サヴォワの助任司祭の信仰告白」が彼自身の真摯な探究の結果と一致すると述べる。

31）『社会契約論』第２篇第３章。

32） Brunet, *supra* note 29, p.145. Joshua Cohen, *Rousseau : A Free Community of Equals*（Oxford University Press, 2010）pp.61-62 が「団体意思 group wills」に与えている解釈も、司祭の告白を援用してはいないものの、基本的構造は似通っている。コーエンはそれをルソーの共同体論的要素と性格づける。

33） プラトンの描くソフィスト、プロタゴラスは、国家を成り立たせる国民としての徳性は、すべての人が分け持っているとし、そこから公益判断に関する民主的帰結を導いている（『プロタゴラス』（藤沢令夫訳、岩波文庫・1988。以下、この邦訳の頁数で引用する）45 ～ 47 頁［322B ～ 323C］）。図式的な経済決定論にもとづいて、同一の社会階級のメンバーはすべて同一の思想を抱くとの立場からも、同様の帰結が導かれるであろう。

第7章で、人民が一般意思を認識しうる能力に関する強い懐疑を示している。むしろ、同所で彼が描く「立法者 législateur」、すなわち、神の権威を引き合いに出しつつ、人民に政治制度の枠組を与え、特殊利益を離れて一般意思にもとづく決定を行うよう人民を指導する「偉大にして強力な天才」の1つのモデルとして司祭を描いているとみるべきもののように思われる[34)]。つまり、ルソーにとって「宗教は政治の道具」[35)]であり、各自の個別利益に引き寄せられ、一般意思を見失いがちな人民を宗教という「高貴な嘘」を用いて善導する方便が提示されていることになる。少なくとも、『社会契約論』のルソーが真摯であるとすれば、「司祭の告白」はルソーの真摯な信念の吐露ではありえない。

ルソーが団体実在論者であるか否かが論点となるのは、デュヴェルジェの描く前述の図式からもわかる通り、主権論に関する伝統的理解が、ナシオン主権は観念的抽象的な法人たるナシオンを主権の主体とするため、その意思を決定する「代表＝機関」が必要となるが、プープルは具体的な個人の集まりであるため、それ自体として意思を決定し、表明しうると主張するからである。しかし、たとえ具体的個人によって構成されているとしても、その総体に主権が帰属すると考える以上は、プープルも法人として観念せざるをえない。仮に全人民集会がプープルの意思を決定するとしても、そのとき、全人民集会はプープルの機関として活動しているのであって、主権の主体たるプープルとその機関たる全人民集会とはあくまで別存在である。

こうした論理を否定しようとすれば、団体実在論という筋の通りにくい議論にコミットせざるをえない。かろうじて筋を通すためには、サヴォワ

34） ルソーの「立法者」の構想については、長谷部恭男「人民は代表されえない」同『憲法の imagination』（羽鳥書店・2010）221頁以下参照。マイケル・ウォルツァーのことばを借りるなら、立法者には「人民を欺く権利がある」というのがルソーの主張である（Michael Walzer, "Philosophy and Democracy" in his *Thinking Politically* (Yale University Press, 2007) p.7）。

35） 『社会契約論』第2篇第7章。同書第4篇第8章「市民宗教について」も、共同体の利益のためにいかなる宗教がふさわしいかを論じる。仮に人間の生まれながらの本性が善であるとしても、社会生活によってその善性が損なわれるとのルソーの理解からすれば（『人間不平等起源論』第2部）、一般意思を各人の良心から抽き出すことはやはり困難となるはずである。

の助任司祭にならって社会公共の利益に関わるあらゆる問題について正解を与える一般意思があらかじめ客観的に実在し、曇りなき良心に照らせば誰もがそれを明らかに認識できると主張する必要があるが、ルソーもそれを真摯に、かつ、一貫して主張していたとは考えにくい。そして、仮にルソーがそれを信じていたとしても、価値観の多元化した現代社会に生きる我々が、そうした夢のような話にコミットできるか否かは別問題である[36)]。

そうだとすると、デュヴェルジェが「巧妙なごまかし」と形容する、観念的抽象的な法人への主権の帰属は、現存する市民のみの集合体に主権が帰属すると考えたとしても避けることのできない結論である。主権は集合体自体ではなく個々の市民に分割して帰属するという主張は、カレ・ドゥ・マルベールの指摘する通り、人民を単なる烏合の衆に帰する議論であり、国家自体の否定であって「主権理論」の名に値しない。伝統的な図式は、この点において、2つの主権原理を区分した当初のカレ・ドゥ・マルベールの理論を忠実に継承しているとはいいがたいことになる[37)]。

36） 人民は「正しい心」を共有する一体性ある存在であり、その「正しい心」を現実化しさえすれば「善き政治」「善き社会」が実現できるとの夢想は、「正しい心」を持ち合わせないエリート、外国人、ブルジョワ階級、少数民族等を排撃する過激なポピュリズムを誘発しかねない。前注33）でふれたプロタゴラスも、国民としての徳性の欠如した者は、国家の病根として死刑に処せられるべきだとする（『プロタゴラス』46頁［322D］）。

37） 晩年のカレ・ドゥ・マルベールは、「現実の国民の意思」と議会制定法の内容の一致が国家権力の正統性を基礎づけるために必要だとの態度をとるに至る。1931年の著書『法律、一般意思の表明』で、彼は次のように述べる。「法律が真に一般意思の表明であることを欲し、法律の拘束力をそれが一般意思であることに求めるのであれば、法律制定に関して、有権者団に一定の積極的役割を付与せざるをえない。……法律の観念の基礎を一般意思の至高性に求めるのであれば、民主的な意味における立法のイニシァティヴを人民に認めざるをえない」（Raymond Carré de Malberg, *La Loi, expression de la volonté générale* (Economica, 1984〔1931〕) p.217; *cf.*, Mineur, *supra* note 19, pp.82-89）。本書で、彼は正当な主権原理はナシオン主権ではなく、プープル主権であるとの立場に転じた。前者の目的は、「ブルジョワ階級の人民大衆に対する支配を確保すること」でしかない（Raymond Carré de Malberg, "Considérations théoriques sur la question de la combinaison du référendum avec le parlementarisme" *Revue du droit public*, p.236 (1931)）。また、党利党略の支配する議会よりもレファレンダムの方が、一般意思をより効果的に表明することができる（*ibid.*, p.242）。彼の議論をこうした晩年の傾向にもとづいて意味づけ、継承する試みとして、たとえばルネ・カピタンの業績がある。*See*, René Capitant, *Démocratie et participation politique* (Bordas, 1972) *esp.*, pp.43-55.

4 「全国民」の意思はいかに形成されるべきか

3でみたように、命令委任が肯定されるか否かをナシオン主権とプープル主権のいずれを主権原理として採用したかによって説明することは困難である。仮にナシオン主権原理をとり、観念的抽象的な法人たるナシオンに主権が帰属すると考えても、誰がナシオンの意思を表明する「代表＝機関」であるかは、法人の定款である憲法の授権に依存するわけであり、憲法によって各選挙区の有権者団が「代表」として指定されれば、ナシオン主権のもとでも、命令委任は許容される。

他方、プープル主権原理をとったとしても、全体として不可分のプープルに主権が帰属すると考える以上[38]、プープルの意思を表明する「代表＝機関」は何者かが問題となる。命令委任が制度化されているとすれば、各選挙区の有権者団が「代表」として指定されていることになるし、全人民集会がプープルの意思を表明するとされているのであれば、全人民集会がプープルの「代表」である。したがって、いわゆる直接民主政と代表民主政は対立概念ではない。前者は後者の一種である。

そして、プープルが全市民から構成される法人なのであれば、やはりそれは永続的な存在として観念されるはずである。メンバーが入れ替わるたびに全構成員相互間で契約が締結され直されるのではなく、法人が新メンバーの加入を承認し、死亡等の理由で退会した者が誰かを確認する手続のみがある。メンバーの入れ替わりにもかかわらず、法人としてのプープルは同一性を保ち続ける[39]。株式会社の機関が、いずれ会社が消滅することを前提とはせず、永続することを前提とし、将来の構成員の利益をも勘案して経営上の計画・決定を行うように、永続する法人であるプープルの代

38） そう考えなければそもそも国家が成り立ちえない。3（1）で述べたように、1793年憲法でも唯一不可分の主権が市民の総体に帰属するとされている。

39） 人民、部族といった法人（universitas）は、時とともに構成員が変化するがゆえに、法人を破門することは認められない――将来の罪なき構成員を巻き添えにすることになるから――との教皇イノケンチウス4世の主張を参照（Ernst Kantorowicz, *The King's Two Bodies: A Study in Medieval Political Theology* (Princeton University Press, 1957) pp. 305-308）。

表は、やはり将来の構成員の利益をも勘案して国政上の審議・決定を行うべきである[40]。現存する具体的市民の利益の実現のみを考え、負担はすべて将来世代に先送りすることは、プープルの代表のあるべき姿ではない。

つまり、命令委任が認められるか否かは、永続する「人民＝国民」の意思形成の手続としていかなるものが（たとえば、命令委任を認めるものかそうでないものか）ふさわしいかという考慮にもとづいて回答されるべきものであって、主権原理から論理必然に答えが出るものではない。

「人民＝国民」は観念的抽象的な存在ではあるが、すべての社団法人がそうであるように、その時々に現存する生身の諸個人をメンバーとして構成される。国権（主権）の主体としての「人民＝国民」と、国家の構成要素としての、言語、宗教、民族、文化、年齢構成等においてさまざまな特徴をもち、社会学－政治学的分析対象となる「人民＝国民」とは、概念上、厳密に区別されるべきである[41]。ある政治社会がどこまで民主的といえるかが問われるとき、問題となるのは、後者の意味での「人民＝国民」が現実に抱く願望や思いがどこまで国政の審議・決定の過程に反映されるか、そしてされるべきかである[42]。国家の任務が国民の生命・身体・財産の保障と福利の実現にあるというごく常識的な通念から出発するならば、そうした社会公共の利益を実現するために代表、特に代表議会のメンバーはどのような審議・決定の手続をふむべきであろうか。

この点について１つの手がかりを与えるのは、伝統的理解のもとでナシオン主権原理の提唱者と目されることの多いシィエスである。シィエスは、1789年の制憲議会において次のように述べる。「議員たちが集会するのは、審議するためだ。お互いの意見を知り、お互いに知識を交換し、多様な特殊利益を比較対照し、それらを修正し、妥協させ、最終的に多くの人々に

40）「国は永遠に存在するべく設立されていなければならない」とのキケローのことば（岡道男訳「国家について」同編『キケロー選集８』（岩波書店・1999）124頁［III.23.34］）を参照。

41） *Cf.*, Joseph-Barthélemy, *Précis de droit public*（Dalloz, 2006〔1937〕）pp.19-20.

42） たとえば、現実の国民の多数派を構成する民族集団が少数派民族の人々を排斥し、差別する願望を抱いているとしても、それを国政上の決定にただちに反映すべきだとはいえない。

共通する結果を獲得するためだ」[43]。つまりシィエスは、各議員がその出身母体の特殊利益をまったく顧慮することなく、抽象的に存在する社会公共の利益のみを目指して「無から一般意思を形成する」[44]ことを唱導したわけではない。実在する多様で対立する特殊利益を突き合わせることで、はじめて、どのような妥協や修正を図れば社会全体に共通する利益を実現しうるかが判明する[45]。

そして、最終的に社会全体に共通する一般意思を練り上げるためには、議員は出身母体の特殊利益に拘束されるべきではない。シィエスが述べるように、「議員には意見を変える権利がある」[46]。出身母体の命令に拘束されては、多様な特殊意思から一般意思を構成する審議がそもそも不可能となる[47]。市民は、「共同の利益のため、彼ら自身よりも一般的利益をよりよく認識し、その点に関する彼ら自身の意思をよりよく解釈しうる」者として、「代表を互選し」たはずである[48]。

したがって、国民の代表による形成以前に国民の意思は存在しないことはたしかであるものの、議会は無から国民の意思を創設するわけではない。議員たちの出身母体の特殊利益は、一般意思を練り上げ、作り上げるため

43） Sieyès, "Séance du 7 septembre 1789" *Archives parlementaires*, tome 8, p.595. パスキーノによると（Pasquino, *supra* note 9, p.36）、このシィエスの演説は近代政治理論の最重要テクストのひとつ（l'un des textes capitaux de la théorie politique moderne）である。

44） Brunet, *supra* note 29, p.94.

45）「特殊意思の総和から、相殺しあう過不足を除くと、相違の総和として、一般意思が残る」というルソーの言明も（『社会契約論』第2篇第3章）、こうしたシィエス流の観点からみれば、素直に理解が可能となる。また、同じ理由によって、シィエスからすれば選挙されない世襲の国王は一般意思の表明たる立法に参与する国民代表ではありえない（Pasquino, *supra* note 9, pp.90-93）。

46） *Cité par* Brunet, *supra* note 29, p.94.

47） *Ibid.*, pp. 94-95, 100-102.

48） Sieyès, "Séance du 7 septembre 1789" *Archives parlementaires*, tome 8, p.594. パスキーノが指摘するように（Pasquino, *supra* note 9, pp.37-42）、シィエスにとって議員が選出母体に拘束されない代表制は、大国であるがゆえの必要悪ではなく、奴隷制が廃止されて全有権者が労働に従事するため政治に関与する暇を失った商業社会（commercial society）において、社会全体の利益を実現するための専門分業（division du travail）の一環であった。シィエスが、仕事（travail）に従事することを国民の一員たる資格としたことは（*ibid.*, p.61）、仕事をしないことをもって特権階層は国民から排除されるとした『第三身分とは何か』第1章にも現れている。

の構成要素となる[49]。他方、社会全体に共通する一般意思は何かを国民代表は審議を通じて認識することはできる。したがって、ケルゼンや宮沢が主張するように、真の公益など存在せず、単に多様な特殊利益のみが存在するわけでもない[50]。

5　将来世代を含めた全国民の代表

シィエスの描く立法議会の役割は、各選挙母体の抱く多様な特殊意思と議会で形成される一般意思との関係を巧みに説明する。しかし、この図式では特定時点で生きる人々の共時的な全体に共通する利益を実現することにはなるが、将来世代、特にまだ生まれていない世代の利益をも含めた共通利益を実現することにはただちにはならない。永続する団体としての全国民の利益をいかに実現するかという課題は、なお十分には答えられていない。

将来世代の利益を公正に国政に反映するため、選挙権を与える年齢を引き下げるべきであるとか、子どもをもつ人の選挙権を加重すべきだとの提案がなされている[51]。若年層は若年層特有の特殊利益にもとづいて投票するのであるから、そうした特殊利益を反映したうえで世代を超えた一般利

49）Brunet, *supra* note 29, pp.97-100. *See also,* Pasquino, *supra* note 9, pp.51-52.

50）ケルゼンや宮沢が主張するように、「真の公益」など存在せず、多様な特殊利益があるのみであって、議員の責務は出身母体の特殊利益を可能な限り実現することにあるとしても（こうした議論の妥当性の限界については、長谷部・前掲注5）171 ～ 175頁参照）、その手段として命令委任が最適であるとの結論が自動的に出てくるわけではない。議会での政治的交渉の場では、真意を語らないことが隠された意図を実現する効果的な手段となることがある。アンドレイ・マルモアが指摘するように、政治的妥協の帰結はしばしば「暗黙のうちに承認された不完全な決定 tacitly acknowledged incomplete decisions」である（Andrei Marmor, "On Some Pragmatic Aspects of Strategic Speech", in Andrei Marmor and Scott Soames (eds.), *Philosophical Foundations of Language in the Law*（Oxford University Press, 2011）p.97）。議員の発言や行動を厳格に拘束することは、したがって、出身母体の特殊利益の実現にとって逆効果となる蓋然性が高い。

51）前注3）で言及した内閣府「経済社会構造に関する有識者会議」の財政・社会保障の持続可能性に関する制度・規範ワーキンググループ第1回会合（2011年9月30日）に提出された諸資料参照。また、前注1）でふれた藤野美都子教授の報告および質疑応答での碓井光明教授の発言でも、こうした制度提案への言及があった。

益を追求すべきだとの議論は、シィエスの図式と少なくとも調和はする。子どもをもつ人の選挙権を加重すべきだとの提案についても同様であろう。しかし、いずれにしても、まだ生まれていない世代の利益を公正に国政に反映する手段にはなりえない。

さらに、選挙権を行使する有権者が、自分自身あるいはせいぜい自分の周囲の人々の特殊利益を実現するために投票するものだという想定は、選挙権者の拡大や、投票価値の較差づけを正当化する議論となりうるか疑問があるといわざるをえない。いわゆる1人別枠方式の合憲性に関する平成23年3月23日の大法廷判決[52]によれば、同方式の目的は、「相対的に人口の少ない県に［議員］定数を多めに配分し、人口の少ない県に居住する国民の意思をも十分に国政に反映させることができるようにすること」であるが、この選挙制度によって選出される議員は、「いずれの地域の選挙区から選出されたかを問わず、全国民を代表して国政に関与することが要請されているのであり、相対的に人口の少ない地域に対する配慮はそのような活動の中で全国的な視野から法律の制定等に当たって考慮されるべき事柄であって、地域性に係る問題のために、殊更にある地域（都道府県）の選挙人と他の地域（都道府県）の選挙人との間に投票価値の不平等を生じさせるだけの合理性があるとはいい難い」。

将来世代の利益についても同様であって、そうした配慮からことさらに子どもをもつ人の投票価値を加重し、投票価値の平等という「最も重要かつ基本的な基準」から乖離することが正当化されることはないであろう。また、仮に選挙権を与える年齢を20歳から18歳まで下げるとすれば、そうした制度変更の根拠は、18歳の人間が自分たちの世代の特殊利益にもとづいて投票するであろうという想定にではなく、18歳の人間であれば、将来世代を含めた全国民に共通する一般利益について、家族等周囲の者の不当な影響に服することなく、自律的に判断する能力を十分に備えているからという点に求められるはずである。

52） 民集65巻2号755頁。本判決については、さしあたり、長谷部恭男「1人別枠方式の非合理性―平成23年3月23日大法廷判決について」ジュリスト1428号（2011）48頁以下参照。

6　選挙は民主主義のすべてではない

とはいえ、あらゆる有権者が常に一般利益を実現すべく投票するという想定にもとづいて制度を設計するのは夢想的にすぎる。特殊利益にもとづく投票行動が存在することは否定しがたい事実であって、一般意思の形成のために命令委任が否定されるべき理由の一部は、そうした観察にもとづいている。しかし、国会議員はあくまでそうした特殊利益ではなく、全国にわたる社会公共の利益にもとづいて審議・決定すべきだという最高裁の示す理念を正面から否定することは困難であろう。この理念に近づいていくための手段として、何が考えられるであろうか。以下では、2つの手段——選挙を通じた代表民主政の質の向上を図る方法と、代表民主政を補完する制度を整備する方法とを紹介する。

(1) 代表民主政の質の向上

第1に、ブルース・アッカーマンとジェイムズ・フィシュキンが提唱する「討議の日 deliberation day」にみられるように、有権者の投票行動を中長期的な国民全体の利益を熟慮したうえでのそれへと誘導する仕組みを導入することが考えられる[53]。彼らの提案する討議の日は、アメリカ合衆国でいえば、大統領選挙を典型とする国政に関わる投票日の2週間前に2日間にわたって設けられる。警察・消防のような必須の公共サービスに携わる人々をも含めて多くの人々の参加を可能にするためには、2日に振り分けた休日の設定が必要である。討議の日には、何が選挙の主な争点であるべきか、対立する候補は、それらの争点についてどのような態度をとっているか等の問題について、地域ごとに約500人の単位で討議を行う集会が開催される。有権者は、集会への参加を義務づけられるわけではないが、参加した場合には、150ドルの日当が支払われる。

集会では、主要な候補者について、各自の想定する主要な争点とそれについての考えがテレビ討論を通じて紹介された後、15人程度に分かれた

53） Bruce Ackerman and James Fishkin, *Deliberation Day*（Yale University Press, 2004）.

小集会と、500人規模の全体集会が交互に開かれ、有権者の討議の中から浮かび上がってきた争点の提示と、それに対する各党の代表者の答弁とが行われる。最後に、結論を明らかにするための投票が行われるわけではない。討議の目的は、投票日に向けて有権者の知識と関心を高めることにある。結論が明らかになるのは、あくまで投票日である。

アッカーマンがたびたび指摘するように[54]、あらゆる人には、自分自身や自分の身近な人々の利害を追求しようとする性向と、社会全体の公益を追求しようとする性向の、2つの側面がある。政治過程において、人々に公的側面の発揮のみを要求するのは非現実的である。他方、政治が常に私的利害の反映と妥協にとどまるのでは、夢がなさすぎる。「討議の日」は、公共の利益を追求しようとする市民の意識を覚醒させ、政治をそうした市民の手に取り戻すためのアイディアである。

(2) マニフェスト選挙の功罪

しかしながら、政策の選択と選挙での投票とを結びつけることが、必ず民主政の質の向上をもたらすわけではない。政権獲得時の政策に固着することは、非合理なまでに政権運営の硬直化を招くことがありうる。

2009年の総選挙で政権を獲得した民主党は内部対立を繰り返し、政権を支える与党としての態勢を明確に整えることができなかった。内部対立の1つの分岐線は総選挙時のマニフェストにどこまでこだわるかであった。政治はしょせん、可能な範囲内でより悪くない選択をする技術であるから、実現不可能だとわかった公約や、税金の無駄遣いとしか考えられない公約は考え直すのが道理にかなった政治の道筋のように思われる。ところが、選挙民への約束なのだから、あくまで遵守すべきだというマニフェスト原理主義者とでもいうべき一群の人々がいた。

マニフェストは政党が選挙に勝つための道具のひとつである。結衣、真

---

54) アッカーマンは、人々が自分自身や自分の周辺の人々の利益のみの実現を図ろうとする通常政治（normal politics）と、社会全体の利益のために政治制度の根本的改革の実現を図る憲法政治（constitutional politics）とを区別する（Bruce Ackerman, *We the People, volume I: Foundations*（Harvard University Press, 1991）Part II）。一国の歴史において、憲法政治の機会は稀である。アッカーマンは、アメリカ合衆国では、建国時、南北戦争、ニューディールの三度、憲法政治の機会が訪れたとする。

	A	B	C
結衣	＋3	－1	－1
真央	－1	＋3	－1
樹里	－1	－1	＋3

央、樹里の3人の有権者がいるとしよう。彼女たちはそれぞれの属する利益集団を代表していて、いろいろな政策について各集団のメンバーと同一の選好をもっているとする。今、A、B、Cの3つの政策について、3人が図のような選好をもっているとする。

A、B、Cをそれぞれ別個に投票にかけると、いずれも2対1で否決される。たとえば、政策Aに賛成しているのは結衣だけである。しかし、3つの政策をパッケージにしたマニフェストを作ると、3人ともそれには＋1（＋3－1－1＝＋1）の評価を与えるので、全員の賛同を得ることができる。つまり、特定の政策について強い選好を持ったさまざまな利益集団を糾合して選挙に勝つためには、そうした政策をまとめてパッケージにしたマニフェストを掲げて選挙戦を戦うことが効果的である。多くの利益集団は特定の争点については強い選好をもつが、他の論点については（たとえ否定的であるとしても）さして強い意見はもたない。固定票・組織票を固めるにはマニフェストは有効な手段となる。しかし、選挙が終わり、いざ政策を立案・実行する段階になって、マニフェストに掲げられた個々の公約について国民の多くが賛成しているかとなると、それは別である。ある世論調査によると、2009年の総選挙で民主党に投票した人の中で、民主党勝利の要因として「マニフェストへの期待」を挙げた人は1割にすぎない[55)]。

選挙は固定票だけでは勝てない。「風」が吹くこと、つまり大量の無党派層の支持も必要である。政府内や与党の執行部にいる人たちは、政権を維持するため、そして次の国政選挙に勝つために、なんとか無党派層の支持を得ようと考えるはずである。実現不可能な公約、国民の多くが賛成できないと思う公約については、再検討すべきだと考えるのが自然である。

しかし、陣笠議員が毎週のように選挙区に帰って会う人々は、マニフェストに掲げた公約があったからこそ支持をした利益集団のメンバーや、マ

55） 加藤元宣＝藤岡隆史「政権交代の背景と選挙結果への評価」放送研究と調査2009年11月号10頁。

ニフェストを吹き込まれたからこそ応援している支援者たちであろう。そうした選挙で手足になってくれる人たちが離反したのでは、次の選挙は戦えない。「風」が吹くかどうかは政府や党執行部の責任であって、自分たちにできることは、足元の支援者たちの支持をまとめることである。彼らがマニフェストにこだわるのは、彼らの論理からすれば理にかなっている。しかし、それが国民全体の利益にかなうかどうかは別の話である。

マニフェストは、政権を獲得しようとする党にとってはその実現方法のひとつとなり、野党にとっても政権与党を攻撃する手段となる。野党が政府の政策をマニフェストに反するとして批判・攻撃し、政策を変更するのであれば解散・総選挙を行って有権者の審判を仰ぐべきだと主張するのは、日本に限ったことではない[56]。マニフェストの政争の具としての有効性と、中長期的な国民の利益を実現するための有効性は、区別して論ずる必要がある。

代表民主政では、選挙を通じて代表を選出し、次の選挙に至るまでの政治運営を「信託」する。代表の任期の中途で、当初のマニフェストがどこまで忠実に執行されているか、または、その時々で変化する有権者の声にどこまで敏感に代表が応えているかを事細かに吟味するよりはむしろ、次の選挙時に任期中の代表の仕事を総括し、中長期的な全国民の利益の実現にいかに貢献したかが審査されるべきである。命令委任を否定する代表民主政は、一定期間の「信託」を想定している。短期的な結論をその時々で求めるポピュリズムとの違いはそこにある[57]。代表は有権者団の単なる「使者」ではない。

（3）カウンター・デモクラシー

有権者のその時々の声を国政に反映することは、かならずしも中長期的な全国民の利益の実現につながらない。しかし、議会の任期中の国政運営については政府および議会多数派を信任すれば足りるというのも極論にす

56） イギリスの事例として、さしあたり、長谷部恭男「現代議会政における解散権の役割（2・完）」国家学会雑誌 97 巻 3=4 号（1984）259 ～ 261 頁参照。

57） Cesare Pinelli, “The Populist Challenge to Constitutional Democracy” *European Constitutional Law Review*, vol.7, no.1, pp.10-12（2011）.

ぎる。どうすればよいであろうか。

1つの方策として、選挙による民主政のプロセスを整序し、補完し、嚮導するその他の制度を構想することが考えられる。この点で参考となるのが、ピエール・ロザンヴァロンが指摘するカウンター・デモクラシーの観念である[58)]。彼によると、カウンター・デモクラシーとは、民主政の対立物ではなく、選挙を通じた通常の民主政を支え、補強する民主政の形態である。それは社会全体に拡散し、制度の面でも活動の面でもさまざまな形をとる。

選挙によって代表を選出し、次の選挙に至るまでの政治運営を信託する民主政の観念は、実は民主政社会の一面のみに着目するものであり、こうした代表民主政の局面以外においても、プレス等の中間団体による政治への働きかけや市民の直接行動、陪審や労働審判等を通じた陰の立法活動等、民主政は多様な主体による多様な活動に支えられて成り立っている。中でも、ロザンヴァロンが注目するのは、為政者を監督し、評価し、その行動を嚮導する制度群で、古代ギリシャ・ローマの監督官や護民官から始まり、専門知識に依拠して活動する現代の独立規制機関に至るまで、歴史や社会を超えて多様な形態が試みられてきたことが指摘される[59)]。

カウンター・デモクラシーに関するロザンヴァロンの見解は、モンテスキューに始まり、コンスタン、ギゾー、トクヴィル等を経てフランスの思想界に連綿と流れる自由主義の伝統に連なっている[60)]。選挙を通じた民主

58） Pierre Rosanvallon, *Counter-Democracy: Politics in an Age of Distrust*, trans. Arthur Goldhammer（Cambridge University Press, 2008）. マルセル・ゴーシェ（富永茂樹ほか訳）『代表制の政治哲学』（みすず書房・2000）が、立法権・執行権等、主権者たる人民の授権を受けた権力に加えて、これらの権力が授権の範囲内にとどまるよう監視し、ときには人民に訴えかける第3の権力が必要だとする主張とも重なりあう。

59） Rosanvallon, *ibid.*, Part I.

60） 貴族階級等の中間権力が弱体化し、平等化へと向かう近代社会において、強大な政治権力から人民の権利や自由をいかにして守るかが、フランス自由主義思想の一貫した問題意識であった。この点については、さしあたり、長谷部恭男「モンテスキューとトクヴィル」同『続・Interactive 憲法』（有斐閣・2011）第16章参照。関連する論点として、樋口陽一の指摘するトクヴィル＝アメリカ型デモクラシーの機能がある。そこでは、人民が自由に結集して形成される各種の中間団体が、伝統的中間権力に代わって人民の権利と自由の保護者となる。樋口陽一『近代国民国家の憲法構造』（東京大学出版会・1994）第Ⅱ章参照。

政は、大部分の市民が社会全体の中長期的利益の実現を志して政治に参加するときにこそ適切に機能する。しかし、こうした市民の徳はそれ自体、稀少な資源であり、常時世に広く行き渡っていると想定すべき理由はない[61]。モンテスキューが指摘したのは、革命前の君主政フランスにおいて、自己の名誉欲を追求する貴族等の中間的権力の活動が、意図せざる効果として、国民の権利自由の確保につながることであった。共和政国家と違い、稀少な資源である徳を大量に消費することなく、君主政は大きな仕事をなしとげることができるというわけである。トクヴィルがアメリカで観察したのも、プレスをはじめとする多様な結社のそれぞれの利益や目的を追求する活動が、弱体化したかつての貴族層に代わって、国民の権利自由を確保する事実であった。

将来世代の利益を「有権者の声」という形で個々の国会議員に伝達し、その行動に反映することが困難なのであれば、ここでも、将来世代の利益の公正な利益を国政に反映するため、代表民主政の過程を補完し、嚮導する制度を設営することが考えられる。世代会計の考え方等を勘案しつつ、世代間衡平について党派政治から独立した立場から助言を行う第三者機関の設営は[62]、そうした構想のひとつである。

選挙なくして民主主義はない。しかし、選挙は民主主義のすべてではない。

61） モンテスキューはすでに、彼の時代において「祖国への愛、真の栄誉への欲求、自己放棄、自己のもっとも大事な利益の犠牲」といった徳について、「単に話を伝え聞いただけ」のものにすぎないと指摘する（『法の精神』第３篇第５章）。

62） 國枝繁樹教授が内閣府「経済社会構造に関する有識者会議」の財政・社会保障の持続可能性に関する制度・規範ワーキンググループに提出した資料では、「世代間公平確保委員会」の設置が提案されている〈http://www5.cao.go.jp/keizai2/keizai-syakai/k-s-kouzou/shiryou/wg2-1kai/pdf/4.pdf〉。

第8章

危機と国民主権

基盤のゆらぎと選挙

只野雅人

東日本大震災と福島の原発事故は、人と地域といった選挙・民主主義の基盤をゆるがし、選挙を通じた民意の把握のむずかしさを、顕在化させた。しかしこれらの問題は、政治的に等価な個人を基礎とし、安定的な実質をもたない普通選挙という仕組みが、構造的に内包する問題でもある。以下では、選挙が行われる選挙区という人為的な区画を手がかりに、数年に一度、さまざまな制約のもとで選挙人に選択を求める選挙という仕組みを通じ、いかに民主主義の実質とでもいうべきものを作り出していくのかを考えてみたい。選挙の便宜的な区画が、同時に地方自治の区画と重なりあうことが多いだけに、ともすれば一定のまとまりや共通性が所与のものとして想定されがちである。しかし、それらは、それぞれが利益や意見を異にする等価な個人の主体的選択を通じ、常に再編されるものであること、そして共通性やまとまりも常に構成されていくものであることを、確認する。

1　はじめに

2011年3月11日の東日本大震災、そして福島の原発事故は、日本の民主主義のあり方に深刻な問いを突きつけた。日本における民主主義の意義それ自体が、さまざまな面で厳しく問われているように思われる[1)]。それら全体をとりあげることは、もちろん本稿の射程を超える。またとりわけ、被災地の現状を前に、はっきりした展望を提示することはむずかしい。本稿の目的は、未曾有の事態を通じ垣間見えた、従来より伏在する民主主義の基盤と関わる問題について、限られた視角より検討を加えることである。検討の手がかりとしてとりあげるのは、民主主義の基盤を生み出す選挙である。検討に先立ち、いくつかの限定を行っておきたい。

本稿はタイトルに「国民主権」を掲げている。国民主権はもとより多義

1）　森英樹=白藤博行=愛敬浩二編『3・11と憲法』（日本評論社・2012）58頁以下などを参照。

的な概念である。主権の主体として政治的意思能力を有する者の総体（「人民」）と国籍保持者の観念的総体（「国民」）のいずれを前提とするか、「主権」が公権力の組織に関わる規範的要請をどこまで含みうるかなど、論ずるべき点は少なくないが[2)]、本稿ではこれらの問題は直接扱わない。焦点を合わせてみたいのは、国民（人民）主権と密接に結びつく普通選挙という仕組みが前提とする観念――政治的に等価な個人を基盤とした政治的意思形成――である。それは「人民」を主権の主体として想定する場合明瞭に現れるが、程度の差はあれ、個人のみを主体として想定する主権原理に共通する問題でもある。以下では基本的に、日本国憲法にならい「国民主権」の語を用いるが、その際にはそうした個人主義的な主権原理を念頭においている。

また、国民主権から選挙を論じようとする場合、通例想定されるのはまずは国政選挙であるが、震災後に行われたのは地方選挙である。地方選挙の問題を論じようとすれば、本来は地方自治自体に関する原理的な考察も必要となろう。必要な限度で論及はするが、本稿ではこうした問題自体はやはり直接には検討しない。主軸はあくまで選挙である。

まずは震災後の選挙が可視化した問題について、事象の記述や分析がいささか印象主義的ではあるが、筆者なりの視点から概観してみたい。選挙という視点だけからみても、問題はさまざまであり根深い。

2　震災後の選挙

(1) 基盤の不安定化

a) 人と地域――被災県をめぐって　　翌月に統一地方選挙が予定されていたこともあり、震災（地震のみならずその後の原発事故をも含む。以下同じ）は、とりわけ被災県の選挙をめぐって、しかしまたそれ以外の地域の選挙に対しても、深刻な問題を突きつけた。

被災県の選挙をめぐってはまず、選挙の基盤である選挙人をどのように

2） 只野雅人「日本国憲法の国会」杉原泰雄=只野雅人『憲法と議会制度』（法律文化社・2007）119頁以下。

確定するのかが大きな問題となった。津波によって、人口の多くが失われた地域がある。また多くの人々が本来の居住地から離れ生活することを余儀なくされている。人口の流出も続いている。さらに原発事故は、地域全体あるいは地方公共団体それ自体の「移転」をも余儀なくした。

「一定の限定された地域（領土）を基礎として、その地域に定住する人間が、強制力をもつ統治権のもとに法的に組織されるようになった社会」[3]というのが、代表的体系書がその冒頭に掲げる国家の「社会学的」な定義である。国と地方公共団体の統治権の性格の異同という難題をひとまずおき、地方公共団体を国家になぞらえることが許されるならば、一定の地域と人（集合的な意味での）という民主主義の安定した基盤が大きくゆらいだのだ、ということもできよう。地理的単位とそこに居住する選挙人によって行われる選挙もまた、そうした安定的基盤を前提としている。選挙は行われたが、「一定の限定された地域」と「その地域に定住する人間」のつながりは、依然として完全には修復されないままである。

震災後には「きずな」ということばがさかんに用いられた。所与と考えられてきたさまざまな前提が大きくゆらいだ中で、通常はさして意識されないもののあり方が、あらためて強く意識されているように思われる。「きずな」ということばが用いられる位相はさまざまであり、その含意も一様ではないが、本稿の文脈に即してみても、地域と人とのつながりの不安定化を前に、通常は当然の前提とされているもの――一定の地域に居住する人々の紐帯となるもの――のあり方が、問題として可視化したようにもみえる。

選挙は、ある地域に住所を有する個人が共通の意思の形成に参加する行為であるということもできる。「全国民を代表する議員」（憲法43条）を選挙する国政選挙であれば、どの地域で投票するかは問題ではないともいえよう。特に現行の参議院比例代表選挙のように、全選挙人を1つの単位として選挙が行われる場合には、人と地域のつながりを意識する意味は乏しい。しかし国政選挙においても、選挙区を区切る場合には、その画定を

3） 芦部信喜（高橋和之補訂）『憲法〔第5版〕』（岩波書店・2011）3頁。

めぐりある種の地域的なまとまりが前提とされてきた。地方選挙の場合には、選挙を行う地理的単位が自治の単位（地方公共団体）それ自体と重なりあうことが少なくないだけに、なおさらそうしたまとまりや選挙人の地域への帰属が、共通の意思形成の前提として想定されやすいように思われる。

選挙区として用いられる地理的単位の境界や選挙人――「一定の限定された地域」と「その地域に定住する人間」――は、もとより変動しうる。また居住地の選択は、基本的には本人の意思によるものである。しかしながら、震災あるいは原発事故は、多くの人々が居住地を離れることを余儀なくした。選挙を通じて共通の意思を形成する基盤の意味が、あらためて問われているように思われる。

b)「空の器」――近時の選挙をめぐって　もっとも、民主主義の基盤の不安定化という問題は、必ずしも、震災後に限られるわけではない。人と地域という基盤とは位相を異にするものの、この間の国政、あるいは地方政治をめぐっても、投票行動の流動化や不安定化が観察される。国政では、2005年のいわゆる郵政選挙以降、選挙のたびに投票行動が大きくスイングし、国会両院の議席分布に大きな変化が生じている。地方でも、ポピュリストと形容される首長が選挙で勝利をおさめるなど、政治の構造が変動している[4)]。

こうした現象を記述するにあたっては、もちろん本来は客観的な分析をふまえる必要があるが[5)]、その背景のひとつに政党の基盤の脆弱化という問題があることは、否定できないように思われる。たとえば高見勝利は、日本社会が「粘土」から「砂」に変質したとの中曽根康弘のことばを引きつつ、「団体や組織、地縁や血縁といった従来社会的活動を支えてきた基盤が液状化し、政党の社会的統合力が衰退した」と指摘する[6)]。それはま

4）榊原秀訓編『自治体ポピュリズムを問う―大阪維新改革・河村流減税の投げかけるもの』（自治体研究社・2012）など参照。

5）たとえば特に注目を集める大阪をめぐり、2011年ダブル選挙の投票行動を分析する、松谷満「誰が橋下を支持しているのか」世界832号（2012）108頁参照。

6）高見勝利『政治の混迷と憲法―政権交代を読む』（岩波書店・2012）33頁。

た、選挙人の意思をとらえる手がかりとなる「指標」[7]の相対化をも意味している。

1990年代はじめの政治改革以降、「国民の政治的意思を集約するための組織を有し、継続的に相当な活動を行い、国民の支持を受けていると認められる政党等が、小選挙区選挙において政策を掲げて争うにふさわしい」[8]との認識のもと、衆議院議員選挙が政権交代選挙と位置づけられ、選挙運動、政党助成、政治資金法制など、「政党本位」の法制度が導入されている。そうした「政党本位」の法制度が、かえって、制度上想定あるいは期待されていたはずの政党と現実の政党との乖離を際立たせているようにも思われる[9]。

もちろんこうした現象は、日本に限ったものではない。普通選挙の定着期に、階級、地域、宗教など、さまざまな社会内部の対立が基盤となって、一定の社会構造を反映した組織として政党が形成されてきたヨーロッパ[10]においても、つとに同様の現象が指摘されてきた。社会構造の変化や流動化の中で、社会基盤が脆弱化した政党が、他方で制度上重要な地位を占め、公的リソースを独占する現象が、政党の「カルテル化」として問題とされてきた[11]。カルテル化は、政治改革以降の日本についてもつとに指摘され

7） 世論調査では「政党支持」という指標が用いられるが、「支持」にも濃淡があることにつき、谷口将紀「政党支持概念に関する一考察」選挙62巻1号（2010）5頁。

8） 最大判平成11年11月10日民集53巻8号1704頁。

9）「政党本位」については、只野雅人「日本国憲法と政党」國分典子=申平=戸波江二編『日韓憲法学の対話Ⅰ　総論・統治機構』（尚学社・2012）189頁でも検討を加えている。

10） ヨーロッパでは普通選挙の定着期、中央と周辺、教会と国家、地主と産業資本、資本家と労働者といった社会的な「亀裂（cleavages）」が、安定した政党システムを生み出したとの仮説につき、Seymour M. Lipset and Stein Rokkan（eds.）, *Party Systems and Voter Alignments : Cross-national Perspectives*（Free Press, 1967）, 岩崎正洋『政党システムの理論』（東海大学出版会・1999）67頁以下、Peter Mair, *Party system change: Approaches and Interpretations*（Clarendon Press, 1997）p.3 et s. などを参照。

一方、マナンが指摘するように、「選挙の外で市民大衆が共有する複数の亀裂が相違の本質的な資源である」ような時代とは異なり、今日では「選挙に先立って存在する亀裂線は数多く、それぞれが重なり合わない」という状況が現出している。Bernard Manin, *Principe du gouvernement représentatif*（Frammarion, 1996）pp.285-286.

11） Mair, *ibid.*, p.151.

てきたところである[12]。「空の器」[13]——一定の社会構造にもとづく実質を有するヨーロッパの政党と対比して、さまざまな利益の「代理人」となるアメリカの政党（もちろん比較の問題であって、文字通りの「空の器」ではないが）を記述するために用いられたこの表現は、今日の日本の二大政党に、より一層あてはまるように思われる。

こうした基盤の不安定化は、ポピュリズムと形容される政治現象とも無縁ではないが[14]、それはまた、次にみる選挙と「民意」をめぐる問題にも深く関わっているように思われる。

(2) 選挙と民意

a) 公明・適正な意思表明——選挙の条件　震災と原発事故の直後という例外的状況のさなか、どこまで選挙の実施が可能なのかという点も、大きな問題となった。被災県については、二度にわたり、選挙を延期する立法措置がとられた。被災県ではとりわけ、有権者の確定をはじめ、選挙実施に対するさまざまな障害から、正規の選挙の実施に至る道程は、きわめて険しいものであった。選挙情報の周知、選挙区の区域外での選挙運動や投票の組織、あるいは投票所への有権者の移動など、通常にはないさまざまな困難が生じている[15]。短期間で選挙を実施しえたのは、驚くべきことでもある[16]。とはいえ、例外的な状況の中で、しかも未曾有の震災と原発事故という難題を前に、候補者が明確なヴィジョンを提示することも、ま

12）高見勝利『現代日本の議会政と憲法』（岩波書店・2008）110頁以下。高見はさらに、「ベンチャー企業型政党」というモデルにも言及する（高見勝利「市民社会・国家・政党のトライアド—『カルテル政党』と『ベンチャー企業型政党』の出現」樋口陽一ほか編『国家と自由・再論』（日本評論社・2012）345頁）。

13）Mair, *supra* note 10, p.151.

14）只野雅人「ポピュリズムと民意」中田康彦=佐貫浩=佐藤広美編『「教育改革」が問う教育と民主主義』（かもがわ出版・2012）41頁。

15）被災県の地方選挙をめぐる実務的総括として、安本康浩「東日本大震災東北3県被災地の選挙を終えて」選挙65巻5号（2012）22頁。

16）被災県各地の選挙管理委員会が直面した問題について、尾形将敏ほか「東日本大震災東北3県被災地の選挙(1)—岩手県・陸前高田市・大槌町」選挙64巻12号（2011）17頁、高橋治彦ほか「同(2)—宮城県議会議員選挙・市町村での“選管の絆”」選挙65巻2号（2012）8頁、山崎真吾ほか「同(3)H23.11.20福島県議会議員一般選挙の管理執行について—原子力発電所の事故により全住民が避難している町村がある中で」選挙65巻3号（2012）3頁。

た有権者が明確な選択を行うことも、容易ではなかったはずである。

被災県以外の地域ではほぼ予定通り、選挙が実施された。しかし、選挙をめぐる情景は、通常とはずいぶんと異なっていた。2011年の統一地方選挙をめぐっては本来、政権党に対する評価、ポピュリストと形容される首長への支持、あるいは彼らが組織した地域政党の進出など、国政とも関わる重要な争点が存在していた。危機の中での選挙では、それらが後景に退いてしまったようにも思われる。「自粛ムード」[17]もあって、静かな選挙戦が展開された。公職選挙法は、「選挙が選挙人の自由に表明せる意思によつて公明且つ適正に行われることを確保し、もつて民主政治の健全な発達を期すること」を、目的として掲げている（1条）。実質的にみて、「自由」「公明且つ適正」に、選挙人がどのような意思を表明したのか、あるいはしえたのか、震災後の選挙が、被災県に限らず困難な問題を惹起したことは否定できない。

もちろん、そうした状況の中で選挙を行うべきでなかったと、簡単に結論づけるわけにはいかない。震災直後、選挙延期の措置を被災県以外にも拡大する必要性があるのではないか、という点が議論となった。記者会見（2011年3月15日）[18]でこの点を問われた片山善博総務大臣は、選挙とは民主主義社会において「自分たちで、いわば権力を作り上げる」作業であり、一定期間権力を託して任期が来たら「新しい権力をまた作り上げる」のが守るべき「鉄則」であると指摘している。片山総務大臣はまた、被災地の選挙の延期についても、「一日も早く選挙をすることによって、住民の皆さんの信託を受けた代表者が、必要な、重要な仕事をやっていく」という状態を作らなければならないと述べている。

「震災後」の政治のあり方を考えれば、このような時期にこそ重要な政治的決定の民主的基盤が――それを形成する選挙が――必要なのだという面は、否定できないように思われる。そうした状況だからこそ、選挙が「法に基づく今の生きた意思を確認する重要な契機になるのではない

17）人羅格「異例ずくめだった大震災直後の平成23年統一選」選挙64巻6号（2011）23頁。
18）〈http://www.soumu.go.jp/menu_news/kaiken/42226.html〉.

か」[19]という指摘の意味は重い。しかしなお問題となるのは、選挙人がどのような意思を表明したのか、あるいはしえたのか、という点である。問われているのは、選挙をいつまで延期すればよかったのかという問題だけではない。選挙を延期しても、選挙人の意思を見定めることがどこまでできたのかという問題はなお残る。

以下では、正規の選挙を通じ表明される有権者の意思だけでは十分に汲み尽くすことのできない、主権者・国民あるいは住民の意思や意見の多様性・可塑性を考慮し、選挙で表明される意思だけでなくそれらをも包摂しうるものとして、あいまいではあるが、「民意」ということばを用いることにしたい。震災後に顕在化したのは、選挙された代表と、まさにそうした意味での民意とのずれであるように思われる。選挙では正面から問われなかった原発問題をめぐる主張が、その後さまざまな形で表出しているのは、象徴的な現象である。統一地方選挙が延期されていれば、あるいは震災後に衆議院が解散されていればこうしたずれが解消していた、とは考えにくい。

b）選挙と直接行動——選挙後をめぐって　大阪市、東京都では、それぞれ有権者の50分の1という法定数を超える署名を集めて、原発の是非を問う住民投票条例制定についての直接請求がなされている。静岡県でも浜岡原発の再稼働の是非をめぐる住民投票条例制定の請求が行われている。さらに、新潟県でも同様の請求をめぐる手続が進行している（2012年10月13日現在）。大阪市、東京都、静岡県では、いずれも議会が条例案を否決しているが、多数の署名が短期間で集まった意味は無視しえない。国のレベルでも、諮問型の国民投票制度の制定を求める動きがある[20]。

原発をめぐってはさらに、各地での再稼働に反対するデモや集会が、かなりの規模で繰り広げられている。2012年6月の大飯原発再稼働反対をめぐる大規模な集会や首相官邸を取り囲むデモは、「紫陽花革命」ということばをも生み出した。従来の日本のデモや集会とは異なり、組織的な基

19）新井誠「3.11大震災と選挙」法学セミナー別冊『3・11で考える日本社会と国家の現在』（日本評論社・2012）145頁。
20）代表的なものとして、今井一『「原発」国民投票』（集英社新書・2011）。

盤とは離れた多様な層の参加があることも指摘されている[21]。

直接請求の制度、あるいは国民投票と、制度の枠の外で展開されるデモや集会の意味合いは異なるが、こうした「直接行動」は、選挙を中心に理解される代表民主制の限界や機能不全を象徴する出来事であるようにみえる[22]。選挙された代表者と「民意」との乖離ということもできよう。震災後の危機的で複雑化した状況が、民意の把握を一層困難にしていることは否定できない。2011年の統一地方選挙後には、一定の地域内における、あるいは地域を越えた、さらには国と地方双方にわたる、複雑な意見と利益の分岐が顕在化しているように思われる。たとえば「復興」という最重要の課題をめぐっても、民意を見定め、合意を作ることは容易ではない。しかしそれはまた、選挙で表明される民意を把握する指標の不安定化、民意の流動化といった形で、近時、意識されてきた問題でもある。

(3) 選挙の意味

以上、震災後の選挙について概観してきたが、そこから浮かびあがる制度上の課題は数多い。たとえば、例外的な状況のもとで実施された選挙をめぐる制度上の問題を検証し、「公明且つ適正」な選挙手続のあり方を検討することが考えられる。それらは単に技術的課題にとどまらず、「自由」「公明且つ適正」な、選挙人の意思の表明とも関わっている。

こうした新たな問題に加え、そもそも、現行の選挙制度それ自体のうちに、「自由」「公明且つ適正」な選挙人の意思の表明を妨げ、選挙と民意のずれを生み出す要因があるのではないかという点も、あらためて問われるべき問題である。たとえば選挙運動をめぐっては、選挙の「公正」を重視し「一律平等に不自由」な運動を強いる現行公職選挙法の規定のあり方が、かねてより問われてきた[23]。衆議院議員選挙に関しては、政治改革で導入

21) 雨宮処凛「デモのある生きづらくない町―壮大な直接民主主義の実践に寄せて」世界834号(2012)146頁など。

22) たとえば、2012年7月30日付朝日新聞朝刊社説「国会を包囲する人々―民主主義を鍛え直そう」。〈3.11〉後のデモや直接行動の意味をめぐっては、五野井郁夫『「デモ」とは何か 変貌する直接民主主義』(NHK出版・2012)185頁以下、小熊英二『社会を変えるには』(講談社現代新書・2012)などを参照。

23) 奥平康弘『なぜ「表現の自由」か』(東京大学出版会・1988)180頁。

された政党本位の選挙運動規定が、既成政党を過剰に優遇する効果をもっていないかが、やはり問題となってきた[24]。選挙区間の投票価値の不均衡の問題も、震災後の最高裁判決[25]が指摘するように、選挙の正統性そのものと関わる問題を含んでいる。さらに、選挙と民意との関わりでは、国会両院の選挙制度（選挙区制、代表方法）をどうするのかという点も、国政上重要な課題となっている。制度をめぐる課題は山積している。

他方では、選挙という仕組みのあり方を論じる以前に、むしろ今日我々が直面しているその限界を直視すべきだ、という指摘もありえよう。そこから導かれる処方箋は、広い意味での民意を汲み上げる、選挙以外の回路に着目してみる、ということである。

たとえば、人と地域のつながりという問題についてみれば、被災したそれぞれの地域においてさまざまなレベルで、さまざまな形でのコミュニティの維持・再生の試みが始まり、あるいは続いている。民主主義の基盤の修復や再生は、いうまでもなく、選挙が行われる地理的単位のみを前提に行われるものではない。憲法論としても、コミュニティ論の重要性が指摘される[26]。さまざまなレベルでのコミュニティの形成は、制度化された一定の地理的単位の枠にとらわれない関心や利益の形成を可能にする。コミュニティ論は、人権の領域のみならず、民主主義の領域でも重要な意味をもつように思われる。

また（2）b）でみたように、原発やエネルギー政策をめぐり、選挙という回路にはおさまらないさまざまな民意が、直接請求という制度を通して、またあるいは非制度的なデモや集会といった形で、表出していること

24） 最大判平成11年11月10日民集53巻8号1704頁に付された、河合・遠藤・福田・元原・梶谷5裁判官の反対意見など参照。

25） 最大判平成23年3月23日民集65巻2号755頁。なお、直接行動と選挙との連携の前提として現在の選挙制度の問題を検討する、辻村みよ子「カウンター・デモクラシーと選挙の効果的協同へ」世界835号（2012）199頁をも参照。

26） 駒村圭吾「ポスト3.11のコミュニティ—憲法学の情報系・空間系・時間系」法律時報84巻5号（2012）1頁。もっとも、既存の共同体が所与として想定される場合には、憲法学における近代立憲主義という前提との間で緊張も生じる（同論文2頁）。駒村は、情報、空間、時間という3つの軸から、所与の束縛から自由で柔軟なコミュニティの可能性を探ろうとしている。本稿の主題との関係でも、重要な視点が含まれる。

の意味も無視しえない。とりわけ後者をめぐっては、明確に主題化されてはこなかったものの、「投票権の行使を典型とする制度論のレベルにのぼってこない『民衆』の統治への影響力を『主権』の名において主張できる範囲を、どこまで広げるか」[27]という問題の所在が、樋口陽一によってつとに指摘されている。

熟議（討議）という視点から、表現の自由を通じて制度的な拘束を受けずに自由に表明される意見（民意）の意義を、積極的に認めようとする立場もある。制約のない「自由な意見交換から生まれた世論こそ、民主的正当性をもつ」との視点から、毛利透は、制度の拘束を受けない自由な意見表明をとりわけ重視する。そうしてさまざまに表出する意見からの「決定圧力」にさらされることで、「議会が民意をくみ取り反映するだけの議論を公開の場でおこなうことへの規範的要請は強まる」と毛利は述べる[28]。

震災後という限定を付さずとも、今日の日本の民主主義における選挙の意義が、色あせてみえることは否定しえない。1990年代初頭の政治改革以降、日本の議会制民主主義の運用において特に力点がおかれてきたのが、選挙（衆議院議員選挙）における政権選択であった。多数の選挙人の選択した首相・内閣が、官僚を使いこなしながら政治の主導性を発揮し、政権公約（マニフェスト）を実施していく、という構図である。衆参の「ねじれ」という要因はあるにせよ、2009年の政権交代選挙以降、そうした構図はそのままでは通用しにくい状況となっている[29]。震災後の状況は、さらに深刻である。

もちろん、それだからといって選挙の意義が否定されるわけではない。また、震災後の選挙や、選挙と民意をめぐる問題状況は、上述のような選挙制度をめぐる課題への対応を、喫緊のものとしている。しかしより本質的に問われているのは、今日選挙という仕組みに、どのような意味と可能性があるのか、という点であるように思われる。そこで本稿では、例外的

27）　樋口陽一『憲法Ｉ』（青林書院・1998）83頁。
28）　毛利透『民主政の規範理論―憲法パトリオティズムは可能か』（勁草書房・2002）279～280頁。
29）　マニフェスト選挙の意味と問題をめぐってはとりわけ、糠塚康江『現代代表制と民主主義』（日本評論社・2010）22頁以下を参照。

状況のもとで顕在化した、選挙の仕組み――普通選挙――の本質と関わる構造的な問題に目を向けてみたい。一言でいえば、その人為性と不安定さ、ということになる。それは、制度をめぐる諸課題を考える際にも、おそらくは前提となる事柄であろう。

3　普通選挙のアポリア

普通選挙という仕組みは、「政治的価値において平等」[30]な個人を基礎としている。フランスの歴史家ロザンヴァロンによる以下の指摘は、政治的等価性に根ざした普通選挙の本質を的確に示している。

> 政治的平等は、伝統的な政治体観とは完全に断絶して、人の間の資格の等価性のモデルを主張する。それは、社会的紐帯の形成について、原子的・抽象的枠組でしか定式化されえない。政治的平等は、……ラディカルな個人主義の視座においてしか考えられない[31]。

ここからは、少なくとも原理的には、政治的に等価な、したがってそれぞれの属性を捨象した抽象的個人のみを政治的意思形成の基礎に据えるという理念が帰結される。個人主義的代表観と呼ぶこともできよう。

個人主義的代表観をどこまで徹底するかは、もちろん、それぞれの国によって、あるいは憲法体制のいかんによって、決して一様ではない。社会の多元性を代表＝表象する指標に制度上の正統性が認められず、「個人のみが代表され、また代表されるに値する」という理念を公法上のもっともたしかな与件としてきた[32]フランスのような国では、等価な個人のみを基礎とする民主主義の安定的な実質の欠如が、強く意識されざるをえない。一方、「政治がより直接的に社会学に根を下ろす」[33]国にあっては、多元

30）最大判昭和51年4月14日民集30巻3号223頁。

31）Pierre Rosanvallon, *Le sacre du citoyen, Histoire du suffrage universel en France*（Gallimard Education, 1992）p.14.

32）Jean-Philippe Parrot, *La représentation des intérêts dans le mouvement des idées politiques*（PUF, 1974）p.1.

33）Pierre Rosanvallon, “Malaise dans la représentation” in François Furet, Jacques Julliard et Pierre Rosanvallon, *La République du centre: La fin de l’exception française*, édition augmentée

性あるいは多様性を手がかりに、民主主義の実質を想定しやすいかもしれない。個人には解消されない社会の多元性を、憲法秩序の構成要素に組み込み、代表基盤に反映させるといった選択もありうる。

もっともそうした国にあっても、民主主義の実質を埋めうる多元性の指標が不安定化すれば、普通選挙という仕組みが内包する不安定さが可視化することになる。近時の日本では、そうした不安定さが特に強く意識される状況にある。「市民は、社会生活が繰り広げられる網目から引き離されて、計数の単位と化する。数が実質にとって代わるのだ」[34] という指摘は、普通選挙という人為的仕組みが内包する不安定さ、所与の実質を欠いた「空隙（lieu vide）」の存在を、よく示している。

こうした問題は、西欧のみならず、普通選挙の黎明期の日本でも意識されていた。当時と現在の状況を安易に対比することはできないが、日本における男子普通選挙導入の年に公刊された著書の冒頭で、憲法学者・森口繁治は次のように述べている。

> 普通選擧は總ての公民を勝れた判斷力を有する哲人の如くに取扱ふ制度であるが、單に制度の上に於て、哲人の如く取扱ふことに依つて、其各個人が、實質的にも哲人になるものとは考へられない……。……主義と定見とを有せざる政党が、風向き次第と云ふより外はない選擧人を相手として、不合理な、非組織的な普通選擧を行うことに依つて、理想的な政治を實現しやうと云うが如きは、所謂木に縁つて魚を求むるの類である。

安定的な指標が存在しなければ、さまざまなニュアンスに富んだ民意をとらえることは容易ではない。例外的状況を契機として、普通選挙の黎明期に強く意識された問題が、あらためて顔をのぞかせているようにも思われる[35]。

以上のような意味での空隙の中に民主主義の実質を形成していくうえで、

（Calmann-Lévy, 1988）p.166.

34） Claude Lefort, *Essais sur le politique. XIXᵉ-XXᵉ siècle*（Seuil, 2001）p.30.

35） 引用は、森口繁治『比例代表法の研究』（有斐閣・1925）序3～4頁。今日のとらえがたい民意と選挙の関係をめぐる興味深い特集として、2012年4月22日付～25日付朝日新聞朝刊「カオスの深淵『選挙を疑う』1～5」をも参照。

選挙がどのような意味を果たしうるのか。これが後半で、考えてみたい点である。そうした実質の形成が選挙のみにかかるものでないことは、すでに述べた通りである。選挙は一定の期間ごとに、とらえがたい民意を制度的に画定する機会であるということもできるが、数年に1回の、しかも限られた候補者の選択という制約の中で行われる選挙だけで、民意を画定し尽くすことには無理がある。しかし選挙にはまた、そうした制約ゆえにこそ、重要な契機が含まれているように思われる。

実質の形成にあたり特に重要な意味をもつのは、先にもみた政党などの民意の指標のあり方であるが、それはやはり先にみたように、震災後にはじめて可視化した問題というわけではない。そこでここでは、2の冒頭でふれた、人と地域のつながりという問題を意識して、普通選挙の基盤である選挙区と選挙人を、考察の対象としてみたい。選挙区は、法的にみれば、その地域に住所を有する者から構成される便宜上の人為的枠組にすぎない。そうした枠組の中で、いかに民主主義の実質とでもいうべきものを形成していくべきかを、探ってみたい。その際の手がかりのひとつとするのが、不安定さという問題と直面せざるをえなかった普通選挙の黎明期における、選挙区をめぐる議論である。そこには「個人の数の数値的代表に基礎をおく普通選挙」[36)]――数の権力、特に多数を占めることになる労働者――に対する強い懸念も感じられるが、そうした保守的な側面の背後に、民主主義の実質をめぐる重要な視点が、含まれているように思われる。

4　個人の等価性と人為的区画

（1）選挙区と個人代表主義

まずは、選挙区という地理的単位の法的性質・本質について確認してみたい。その際には主として、国民主権の射程が直接に及ぶ国政選挙の選挙区を念頭におく。以下で論じる選挙区の性質は、基本的には国と地方で共通するが、地方選挙では、自治の単位自体が選挙の単位と重なりあうこと

36）Thomas Ferneuil, “La Crise de la souveraineté nationale et du suffrage universel” *Revue politique et parlementaire*, tome X, p.196（1896）.

が多いだけに、選挙区形成をめぐる原理とは異なる要素が顕在化しやすい。

公職選挙法は、選挙区について「選挙に関する区域」（第3章表題）、「選挙の単位」（12条表題）といった表現を用いている。その法的性質は、形式的には、「選挙手続上の便宜的な地理的単位」[37]にすぎない。かかる「地理的単位」の画定にあたっては、都道府県・市町村といった地方公共団体の区域あるいはその内部の行政区画が一般には基礎とされ、必要に応じその分割や統合などが行われる。選挙区形成の基礎単位となり、あるいは選挙区区分の基盤となるこの場合の地方公共団体や行政区画もまた、選挙という場面に限れば、「選挙手続上の便宜的な地理的単位」にすぎない。そこで当面、両者を一括して行政区画ということにする。選挙が自治の単位である地方公共団体と重なりあう区画で行われる場合でも、選出される議員は、あくまで地理的単位それ自体ではなく、その単位に居住する人あるいは有権者を代表する。こうした考え方を、個人代表主義[38]と呼ぶことにする。

個人代表主義は、当然のことながら、主権や代表といった、実定憲法のもとでの公権力の組織をめぐる基本原理とも深く関わっている。たとえば選挙区画定・議席配分をめぐる重要な原則である人口（あるいは有権者数）比例主義は、憲法上の投票価値の平等の要請の帰結であるが、同時にそれは、等質な個人のみをその主体とする主権原理、代表原理の帰結でもある。個人代表主義がどこまで徹底されるべきかは、もとより原理のみから一義的に定まるものではない。ここでは個人代表主義の射程を見定めるために、この考え方を少なくとも原理的理論的な次元では[39]もっとも徹底してきたフランスの議論を素材に、原理からの原則的要請と選挙区との関わりにつ

37） 林田和博『選挙法』（有斐閣・1958）102頁。

38） 「個人代表主義」の語は、森口繁治が用いるものである。森口は、ヨーロッパ中世の身分議会選挙においてとられた「選擧區代表主義（團體代表主義）」に対し、この語を用いている（森口繁治「選擧區の法的性質と其法定主義」法學論叢15巻6号（1926）78頁）。

39） 実定憲法上の制度の選択は、必ずしも原理からの帰結に忠実なわけではない。フランスの現行第五共和制憲法は、第二院である元老院を地方公共団体の代表としても位置づけている（24条4項）。

き、いま少しみておきたい。

普通選挙という仕組みは、「人の間の資格の等価性」を基礎としている。それは、純粋に個人主義的意味で理解される、国民主権・代表制とも不可分のものである。こうした政治的に等価な個人の総体としての「国民（人民)」（あるいは「住民」）を、居住地域を単位に地理的に区分したものが選挙区だ、ということになる。

以上のように理解される選挙区は、少なくとも法的性格という点では、個人の集合体の「単に実際的必要に応じた人為的区分」にすぎず、それは「いかなる自然的分割にも、利益の中心にも対応しない」[40)]。代表されうるのはあくまで、それぞれが政治的に等価な抽象的個人、すなわち「あらゆる集団の利益から引き離され、もっぱら、あらゆる市民と共通する資格において、国民の構成員の資格において、考えられる人間」のみである[41)]。フランスの古典的な憲法学体系書におけるエスマンの以下の指摘は、基本的には、日本国憲法のもとでの選挙区にもあてはまるものといえよう。

> 諸選挙区は選挙人団全体の分割にほかならない。それらは、結果として、同じ資格において選ばれる同じ資質の選挙人から、換言すれば単純に市民から、構成されねばならない。そうであるのは、分割が国民主権をその行使において変質させることなく割る場合のみである。部分は、全体のあらゆる資質を保持する限りにおいてのみ、そのようなものであり続ける[42)]。

エスマンは、かかる視点から、人口に比例した選挙区の画定をも主張する。人口上の不均衡は「部分」の性格を変質させ、特殊利益の介在を許す可能性があるというのである。「個人代表主義」にもとづき、議員が選挙区（地域）ではなく人あるいは有権者を代表することの重要な帰結が、人口あるいは有権者数を基準とする選挙区画定である。

（2）地理的単位の中立性

ところで、主権者あるいは自治の主体としての個人の集合体を選挙の単

40） Julien Laferrière, *Manuel de droit constitutionnel*, 2e éd.（Montchrestien, 1947）p.537.

41） *Ibid.*, p.536.

42） Adhémar Esmein, *Éléments de droit constitutionnel français et comparé*, 6e éd.(Sirey, 1914) p.302.

位に区分する際の基準は、少なくとも理論上は、居住地（地理的単位）だけではない。それぞれの個人の社会職業的利益を基準に、選挙の単位を構成するという考え方も存在した。利益代表・職能代表である。最終的には、利益ごとに区分された選挙区人団を地理的な単位で区分することが必要になるかもしれないが、まずは「利益」「職能」という尺度から、有権者全体を区分していくことが考えられることになる。

利益代表・職能代表と対置される場合、主権者あるいは自治の主体としての個人を地理的に区分する手法は、たとえば「議員の選挙については、職能代表制をとらず地域代表制をとる」[43]といった具合に、「地域代表」と呼ばれることもある。戦前から戦後初期にかけては、「地域代表」の語は、このような意味で用いられることが多かった。今日では、「地域代表」の語は、連邦国家にみられるような、一定の地域それ自体の代表という意味で用いられるのがむしろ通例と思われる。「地域代表」の両義性は興味深い[44]。「地域」ということば自体が、近接する場所に居住する人々の間に共通したある種のまとまりを、暗黙裏に想定させるのであろう。

では、選挙区画定にあたり地理的単位が用いられるのはなぜか。まず何より、選挙人がみずから投票所におもむくことを前提とすれば、同一地域に居住する選挙人をとりまとめるのが、実際上はもっとも現実的だからである。それは、あえて論ずるまでもない自明の事柄のようにも思える。しかし理由はそれだけではない。いま１つ重要なのは、「多數黨の立法による選擧區構成の Willkür を避けることが出来る」[45]からである。現実の選挙区は、もちろん、単なる個人の集合体ではない。その内部には、さまざまな利益が存在しうる。しかしそれだからこそ、中立的な基準あるいは単位にもとづいて、その区画が行われる必要がある。行政区画や地方公共団体といった既存の地理的単位の利用は、単なる便宜にとどまらず、選挙区

43） 林田・前掲注 37）98 頁。
44） 都道府県選挙区の立法過程では、もっぱら前者の意味で「地域代表」の語が用いられていることについて、大石和彦「『都道府県代表としての参議院議員』再考」上田章先生喜寿記念『立法の実務と理論』（信山社・2005）49 頁以下。
45）森口・前掲注 38）94 頁。

画定をめぐる「利益や意思の複雑な算術」[46]を回避するための手段でもある。政治的不均衡を生み出しうるゲリマンダリングの回避のため、政治的恣意が介在せぬよう行政区画を考慮することは、選挙区間の人口（有権者）較差が憲法上の許容限度内である限りは、許されると説かれることが多い[47]。

しかしながら実際には、現実に存在するさまざまな利益をまったく考慮することなく、選挙区を画定することは容易ではない。キムリッカは以下のように指摘している。

> 選挙区とは大体において同じくらいの大きさのものだと思われているが、我々はそれを、同じ数の市民を無作為に集めることによって作ろうとはしない。むしろ、選挙区の境界線は、選挙区内の人々ができるだけ一定の利益を共有し、その結果、それが立法において代表されることになるように引かれている[48]。

地理的単位の利用は、一定の地域に住む人々が一定の利益を共有しているという想定と切り離しにくい。こうした想定の意味について、「一定の限定された地域」と「その地域に定住する人間」のつながりという問題も念頭におきつつ、いま少し考えてみたい。

46） Pierre Rosanvallon, *La démocratie inachevée. Histoire de la souveraineté du peuple en France* (Gallimard, 2000) p.109. ロザンヴァロンは、このことばを、意思ではなく理性の主権を説くギゾーの代表観念――構成的なものではなく認識的なプロセスとしての――を論じる中で、用いている。「利益や意思の複雑な算術」に正面から向きあおうとすれば、代表のプロセスは認識的なものにとどまりえず、後述のように構成的な側面を帯びざるをえない。

47） 和田進『国民代表原理と選挙制度』（法律文化社・1995）176頁。1人2票に等しい2倍が許容限度の上限とされることも多いが、より厳格に人口（有権者数）比例を求める立場から、2倍未満でも「不均衡の合理性の論証」が必要であるとする説もある（辻村みよ子『憲法〔第4版〕』（日本評論社・2012）337頁）。

48） ウィル・キムリッカ（角田猛之=石山文彦=山崎康仕訳）『多文化時代の市民権―マイノリティの権利と自由主義』（晃洋書房・1998）201頁。

5 人為的区画と実質

（1）人為的区画と選挙人

4では選挙区をめぐる原理的な要請の射程について確認したが、選挙区における一定の利益の共有という想定の意味を考えるに先立ち、現行の公職選挙法における選挙区と選挙人の位置づけについても、簡単にみておくことにしたい。

公職選挙法は、国政選挙については、「日本国民で年齢二十年以上の者」を選挙人としている（9条1項)。地方選挙については重ねて、「引き続き三箇月以上市町村の区域内に住所を有する」ことが選挙人の要件とされている（同2項)。実務家による注釈書は、住所要件について、「地方公共団体のもつ地縁的特性」を考慮したもので、「その団体の住民として選挙に参与するためには、少なくとも一定期間をそこに住み、地縁的関係も深く、かつ、ある程度団体内の事情にも通じていることが必要であると考えられたからであろう」と、ひとまず指摘している。

地方公共団体の議員や長の選挙について、以上のような趣旨から、一定期間以上の居住が要件とされていることは、合理的であるようにも思われる。しかし法が定める一定期間は、従前のような年単位ではなく「三箇月」にすぎない。それゆえ同じ注釈書は、今日ではこの要件には「実質的意味は少なくなり、現実的には選挙人名簿登録のための住所要件たる三箇月という期間と一致させて取り扱いを便ならしめたものと見るべきであろう」と結論づける。必ずしも居住地域との強い結びつきが求められているわけではないとみることもできよう[49)]。国政選挙・地方選挙に共通する国籍要件と比べれば、居住という要件ははるかに流動的である[50)]。むしろ将

49） 引用箇所はそれぞれ、安田充=荒川敦編『逐条解説公職選挙法』（ぎょうせい・2009）75頁、76頁。なお、住所は「生活の本拠」を指すので、その限りではもちろん居住地とのつながりが求められているという面はある。

50） 旧国籍法3条1項の準正の要件について最高裁（最大判平成20年6月4日民集62巻6号1367頁）は、「我が国との密接な結び付きの指標」という表現を用いている。外国人の地方選挙権をめぐっても、付与の要件として、「その居住する区域の地方公共団体と特段の密接

来に向け、地域と関わりをもっていくための資格といえようか。

公職選挙法の規定からは、選挙区の人為性もうかがうことができる。同法16条は、「現任の衆議院議員、参議院（選挙区選出）議員、都道府県の議会の議員及び市町村の議会の議員は、行政区画その他の区域の変更によりその選挙区に異動があつても、その職を失うことはない」と規定している[51)]。かかる定めは、議員が、地域ではなく、一定の範囲に居住する個人を代表するという考え方に適合的であるともいえよう（もっとも厳密にいえば、時間の経過とともに一定の範囲に居住する個人には変化が生じるが）。

（2）人為的区画と「共通の利益」

実は公職選挙法16条と同様の規定は、戦前の衆議院議員選挙法にもおかれていた。同法7条は、「行政區畫ノ變更ニ因リ選舉區ニ異動ヲ生スルモ現在議員ハ其職ヲ失フコトナシ」と定めていた。今日、選挙区の法的性格に立ち入った検討が加えられることは稀であるが、この規定をめぐり、選挙区についての踏み込んだ検討を行っているのが、先に引いた森口繁治である。衆議院議員選挙は1925年までは制限選挙によっており、公権力の組織化をめぐる憲法原理自体も大きく異なるだけに、戦前と戦後の選挙法を単純に対比するわけにはいかないが、歴史的比較制度的視座を通じた選挙区の分析から抽出される森口の指摘は、選挙区の本質を考えるうえで重要な視点を含んでいるように思われる。

衆議院議員選挙法7条は個人代表主義からすれば当然の規定ともいえるが、森口が問題とするのは、そうした「自明の理」があえて明文化されている理由である。「行政區畫ノ變更ニ因リ選舉區ニ異動ヲ生スル」ことが認められているからではないか、というのである[52)]。実はそうした扱いを認めた個別法も制定されていた。しかも行政区画の変更は、法律だけでなく、行政処分によっても可能である[53)]。森口は、「一般行政區畫に追従し

な関係を持つに至ったと認められるもの」という表現を用いている。外国人については国籍に準じる要件が想定されているようにみえる。

51） ただし、都道府県・市町村議会の議員の場合、当該地方公共団体に住所を有することが被選挙権の条件となっており、区域変更の結果住所要件を欠けば、職を失う。

52） 森口・前掲注38）97頁。

53） 現行の公職選挙法も、行政区画（地方公共団体の境界）の変更が選挙区に影響を及ぼすこ

て當然に選擧區が定められてはならない」[54]ことを、繰り返し強調している。

論攷の主眼は、このように、行政府の恣意によって選挙が左右されうることへの批判にあるが、本稿にとって興味深いのは、森口が、行政区画（地理的単位）を用いた選挙区画定[55]の手法の中に、「なるべく同様の利益を有する選擧人をして共同に選擧に従事せしむる主義」[56]を見いだしている点である。当時の衆議院議員選挙法は、「個人代表主義」「人口代表主義」によりつつも、数学的な人口比例による議席配分に満足せず、「選擧を合理的に行はしめる為め」、選挙区と行政区画を原則として一致させている。それは、「選擧人をして互に有機的連絡を保たしめやうとして居る」のであって単なる「選擧手続の便宜」ではないと、森口は述べる。地方的行政区と一致する区域で選挙が行われる以上、「同一地方に居住する選擧人の共同の利益が此選擧に依り防護されていることは謂ふ迄もない」として、森口は、「此意味に於て其所に地域代表が存すると云ふならば素よりそれは正當である」とする。ただしこの場合、「地方團體の利益は唯間接の関係に於て代表されるに過ぎない」ので、それはもちろん、「厳格なる意味」における「地域代表」とは異なる。

ちなみに森口自身は、以上のような衆議院議員選挙法の立場に必ずしも満足しているわけではない。たとえば主著のひとつ『選擧制度論』では、地域代表主義を排し、個人代表主義を徹底する立場から、人口ではなく、少なくとも選挙人数（あるいは過去数回の投票者の平均）に比例した議席配分を行うべきことを説いている。森口は、有効投票６万について１人の議員を配分するというドイツの制度を挙げ、「従来の人口代表主義が尚若干

とを否定しているわけではない。

54） 森口・前掲注 38）95 頁。

55） 戦前の衆議院議員選挙区は、当初、郡を基本的な区画として、人口 13 万人程度に議員１人を基準に議席配分を行っていた（人口が多い場合は合区。また都市部については、商工業者に配慮し規模の小さな選挙区も作られた）。その後、普通選挙施行に際し、市郡を通じ人口 12 万人に議員１人という基準で、議席配分が行われている。選挙制度研究会編『選挙制度資料第三部―選挙制度調査会提出資料』（芹田東光社・1950）27 頁以下、衆議院=参議院編『議会制度 70 年史』（大蔵省印刷局・1962）210 頁、237 頁参照。

56） 森口・前掲注 38）93 ～ 95 頁。

地域代表主義の性質を存置し、議員をしてその地方的利益を代表せしめる意味をかなり重要なる意味に於て加味して居たのに對し」、「選擧人を通じて各種の利益が反映せらる點に主眼を置いたものであつて、制度の機構に直接地域代表の意味を加へることを廢したものと解することが出来る」という、大変興味深い指摘を行っている[57]。

「選擧人を通じて各種の利益が反映せらる」という視点は、重要である。ここで想定されているのは、それぞれの利害や意見を捨象した抽象的な個人ではない。「選擧人を通じて各種の利益が反映せらる」という点を直視すれば、選挙区内でどのように共通の意思を形成するのかという問題が、重要性を帯びざるをえない。

「現在に於ては同一社會の各個人は著しく其利害關係と立場と個性を異にするのであるから、此等の人々が其屬する地域を基礎として共通の議員を選出すると云ふやうなことはまったく無意味と謂はねばならぬ」[58]。森口はこう述べて、普通選挙を「組織的にし、投票を合理化する」ための手法として、政党を指標にそれぞれの利益の結節を可能にする比例代表法の導入、そしてさらには利益それ自体を指標とする職能代表による補完を主張するのである[59]。このような指摘の中には、選挙の意味を考えるうえでも重要な視点が含まれているのであるが、その点は後述する。「同一地方に居住する選擧人の共同の利益」が地理的単位の利用にあたり考慮されることの背景について、いま少し掘り下げて考えてみたい。

(3) 自治の単位と実質

a) 自治の単位の社会的基盤　ここまでの検討では、単なる行政区画と、日本国憲法のもとでは地方自治の単位となる地方公共団体とを、明瞭に区別してこなかった。上でみた森口の議論もまた、「地方團體に非ざる郡が選擧區になつて居る」[60]ことを前提にしている。一方、日本国憲法のように地方自治を規定した憲法における地方公共団体には、当然ながら、単な

57) 森口繁治『選擧制度論』(日本評論社・1931) 217頁。
58) 森口・前掲注35) 526頁。
59) 詳しくは、只野雅人「代表と社会学—普通選挙導入と日仏における職能代表論」高橋滋=只野雅人編『東アジアにおける公法の過去、現在、そして未来』(国際書院・2012) 33頁。
60) 森口・前掲注38) 84頁。

る行政上の区画とは異なる面がある。

一定の地理的単位に一定の権限を備えた行政組織がおかれ、その周囲でさまざまな社会活動や経済活動が展開されれば、時間の経過とともに同一地方に居住する者の「共同の利益」が想定されやすくなるであろう。「その地域に定住する人間」はもとより決して固定化されたものではないし、地域の境界自体も常に変更は可能であるとしても、である。ここで問題となっている「共同の利益」は、「利益」という言葉を用いずに、むしろ共通性——地域的なまとまりに近い——とでも表現した方が適切かもしれない。それはたとえば、「利益代表」という場合の「利益」とは、位相を異にしているように思われる。

そうした共通性が、ある種の濃密な実質をともない提示される場合もある。最高裁はかつて、東京都における特別区の区長公選制廃止の合憲性をめぐる判決において、憲法上その地位・権能が保障された「地方公共団体」の要件として、「事実上住民が経済的文化的に密接な共同生活を営み、共同体意識をもつているという社会的基盤が存在し、沿革的にみても、また現実の行政の上においても、相当程度の自主立法権、自主行政権、自主財政権等地方自治の基本的権能を附与された地域団体であることを必要とする」と、判示している[61]。

判例と同様の視点に立つ有力学説もあるが[62]、このような意味での「社会的基盤」を法的定義に持ち込むことについては、当然ながら議論の余地がある。「経済的文化的に密接な共同生活」「共同体意識」を、精確に見定めることはむずかしい[63]。地方公共団体を生み出した歴史的制度的与件の理解も、決して一様ではない[64]。

61） 最大判昭和38年3月27日刑集17巻2号121頁。

62） 最高裁判決に先立ちこのような視点を提示したものとして特に、佐藤功『憲法解釈の諸問題』（有斐閣・1958）278頁。

63） 渋谷秀樹『憲法』（有斐閣・2007）676頁以下。都道府県・市町村の二層制は憲法上どこまで保護を受けるかといった問題を解釈論として考える場合にも、「社会的基盤」の有無を論じる必要は必ずしもないように思われる（同書677頁以下の指摘などを参照）。

64） 判決の説示は、憲法制定権者としての国民が、「伝統的な意思歴史的実体を維持する観点」から、かかる実体を有する団体に「公法上の制度体としての資格認定」を行うという、ドイツにおける制度体保障の論理（石川健治『自由と特権の距離—カール・シュミット「制度体

b）普通選挙の地理的母体　先行する実質の有無や歴史的地理的環境のいかんにかかわらず、地理的単位が法制度として承認され一定の権限を付与されることで、時間の経過とともにある種の実質が形成されていくという点で興味深い例を提供するのが、フランス革命期に作り出された県（département）である。フランス革命は、国民主権と一般意思の表明たる法律を梃子に、人間の意思によって新たな社会秩序を創出する試みであった。そうした中、新たな政治機構と国民代表の基盤となるような、「純粋に人為的で、純粋に主意的」65）な区画として構想されたのが県であった。

しかしながら、国民と国家の一体性の基盤形成のためになされた「空間の革命的再編」66）の試みは、時間の経過とともに、意図されたのとは異なる効果をも生み出すこととなる。歴史家モナ・オズーフは、「等質だとみなされ政治的統一に奉仕すると考えられた空間の中で、政治的態度の抑えることのできない異質性が生まれ、フランスの国土に長く刻み込まれることになる」67）というパラドックスを指摘している。

そうした「異質性」（実質）の形成にあたり重要な契機のひとつを提供するのが、選挙である。「県は、地方選挙にせよ総選挙にせよ、普通選挙という政治システムの地理的母体を提供する」68）という点は、そうした「異質性」の生成のうえで重要な意味をもっていたと思われる。しかしながら、人為的な区画の中で形成された実質の輪郭を精確に見定めることはむずかしい。

上で引いた最高裁判決は、一定の実質をもった「団体」に憲法上の地位保障を及ぼすことが問題となった事案であったが、そうした実質の想定は、当然ながら、選挙区をめぐる議論にも影響を及ぼしうる。憲法上地位が保

保障」論・再考〔増補版〕』（日本評論社・2007）141頁）をも思わせるが、ドイツと日本の対照は慎重な検討を要する問題である。

65） Paul Bastid, *Sieyès et sa pensée*（Hachette, 1939）p.361.

66） モナ・オズーフ「県制」フランソワ・フュレ＝モナ・オズーフ編（河野健二＝阪上孝＝富永茂樹監訳）『フランス革命事典4 制度』（みすず書房・1999）140頁。

67） 同前155頁。県制をめぐっては、只野雅人「投票価値の平等と行政区画」一橋法学9巻3号（2010）102頁以下をも参照。

68） Marcel Roncayolo, “Le Département” in Pierre Nora（ed.）, *Les lieux de mémoire 2*（Gallimard, 1997）p.2965.

障された地方公共団体が選挙区として用いられる場合、ともすれば「選挙手続上の便宜的な地理的単位」を超えた意味を帯びやすい。

（4）共同の利益と個人

連邦国家の場合のように、地理的単位が歴史的に明瞭な輪郭をもつ場合には、それ自体を代表の基礎とする――「地域代表」――という選択が、憲法レベルでなされる場合がある。また日本のような単一国家の場合には、人口（選挙人数）を基礎とした選挙区画定において、そうした原則を緩和する要素として、「共同の利益」を考慮する――具体的にはそれを生み出す地方公共団体の存在を考慮する――ことも、考えられる。憲法論として問題となるのは、後者の場合である。

たとえば参議院の都道府県選挙区をめぐっては、「二義的なものと限定したうえで非人口的な要素を加味する」[69]ことの可否が問題となってきた。最高裁はかつて、都道府県は「歴史的にも政治的，経済的，社会的にも独自の意義と実体を有し一つの政治的まとまりを有する単位」であるとしたうえで、事実上の「都道府県代表的な意義ないし機能を加味」したものであるとも述べている[70]（もっとも後者の表現は、近時の判決では用いられなくなっているが)。

日本国憲法の国会両院の代表基盤の形成にあたり、人口比例原則を緩和する要素をどこまで考慮しうるのかという点について答えを出そうとすれば、憲法の政治機構における両院の位置づけをも論じる必要がある。筆者なりの見解は別稿で明らかにしていることもあり[71]、この問題については、

69）大隈義和「議員定数問題判決と地域代表制論」ジュリスト934号（1989）105頁。同論文105～106頁も参照。高見・前掲注12）188頁以下も、同様の立場から、「地方の声」を国政に反映させる手段として、参議院議員選挙区選挙において、各都道府県の定数を一律2ないし4とする改革案を主張する。

70）最大判昭和58年4月27日民集37巻3号345頁。

衆議院の選挙区をめぐっても、同様の表現が用いられてきたが、近時の大法廷判決（最大判平成23年3月23日民集65巻2号755頁）は、選挙区画定にあたり、各県に一律1議席を配当する「一人別枠方式」を違憲と判断している。この判決の含意については特に、長谷部恭男「一人別枠方式の非合理性」ジュリスト1428号（2011）53頁の指摘を参照。

71）只野雅人「公職選挙法14条、別表第三の参議院（選挙区選出）議員の議員定数配分規定の合憲性」判例評論616号（2010）164頁。

ここではこれ以上立ち入らないことにしたい。ただ確認しておきたいのは、「共同の利益」を生み出す母体となる単位――地方公共団体――それ自体もまた、一定の時間を経て所与のようにみえる場合であっても、さまざまな異質性を内包しているのではないか、という点である。

「主権論がもつ強度の一元的志向をすべて放棄すると、そこには多元的社会秩序が――ただし中世におけるそれとは異なり、相互に依存しあい抗争しあう複雑性として――現出することになる」[72]。主権という抽象的な統合原理の背後に存在する、複雑な多元性――しかもそれぞれが、たとえば中世の選挙区、身分団体のような所与としての正統性をもたない――についてのこの指摘は、「個人代表主義」から理解される普通選挙・選挙区という人為的仕組みにも、位相は異なるが妥当するように思われる。国家と国家内部の地理的単位の規模の違いにもとづく複雑性の程度の相違はあるにしても、である。

限られた地理的単位の中で選挙が重ねられれば、そこに居住する人々の間で一定の共通性が想定されやすい。しかし仔細にみれば、その背後にもさまざまな利害を想定しうる。歴史的に形成されてきた一定の地域的な共通性やまとまりが、憲法のレベルで承認を受けることもある。しかし個人代表主義を前提にすれば、少なくとも選挙という場面では、「今日の選擧では個人及び其利益が先づ考へられて居るのであり、個人の利益と關聯する意味に於いてのみ地方的利益の反映と云ふことが考へられる」ということが、原則となるのではないだろうか[73]。そうなるとあらためて問われるのは、「利益や意思の複雑な算術」との向きあい方である。

ここまで、地域における一定の共通性あるいは実質を所与のものとして想定することの問題性について論じてきたが、それは、普通選挙が構造的に内包する空隙を埋める実質が不要である、ということを意味しているわけではない。抽象的な等質な個人にとどまらず、それぞれが異なる利益をもった個人を基点に据えれば、共通の、あるいは一定のまとまりをもった

---

72) 石川健治「承認と自己拘束」岩村正彦編『岩波講座 現代の法1 現代国家と法』(岩波書店・1997) 53頁。

73) 森口・前掲注35) 515頁。

意思が表示される前提として、民意の指標が必要になる。本稿が依拠してきた森口が着目したのは、政党（比例代表）であった。

地域における一定の共通性もまた、仮にそれが想定できるのであれば、集合的な意思の表明の重要な基盤となりそうである。問題は、それが所与としては想定しがたいというところにある。しかしそうした不安定さゆえにこそ、次にみるように、構成の営為としての選挙の意味を見いだすこともできるように思われる。

6 構成のプロセスとしての選挙[74)]

フランスの歴史家ギゾーは、19世紀中葉の著書の中で次のように述べている[75)]。

> 選挙はその性格上、唐突な行為であり、熟議（déliberation）をもたらしにくい。この行為が、選挙人の慣習や先行事象におよそ縛られないものであるならば、いわば長期にわたる従前の熟議の帰結、慣習的意見表明、でないならば、選挙人の現実の意思の不意をつき、一時の情熱にのみ耳を傾けるよう駆り立てることは、あまりにたやすいであろう。誠実さや理性は欠けることになる。

この一節は、中世のイギリスの選挙区について論じた中でのものである。ギゾーは、選挙の目的はもっとも有能で信頼を得た者を得ることにある（「貴族的正統性」の発見）としている。近代議会制以前のヨーロッパの身分議会では、よく知られるように、選出された議員が代表するのは、団体としての選挙区それ自体であった。そこでの地理的選出母体は、「選挙区以上のもの」、「紛れもない一体（unité）」であり、「議員派遣の権利（droit

74） 只野・前掲注2）244頁以下で、代表の構成的側面として論じた問題である。このような視点について、「人民」を構成するプロセスとしてポピュリズムをとらえる、吉田徹「いかに共同性を創造するか―新たな政治論理の生成過程としてのポピュリズム」世界832号（2012）119頁以下をも参照。

75） François Guizot, *Histoire des origines du gouvernement représentatif en Europe*, tome 2（Didier, 1851） p.242.

de députation）が存する公法人（personne publique）」であった[76]。個人代表主義ではなく、団体代表主義がとられていたのである[77]。選挙区は、「歴史的実存（existance）」[78]として、制度上の正統性を有していた。

普通選挙と直面せざるをえなかった時代のギゾーの指摘には、過去へのノスタルジーが濃厚に感じられる。制御できない数的多数が支配することへの懸念を読み取ることもできよう。それだけに現在との対照はためらわれるところもあるが、普通選挙の実質をめぐる不安定さをつくものとして、受け止めることもできるように思われる。

しかしながら、そうした実質を想定しないことが普通選挙の前提である。また所与の実質を想定しない点にこそ、普通選挙の重要な意味があると考えるべきであろう。実質は、所与として認識されるものではなく、構成されるべきものであろう。そして、そうしたプロセスのすべてではないにせよ、選挙はやはり重要な契機をなしている。選挙は、偶然ある地域に住所を有する個人がそれぞれに意思表示をする、というだけの営みではない。

今日、民意の指標の不安定化や民意の流動化が観察される。そうした中、「熟議」の意義が強調されることには十分な理由があろう[79]。民意は、選挙の瞬間——「刹那」[80]——だけで形成されるものではない。さらにまた、公式の政治制度の外で自由に表明される民意の重要性も、否定しえないであろう。しかし規範的次元を離れれば、現実において、十分な熟議の結果として選択が行われるという状況は、容易に実現可能ではない。また、さまざまな形で、場合によると制度の拘束を受けずに表明される民意が多様

76） Adhémar Esmein, *Cours élémentaire d'histoire du droit français à l'usage des étudiants de première année*, 6e éd.（L. Larose et L. Tenin, 1905）p.492. フランスのエタ・ジェネローについての指摘である。

77） 森口・前掲注 38）80 頁。

78） Joseph Aulneau, *La circonscription électorale. Étude historique, critique et de législation comparée*（Arhtur Rousseau, 1902）p.1.

79）「熟議」の意味をめぐっては特に、田村哲樹『熟議の理由―民主主義の政治理論』（勁草書房・2008）。また、近時の憲法学における「討議的傾向」につき、糠塚・前掲注 29）18 頁以下をも参照。

80）「刹那」と「長期」の対比は、以下の金森徳治郎の発言による。第 90 回帝国議会貴族院帝国憲法改正案特別委員会議事速記録第 18 号（1946 年 9 月 20 日）1 頁、24 頁。

であればあるほど、焦点は拡散する。「底知れぬ反射性の体系」[81] の中で、民意をとらえることはむずかしくなる。

ある種の制度と限られた選択肢を前提として、選択が行われるのが選挙である。そうした条件のもと、いわば生の民意に絞りがかかること自体に、選挙の重要な意味があるように思われる。もちろんどこまで強い絞りをかけるのが適切か——たとえば具体的にどのような選挙区制・代表方法を選択するのか——という問題はなお残るが。

政党のような安定した民意の指標が存在すれば、ある程度の見通しをもった選択を行うことが可能にはなろう。それは、さまざまな民意から一定の意思を引き出すうえで、「単純化という不可欠の要素」[82] をもたらしうる。しかしそうした指標自体も、所与ではない。そうした指標自体が、あらかじめ確固たる実質をもつというよりは、ロザンヴァロンが指摘するように、「単に、選挙の競争において定式化されるような世論の主観的な分類から発する」[83] という面をもっているのである。「多元主義はもはや自然や社会活動により定められた区分からではなく、単なる主体性の展開から帰結される」[84] という、同じロザンヴァロンによる指摘は、選挙がもつ意味を考えるうえで、示唆的である。

以上の事柄は、「同一地方に居住する選擧人の共同の利益」——あるいは共通性——をめぐっても、同様にあてはまるように思われる。選挙における主体的な選択は、たしかにそのつどまったくのゼロからなされうるものではなかろう。たとえば高橋和之は、「政治プロセスは国民意思の創造のプロセスである。しかし、無から創造されるわけではなくて、過去との連続性の中である程度の輪郭と方向性を獲得した『素材』として国民意思が存在すると考えねばならない」と指摘する [85]。ただし有権者がそうした

81） Rosanvallon, *supra* note 46, p.407.

82） Jean-Claude Colliard, *Les régimes parlementaires contemporains*（Presses de la fondation nationale des sciences politiques, 1978）p.216.

83） Pierre Rosanvallon, *Le peuple introuvable. Histoire de la représentation démocratique en France*（Gallimard, 1998）p.130.

84） *Ibid*., p.143.

85） 高橋和之『現代立憲主義の制度構想』（有斐閣・2006）11 頁注 8。もっとも、国民の多数が

「素材」として意識するものは実は決して所与ではなく、主体的選択を通し、常に構成されていくとみるべきであろう。一定の時間を経て形成された地域の共通性が存在するようにみえる場合であっても、同様である。

ロザンヴァロンは、「政治はこの場合、安定的に社会を組織するような創設の瞬間にはさして存しない。政治は、政治の意味を産み出す試練と示威の空間を規定する」[86)] とも述べている。民主主義はこの意味で「時間の函数」[87)] である。そのようなプロセスの中で、等価な個人を基盤に行われる選挙は、さまざまな制約をともないつつも、しかしそれゆえにこそ、重要なモーメントとなりうるように思われる。

7　結びに代えて

本稿では、震災後の選挙を通じて垣間見える、普通選挙という仕組みが内包する不安定さについて、考えてみた。選挙は、民意を構成していくうえで、また暫定的にせよ共通性を創り出していくうえで、重要な契機になるという本稿での結論は、それ自体として特別なものではない。

さらに本稿では論じ残したことも数多い。たとえば、どのような手法で、「著しく其利害關係と立場と個性を異にする」各個人からいかに共通の意思を形成していくかという問題には、答えていない。そうした手法は、もちろん選挙だけではないであろう。非制度的な回路で表明される民意について言及したが、制度の次元でも、強固な民主的正統性を提供する普通選挙という仕組みとは異なる形で、民意のうち等価な個人の意思の集積だけでは汲み取りにくい側面に配慮した仕組み――選挙とは異なる形での参加――などを考えてみることなども、必要かもしれない[88)]。

支持しうるような一貫した政策体系として、そうした国民意思を統合しうるかどうかについては、別途検討を要する（只野・前掲注2）341頁以下など参照）。

86） Rosanvallon, *supra* note 46, p.359. またこの点と関連して、アイデンティティの再編という視点につき、本秀紀『政治的公共圏の憲法理論―民主主義憲法学の可能性』（日本評論社・2012）225～226頁をも参照。

87） *Ibid*., p.410.

88） 只野雅人「よりよき立法（mieux legiferer）―フランスにおける社会・経済の変容と統治

主体的な選択がなされる際の条件や制度のあり方も、十分に吟味される必要がある。上で述べてきたことは、選挙のみならず、直接民主主義の手法——国民投票、住民投票など——にも妥当しうる[89]。共通の意思を生み出すという点で、こうした手法は選挙よりもより明確な結論を期待しうるが、他方で、選択肢が二者択一に絞られることが基本となるこうした手法においては、その前提条件や具体的な制度のあり方に、特に慎重な検討が必要となろう。

冒頭でも述べたように、震災後の民主主義をめぐる展望を提示することが、本稿の目的ではない。個人の政治的等価性に根ざした人為的な選挙という仕組みは、その制約ゆえに、複雑に分岐する利益や意見を結節する重要な契機ともなりうる。また、人と地域とのつながりのゆらぎという、震災後に突きつけられた重い課題についても、修復というよりは、選挙区に住所を有するという点で共通する人々が、主体的選択を起点にした構成とでもいうべき視点から、新たな選択を重ねていくほかないように思われる。つながりや共通性を考えうるとすれば、それはそうした積み重ねの暫定的な帰結であろう。「地域」など安定的な所与の実質を前提としないという点において、そうした共通性は不安定ではあるが、しかしまたそれゆえに、過去や所与の実質に縛られない、新たな創造の可能性も秘めているように思われる。ここではこうした点を確認するにとどめざるをえない。

〔付記〕校了直前、日本公法学会（2012年10月6日・7日）において、人、住所、住民など、本稿の主題とも関わるが今回は十分検討できなかったテーマをめぐる、興味深い一連の報告に接した。

の正統性」季刊企業と法創造8巻3号（2012）41頁で検討を加えているが、なお具体的に論じるべき点が多い。

89）諮問型のレファレンダムは、方向性を明示しつつ議会（国会）における一定の議論の余地を残す点で、論点をめぐる議論の深化に資する面もあるように思われる。もっとも、井口秀作は、「即時的直接的効果」の有無を指標に、「諮問的」レファレンダムにも拘束力を認めることができるといいうると指摘し、「拘束型」同様、実施の条件をめぐり慎重な考慮が必要であるとする（同「諮問的レファレンダムの可能性」辻村みよ子=長谷部恭男編『憲法理論の再創造』（日本評論社・2011）487頁以下）。レファレンダムが機能しうる条件については、糠塚・前掲注29）129～130頁なども参照。

第9章

原子力災害と知る権利

危機における情報公開と危機対応の検証の観点から

鈴木秀美

東京電力福島第一原子力発電所の事故について、政府と東京電力の情報公開は遅かったり、不正確なことが多く、「情報隠し」という批判を浴びた。そこでまず、原発事故についての政府の情報公開のあり方に、リスクコミュニケーションの観点を参考にして分析を加える。そして、原発事故が発生したとき、国は、たとえ不確定な部分があったとしても、不確定であることを断ったうえで、すべての情報を公開すべきであり、また、原発事故に関連する情報を公開する際には、一般の人々を安心させようとしてリスクを軽視するような形で情報を公開すると逆効果になるということを認識しておくべきだと指摘する。次に、事故への危機対応についての検証という観点からは、情報公開制度との関係で国民の知る権利を実効的に保障するために、政府の諸活動についての行政文書がすみやかに作成され、また、情報公開請求の対象を行政機関や独立行政法人から政府周辺法人にまで広げていくべきであるにもかかわらず、政府は原発事故に関係する会議の議事録を作成しておらず、現行法のもとで東京電力は情報公開制度の対象ではないため、社内テレビ会議の映像を限定的にしか公開していないという問題について検討する。

1 はじめに

東京電力福島第一原子力発電所（以下、「福島第一原発」とする）の事故がチェルノブイリの原発事故以来の大きなもので、原子炉の処理に30年以上の長い時間を要することは、今では誰でも知っている。しかし、2011年3月11日の事故発生から3か月間における政府と東京電力の原発事故についての情報公開は遅かったり、不正確なことが多かった[1)]。このため、

1） ここでいう情報公開とは、開示請求権の行使に応じて行われる情報開示請求制度のことではなく、政府の裁量により行われる情報提供制度を指す。本稿では情報公開ということばを、情報提供も含む広義の意味で用いることにする。

国民の間には政府と東京電力が情報隠しをしているのではないかという疑念が広まった。特に、「緊急時迅速放射能影響予測ネットワークシステム（SPEEDI）」の試算結果については、2011年4月末までごく一部しか公表されず、福島第一原発周辺の住民避難に活用されなかったことが厳しい批判を浴びた。また、政府の記者会見でよく用いられた「ただちに健康への影響はない」という言い方も、わかりにくいと話題になった。放射線や放射性物質の放出は目に見えないだけに、原子力災害から国民の生命・健康を守るためには、政府の迅速な情報公開が必要になる。福島第一原発事故は、原子力災害という危機的な状況における情報公開のあり方を考えるうえで、多くの教訓を残したといえる。

さらに、情報公開のあり方に限らず、福島第一原発事故への危機対応全般については、今後、たとえ原子力発電所が地震や津波で被害を受けても、再び深刻な原子力災害を起こさないようにするために、福島第一原発事故への政府と東京電力の対応がどのようなものであったかを正確に記録にとどめ、その危機対応が適切であったか否かを入念に検証し、十分な対策を講じておくことが何よりも重要である。原発事故の検証については、2012年に入って、福島原発事故独立検証委員会（以下、「民間事故調」とする）、東京電力社内調査委員会（以下、「東電事故調」とする）、国会事故調査委員会（以下、「国会事故調」とする）、政府の事故調査・検証委員会（以下、「政府事故調」とする）が、相次いで報告書を公表した[2)]。ただし、各報告書の見解は、津波が到達する前に地震で1号機の冷却装置である非常用復水器が損傷した可能性、東京電力の全面撤退問題、官邸の対応などといった主要な部分において異なっており、「真相究明には及んでいない」と指摘されている[3)]。

2）民間事故調の報告書は2012年2月27日に、東電事故調の報告書は同年6月20日に、国会事故調の報告書は同年7月5日に、政府事故調の報告書は同年7月23日にそれぞれ公表された。4つの報告書はインターネット上に掲載されているほか、民間事故調の報告書は、福島原発事故独立検証委員会『調査・検証報告書』（ディスカバー・2012）として刊行された。国会事故調の報告書も、東京電力福島原子力発電所事故調査委員会『国会事故調 報告書』（徳間書店・2012）として刊行された。

3）2012年7月24日付毎日新聞朝刊「4事故調報告書の比較」。

政府と東京電力の原発事故への対応の事後的な検証を困難にする可能性がある問題も生じている。2012年に入って、東日本大震災や福島第一原発事故に関する政府の15の会議のうち10の会議で議事録が未作成だったことが明らかとなった。また、東京電力は、東日本大震災直後から録画していた社内テレビ会議の映像を、政府事故調や国会事故調には提供したが、社員のプライバシー保護等を理由に公開には消極的な態度をとっている。原発事故の検証を阻もうとしているとの批判を受けて、東京電力も、2012年8月になってようやく、社内テレビ会議の一部映像を、条件付きで報道関係者等に限って公開したが、すべての映像を政府が保有し、情報公開法（正式には、「行政機関の保有する情報の公開に関する法律」）の対象とすべきではないかという指摘もなされている。

原子力災害における迅速な情報公開は、国民の生命・健康を守るために不可欠なものであり、原子力災害に関係する情報の保存と公開は、政府や東京電力の危機対応を検証するためだけでなく、今後のエネルギー政策を見直すためにもきわめて重要である。そこで本稿では、原発事故についての政府の情報公開にどのような問題があったのかを、リスクコミュニケーションという観点を参考にして分析するとともに、原発事故への対応を検証するための情報の保存と公開という観点から、政府の会議の議事録が未作成だったという問題や、東京電力テレビ会議映像の保存と公開の問題についても検討を加えてみることにしたい[4)]。

2　危機における情報公開

（1）事故発生から3か月間に発生した問題

2011年3月11日の地震発生後、12日午後には福島第一原発1号機原子炉建屋が水素爆発、14日には3号機、15日には4号機で水素爆発があっ

4）本稿は、鈴木秀美「リスク・コミュニケーションの課題―福島第一原発事故への政府対応を中心に」ジュリスト1427号（2011）58頁以下（2011年6月27日脱稿）と同じ問題意識のもと、その後の動きも視野に入れて、原発事故に関する情報公開のあり方や、原発事故の検証のための情報の保存と公開の問題について検討を加えたものである。

た[5]。3月17日になって、ようやく3号機へ自衛隊のヘリコプターが散水を行い、機動隊の放水車による放水も行われた。首都圏を含む各地で大気中の放射線量に異常がみられる中、枝野幸男内閣官房長官は、記者会見で、放射線量は「ただちに健康に影響を及ぼすような値ではない」という発言を繰り返した。内閣府原子力安全委員会（以下、「原子力安全委員会」とする）がSPEEDIのデータをはじめて公表したのは3月23日だった。そのような状況の中、震災直後から、不安を煽るようなデマ情報が、インターネット上の掲示板や交流サイトに書き込まれ、それが口コミだけでなく、ツイッター、チェーンメールを通じて広まるという問題が発生した。警察庁や総務省は、接続事業者に対してインターネット上の流言飛語の削除等を要請したが、これについては、原発事故の情報隠しのための要請ではないかという指摘がなされた[6]。

政府は、4月12日になって、福島第一原発の事故について、原子力施設事故の深刻さを示す国際原子力事象評価尺度（INES）をレベル5からレベル7へ引き上げた。このタイミングでのレベル7への評価引き上げは、政府の情報開示の遅さを国内外に強く印象づけた。3月15日の段階で、フランスの原子力安全機関（ASN）のラコスト総裁が、レベル6に相当する可能性を指摘しており[7]、出張中のドイツでこの報道に接していた筆者

5） 政府事故調、国会事故調、民間事故調、東電事故調の各報告書のほか、政府による危機対応の検証として、木村英昭『検証 福島原発事故―官邸の100時間』（岩波書店・2012）、朝日新聞特別報道部『プロメテウスの罠―明かされなかった福島原発事故の真実』（学研パブリッシング・2012）、日隅一雄=木野龍逸『検証 福島原発事故・記者会見―東電・政府は何を隠したのか』（岩波書店・2012）、大鹿靖明『メルトダウン―ドキュメント福島第一原発事故』（講談社・2012）、奥山俊宏「福島原発事故―東電の発表と報道を検証する（上）（下）」ジャーナリズム2012年6月号64頁以下、7月号76頁以下などがある。

6） たとえば、新潟県弁護士会は、4月12日、知る権利を侵害しかねないとして4月6日に総務省から出された要請の撤回を求めた（2011年4月22日付法律新聞）。2011年5月2日付朝日新聞朝刊「震災後の国で（中）」は、警察のデマ対策は「まるで検閲のようだ」というネット事業者のコメントを紹介している。荻上チキ『検証 東日本大震災の流言・デマ』（光文社新書・2011）193頁は、流言・デマの悪影響を最小化する方法として政府がすべきなのは、「流言が広がりにくい環境を作るために適切かつ迅速に『情報を出す』ことであって」、削除要請という形で国民の口コミのあり方に政府が介入することは望ましくないと指摘する。関谷直也『風評被害―そのメカニズムを考える』（光文社新書・2011）171頁以下も同旨。

7） Frankfurter Rundschau v. 15. 3. 2011.

にとっても、日本政府のレベル7への評価引き上げはあまりにも遅いものにみえた。ちなみに、今回の震災は海外のメディアでも大きく、時にセンセーショナルにとりあげられた。チェルノブイリ事故の経験から原発への社会的関心が高いドイツでは、3月末に南西部の州で州議会選挙を控えていたこともあり、原発事故発生から2週間にわたって原発への不安を煽るような悲観的な論調の報道がなされた[8)]。この時期の原発事故の報道については、ドイツだけでなく、アメリカにおける報道との比較からも、日本のメディアは事実を伝えることよりも、社会でパニックが起きないことへの配慮を優先したのではないかという見方がある[9)]。

ところで、原発事故発生後、経済産業省原子力安全・保安院（以下、「保安院」とする）、原子力安全委員会、東京電力はそれぞれに記者会見を開いており、公表内容が異なることもあって、わかりにくいと批判されていた。そこで、4月23日、政府と東京電力は「事故対策統合本部」として記者会見を4月25日から一本化すると発表した。統合本部事務局長となった細野豪志内閣総理大臣補佐官は、4月25日の記者会見において、文部科学省のSPEEDIの試算結果を原子力安全委員会のウェブサイトで公表することを明らかにするとともに、「最も飛散していた3月中旬の段階で活用できなかったことは大変申し訳ない」と釈明したという[10)]。

東京電力は、5月12日、それまでの見解を修正し、福島第一原発1号機で炉心の核燃料が溶け、原子炉の底に落ちるメルトダウンが起きていたことをはじめて認め、5月15日には1号機が3月12日にメルトダウンしていたことを発表した[11)]。4月17日に示された東京電力の原発事故収束のための工程表は、収束まで6～9か月を要するという見通しを立てていたが、1号機に続いて、5月24日に2号機、3号機についてもメルトダウ

8） 熊谷徹「ドイツメディアの過熱報道に見えたもの」放送文化2011年夏号52頁以下。

9） 津山恵子「在ニューヨーク日本人は大震災報道をどう見守ったか」ジャーナリズム2011年5月号64頁以下。災害時にジャーナリズムが果たすべき役割について、山田健太「3・11東日本大震災とメディア―伝統・新興メディアの実態と災害報道システムの検証」放送メディア研究9号（2012）13頁以下参照。

10） 2011年4月26日付毎日新聞朝刊。

11） 日隅=木野・前掲注5）24頁以下。

ンを認めたことにより、東京電力は工程表の見直しを迫られることになった。なお、専門家の間では、事故後の早い段階から、福島第一原発の１号機から３号機すべてで、メルトダウンが起きたとみられていた[12)]。

５月23日の衆議院東日本大震災復興特別委員会では、東京電力が３月12日に55分間海水注入を中断したことについて、菅直人内閣総理大臣の指示だったのではないかと自民党が追及し、この問題に多くの時間が費やされた。ところが、５月26日深夜になって東京電力は、この中止について本店と合意していたにもかかわらず、福島第一原発の吉田昌郎所長の判断で実際には海水注入を中断してはいなかったと発表した[13)]。これに先立ち、海水注入を中断したきっかけとされた原子力安全委員会の斑目春樹委員長の発言について、同委員長が、政府の記者会見で配布された資料にある自己の発言の訂正を求め、政府がそれに応じるという問題も発生していた。海水注入の中断についての二転三転する説明は、政府や東京電力に対する国内外の不信感をますます募らせるものだった。

原発事故発生から約３か月間に行われた政府と東京電力のこのような情報公開のあり方は、国内だけでなく、国際社会からも「情報隠し」、「過小評価による印象操作」という厳しい批判を浴びた。

（2）リスクコミュニケーションと原発の安全神話

福島第一原発の事故をきっかけにして、リスクコミュニケーションということばが一般にも広く知られるようになった。たとえば、民間事故調の「調査・検証報告書」でも、政府のリスクコミュニケーションのあり方と、

12） 2011年4月18日付朝日新聞朝刊。2011年3月12日午後2時頃の記者会見で、保安院の中村幸一郎審議官も1号機で「炉心の燃料が溶け出しているとみてよい」と発言したという。同審議官は、同日午後9時半ごろに行われた記者会見から説明者としての役割を外された。この交代は、「政府と東電による事故の深刻さ隠しの第一歩だった」と指摘されている。日隅＝木野・前掲注5）14頁以下参照。

なお、2012年3月4日付朝日新聞朝刊の報道によると、遅くとも震災から1週間後に保安院の「情報分析・対応評価チーム」が福島第一原発1号機から3号機がメルトダウンしたと分析していたことが、情報公開請求により明らかになったという。ただし、この分析結果は参考にとどめられ、公表されなかった。

13） 海水注入を継続していたという東京電力の発表については、一部の関係者から聞き取っただけで、発表の時点で、それを示す客観的データなどの証拠が何もなかったことも問題視された（2011年5月27日付読売新聞朝刊）。

それらが国民の不安、事故の収束等に与えた影響についての検証が行われた。

ここで「リスク」とは、「発生する被害の重大さ」と「それが発生する確率」という2つの要素の積のことであり、「リスクコミュニケーション」とは、リスクに関する情報を社会に伝え、論争を喚起し、それによって人々の合意形成を可能にするコミュニケーションのプロセスのことをいう[14)]。リスクコミュニケーションによって、専門家から一般の人々にリスクそれ自体についての情報が提供されるだけでなく、一般の人々から専門家に対して、リスクに対する関心の有無やその程度、リスクマネジメントのための法制度の整備に対する意見等が伝えられる。リスクコミュニケーションは、リスクについて、「人々の知識や対応策を向上させながら、社会不安や混乱を発生させることなく合理的で健全な危機への対策を進め、実際にその危機が発生したときにも、人々一人ひとりが十分な対応をとることで被害発生を回避したり、被害規模を低減させたりすることである」[15)]。この考え方が取り入れられている代表的な問題領域として、①消費生活用製品、②健康・医療問題、③災害（自然災害と科学技術に起因する事故）、④高度な科学技術、⑤環境問題がある[16)]。

なお、災害等の危機が発生した段階におけるコミュニケーションのプロセスに限定して「クライシスコミュニケーション」ということばが用いられることがあるが、リスクコミュニケーションは、危機が発生した段階だ

14） 吉川肇子『リスクとつきあう』（有斐閣・2000）39頁以下。こうした「リスク」および「リスクコミュニケーション」の定義は、日本でもよく引用されているナショナル・リサーチ・カウンシルによるものである。National Research Council, *Improving Risk Communication* (Natl Academy Press, 1989)（同書の邦訳として、林裕造=関沢純監訳『リスクコミュニケーション―前進への提言』（化学工業日報社・1997）. リスクコミュニケーションについては、福田充『リスク・コミュニケーションとメディア―社会調査論的アプローチ』（北樹出版・2010）21頁以下、関沢純「わが国のリスクコミュニケーション前進のために」環境と公害37巻1号（2007）2頁以下、日本リスク研究学会編『増補改訂版 リスク学事典』（阪急コミュニケーションズ・2006）265頁以下〔木下冨雄〕、瀬尾佳美『リスク理論入門―どれだけ安全なら充分なのか』（中央経済社・2005）109頁以下にも解説がある。

15） 福田・前掲注14）24頁。

16） 吉川肇子「リスク・コミュニケーション」今田高俊編『リスク学入門4 社会生活からみたリスク』（岩波書店・2007）136頁以下。

けでなく、危機の発生が予測される事前段階から、危機の最中や事後におけるコミュニケーションすべてを含む総合的概念である[17]。本稿でとりあげる原発事故発生直後に政府が行った情報公開は、リスクコミュニケーションの中でも、原発事故という危機が発生し、収束についての見通しが立たない状態におけるクライシスコミュニケーションの問題だったといえる。また、政府の会議における議事録の作成や、東京電力が録画したテレビ会議映像の取扱いは、危機の事後におけるリスクコミュニケーションの問題である。

ところで、リスクコミュニケーションの関係者には、一方で、多くのリスク情報をもっている科学者、行政機関、企業等の専門家と、他方で、リスク情報をもたない一般の人々がいる。リスクコミュニケーションが目指すのは、こうしたリスク情報の偏在を解消することである。そこでは、「関係者相互の対話の過程が重視される」[18]。リスクコミュニケーションは、リスク情報をもつ科学者、行政機関、企業等の専門家から一般の人々への一方的なリスク情報の提供ではなく、リスク情報の送り手と受け手の相互作用としてとらえられている。その背景には、リスクについての決定は、「専門家も素人も含めた、多くの関係者の合意に基づいて」行われるべきだという考え方が存在している[19]。

ところが、今回の原発事故を契機として明らかになったのは、原発の場合、電力会社、経済産業省を中心とする行政機関、推進派の政治家・研究者などから構成される「原子力村」とよばれる原発関係者の閉鎖的な集団が情報を独占しており、原発反対派との敵対的な関係が続く中、原子力村はさまざまな手段を講じていわゆる原発の「安全神話」を一般の人々に信じさせようとしてきたということである。これまで原発の分野には、リスクコミュニケーションの理念は十分には浸透していなかったといわざるをえない[20]。政府は、そのことへの反省から、今後のエネルギー政策の決定

17） 福田・前掲注 14）23 頁以下。

18） 吉川・前掲注 16）136 頁以下。

19） 吉川・前掲注 14）48 頁。

20） 筆者は、2002 年 6 月から旧核燃料サイクル開発機構、現在は日本原子力研究開発機構の情報公開委員会の委員を務めている。同機構は、旧動力炉・核燃料開発事業団が 1995 年のも

のために、全国11都市で「意見聴取会」[21]を開催したり、「意見公募」や「討論型世論調査」[22]を実施するなど、多様な方法で国民の意見を聴こうと試みた。今後、リスクコミュニケーションを活性化させるためには、政府に対する国民の信頼回復が何よりも重要である。

（3）政府とリスクコミュニケーション

a）公表されなかった放射能影響予測　福島第一原発の事故の場合、地震、津波、停電によって深刻な事態が発生し、原子力災害対策特別措置法にもとづいて事故対応の手順を定めた原子力災害対策マニュアルがほとんど活用されなかった[23]。福島第一原発から約5キロにあるオフサイトセンター（緊急事態応急対策拠点施設）も、停電のために機能しなかった。オフサイトセンターは、原子力災害発生時の避難住民に対する支援等、さまざまな応急対策の実施や支援に関係する国、県、市町村をはじめその他の関係機関や専門家が集まって応急対策をするための拠点となるべき施設のはずだった[24]。ところが、この施設が機能しなかったことなどから、国と福島県との間で避難についての指示が混乱した。原発事故発生直後に国から出された避難指示が、対象となった10市町村のうち6つの町と村には、国からも県からも届かなかったことが確認されている[25]。そのせいで、震災後の数日間、何も知らずに屋外で活動し被曝した住民もいるという。

んじゅのナトリウム漏れ事故についてビデオ編集等をしたことへの反省から、2002年10月1日に独立行政法人等の保有する情報公開に関する法律が施行される前から、自主的に一般国民からの開示請求に対応していた。宇賀克也「核燃料サイクル開発機構の情報公開」ジュリスト1173号（2000）96頁以下参照。

21） 政府は、2030年の原発比率を、0%、15%、20～25%とする3つの選択肢について、抽選で決まった9人が、それぞれの意見を述べる形で意見聴取会を開いた。運営を担当したのは広告代理店の博報堂である。2012年7月15日に仙台で開かれた意見聴取会で、発言者の中に東北電力の幹部が含まれていたことが問題視されたため、政府はその後の意見聴取会では人選のあり方等を見直した。政府が、前述した3つの選択肢を決めるに至った経緯については、朝日新聞特別報道部『プロメテウスの罠2―検証！福島原発事故の真実』（学研パブリッシング・2012）239頁以下参照。

22） 小グループの討議と専門家への質問の後、参加者の意見の変化をみる手法。

23） 2011年6月9日付朝日新聞朝刊。

24） 経済産業省原子力安全・保安院原子力防災課「原子力災害関係の危機管理について」法律のひろば55巻3号（2002）28頁以下参照。

25） 2011年6月22日NHK「ニュースウォッチ9」。

同じような問題は、SPEEDIによる放射能影響予測との関係でも生じている。SPEEDIは、緊急時に、周辺環境における放射性物質の大気中濃度および周辺住民の被曝線量等を、放出源情報、気象条件および地形データをもとに迅速に予測するシステムである[26)]。国の防災基本計画によれば、原子力災害の応急対策としての放射能影響の早期把握のために、文部科学省は、原発事故発生の通報を受けたらただちにSPEEDIを緊急時モードにして放射能影響予測等を実施し、安全規制担当省庁、関係都道府県の端末に転送するとともに、関係省庁にも伝えることになっている[27)]。したがって、福島第一原発事故でも、国や福島県は、SPEEDIから提供された放射性物質の拡散状況予測の図形を参考にして、住民の避難や屋内待避等の対策を検討するはずだった。

ところが、震災初日からSPEEDIによって放射性物質の拡散予測が行われていたにもかかわらず、そのデータは周辺住民の避難のために活用されなかった。政府による避難指示や自宅待機の指示が風向きとは無関係に原発から同心円の地域に出されたせいで、対象地域の住民が、半径20キロの同心円の外側の浪江町津島地区や飯舘村に一時避難したが、実際には同心円内の一部の地域よりも避難先の放射線量の方が高かったということが後になって判明している。SPEEDIの情報は、文部科学省から官邸の原子力災害対策本部、原子力安全委員会、保安院、現地対策本部、そして福島県にも送られていたという[28)]。ところが、その情報が活用されなかったせいで、浪江町や飯舘村の放射線量の高い地域にいた人たちは、何も知らずに大量の放射線にさらされてしまった。政府が、原発事故発生から4月下旬まで、放射性物質の拡散予測を公表しないまま、「冷静な対応」を呼びかけたことへの不信は強く、原発事故による避難住民への聞き取り調査の結果によれば、政府の避難指示について、「全く適切ではなかった」と「あまり適切ではなかった」と答えた人を合わせると80％を超えたとい

26） 財団法人原子力安全技術センター「原子力防災基礎用語集」〈http://www.bousai.ne.jp/vis/bousai_kensyu/glossary/hajimeni.html〉参照。

27） 中央防災会議「防災基本計画」（2008年2月）270頁。

28） 朝日新聞特別報道部・前掲注5）21頁以下、日隅＝木野・前掲注5）31頁以下、194頁以下。

う[29]。

朝日新聞の報道によれば、このような事態となった理由は、3月14日の段階でSPEEDIの存在を知る政治家がほとんどおらず、それを「官邸中枢に伝えるべき官僚が、それをしていなかった」からだという[30]。SPEEDIの情報が官邸に届いていたにもかかわらず、菅総理も枝野官房長官もSPEEDIの存在を知らず、文部科学省、原子力安全委員会、保安院のどの組織の関係者もそれを菅総理や枝野官房長官らに伝えていなかった。枝野官房長官の5月20日の記者会見によれば、SPEEDIの試算結果は、3月12日に首相官邸にファックスで届いていたにもかかわらず、菅総理や枝野官房長官がその存在を知ったのは震災発生から数日後のことだったという。

また、官邸がSPEEDIの存在を知ってからも、そのデータは、4月25日になって政府と東京電力が「事故対策統合本部」として記者会見を一本化するまでほとんど発表されなかった[31]。その理由として、原子力安全委員会は、事故後、停電等のために予測の前提となる放射性物質の放出量を測定できず、大気中の放射性物質の観測結果から放出量を逆算し、これにもとづいて拡散予測を行っており、「放射性物質の種類や量、放出時間などの推定が粗いので、避難などの判断材料としては使っていない」からだと説明していた[32]。しかし、たとえ放出量を入力できなくても、広がり方がわかれば、住民の避難に利用できたはずだと批判されている[33]。このほか、SPEEDIの情報が公表されなかったのは、仮の数値を公表して社会を混乱させるのではないかという理由から、首相官邸の判断で公表が控えら

29）2011年4月24日付朝日新聞朝刊。調査は、朝日新聞社と福島大学今井照研究室が共同で実施した。

30）朝日新聞特別報道部・前掲注5）189頁。日隅=木野・前掲注5）37頁も、この理由を、「SPEEDIの結果が、政府内で共有されなかったため」だとしている。

31）2011年5月2日の会見において、毎日新聞の記者から文部科学省、原子力安全委員会、保安院の間で公表しないという決定をしたのではないかという質問が出たが、原子力安全委員会の加藤重治審議官はそれを否定したという。日隅=木野・前掲注5）45頁。

32）2011年3月22日付朝日新聞朝刊。

33）2011年3月25日付朝日新聞朝刊、2011年4月19日付東京新聞朝刊「こちら特報部」、2011年5月29日付毎日新聞朝刊「反射鏡」。

れていたからだという見方もある[34]。

政府事故調の最終報告は、SPEEDIの情報について、「仮に単位量放出予測の情報が提供されていれば、各地方自治体及び住民は、より適切に避難のタイミングや避難の方向を選択できた可能性があった」とした[35]。これに対して、文部科学省は、2012年7月24日、原発事故に関する検証報告書の中で、「事故発生直後にSPEEDIの計算結果を扱える立場にある文部科学省としては、SPEEDIの機能の説明等を含む計算結果の適切な公表に係る注意喚起など、関係機関に何らかの助言を行うことを検討すべきであった」と認めたものの[36]、計算結果を非公表としたその経緯は明らかにされなかった。このため、同報告書は、文部科学省においてSPEEDIがどのように活用されたかについての経緯を明らかにしたとはいえ、「調査の限界も露呈した」と指摘されている[37]。

b)「エリート・パニック」と「正常化の偏見」　今回の原発事故をきっかけに「エリート・パニック」という概念に注目が集まった[38]。アメリカのノンフィクション作家ソルニットによれば、一般に、災害時に人間は利己的になり、パニックにおちいると考えられているが、それは事実とは異なる[39]。むしろ、災害は、みずからが生き延び、隣人を救うために、自己犠牲的に、勇敢に、主導的に行動したいというポジティブな感情を人間に呼び起こすという[40]。ところが、エリートは自分たちの正統性に対する挑戦である社会秩序の混乱を恐れてパニックを起こす[41]。ハリケーン・カトリーナの場合、ニューオルリンズが無法地帯と化しているという噂を信じ

34）2011年4月19日付東京新聞朝刊、日隅=木野・前掲注5）44頁。

35）政府事故調報告書376頁。

36）文部科学省「東日本大震災からの復旧・復興に関する文部科学省の取組についての検証結果のまとめ（第二次報告書）」14頁。

37）2012年7月28日付毎日新聞朝刊。

38）2011年5月31日付朝日新聞朝刊「甲乙閑話」。

39）レベッカ・ソルニット（高月園子訳）『災害ユートピア―なぜそのとき特別な共同体が立ち上がるのか』（亜紀書房・2010）9頁以下。

40）同前18頁。

41）同前172頁。

たエリートたちのせいで住民の救出が適切に行われなかった[42]。スリーマイル島の原発事故の時も、パニックになっていたのはエリートの方で、「エリートたちは住民がパニックになるのを恐れて、原子炉がどんな危険な状態にあるかを公表しなかった」[43]という指摘もある。災害時、一般の人々は利他主義と相互扶助の方向に向かうのに、エリートは冷酷さと私利優先で二次災害を引き起こす、というのである。実証的な研究によっても、災害時に、パニック（不特定多数の人が危険回避のため、脱出口や稀少な資源に向かってほぼ同時に殺到することによって生じる社会的混乱）は考えられているほど多くは発生していないこと、むしろ、「正常化の偏見」によって、警報が鳴っても何もしない人のほうが多いという傾向が明らかにされている[44]。

福島第一原発事故への対応においても、一般の人々の安全より、政府の政治的な思惑、行政機関の組織の論理や東京電力の企業の論理などが優先されており、まさにエリート・パニックが起きていたという印象を受ける[45]。なお、政府と東京電力だけでなく、新聞やテレビの報道もパニックを起こさないことへの配慮から抑制的だったことが批判されている[46]。

放射線は目に見えないだけに、一般の人々が自分や家族の生命・健康を守るためにはリスク情報を知ることが何よりも重要である。社会の混乱を恐れて情報を隠すより、一般の人々の判断力を信じて公表することがリスクコミュニケーションの理念にかなっている。また、今後、原発事故につ

42） 同前9頁以下、318頁以下。

43） 同前175頁以下。

44） 中森広道「災害情報論の系譜」田中淳＝吉井博明編『災害と社会7 災害情報論入門』（弘文堂・2008）30頁以下。

45） 広瀬弘忠「SPEEDIを公開してもパニックは起きない―災害心理学で考える情報公開」コンピューターテクノロジー編集部編『IT時代の震災と核被害』（インプレスジャパン・2011）221頁。

46） 日隅＝木野・前掲注5）197頁以下。ただし、山田健太（2011年5月21日付毎日新聞朝刊「月いち！雑誌批評」）によれば、多くの週刊誌は硬派ぶりを発揮し、「初期段階から官邸発表の矛盾や問題性を指摘する記事が目立った」という。また、NHK教育テレビで2011年5月15日に放送された「ETV特集 ネットワークでつくる放射能汚染地図」は、放射能汚染の実態を明らかにして大きな反響を呼んだ。NHK ETV特集取材班『ホットスポット ネットワークでつくる放射能汚染地図』（講談社・2012）参照。

いては、最悪の事態を想定した危機管理体制を整備することが必要になるが、その際には、混乱の中でも、関係者がリスク情報を共有できる仕組みを構築する必要がある[47]。たとえば、大阪府、京都府、滋賀県、徳島県、鳥取県、兵庫県、和歌山県からなる関西広域連合は、2012年3月3日、関西電力との間で「原子力発電所に係る情報連絡およびエネルギー対策の促進に関する覚書」を締結した。この覚書は、関西広域連合と関西電力が、原発の安全確保に関して定期的な情報共有の場の設定や、地震等による原子炉施設での非常事態におけるすみやかな連絡について定めている[48]。

c）リスク専門家の表現力　前述の通り、リスクコミュニケーションは、リスク情報をもつ科学者、行政機関、企業等の専門家から一般の人々への一方的なリスク情報の提供ではなく、リスク情報の送り手と受け手の相互作用としてとらえられている。ただし、専門家といっても、それを一般の人々に伝えるコミュニケーション能力を備えているとは限らない。それどころか、「これまでは、行政を含めてリスク専門家の側が、あまりにもコミュニケーション能力がなさすぎた、あるいはこの能力の問題を軽視しすぎてきた」[49]とさえ指摘されている。そのうえ、現代社会に蔓延しているリスクは、不確実性を増しており、専門家の間でさえリスクについての意見が一致しないこともある。そのことがリスクコミュニケーションをより困難にしている。福島第一原発事故も、社会的、地理的、時間的に限界のない、新しいタイプのリスクであり[50]、それだけに、リスクコミュニケーションに関連して、さまざまな問題を顕在化させたが、そのうちのひとつがリスク専門家の情報の伝え方という問題である。

リスク専門家が一般の人々にリスク情報を伝える際には、単に正確に伝

47）2011年3月11日の原発事故発生後から同年4月下旬まで、保安院、原子力安全委員会、東京電力が個別に記者会見を開いていただけでなく、内閣参与らが原発事故についての発言を修正したり撤回したりするケースが相次いだ。政府は、リスク情報開示のための一元的体制をもっと早い段階で整えるべきであった。2011年4月2日付毎日新聞朝刊「ニュース争論 大震災の情報と報道」において福田充は、今後、「各省庁の情報を統合して発信するリスクコミュニケーション専門の省庁システムや報道官が必要」だと指摘する。

48）2012年2月29日付の関西広域連合プレスリリースとそれに添付の資料「覚書の概要」。

49）ソルニット・前掲注39）118頁。

50）ウルリッヒ・ベック「インタヴュー 原発事故の正体」2011年5月13日付朝日新聞朝刊。

えるだけでなく、相手がそれをどのように受け止めるかにも配慮して、わかりやすく伝えることも重要である。リスク専門家は、一般の人々のリスク認知の特徴を知るための努力をしないで、単に正確なだけのリスク情報を伝えたとしても、一般の人々のリスク認知や行動を変えることはできないということを知っておく必要があると指摘されている[51)]。

この点からみて、政府による情報公開に関連して早い段階で反響を呼んだのが、枝野官房長官の記者会見における放射性物質が健康に与える影響についての発言だった。出荷制限の対象品目を摂取し続けたからといって、「ただちに健康に影響をおよぼすものではない」という表現が記者会見で繰り返された。この「ただちに」という表現に対して、安全かどうかわかりにくく、かえって不安になるという声があがった。

危機管理の専門家からは、「ただちに健康に影響をおよぼすものではない」という説明について、「後で責任を問われないような話し方」であるものの、相手が逆に不安になるような言い方であり、クライシスコミュニケーションとしては失格だと批判された[52)]。一般の人々から信頼を得るためには、安心させようとして「情報をオブラートに包んで発信をするのは逆効果」であり、「たとえ厳しい状況を告げるような内容であっても、それを正直に伝えていくこと」しかないという専門家の指摘もある[53)]。政府が公表したリスク情報によって風評被害が発生した場合、名誉毀損・信用毀損として裁判で国家賠償責任を追及される可能性がある。このため、弁護士でもある枝野官房長官は、一般の人々に不安を与えないためだけでなく、訴訟も視野に入れて、上記のような表現を選んだのかもしれない。しかし、一般の人々に誤解を与えないという観点からは問題があったといえよう[54)]。政府の「ただちに健康への影響はない」という説明は、「科学的

51） 吉川・前掲注 14）85 頁。

52） 2011 年 5 月 9 日付毎日新聞夕刊「枝野語の研究」における田中辰巳の指摘。関谷直也（2011 年 4 月 1 日付毎日新聞朝刊「論点」）もこの表現が風評被害を助長したのではないかとし、表現を見直すべきだと指摘する。

53） 広瀬・前掲注 45）222 頁。

54） なお、原子力安全委員会も、低線量被曝の健康被害のリスクを軽視する情報公開を繰り返し、安全イメージを広めようとしたと指摘されている。日隅=木野・前掲注 5）166 頁以下。

に見て、しばらくは（状況によって異なるが、少なくとも1年〜数年）心配が不要」だという意味だと指摘しつつ、このような表現について、今後、政府は「もっと分かりやすい言い方」を整理しておくべきだし、「中長期的にみて影響がなければ、すっきりと『健康に影響はありません』という言い方でよい」との見解もある[55)]。

この点に関連して、貝割れ大根が集団食中毒の原因食材であるとの誤解を与えた厚生大臣の記者会見について、正確を期そうとした専門家のあいまいな表現を記者会見でそのまま伝え、かえって誤解を生じさせたことを違法と判断した東京高裁判決[56)]が注目される。この判決は、上記の公表について、情報不足による不安感の除去のため、隠蔽されるよりも、公表の方がはるかに望ましかったものの、原因食材についての公表にあたっては、食中毒の拡大・再発を防止するために、行政庁として何について注意を喚起し、どのような行動を期待するのかを明示する必要があったという興味深い考え方を示している[57)]。

なお、リスク専門家の表現力が問題になったもう1つの例として、海水注入についての斑目春樹原子力安全委員会委員長の発言がある。2011年5月21日の記者会見で配布された資料には、同委員長が、海水を注入すると「再臨界の危険性がある」という意見を出したと記されていた。ところが、同委員長は、当該部分を「再臨界の可能性はゼロではない」という趣旨の回答をしたと訂正するよう求め、政府もそれに応じた。同委員長は、5月24日に衆議院においてこの発言は「事実上ゼロという意味」だと説明した。3月12日、1号機で水素爆発が発生した直後、首相官邸で海水注入による再臨界の可能性が懸念されていた危機的局面で、正確であっても、それを聞いた菅総理らに危険性があると誤解されるようなこの発言は、リスクコミュニケーションの観点からみて重大な失敗だったといえるのでは

55）小島正美『正しいリスクの伝え方—放射能、風評被害、水、魚、お茶から牛肉まで』（エネルギーフォーラム・2011）107頁以下。

56）東京高判平成15年5月21日高民集56巻2号4頁。

57）鈴木秀美「行政の公表による信用毀損」法律時報75巻12号（2003）116頁以下、大林啓吾「食の安全に関する国家の情報提供活動—責務と責任のジレンマ」企業と法創造7巻5号（2011）118頁以下参照。

ないだろうか[58]。原子力行政に関与する科学者は、一般の人々にもわかるようにリスク情報を伝える能力を備えているべきである[59]。近年、一部の大学で理系の大学院生を対象とする「科学技術コミュニケーション」教育が行われるようになっているが、今後、その拡大が期待される[60]。

なお、福島第一原発事故に起因する放射線被曝のリスクへの対応を迫られている国や都道府県では、低線量被曝が健康を害するリスクについて、リスクコミュニケーションの専門家を採用・育成したり、それができない市町村でも担当職員の研修を行うこと、また、一般の人々の情報リテラシーを高めるために放射線被曝のリスクについての呼びかけや講習を行うことが重要になるだろう[61]。

3　危機対応の検証

（1）政府会議の議事録未作成

原子力災害への危機対応を事後的に検証するためには、政府と東京電力が原発事故に対してどのような対応をしたかを正確に記録し、誰でもその記録にアクセスできる体制を整備しておく必要がある。

情報公開法の制定時からその必要性が指摘されていた公文書管理法（正式には、「公文書等の管理に関する法律」）が、2009年6月に成立した（同年7月1日公布、2011年4月1日施行）。この法律は、意思形成過程文書の作成義務を明記し（4条）、内閣総理大臣の同意等を行政文書廃棄の要件とした（8条2項）。情報公開法にもとづく開示請求権の行使に応じて行われる情報開示請求制度が期待される役割を果たすためには、行政の活動を記録

58）　官邸は委員長のこの発言を「専門家の意見として大変重く受け止め」たという（2011年5月26日付毎日新聞朝刊）。この発言がなされた状況については、大鹿・前掲注5）97頁以下参照。

59）　藤垣裕子「科学者の社会的責任と科学コミュニケーション」藤垣裕子=廣野喜幸編『科学コミュニケーション論』（東京大学出版会・2008）257頁以下参照。

60）　小林傳司『トランス・サイエンスの時代—科学技術と社会をつなぐ』（NTT出版・2007）32頁以下参照。

61）　曽我部真裕「風評被害」法学セミナー682号（2011）34頁以下参照。

する行政文書が作成されなければならない[62]。ところが、2012年に入って、東日本大震災に対応するために政府に設けられた15の会議のうち10の会議において議事録が未作成だったことが明らかとなり、震災と原発事故への対応を事後的に検証することが困難になるとして政府に対する批判が高まった。原子力災害対策本部でも議事録は作成されていなかった。同年2月に行われた公文書管理委員会の聞き取り調査に対して、各府省は、公文書管理法に対する認識不足に加えて、震災対応で多忙だったことが議事録を作成しなかった理由だと回答した[63]。公文書管理担当の岡田克也副総理の指示を受けて、議事内容の記録が作成され、同年3月になって原子力災害対策本部などの議事概要が公表されたが、事故発生から1年もたって再現された議事概要の正確さには疑問が残ることになった。公文書管理委員会は、同年4月25日に政府の会議における議事録未作成の原因分析と改善策のとりまとめを行った。公文書管理法は、行政文書作成の期限について定めていないが、公文書管理委員会は原則として3か月以内に文書を作成すべきであると提言した。

公文書管理法も定めるように、政府の諸活動の記録である公文書は、「健全な民主主義の根幹を支える国民共有の知的資源」であり、主権者たる国民が正確な判断にもとづいて主権を行使するためには、公文書への自由なアクセスが保障されなければならない。文書作成は、そのための不可欠の前提であり、震災と原発事故への対応について記録することは、現在だけでなく、将来の国民のためにもきわめて大きな意味をもつ。国会事故調も、「大規模災害では、将来の参考にするための記録を残すことを検討すべきだ」としている[64]。

62） 行政文書作成義務について、宇賀克也『逐条解説 公文書等の管理に関する法律〔改訂版〕』（第一法規・2011）64頁以下参照。

63） 2012年2月29日付毎日新聞夕刊。なお、秘密保全法案のたたき台である有識者会議報告書の検討過程を示す議事録も作成されていないことが明らかになっている。2012年3月4日付毎日新聞朝刊。

64） 国会事故調報告書34頁。福島第一原発事故に関する資料については、東京電力が保有する資料も含めて、政府が管理し、公開すべきであり、「国家的なアーカイブ組織」を創設すべきだという意見もある。中西拓司「記者の目 原発事故東電テレビ会議映像」2012年9月7日付毎日新聞朝刊。

原子力災害という重大な危機に直面した非常時には、問題解決の必要に迫られて法令に定められた権限や手続にもとづかない対応がとられることも想定されるだけに、事後的な検証が可能になるよう、政府や電力会社がいつどのような対応をしたのかについて文書を作成しておく必要性は通常の行政活動よりも高いとさえいえる。原子力災害の発生時における政府や電力会社の危機対応の事後的検証を可能にするために、どのような文書をどのタイミングで作成しておかなければならないか、それについてのマニュアルを作成しておくべきだろう。

民主党は、2009年に政権を握るまでは情報公開への取り組みに積極的とみられていた。また、2009年に政権を握った後も、2010年4月には内閣府に「行政透明化検討チーム」が設置され、同チームによる「とりまとめ」(論点整理)[65]にもとづいて、目的規定への知る権利の明記や、インカメラ審理の情報公開訴訟への導入などを盛り込んだ情報公開法改正案[66]が作成され、2011年4月には国会に提出された。この法案が成立すれば、情報公開法の課題としてこれまで指摘されてきたほとんどの問題が解決されるとみられている。ところが、その後の混迷する政治状況から、この法案は2012年9月末現在、いまだに成立していない。

これと並行して、政府は、2010年の尖閣諸島沖における中国漁船衝突事件のビデオ映像の流出や、警視庁の内部資料とみられる国際テロ情報の漏洩をきっかけとして、秘密保全法案の策定作業を進めている。2011年に設置された有識者会議の報告書は、防衛、外交、治安維持の分野において、「特別秘密」と指定された情報の漏洩について、公務員による秘密漏洩よりも重い懲役5年から10年の罰則を設けるよう提案している。この

---

65)「行政透明化検討チームとりまとめ」(2010年8月24日)。

66) 宇賀克也「情報公開法改正の動向と課題」季刊情報公開・個人情報保護40号(2011)73頁以下、藤原静雄「情報公開法改正案の概要」季刊情報公開・個人情報保護41号(2011)2頁以下、松村雅生「情報公開法改正の動きと諸論点―行政透明化検討チームとりまとめを踏まえて」警察政策13号(2011)59頁以下、畠基晃「注目される『知る権利』と『インカメラ』―情報公開法改正案の概要と論点」法律時報83巻11号(2011)60頁、三宅弘「日本の情報公開制度の現状と課題」新聞研究718号(2011)51頁以下、同「行政透明化検討チームにおける情報公開法改正の論点整理」法律時報84巻1号(2012)65頁以下参照。

法律の制定は、秘密保全の効果よりも、社会における情報流通に与える萎縮効果のほうがはるかに大きいのではないかという危惧がある[67]。政府には、震災復興や原発事故への対応だけでなく、山積する諸課題についての政策を展開するにあたって、その根拠となった情報の積極的な公開を期待したい。

(2) 東京電力のテレビ会議映像の保存と公開

政府ではなく、東京電力による原発事故についての情報の保存と公開をめぐって、2012年夏になっても議論が続いているのが、原発事故直後の現場と東京電力本店とのやりとりを記録したテレビ会議の映像についてである。東京電力では、本店、福島第一原発・第二原発、オフサイトセンターなどで情報共有するためにテレビ会議システムを設置しており、原発事故発生後のテレビ会議の様子が録画されていた。

東京電力は、政府事故調や国会事故調にはテレビ会議の映像を提供したが、社員のプライバシー保護等を理由にこの映像の公開を拒んできた。しかし、原発事故の検証を阻もうとしているとの批判を受けて、2012年7月末、2012年8月6日から9月7日までの平日、報道機関や東京電力の記者会見参加者に限って一部の映像を公開すると発表した。東京電力は、当初、本店の会議室において、8月6日からの5日間に限り、閲覧用の40台のパソコンを用意して、各社1人に限って閲覧を認める予定であった。これに対して、枝野幸男経済産業大臣から改善指示があり、公開の期間が約1か月に延長され、パソコンの台数も増やされ、大手の報道機関には同時に2人までの視聴が認められることになった。本店の会議室における閲覧のために公開されたのは、2011年3月11日午後6時30分頃から16日午前0時30分に撮影された合計で約150時間分の映像である。また、これを編集した89分の映像が報道機関に提供され、東京電力のホームページでも公開された。

ただし、テレビ会議映像の報道関係者等への公開にあたっては、録音・撮影をしないことや、東京電力の社内事故報告書に個人名を挙げた役員等

67) 田島泰彦「秘密保護法制再編のなかの秘密保全法案」法律時報84巻3号(2012)1頁以下参照。

以外の社員名を報道しないという条件が付けられ、報道機関等は同意書の提出を求められた。東京電力は、閲覧者がこれらの条件に違反すれば、今後の記者会見への参加拒否もありうるという姿勢を示した[68]。東京電力が会議室における閲覧の形で公開した約150時間分の映像のうち、音声付きの映像は約49時間であり、この映像については、「ピー」という音が頻繁に画像にかぶせられていた。社員の氏名・肩書を消すためといわれているが、本当にそれだけを消しているのか検証することは不可能である[69]。新聞社の中には、音声付き映像から、本店と現場のやりとりの文章による再現を行ったところもあった[70]。福島第一原発事故後、東京電力は税金の投入を受けて実質的に国有化されているが、法律にもとづく情報公開制度の対象ではない。このため、東京電力が保有している原発事故直後のテレビ会議映像は、政府と国会による事故調査が終了した段階で、責任回避のために東京電力によって消去されてしまうのではないかと懸念されていた。2012年10月5日、東京電力は閲覧した報道機関から一般公開すべきだと指摘された約5時間50分の映像をホームページで追加公開した。

この点、前述した内閣府の「行政透明化検討チーム」が2010年8月に行ったとりまとめにおいては、国民の知る権利を保障する観点から、現行の情報公開制度の対象を拡充するための改正として、「国からの出資、国から交付される補助金等が年間収入に占める割合、業務内容の公共性等の視点から」、現行の独立行政法人情報公開法（正式には、「独立行政法人等の保有する情報の公開に関する法律」）における「独立行政法人等」に含まれる対象法人の拡大が提案されていた。現行法では、すべての独立行政法人に加えて、法律の別表において、特殊法人や認可法人といった、独立行政法人と同等にその諸活動を国民に説明する責任を負担することがふさわしい法人が、情報公開制度の対象とされている。前述の改正提案は、独立行政法人と同等にその諸活動を国民に説明する責任を負担することがふさわしい政府周辺法人（民営化された法人を含む）もこの法律の対象に含むよう

68） 2012年8月2日付毎日新聞朝刊。
69） 2012年8月18日付毎日新聞朝刊「検証を阻む東電の報道規制」。
70） 2012年8月22日付毎日新聞朝刊、2012年8月30日付東京新聞朝刊など。

検討するという内容であったが、2011年に国会に提出された改正案に、この提案は採用されなかった。しかし、東京電力のテレビ会議映像の取扱いが問題化したことがきっかけとなり、東京電力のように多額の税金が投入され、実質的に国有化された企業についても情報公開制度の対象とすることができるよう、法改正すべきだという指摘がなされている[71)]。

なお、東京電力のテレビ会議の映像は、同社の株主らが歴代役員に対して原発事故による損失を東京電力に賠償するよう求めている訴訟の中で、東京地裁が保管することになった。東京地裁は、2012年8月29日、原告側と被告側の合意にもとづき、事故後約20日間のテレビ会議の映像すべてについて、東京電力からコピーを受け取り、保管する手続をとったという。原告側によれば、①東京電力は原本を捨てたり消したりしないこと、②原告側が証拠として調べる必要があるとしてコピーの提出を求めた場合、東京電力は誠実に検討し、みずからの意思か地裁の命令によって提出すること、③東京電力は原本そのままのコピーを地裁に出し、原告側が改ざんの有無を確認できるようにすることを東京電力との間で合意したという[72)]。この合意がなされたため、株主側はテレビ会議映像の証拠保全の申立てを取り下げた。

検察当局も、2012年8月になって、福島第一原発事故について東京電力幹部や政府関係者らに個人として刑事責任を問えるか否かについての捜査を始めた。検察当局は、前述した4つの事故調の結論を待って告訴を受理したという。福島地検に告訴・告発状を出した住民1300人の代理人を務める弁護士は、東京電力や保安院に対する強制捜査によって、これまで隠されてきた内部資料などが押収され、真実が明らかにされることを期待しているという[73)]。とはいえ、東京電力のテレビ会議の映像は、東京電力の株主や捜査関係者だけでなく、情報公開制度を通じて広く一般に公開されるべきではないか。情報公開制度における「独立行政法人等」の対象の

71） 三木由希子「公開、保存へ法整備を」2012年8月18日付毎日新聞朝刊。

72） 2012年8月30日付朝日新聞朝刊。

73） 2012年8月28日付東京新聞朝刊。

拡大をすぐにも検討すべきである[74]。

4 おわりに

本稿では、原発事故発生から約3か月間の危機的状況において行われた政府の情報公開にどのような問題があったのかを明らかにするとともに、原発事故という危機への対応を事後的に検証するための情報の保存と公開についても検討を加えた。

福島第一原発事故への政府対応、とりわけ情報公開のあり方が政府への信頼を失わせることになった原因は、原発事故に関する情報を隠したこと、そして情報を公開する場合にも、安心を与えるために「ただちに健康に影響はない」などと情報をオブラートに包んで発信したことだったと災害心理学の専門家は指摘している[75]。官僚組織の機能不全から、SPEEDIのデータが官邸の原子力対策本部の最高責任者である菅総理に原発事故発生直後に伝えられていなかったこと、その存在を官邸が知ってからも、4月末までほとんど公表されなかったことは、「情報隠し」と受け取られ、政府に対する信頼が低下し、それがデマや流言が発生する原因にもなったと考えられる。また、放射性物質は「ただちに健康に影響をおよぼすものではない」という表現は、安心を与えるためになされたとしても、一般の人々にかえって不安を与えることになり、政府に対する信頼はこのことによっても低下したといえるだろう。これらのことから得られる教訓は、原発事故が発生したとき、たとえ不確定な部分があったとしても、国や地方自治体は、不確定であることを断ったうえで、すべての情報を公開し、放射線量が高くなると予測される地域にいる人々に避難を呼びかけるべきだということである。また、国や地方自治体は、原発事故に関連する情報を公開するにあたって、一般の人々を安心させようとしてリスクを軽視するよう

---

74) オーフス条約「環境に関する、情報へのアクセス、意思決定における市民参加、司法へのアクセスに関する条約」では、行政に限らず、環境に関わる一定の公益事業者（電力、鉄道等）にも情報公開が義務づけられている。日本はまだこの条約を批准していない。大久保規子「オーフス条約とEU環境法」環境と公害35巻3号（2006）31頁以下参照。

75) 広瀬・前掲注45）222頁。

な形で情報を公開すると逆効果になるということも理解しておくべきであろう。このほか、原発事故は大気や海洋も放射能で汚染するため、国内だけでなく、国際社会に向けても情報を公開する必要があるが、その際にも同様に、情報を隠さず、迅速に、ありのままに情報を公開するという配慮が必要になるだろう。

危機における情報公開のあり方については、国会事故調も、「情報発信は、受け手側がどう受け止めるかを常に念頭に置いて行われる必要があるが、今回の事故における政府の情報公表は、この点が不十分であった。さらに、今回の事故では、公表の要否や内容に関して一貫した判断がなされていなかったために、国民の不信感を招いた。国民の生命・身体の安全に関する情報は、迅速に広く伝える必要がある。仮に不確実な情報であっても、政府の対応の判断根拠となった情報は公表を検討する必要がある。また、緊急時の政府の広報体制の在り方についても基本方針を決めておく必要がある」と指摘している[76]。また、政府事故調は、非常災害時においても広報は事実を迅速に、正確に、かつわかりやすく伝えることが基本原則だが、「『正確さ』の確認にとらわれて、『迅速さ』を欠くことは、かえって国民の不安や不信を招くおそれがあることに留意すべきである。情報が入らず、正確な広報ができない事態が生じた場合には、そのことをありのままに伝えることも必要であり、重要である」と指摘している[77]。そして、原子力災害だけでなく、あらゆる緊急事態において、「社会に混乱や不信を引き起こさない適切な情報発信をしていくためには、関係者間でリスクに関する情報や意見を相互に交換して信頼関係を構築しつつ合意形成を図るというリスクコミュニケーションの視点を取り入れる必要がある。……緊急時における、迅速かつ正確で、しかも分かりやすく、誤解を生まないような国民への情報提供の在り方について、しかるべき組織を設置して政府として検討を行うことが必要である。加えて、広報の仕方によっては、国民にいたずらに不安を与えかねないこともあることから、非常時・緊急時において広報担当の内閣官房長官に的確な助言をすることができるクラ

76） 国会事故調報告書 340 頁。
77） 政府事故調報告書 425 頁。

イシスコミュニケーションの専門家を配置するなどの検討が必要である」と提言している[78]。政府は、これらの提言を参考にして、緊急時の広報体制をすみやかに整備しておくべきである。

情報の公開は、緊急時においてだけでなく、事後的な危機対応の検証にとっても重要な問題である。情報公開制度との関係で国民の知る権利を実効的に保障するためには、政府の諸活動についての行政文書がすみやかに作成される必要があり、また、情報公開請求の対象を行政機関や独立行政法人だけでなく、政府周辺法人にまで広げていくべきである。また、東京電力が行ったように、緊急時においてテレビ会議システムを用いる場合には、それを録画しておくことも記録という面からは有意義であろう。国会事故調は、東京電力の社内テレビ会議システムを政府のテレビ会議システムに加えて使うことで、初動時の情報共有がリアルタイムで進んだ可能性を指摘している[79]。技術的に可能であれば、東京電力のテレビ会議システムを、政府の関係機関においても同時に視聴し、録画できるようなシステムにしておけば[80]、非常時の情報の共有だけでなく、情報公開法の対象範囲を拡大しなくても、テレビ会議映像を政府として保有することが可能になる。

最後に、原子力災害とそれについての情報公開のあり方を考えるうえで、今後の最大の課題は、社会全体として原子力発電という科学技術にどう向きあうべきかについての議論の仕方である。これまでの議論は、「原子力村」と呼ばれる閉鎖的な集団に支えられた「安全神話」にもとづき、反対者を排除する形で進められてきた。今後、原子力政策が進むべき道を構想する際にも、原子力推進に慎重な立場の人々に圧力をかけて議論を萎縮させるのではなく、関係者相互の対話の過程を重視するリスクコミュニケーションの理念にかなった合意形成の手法が用いられるべきである。

78） 同前426頁。

79） 国会事故調報告書34頁。

80） 奥山・前掲注5)(下)90頁は、東京電力のテレビ会議システムの映像や音声を、政府の関係機関や自治体、報道記者たちがリアルタイムで同時に視聴し、共有できるようにする必要があるだけでなく、できればインターネット上で公開すべきだと指摘している。

第10章
表現の不自由と日本〈社会〉

阪口正二郎

本稿は、〈3.11〉という危機によって、顕在化、可視化された日本社会における表現の「不自由さ」のありようを描き出し、その原因を探り、それに対する憲法学の課題を析出することを目的とする。一定の留保は必要だが、表現の自由に関して、〈3.11〉とその後の日本社会がみせているのは、政府による抑圧の過少と社会による抑圧の過剰さである。現在の日本において、表現の自由を脅かしているのは、専制的な政府というよりも、不寛容な社会であり、政府による規制も不寛容な社会の存在を前提にしていると考えられる。問題が政府自体ではなく社会に端を発するものだとすれば、表現の自由の必要性を説く憲法学も社会に目を向けた議論を展開する必要性がある。また、表現の自由の保障を含めて日本国憲法をもてあましているのが日本社会だとすれば、たしかに身の丈にあわせて日本国憲法を放棄するという安易な選択もありうるが、それはこの社会をますます不寛容にするだけでなく、活気のない社会にするだけのことである。あえて日本国憲法を選び続けるという勇気が、今、我々に求められているのではないだろうか。

1　自由の抑圧の姿とかたち

本稿は、〈3.11〉と形容される―― 2011年3月11日の東日本大震災とそれにともなう福島第一原発の過酷事故という――危機を通じて浮き彫りになった、現在の日本における表現の自由をめぐる状況を分析し、そうした状況に向きあう憲法学の課題を1つでも2つでも析出することを目的としている。「〈3.11〉と形容される危機を通じて浮き彫りになった」という表現を用いたように、本稿が分析対象とする表現の自由をめぐる状況は〈3.11〉という危機によってもたらされたものに限定されるわけではない。本稿が問題にする表現の自由をめぐる状況は〈3.11〉それ自体がもたらしたものというよりも、従来より潜在的にあったものが〈3.11〉を通じてより顕在化、可視化されたものである[1)]。そのことをあらかじめお断りして

1）たとえば、〈9.11〉以降、アメリカでも日本でも「監視国家」ということばが目立つよう

おく。

次に、本稿の採用する問題の分析視角を明らかにしておく。それは、さしあたり、以下のようなものである。

市民的自由の擁護者として知られたコーネル大学の政治学者ロバート・クッシュマンは、第二次世界大戦の真只中の1943年にアメリカで出版された『我々の市民的自由を擁護する』と題するパンフレットにおいて、「市民的自由に対するもっとも先鋭的な脅威は戦時もしくは国家の危機の際に生じる。その時こそ、率直な愛国主義を通じて我々の市民的自由が抑圧され、冷酷さと不寛容の支配に屈服させられる危険が生じる。第一次世界大戦の際にこうしたことが生じたし、今回の世界大戦においても再び同じことが起きるかもしれない」[2] との懸念を表明している。憲法上保障された自由権といえども、多くの場合、絶対的な保障を受けるわけではなく、当該権利を、国家がある一定の理由にもとづいて規制する場合に、その理由を排除するという意味で、「切り札」として機能する場合[3] を除けば、原則として対立する公益との調整に服する。「言論の自由のもっとも厳格な保障といえども、劇場において誤って火事だと叫んでパニックを引き起こす者を保障することはしない」[4] とのホームズ判事の有名なことばはこ

になっているが、「監視国家」という国家のありようそのものは〈9.11〉以前から存在している。〈9.11〉はあくまでそうした国家のありようを顕著な形で可視化したにすぎない。この点については、アメリカにおいて、規制国家、福祉国家と同レヴェルの「新しい統治形態」としての「全国的な監視国家（National Surveillance State）」の出現を問題にしている憲法学者のジャック・バルキンが、「全国的な監視国家」が生み出された原因は情報テクノロジーの加速度的な展開であり、「テロに対する戦争は全国的な監視国家の興隆のもっともなじみ深い正当化事由であるかもしれないが、それは唯一の原因でもなければもっとも重要な原因でもない」と指摘しているのがなによりも示唆的である。Jack M. Balkin, “The Constitution in the National Surveillance State” *Minnesota Law Review*, vol.93, p.3（2008）; *see also*, Jack M. Balkin and Sanford Levinson, “The Processes of Constitutional Change: From Partisan Entrenchment to the National Surveillance State” *Fordham Law Review*, vol.75, p.489（2006）.

2） Robert E. Cushman, *Safeguarding Our Civil Liberties*（Public Affairs Committee, Inc., 1943）p.2.

3） 阪口正二郎「憲法学と政治哲学の対話」公法研究73号（2011）42頁、同「比較の中の三段階審査・比例原則」樋口陽一ほか編『国家と自由・再論』（日本評論社・2012）235頁。

4） Schenck v. United States, 249 U.S. 47, 52（1918）.

の理を示すものである。戦争などの危機の時代に、表現の自由は国家の安全という利益と衡量されることになるが、いきおい天秤は国家の安全の側に傾きがちである。実際、戦争を代表とする危機の時代には表現の自由をはじめとする市民的自由が危機にさらされることが多い。アメリカを例にとれば、第一次世界大戦が防諜法による表現の自由の抑圧を、冷戦がマッカーシズムという表現の自由の抑圧をもたらしたことはよく知られている。「自由の国」であると同時に「戦争の国」でもあるアメリカにおいて表現の自由の歴史を語ろうとする場合、戦争という危機の時代を抜きにして、それを語ることは不可能である。表現の自由の泰斗であるジェフリー・ストーンは、2004年に『危険な時代——戦時における言論の自由』[5]というタイトルの700頁に近い表現の自由史の書物を出版したが、これはアメリカにおける6つの戦争の時期—— 1789年期、南北戦争期、第一次大戦期、第二次大戦期、1950年代という冷戦期、そしてヴェトナム戦争期——をとりあげて、アメリカの表現の自由の歴史を描き出し、そこから「反テロ戦争」を遂行する現在のアメリカにおいて表現の自由を擁護するための教訓を引き出そうとする力作である。

しかしながら、危機の時代に自由が特に抑圧を受けることが多いにしても、いかなる自由が抑圧されるか、誰によって抑圧されるか、どのように抑圧されるかは、それぞれの時代と状況によって異なっていることを見落とすべきではない。「今日の抑圧は昨日の抑圧と同じとは限らない」[6]ということに注意しておく必要がある。

「自由の国」であると同時に「戦争の国」であるアメリカの歴史は、そのことを教えてくれる。いくつか例を挙げて説明しておこう。

第1に、危機の時代においても、自由の抑圧の程度は時代によって異なっている。第一次大戦期や冷戦期と比較すれば、第二次大戦期の自由の抑圧ははるかにましなものであったとの評価が一般的になされている。先に挙げたクッシュマンが、1943年に執筆した論稿において「真珠湾攻撃が

5） Geoffrey R. Stone, *Perilous Times: Free Speech in Wartime* (Norton, 2004).

6） Neil S. Siegel, "A Prescription for Perilous Times" *Georgetown Law Journal*, vol.93, p.1646 (2005).

起きる以前には、多くの思慮深い人々は、この国の市民的自由は次の世界大戦への参戦をもちこたえられないだろうと信じていた。しかし、今日、市民的自由は楽観主義者でさえ望むことのできないほどの活力を享受している」[7]と指摘していたことを見逃すべきではない[8]。ストーンの先の書物も、とりあげた6つの戦時において、1798年期、第一次大戦期、冷戦期に比して、南北戦争期、第二次大戦期、ヴェトナム戦争期の方が異論の弾圧はより抑制されたものであったことを認めている[9]。

第2に、危機において、いかなる自由が主として抑圧されるかは時代によって異なっている。ストーンの書物は、第二次大戦期における自由の抑圧をとりあげているが、書物に対するある書評が、「この書物の副題としては、戦時における『市民的自由』を選択した方が適切であっただろう」[10]と的確に指摘しているように、ストーンが書物で扱った第二次大戦期の主たる抑圧とは、12万人の日系人の強制収容であって、表現の自由に対する抑圧ではない。

第3に、危機の時代において、表現の自由が抑圧されがちだとしても、それが誰による抑圧なのかも、やはり時代によって異なっている。この点で示唆的なのは、「反テロ戦争」を戦う〈9.11〉後のアメリカの表現の自由の抑圧状況を分析した憲法学者のマガリアンの指摘である。マガリアンによれば、「政府は言論を弾圧するだろうとの我々の危惧は、修正1条における表現の自由の保障に関する我々の理解に深く根ざしている。その理解にもとづけば、憲法典を制定した人々は、修正1条を制定することで、話すかどうか、話すとして何を話すかという個人の決定を、政府による検閲と処罰に対抗して擁護しようとしたのだという理解が導かれる。しかし

7) Robert E. Cushman, "Civil Liberties" *American Political Science Review*, vol.37, p.49 (1943).

8) クッシュマンのこの評価は、一定の限定を加えながらも、Edward S. Corwin, *Total War and the Constitution* (Knopf, 1947) p.106, さらに、Melvin I. Urofsky, *Division and Discord: The Supreme Court under Stone and Vinson, 1941-1953* (The University of South Carolina Press, 1997) p.58にまで引き継がれている。

9) Stone, *supra* note 5, p.533.

10) Siegel, *supra* note 6, p.1649.

ながら、現在の国家的危機にあって、表現の障害となっているものの驚くべき特徴は、重要な政治的討議の抑圧が、政府機関の行為ではなく、むしろはるかに多く非政府機関の行為から生じている、ということである」[11)]。このように述べるマガリアンは、〈9. 11〉後の表現の自由の抑圧に対する処方箋として、憲法上の権利保障はあくまで国家による規制に向けられたものであって、私人の行為による抑圧に対しては及ばないとするステイト・アクション法理の拘束を、公共的な表現の抑圧が問題になる場面に限定して解くべきであるという挑発的な処方箋を提示している。この処方箋の是非はともかく、マガリアンが〈9. 11〉後のアメリカにおける表現の自由の主たる抑圧者は国家ではなく、私人だとみていることには注目しておく必要がある。

このように、アメリカの歴史1つをみても、自由に対する抑圧を問題にする場合にも、抑圧は常に同じものではなく、時々の状況と環境の中で異なった形で現れることを忘れるべきではない。抑圧はのっぺらぼうなものではない。そのことを見落とすと我々は対応を誤ることになる。

2　頓挫した国家理性の発動と回避された選択

こうした観点からみた場合、〈9. 11〉後のアメリカの状況に関するマガリアンの指摘は〈3. 11〉後のわが国の状況にも基本的にはあてはまるのではないだろうか。〈3. 11〉という今回の危機で際立っているのは、国家による自由の抑圧の過少であるように思われる。

この点に関して、第1に注目すべきことは、なによりも「国家理性」の発動の頓挫である。福島第一原発において、次々と爆発が起こる中、筆者は、近代立憲主義にとってもっとも深刻な事態の到来を懸念した。それは、俗に「最悪のシナリオ」と形容された、首都圏3000万人の避難計画の実施に関わる。福島第一原発においてこれまで以上の水素爆発が発生する、

11）Gregory P. Magarian, “The First Amendment, the Public-Private Distinction, and Nongovernmental Suppression of Wartime Political Debate” *George Washington Law Review*, vol.73, p.103（2004）.

あるいは使用済み核燃料プールの構造が破壊されるなど、いずれにせよ大量の放射性物質の飛散が生じることになれば——これは、核の「平和的利用」という名のもとに隠蔽されてきた原子力発電が、文字通り核兵器として顕在化する事態である——放射能が首都圏に及ぶことは必至であり、首都圏3000万人の避難計画を想定せざるをえない。これは、「日本」という国家の生存をかけた戦略となる。それは、危機にさらされた国家の理性が命じるところでもある。そして、それが真に国家理性の発動であれば、そこには選別の論理が働くことになるはずである。「日本」という国家の生き残りを考える以上、最優先で避難させるべきは、将来のある子どもたちと、その子どもたちの育成に必要な母親たちだと考えるのが合理的であろう。しかし、生は誰にとってもかけがえのないものであり、当然、誰もが逃げようとする。しかし、それを認めれば、「日本」という国家の生き残りは危うくなる。したがって、自衛隊や警察が、逃げようとする国民に銃を向けてでもそれを阻止せざるをえない。仮に筆者が首相であれば、当然そう考える。

しかしながら、これはいかに国家理性の発動であろうと、近代立憲主義という論理とは齟齬をきたす。近代立憲主義の論理からすれば、国家はあくまで各人の幸福を確保するために諸個人の契約によって生み出された存在にすぎない。こうした危機的な状況にあっては、社会契約という拘束を解くほかないのではないかと筆者は考える。こうした状況において、「日本」という国家の生存を理由に、「個人」に「逃げるな、死ね」、あるいは「死んでもかまわない」ということを命じるのが国家理性であるが、それは13条で「個人の尊重」を謳い、近代立憲主義へのコミットメントを公言している日本国憲法とは対立する。これは、国家理性と近代立憲主義がまさに正面から対立する事態にほかならない。国家理性からすれば、当該国家の構成員の生存の是非を決定する最終的な権限を有するのは国家である。これに対して、近代立憲主義からすれば、最終的な決定権は個人にある。近代立憲主義にコミットすることは、こうした状況にあってもなお、「逃げたい個人は逃げていい」ということを主張することで、子どもたちやその母親たちの生存を命じる国家理性の要求を拒否し、最終的な決定権を個人に委ねようとする。自分が逃げれば誰かが逃げられないかもしれない、そのことを前提にしたうえで逃げるかどうかの判断とその責任を個人に強いるのが近代立憲主義である。

〈3.11〉という事態は、我々に対して、国家理性に従うのか、近代立憲主義に従うのかの選択を迫る可能性があったように思われる[12)]。

しかしながら、近代立憲主義からすれば幸いなことに、〈3.11〉は「国家理性」の発動を頓挫させた。『週刊文春』が伝えるところによれば、首都圏3000万人の避難計画が当時の菅政権のもとで作成されなかったわけではない。作成はされたが実施に至らなかった。具体的な計画を作成したのは、官僚ではなく自衛隊のトップである統合幕僚長であった[13)]。〈3.11〉に直面して「国家」の官吏であるはずの官僚は責任を負うことに怯えて国家理性を実現する計画の作成を放棄し、まさに暴力装置である「国家」を最終的に支える存在たる「軍隊」である自衛隊の、そのトップの統合幕僚長に、避難計画を「オレの責任で作る」[14)]と言わしめた。しかし、それでもなお、この日本、日本人の「生き残り」をかけた計画は実施されなかった。

ではなぜ、実施されなかったのか。1つには、原発事故の進展が、首都圏に大量の放射能が拡散する事態にまで至らなかったし、現在も至ってはいないことである。これは事態の状況が国家理性の発動の必要性を認めな

12）ただし、日本では、国家理性が語られる際に、しばしば、自覚的にかどうかはともかく、その「国家」に「天皇制国家」である「日本」というイメージが重ねられることが多いことには注意しておく必要がある。この点で、〈3.11〉を契機に、「国家はどのような状況におちいっても、国民に『日本国家、国民同胞のために死ね』という命令を発することができなくなった」「戦後」日本社会のありようを清算し、「日本国家、国民同胞」の生き残りを考える国家への転換の必要性を主張する佐藤優が、明治天皇の歌を何度も引用し、おまけに「危機を乗り切るためには思想が必要となりますが、日本人にあっては、それは究極のところ、大和魂なのです。真の危機になると自ら働きだすのが大和魂なのです。なぜなら、『大日本者神國也』だからです」と述べているのは、自覚的な主張として注目に値する。佐藤優『3·11クライシス！』（マガジンハウス・2011）1頁、30頁、76頁。この佐藤の主張に対して、高橋哲哉は、それは「戦前・戦後の靖国のシステムと同質の犠牲の論理が現われている」と批判している。高橋哲哉『犠牲のシステム 福島・沖縄』（集英社・2012）61～63頁。この高橋の指摘は、日本では、「国家理性」が問題になる際に、共和主義が天皇制に乗っ取られがちであることを前提にした批判だと理解すべきであろう。

13）週刊文春2012年3月15日号31頁「東京に『戒厳令』発動」。

14）同前33頁。

いということである。しかし、これは状況次第である。事態が深刻化すれば国家理性の発動はありうることになる。ここに、もう1つの事柄が関係する。もともと計画自体を官僚が作成できなかったように、そもそも現在の政府に国家理性の発動を可能とする能力と覚悟があるのかどうかははなはだ疑わしい。この点では、松平徳仁が、原子力緊急事態における避難指示を、「緊急事態における evacuation（避難・疎開）」として、国家緊急権の行使とみたうえで、「仮にそのような緊急権は合憲としても、その権力を使いこなす能力と、権力行使にともなう責任を自らとる意思がなければ、いかなる大権も紙切れにすぎない。菅首相の……発言が示すように、そもそも『首都圏3千万人』の mandatory evacuation が不可能と考えられたがゆえに首相の指示権が行使されなかったのであって、緊急権の創設によって作為の期待可能性が高まるわけではない。緊急権の不在は、不作為の原因ではなく、むしろその結果である」[15] と指摘しているのが示唆的である。この松平の指摘は、国家緊急権をそもそも使いこなすだけの能力と責任を政府が持ち合わせていないことを示したものである。実際、〈3.11〉後の政治家と官僚の頼りなさ、無策ぶりには目を覆うものがある。しかも、これは〈3.11〉という未曾有の事態だからやむをえない、という生やさしい話ではなく、〈3.11〉に限らず、もともと、現在の日本においては「国家理性」の発動ということを問題にする余地はなく、そのことをあらためて〈3.11〉は顕在化・可視化させたにすぎないように思われる。

3　政府による言論統制の過少

第2に注目すべきことは、〈3.11〉は、市民的自由一般はおろか表現の自由に限ってみても、国家による統制は、少なくとも規制という形式での抑圧を目立った形ではみせてはいないことである。

もちろん、このように述べるにあたってはいくつかの慎重な留保を付す必要があろう。第1に、脱原発を求める集会やデモが、これまでにない広

15）松平徳仁「緊急事態における避難」法学セミナー682号（2011）31頁。

がり——それは規模の問題だけでなく、これまでそうした運動に参加してこなかった母親たちなど新たな参加者を含んでいるという意味で、質的な変化を問題にできるほどのものである——を見せる中で、マス・メディアによって報道されることは少ないものの、公務執行妨害を理由とする逮捕や、集会の監視活動などさまざまな形での「抑圧」が公安警察によってなされているだろうことは想像に難くないし、実際にインターネット上ではそうした事例が少なからず報告されている。第2に、震災・原発事故後ウェブ上やメール等で流布した「デマ」について、警察が問題視する書き込みを特定し、異例の削除要請を行ったこと[16]についても、今回のような状況の中では、「風評被害」と同様、「デマ」についても、何がデマで何がデマでないかは判断が困難な場合がありうる以上、その是非を慎重に検証する必要性があろう。

第3に、〈3.11〉後の国家による言論統制については、不作為の政府言論がどれほどあったのかという問題も今後慎重に検証する必要性があろう。伝統的な表現の自由の問題が、政府が私人によって構成される言論市場に、外側から「規制者(censor)」として介入する場面で生じる問題であるとすれば、政府言論の問題とは、政府が言論市場に対してみずからも「話し手(speaker)」として参加する場合の問題である[17]。表現の自由は、すべての人に平等に認められているものの、実際には、現代の言論市場は、それが対等な私人による「送り手」と「受け手」の地位の互換性を前提にできるような場ではなく、少数のマス・メディアが「送り手」の地位を独占しており、大多数の一般市民はもっぱら「受け手」の地位しか享受できていないのではないかという認識にもとづいて、この「受け手」としての一般市民の地位をいかに実効的に保障するかという問題が、いわゆる「知る

16) これについては、曽我部真裕「風評被害」法学セミナー682号(2011)34頁。

17) 「政府言論」に関する文献は枚挙に暇がないほどあるが、ここでは、代表的なものとして、蟻川恒正「国家と文化」岩村正彦編『岩波講座 現代の法1 現代国家と法』(岩波書店・1997)191頁、同「政府と言論」ジュリスト1244号(2003)91頁、同「政府の言論の法理」駒村圭吾=鈴木秀美編『表現の自由Ⅰ—状況へ』(尚学社・2011)417頁を挙げるにとどめる。筆者のものとしては、阪口正二郎「芸術に対する国家の財政援助と表現の自由」法律時報74巻1号(2002)30頁がある。

権利」論の台頭の背景にあったとすれば、政府自体が言論市場に「話し手」として参加する場合、問題はより深刻なものとなる。言論市場への参加者として、競争力において、私人と国家との間には大きな差がある。第1は、人的資源、物的資源の差であり、第2は、保有している情報量の差である。この第1と第2の差は、量的な差にすぎないが、第3に、政府は「正統性」という政府にしかもちえない力を有している。政府のなす言論は、政府の有する「正統性」ゆえに信頼性が高いと一般に評価される。「裏書きするだけで、一定の議論を正統化する能力」は「国家にのみ固有に利用可能なもの」[18]といわれるのは、そのためである。少数のマス・メディアによる言論市場の寡占が問題だとすれば、こうした形で競争力において私人に対して圧倒的に優位な地位にある政府が言論市場に「話し手」として参入してくれば、それが言論市場を歪曲する効果はより深刻である。

政府言論の問題は、戦前のいわゆる「大本営発表」や「臣民教育」にグロテスクな形で表出するように、政府が何かを話し、それによって国民を「洗脳」する場面がもっともイメージしやすい。しかし、表現の自由が「話す自由」と同時に「話さない自由」、「沈黙する自由」を含むように、政府言論についても、政府が積極的に話す（積極的政府言論、作為的政府言論）場合と、政府が話さない（消極的政府言論、不作為的政府言論）場合の両方が観念できる[19]。政府が話さない形での政府言論の問題とは、政府によるその保有する情報の非開示あるいは選択的な開示に典型的に示される。情報の保有量において圧倒的に優位な地位にある政府が、情報をまったく開示しないか、あるいは自己に都合のよい情報しか開示せず、都合の悪い情報を開示しなければ民主主義など絵に描いた餅にすぎない。その意味で、「政府が何かを話さないことは、しばしば政府が何かを話すことと同じくらい重要である」[20]。

18） Sanford Levinson, "The Tutelary State: 'Censorship', 'Silencing', and the 'Practice of Cultural Regulation'" in Robert C. Post（ed.）, *Censorship and Silencing: Practice of Cultural Regulation*（Getty Research Institute, 1998）p.196.

19） Mark G. Yudof, *When Government Speaks: Politics, Law, and Government Expression in America*（University of California Press, 1983）pp.6-10.

20） *Ibid.*, p.9.

この観点からみた場合、今回の事態について、気がかりなことがいくつかある。第1は、政府が鳴り物入りで開発してきたはずの緊急時迅速放射能影響予測ネットワークシステムであるSPEEDIの観測結果が、「放出源データがとれないから使えない」、そうした状況で観測結果を公表することは「無用のパニック」を招く可能性があるといった理由で、迅速に公開されなかったことであり、その結果、無用な「被曝者」を生み出した政府の責任はなによりも深刻であることである。それとも関わって第2に、新聞記者の経験を有する弁護士の日隅一雄とフリーのライターである木野龍逸の共著である『検証 福島原発事故・記者会見』[21]が、「東電・政府は何を隠したのか」という副題を適切に冠しているように、東電の記者会見と並んで政府の記者会見が国民の生命・健康に関する事故関連の重要な情報を適切に開示していたのかどうかが疑わしい可能性があるということである。第3に、そうした状況の中での原発事故後の枝野幸男内閣官房長官の記者会見における一連の発言は、それが官房長官による会見という積極的でかつ明示的な「政府言論」であり、しかも、その発言内容が「ただちに人体に影響はない」との微妙な言い回しを用いた発言として、注目に値する。「ただちに人体に影響はない」との発言は、事故から将来生じる影響についてはあいまいにしながら、「少なくとも今現在は、安全である」との政府言論を発したものとして、この発言を受け止める必要があろう。この枝野官房長官による政府言論は、多くの外国政府が日本に在住する自国民に向けて一定の退避を勧告したのとはきわめて対照的であり、今後慎重にその選択の妥当性と責任を検証すべきであると思われる。

4 「自粛」と不寛容——市民社会の側の問題

このように、〈3.11〉に端を発する政府による言論の規制や統制を問題にすることは可能である。しかしながら、それでもなお、筆者の目からみた場合、〈3.11〉後の表現の自由の「抑圧」ということを考える場合、問

21） 日隅一雄=木野龍逸『検証 福島原発事故・記者会見—東電・政府は何を隠したのか』（岩波書店・2012）。

題はより多く、政府に端を発しているというよりは、我々市民社会の側に端を発しているのではないかと考えられるように思われる。そのように考えられる例を2つ示しておこう。

1つは、〈3.11〉直後にテレビ・メディアを「席巻」したどころか「占領」した感のあるACのCMである[22]。あの時、テレビ上で国民の誰もが目にしたのが、当初は「乳がん検診」を呼びかける場違いなCMであり、その後は、修正されて「日本はひとつ」とサッカー日本代表の選手たちが呼びかけて多数の国民の共感を呼んだであろうACのCMであった。

ACは民間の公益社団法人である。ACは企業と個人の会員から構成されている。ACは、公共的な内容の広告を行うことによって市民の公共意識を高めることを目的としている[23]。しかし、ACのCMがもっとも活躍するのは、通常のCMのスポンサーである企業がCMをなんらかの事情で自粛し、CM枠に空きが生じた場合である。特定の企業がCMを自粛する事情は当該企業に固有な場合があるが、多くの企業がCMを自粛するのは、日本の場合、皇室の慶弔や大規模災害の発生時である。1988年に、ミュージシャンの井上陽水が車のウィンドウから顔を出して「みなさんお元気ですか。失礼します」とつぶやくユーモラスな日産自動車のCMが、運悪く昭和天皇の病状の悪化と重なり、当該部分の音声が消されたことはよく知られている。昭和天皇が死去した時や阪神・淡路大震災の発生時に、多くの企業がCMを自粛し、当時は公共広告機構という名称であったACのCMがその穴を埋めた。それらの過去の事例と比較しても〈3.11〉後のACのCMの量は圧倒的であったように思われる。東日本大震災直後、テレビのCMはACのCM一色となった。

筆者はあの状況にいくつかの問題を感じた。第1は、日本社会において「自粛」がもつ意味に関わる。テレビのCMがACのCM一色となった理由は、もちろん企業がCMを「自粛」したためである。しかし、真の「自粛」であれば、そこには、みずからが自制したという、あくまで「私」

22） この点について詳しくは、阪口正二郎「ACのCMと、『自粛』、作られる『安心』」法学セミナー682号（2011）36頁参照。

23） 公共広告については、植條則夫『公共広告の研究』（日本経済新聞社・2005）が詳しい。

の判断があり、それゆえに「私」の判断の責任を問題にすることができる。しかし、それすら問う余地をあいまいにしようとするのが、この国の「自粛」ではないだろうか。企業にCMの「自粛」をさせているのは、多分に、日本社会に蔓延するある種の「空気」によるのではないだろうか。「KY＝空気が読めない」ということばがゼロ年代後半に流行したが、まさに「自粛」とは、この「空気」を読んだ結果ではないか。多くの企業が「空気」を読んで「自粛」すれば、「自粛」はどの企業も行う当たり前の行為になり、事の本質的な意味での「自粛」ではなくなる。「自粛」は、本来、自分の行為であるにもかかわらず、自分の行為ではないかのように錯覚され、責任がうやむやにされる。

第2に、今回のACのCMは、「日本の力を信じてる」「日本はひとつ」という内容のメッセージであったが、そもそもたとえどのようなメッセージであろうと、それ一色で社会が塗りこめられる場合、多様な意見があることがかき消され、自由が脅かされる。「自粛」が息苦しさをもたらすのはそのためである。

第3に、今回のACのCMのメッセージは、愛国的な感情を呼び起こすものであったが、作家の平野啓一郎の「愛『国』心と愛『国家』心」というエッセイ[24]で指摘されているように、時として、愛国心（パトリオティズム）は、容易に時の権力によって愛国家心（ナショナリズム）として回収され、政治的に利用される。〈9.11〉の際に当時のブッシュ政権は素朴な愛国心をアフガニスタン・イラク空爆政策への支持に利用した。本来、愛国心は、場合によっては、同胞や国を愛するがゆえに国家の政策への批判につながる可能性があるにもかかわらず、そうした批判は非国民のなすものだとのレッテルが貼られて弾圧され、国家の政策を支持するもののみが「愛国的」だとされる。「日本はひとつ」だと言われれば、異論は言いにくくなる。素朴な愛国心は罪深い。

第4に、今回、ACのCMの「日本の力を信じてる」「日本はひとつ」というメッセージは、意図的かどうかは定かではないが、一方で不作為の政

24）平野啓一郎『文明の憂鬱』（新潮社・2005）229頁。

府言論という形で原発事故に関する正確な情報を伝達せず、他方で事故による即時的な人体に対する影響はないという作為的な政府言論がなされる中で、そうした政府言論と相まって、決して安心できる状態ではないにもかかわらず、根拠のない安心感を蔓延させたように思われる。

ACのCMという「自粛」に関わる問題と並ぶもう1つの問題は、日本社会の不寛容さに関わる問題であり、この問題を典型的に示したのが2012年3月に生じた「さいたさいたセシウムがさいた」講演会中止問題であるように思われる。これは、「国際女性デー埼玉集会」と銘打って、主催者である「2012年国際女性デー埼玉集会実行委員会」(事務局は埼玉県教職員組合)」が、〈3.11〉後「脱原発」を訴える講演会活動を行っている詩人のアーサー・ビナード氏に講演を依頼し、その講演会のチラシが出回ったところ、それが自民党の片山さつき衆議院議員の目にとまり、片山議員が短文投稿サイトのツイッターで講演会に批判的な内容を「つぶやき」、それに反応した人々が事務局である埼玉県教職員組合に対して講演会に対する抗議をなし、それを受けて主催者が講演会の中止を決めたというものである[25)]。問題になったチラシには、「さいたさいたセシウムがさいた〜3・11後の安心をどうつくり出すか」と書かれている。ビナード氏によれば、この講演のタイトルは、戦前の小学校の教科書に掲載されていた「サイタ　サイタ　サクラ　ガ　サイタ」という文章にひっかける趣旨で考えられたものであった。この「サイタ　サイタ　サクラ　ガ　サイタ」は「ススメ　ススメ　ヘイタイ　ススメ」、「ヒノマル　ノ　ハタ　バンザイ　ススメ」などと続く、軍国主義的な内容のものであり、日本通のビナード氏はこれを知っていて、それにひっかけてビナード氏は「さいたさいたセシウムがさいた」という講演会のタイトルを付けた。ところが、このチラシを見た片山議員は、「埼玉県教組自身の告知で、さいたさいたセシウムのタイトル確認。四十年前、埼玉の公立小学校卒業したけど、当時は日教組だ、と後ろ指さされる位日教組バリバリはマイナーで、普通の常識的な先生が大半、地域でも尊敬されてた。こういう言葉平気で公に使

25） 経緯等について詳しくは、2012年3月21日付東京新聞朝刊24面、25面参照。

うセンスで授業やられちゃかなわん！」とみずから「つぶや」いたり、「3月10日　世界女性デーに『咲いた咲いたセシウム咲いた』（埼玉県教職員組合主催）なんてトンデモナイテーマの講演会開催されます。東海テレビ『怪しいお米セシウムさん』を忘れたか？埼玉県教職員組合へ抗議してください。」と他人のつぶやきに応答したりした。片山議員の「つぶやき」をフォローしている人を中心にこれが広がり、事務局である埼玉県教職員組合には講演会への抗議が寄せられ、主催者は講演会を中止した。

この件についての東京新聞の取材に対して片山議員は、「以前、地方のテレビ番組で『セシウムのコメ』が問題となり、今度はこれ。なぜやゆするような表現を使うのか。常識がない。何百件もの抗議が届きました」、「埼玉ではセシウムの汚染のせいで倒産した茶業者の方がいる。そういうことを分かっているのですか。『さいたさいた』は花しか連想できず、セシウムを肯定的にとらえているとしかとれません」と応答している。

ここには、いくつかのことが関わっている。第1は、アメリカ人であるビナード氏が戦前の軍国主義的な文章である「サイタ　サイタ　サクラガ　サイタ」を知っているのに対して、多くの日本人にとってこの軍国主義の文章があまりよく知られていないということである。「さいたさいたセシウムがさいた」という講演会のタイトルは、それを見た多くの日本人にとって、「サイタ　サイタ　サクラ　ガ　サイタ」という文章と関連づけて理解されたのではなく、「さいた、さいた、チューリップの花が」というよく知られた歌の歌詞を想起させたのかもしれない。ここには、やはり戦後の日本社会において、「自虐的である」という名のもとに、戦前の日本が犯した問題をきちんと見つめ直すことを軽視してきたという問題が関わっているように思われる。

第2に、仮にビナード氏の講演会の「さいたさいたセシウムがさいた」というタイトルが、氏の意図した「サイタ　サイタ　サクラ　ガ　サイタ」を想起させるという文脈で理解することがむずかしかったとしても、そのタイトルをすぐに「怪しいお米セシウムさん」という東海テレビの問題と一緒にするのはかなり乱暴な話である。なぜなら、講演会のチラシには「3・11後の安心をどうつくり出すか」という副題がきちんと示されているし、そこでは「本来なら喜ばしい春の訪れを台無しにしてしまった東京電力福島原子力発電所の事故。放射能物質の拡散でくらしに危険が迫っています。日々の生活の安全・安心を私たちの力で作り出していきましょう」という説明までていねいに付されているからである。それにもかかわらず、これを悪質な「風評被害」をまねくものと即断したり、「セシウムを肯定的にとらえている」ものと理解するのは、そもそも相手の発言については、それに反論するにしても、よほどのことがない限り、きちんと最後まで聞いて相手の真意を確かめてからにすべきであるというコミュニケーションのマナーに反しているし、全国民の代表として慎重で冷静な判断力を要求される国会議員にはなお一層そのことが求められるはずである。また、仮に「風評被害」ということを問題にするとしても、今回の原発事故について「風評被害」ということを問題にするには相当な慎重さが求められるはずである。それは、実際に、〈3. 11〉後、体内に摂取される水や食物の安全性について多くの人々が不安を抱いているのは、今もって事実であり、その不安に根拠がないとはいえないからである。問題は、この不安を生み出しているのは誰かということである。今回、この不安を生み出していることの責任は、なによりも、水や食物の安全性の検査をしっかりと実施せず、実施した場合にもその結果をきちんと公表してこなかった、国や地方自治体など公権力の側にあるのではないか。こうした状況の中で安易に「風評被害」ということを問題にするのは、かえって公権力の側の責任をあいまいにする。

こうしたことを考えれば、片山議員の「つぶやき」自体とそれに対する無批判的反応については、現在の日本の民主主義の質の「危うさ」を問題にすることができる。

しかしながら、それにもかかわらず、筆者にとって、もっとも気になるのは、ビナード氏の講演会を中止に追い込んだ抗議の内容である。民主主義のもとで表現の自由が保障されている以上、ビナード氏にも表現する自由があり、同時にビナード氏の講演を批判する自由もある。しかし、ビナード氏の講演を批判する自由は、あくまでその内容を批判する自由であって、ビナード氏に講演をさせない自由ではないはずである。「私はあなたの意見には反対だが、あなたがそれを発言することを命がけで擁護する」という、哲学者であるヴォルテールの発言にしばしば帰される「寛容」の精神は、そのことを示唆している。「寛容」はたしかに容易なことではない[26]。「寛容」は無関心でも単なる「優しさ」でもない。「寛容」とは、「他者が、我々が強く否認する行為を行う場合にすら、その他者、そしてその他者が行う行為を我々が許容することを要求する」[27]からである。しかし、それにもかかわらず表現の自由を保障するリベラル・デモクラシーは、自分とは意見を異にする自由、自分が強く否認する見解に対しても当該見解を公にする自由を認める寛容さを要求する。こうした点からみて、「さいたさいたセシウムがさいた」講演会中止問題には日本社会の異論に対する不寛容さが関わっているように思われる。

5　寛容、性格と表現の自由

（1）民主主義のもとでの自由の規制メカニズム

民主主義のもとで公権力によって自由が規制される場合、そのメカニズムには、主として3つの形があるように思われる。第1は、一般に代表民主制における「代理問題（agency problem）」として論じられる形である[28]。民主主義のもとでは、主人（principal）は主権者たる我々国民であり、選挙で選ばれる議員は主人である我々国民の代理人（agent）にすぎない。本来代理人にすぎない議員は、主人である我々国民の利益を無視して自己の利益を優先してはならないはずである。ところが、時として、議員は自分たちが議員としての職にとどまり続けたいという自己利益を優先させて

26） この点については、阪口正二郎「多様性の中の立憲主義と『寛容のパラドクス』」同編『岩波講座 憲法5 グローバル化と憲法』（岩波書店・2007）69頁、同「異論の窮境と異論の公共性」同編『自由への問い③ 公共性―自由が／自由を可能にする秩序』（岩波書店・2010）21頁を参照のこと。

27） Thomas M. Scanlon, *The Difficulty of Tolerance: Essays in Political Philosophy*（Cambridge University Press, 2003） p.187.

28） これについては、*see*, Akhil Reed Amar, “The Bill of Rights as a Constitution” *Yale Law Journal*, vol.100, p.1131（1991）; Michael J. Klarman, “Majoritarian Judicial Review: The Entrenchment Problem” *Georgetown Law Journal*, vol.85, p.498（1997）.

行動することがある。政権にある勢力が政権を維持するために自分たちの政策を批判する表現行為を規制する場合が、その典型である。この場合、問題なのは政府であり、規制は文字通り反民主的であるということができる。

しかしながら、たとえ民主主義のもとにあってもこの問題を軽視すべきではないが、民主主義のもとではこの形の自由の規制は公権力にとってそう簡単に純粋な形で行えるわけではなかろう。民主主義のもとでの公権力による自由の規制は、こうした権力の側の自己保存という理由のみで行われるとは限らない。むしろ厄介なのは、国民の多数者の世論を体現する形で公権力が自由を規制する、あるいは公権力による規制を世論が下支えしている、第2の場合である。周知のように、この点にいち早く注目したのは、ジョン・スチュワート・ミルである。ミルは『自由論』において、「多数者の専制（tyranny of the majority）」を問題にしたことで知られるが、その際に、ミルはそうした「多数者の専制」が「社会自らが暴君」である「社会的専制」として現れうることにも注意を喚起していたことを忘れるべきではない[29]。ミルがその時点で主として問題にしていたのは、公権力による抑圧＝法律上の刑罰による抑圧という構図を前提に、そうした公権力による抑圧以外にも、社会の多数者による抑圧がありうるということであった。しかし、民主主義のもとでは、文字通り代理人である議員は主人である国民の意思を体現することが求められ、ここに、「自由を規制せよ」との社会の多数者の声＝principal としての声を体現した自由の規制が生まれる。この場合問題なのは、政府ではなく国民自身であり、規制を単純に反民主的なるものと形容することは許されない。規制自身が、さしあたりは、民主主義を体現しているからである。ルーズヴェルト政権下で司法長官を務めたフランシス・ビドルが冷戦下の1952年に著した書物において、「古代の専制が新しい形をとって再び我々のもとに戻ってきている。アメリカにおける権力は世論にもとづいているが、現在の世論は、獲得するには時間がかかるものの、見捨てるのは簡単な個人の自由を徐々に放棄

29）J・S・ミル（塩尻公明＝木村健康訳）『自由論』（岩波書店・1971）15頁。

することを承認しつつあるように思える。自由ための闘争はもはや人民を抑圧する専制者に対して向けられるべきものではない。専制者は世論であり、自由の制度に対する想像にもとづく危険に怯えて、自由の制度を最終的には破壊する抑圧によって自由の制度を守るべきだと要求する人民自身が専制者なのである」[30]と指摘せざるをえなかったことを忘れるべきではない。

さらに厄介なのが、第３の場合である。これは、第２の場合を前提にしながら、そこに第１の要素が加わる場合である。これは、ある言論を規制すべきであるという社会の多数者の意見に依拠しながらも、それを利用して公権力が自己保存をもくろむ場合である。この場合に、規制は社会の多数者意思をそのまま体現するのではなく、それに、公権力の自己保存という思惑を加えるという意味で、社会の多数者の意思を体現するということをある程度超えた形で規制することになる。この場合には、問題は政府にだけあるわけでもなければ、国民だけにあるわけでもなく、両方に問題があることになる。民主主義を標榜する国家において、公権力が自己保存をもくろむとしても、民主主義のもとではそれを生の形で主張することは容易ではなく、社会の多数者の意思である「世論」に依拠するか、それを利用せざるをえない。ここに、民主主義のもとでこの第３の場合が成立する余地がある。

このように、民主主義のもとでの自由の規制には３つのメカニズムが考えられることになるが、〈3.11〉後の表現の自由の「抑圧」ということを考える場合には、先に述べたように、規制の源が世論にあるとすれば、このうち第２と第３の場合に注目する必要があろう。両方の場合に共通するのは不寛容な世論の存在である。

（２）国家と個人の「狭間」に焦点をあてる表現の自由論

こうした観点からみた場合、不寛容な世論の存在を前提に、なぜ表現の自由を保障すべきなのかを語る必要性が生じるはずである。しかしながら、なぜ表現の自由を保障すべきなのかという点に関する理論は、これまで表

30） Francis Biddle, *The Fear of Freedom*（Doubleday, 1951）p.7.

現の自由の「原理論」とされ――アメリカとの対比においては、日本における その「不活発さ」ということが語られながらも[31]――日米の憲法学において一定の地歩を示してきたにもかかわらず、しばしばこの表現の自由の原理論は、国家ないし政治システムにとっての表現の自由を保障することの意義を強調する議論――典型的には民主主義を可能にするための表現の自由という議論――と、個人にとっての表現の自由を保障することの意義を強調する議論――典型的には個人の自己実現ないし自律を可能にするための表現の自由という議論――に区分して理解されがちである。そこで見落とされるのは、国家と個人の間に存在する「社会」に向けられた表現の自由の原理論である。

しかし、アメリカにおいて、この「狭間」にある――「狭間」にあるものとして格別の注目を集めることは少ない――「社会」に焦点をあてて表現の自由を保障することの意義を強調する２人の憲法学者の表現の自由論が存在することに注目しておく必要がある。

（3）ボリンジャーの「寛容」モデル

１人は、わが国ではいわゆる「部分的規制論」で有名なリー・ボリンジャーが、1986年に出版された『寛容な社会』[32]で展開した議論である。

ボリンジャーの問題意識は、「議論の出発点は次のことであるように思われる。それは、いかなる社会においても、人民に対して言論行動に接した時に自制を期待することが不可能で、寛容であるべきことを強調することが言論の自由という我々の願望にとって非生産的であるようなある種の異常な状況や時代が存在するということである。言論の自由の限界について考えようとするのであれば、表現が『社会的価値』を有しているかどうかを問うよりも、この出発点の方が望ましい」[33]との一文によく示されている。ボリンジャーにとって、そうした「異常な状況」として「言論の自由の限界」を考えるうえでの代表的な事例を形成しているのが、1978年

31） 奥平康弘『なぜ「表現の自由」か』（東京大学出版会・1988）9頁。

32） Lee C. Bollinger, *The Tolerant Society: Freedom of Speech and Extremist Speech in America*(Oxford University Press, 1986). いち早くこの議論に注目したものとして、川岸令和「表現の自由・寛容・リベラリズム」早稲田政治経済学雑誌304=305号（1991）311頁がある。

33） Bollinger, *ibid.*, p.182.

に起きたスコーキ事件[34]である。イリノイ州のシカゴ近郊にあるスコーキには、人口7万人のうち約4万人のユダヤ人が居住しており、そのうちの数千人は第二次大戦下のヨーロッパのユダヤ人強制収容所からの生還者であった。こともあろうにそうした街において、ネオナチを標榜する団体が、鉤十字を身につけ、ナチスの軍服をまとい、反ユダヤのメッセージを掲げてデモ行進を行うことを企てた。街側はこれに対抗すべく、①50名以上の者がデモ行進や集会を行う場合には事前に街当局に許可申請しなければならず、申請者はその際に35万ドルの保険金を供託しなければならない、②人種的もしくは宗教的敵意をかきたてるような文書を街で配布してはならない、③戦闘的なスタイルの制服を着用してデモ行進を行ってはならない、という内容の条例を制定した。ネオナチ側からの訴えを受けて、表現の自由に照らして条例の合憲性を審査した連邦地方裁判所と連邦控訴裁判所は、ともに、条例は表現の自由の内容にもとづく規制であると認定したうえで審査し、条例を違憲とした[35]。スコーキ事件は、アメリカにおいてまさに表現行為に対する寛容の限界が鋭く問われた事件であり、実際にこの事件でネオナチの擁護を引き受けるという苦渋の選択をなしたアメリカ市民的自由擁護連盟（ACLU）は、その選択のせいで多くの会員を失い、みずからの財政基盤を危うくした[36]。

ボリンジャーによれば、「スコーキ事件のようなケースこそが基本に立ち返ることを余儀なくさせる」[37]。先に示したように、彼が問題となる表現行為が有する「社会的価値」を強調するだけでは不十分であると考えていることに注意しておく必要がある。ボリンジャーが書物の序文を、「本書の起源は、特に過激な言論だと考えられる事例に適用される場合の、現

34） この事件について、詳しくは、川岸令和「アメリカにおける表現の自由―スコウキ事件と『寛容』」比較法研究52巻（1990）124頁、奥平康弘『「表現の自由」を求めて―アメリカにおける権利獲得の軌跡』（岩波書店・1999）311～316頁を参照のこと。

35） Collin v. Smith, 447 F. Supp. 676（N.D. Ill., 1978）; Collin v. Smith, 578 F. 2d 1197（1978）（7th Cir.）.

36） *See*, Samuel Walker, *In Defense of American Liberties: A History of the ACLU*（Oxford University Press, 1990）pp.327-329.

37） Bollinger, *supra* note 32, p.43.

代の言論の自由概念に関する現在の説明と理論に対する不満にある」[38]と書き出しているように、彼はスコーキ事件を素材に、2つの既存の代表的な表現の自由擁護論の限界を描き出している。

1つは、彼が「古典的モデル」[39]と形容する表現の自由擁護論である。「古典的」と形容されるように、ここでボリンジャーが問題にしているのは、いわゆる「思想の自由市場論」ないしは「自己統治論」である。彼によれば、「古典的モデル」にはいくつかの欠陥がある。第1に、「古典的モデル」は、政府が主権者である我々から多様な思想や観点を知る機会を奪うことによって自己統治を不可能にする事態を主として念頭において構築されているが、スコーキ事件に典型的に示されるように、今日過激な言論を規制しようとするのは「十分でかつ開かれた議論を経たのちに行為する人民自身」[40]である。規制の源は非民主的なものではなく、民主的なものである。第2に、ネオナチのような過激な言論を保護することが民主主義にとって不可欠といえるかどうかは疑わしい[41]。ナチスの経験からすればネオナチの表現行為を認めることによって民主主義が危うくされることはあっても、それを認めないと民主主義が危うくなるとは考えにくい。それでもなおネオナチの言論を保障すべきだとすれば、それは「自己統治論」では説明がつかない別の論理を必要とする。

第3に、なによりも重要なことに、「古典的モデル」は、過激な言論に接した場合、それは当該言論に反対する人々に対して不寛容という応答を余儀なくさせる点を軽視している[42]。この点に関して、ボリンジャーは2つの不寛容の原因に注目している。第1は、かつてホームズ判事が、「意見の表明を迫害するのは私には至極論理的であるように思われる。あなたが自分の意見の前提や自分の力に何の疑いももっておらず、心からある種の結果を望むのであれば、その願望を法のうちに表明し、対立するすべて

38） *Ibid*., p.3.

39） *Ibid*., p.43.

40） *Ibid*., p.50.

41） *Ibid*., p.51.

42） *Ibid*., pp.61-67, 79-86. なおこの点について、詳しくは、阪口・前掲注26）「異論の窮境と異論の公共性」24 ～ 28頁参照。

の意見を一掃してしまうのは当然である。言論による反論を許すことは、あなたが丸いものを四角いと主張する場合のように自分の言論がまったく無力だと考えているか、または、あなたがその結果をまったく気にしていないか、あるいはあなたが自分の言論の力やみずからの意見の前提を疑っていることを示している」[43]と述べたことに関わる。自己の考えを確信していれば、対立する思想を抑圧してでも自己の思想を保護しようとするのは人間にとって自然なことである。ボリンジャーは先のホームズ判事の指摘について、「その特別な重要性は、ホームズが規制を、基本的に表現の一形態」[44]と特徴づけた点にあると指摘している。ボリンジャーによれば、「言論という行為は、それに接し、当該言論とは異なる考えを有する人々を深刻なディレンマにおちいらせる。彼（彼女）らにとって、――おそらくは『目をそらす』ことによって――それに侵害されないよう選択すれば済むという単純な話ではないし、潜在的な説得のプロセスが機能することを観察する部外者を装えば済むという話でもない。彼（彼女）らが直面するディレンマとは、もっと複雑なものである。なぜなら、何もしない――寛容である――ことによって彼（彼女）らは自分たちが嫌う思想が勝利することの片棒をかつぐことになるかもしれないからである」[45]。「したがって、寛容と同様に不寛容もまた、世界における自分の立ち位置を明確にする必要性から生じるコミュニカティブな行為――もっとも単純でもっとも純粋な言論――である」[46]。

ボリンジャーによれば、不寛容の第2の原因は、第1の原因とは対照的に「疑い」に由来する。人はたとえ自分が抱く考えに「確信」をもっていたとしても、他者が自分と同じ考えを共有しているとは限らない以上、やはりみずからが嫌う言論に接した場合にそれに「不寛容」という形の応答をせざるをえない[47]。このように、ボリンジャーによれば、「言論行為のむずかしさは……それがしばしば当該言論行為を知っている者の応答を要

43） Abrams v. U.S., 250 U.S. 616, 630（1919）（Holmes, J., dissenting）.
44） Bollinger, *supra* note 32, p.62.
45） *Ibid.*, pp.62-63.
46） *Ibid.*, p.63.
47） *Ibid.*, pp.63-64.

求する点にある。それは、我々をしてなんらかの応答をなすことを強い、その意味で他の人々の行動に対する抑止力を行使する。応答しなければ自分たちが伝わってほしいと考えるものとは異なったメッセージが伝達されてしまう以上、言論行為はアジェンダ設定的なものである」[48]。

「古典的モデル」と並ぶもう1つの代表的な表現の自由擁護論は、ボリンジャーが「要塞モデル」と形容する擁護論である。「古典的モデル」が表現の自由を擁護することの意義に着目する議論だとすれば、「要塞モデル」は表現の自由を規制することの危険性に着目する議論である。「要塞モデル」の前提には、表現の自由を規制する権力が濫用される可能性への警戒がある。ボリンジャーによれば、「あらゆる政府は、その性格のうちに、先祖が有していた専制的な権限を再び手に入れたいという遺伝的ともいえる願望を有している。修正1条のような重要でかつ壊れやすいものをどのように構築すべきかということを計算する際には、こうした現実を考慮に入れておかねばならない」[49]。したがって、「要塞モデル」は、「修正1条に関して例外を設けることは、たとえその例外が特定の事例においてはいかに正当化可能であろうとも、憲法上の保障の壁に亀裂を生ぜしめるリスクを生み出すか、規制に向けた坂を転がり落ちるリスクを生み出す」という意味で、「言論に限っては、自己統治に関わる我々の通常の諸制度を信頼しないという前提」[50]にもとづいている。この「要塞モデル」によれば、「価値があるとされる表現のコアの領域さえ保護すれば十分である」[51]ということにはならないため、一見するとスコーキ事件で問題となったようなネオナチの表現行為まで保護することが正当化できそうにみえる。

しかし、ボリンジャーによれば、この「要塞モデル」も不十分である。それは、「要塞モデル」が、表現の自由に対する抑圧がもっぱら政府によってもたらされると想定している点にある。ボリンジャーによれば、「言

48) *Ibid.*, p.64.

49) *Ibid.*, p.77.

50) Lee C. Bollinger and Geoffrey R. Stone, “Dialogue” in Bollinger and Stone (eds.), *Eternally Vigilante: Free Speech in the Modern Era* (University of Chicago Press, 2003) p.25 (Statement of Lee C. Bollinger).

51) Bollinger, *supra* note 32, p.78.

論行為に対する極端な不寛容という傾向の問題があるとすれば、それは『政府』だけというより政府を通じて行動する『人民』にも関係している」[52)]。スコーキ事件を含めて20世紀のアメリカにおける表現行為の抑圧は多くの場合、人民の不寛容に根差している。

しかしながら、ボリンジャーは、「人民は合理的で有能で信頼に値する」と考える「古典的モデル」よりは、人間は自身の考えとは異なる行為に対しては不寛容になりがちであり、それを抑圧したがる傾向があるという意味で、「人民は不合理な衝動に駆られ、社会における言論行為の限界を決定しようとする際には少なくとも人民は信頼に値しない」[53)]と考える「要塞モデル」の方が優れているとしている。

ボリンジャー自身の「寛容モデル」は主としてこの「要塞モデル」の延長線上で構築されている。前述したように、ボリンジャーによれば、人は言論行為の領域においてのみ過度に不寛容になるわけではなく、人は自分のものとは異なるあらゆる行為について不寛容になりがちである。その意味で「過度の不寛容」は「我々の知的構成の一般的な欠陥」であり、これをコントロールする術である「寛容さ」は逆に「社会の知的な性格と我々がみなすものの重要な側面」[54)]である。しかも、この「過度の不寛容」は民主主義を危うくする。「[不寛容という] 感情は、自己統治を行う政治社会の基本的な作用において常に生じるが、常にコントロールされなければならない。なぜなら、進んで妥協し完全な敗北でさえ受け容れようとする覚悟が民主主義的な人格の不可欠な要素だからである」[55)]。そこでボリンジャーは、「寛容の精神」[56)]の重要性を説く。しかし、ボリンジャーにとって、「言論の自由原理の背後にある目的は、言論を保護することではなく、『過度に不寛容である衝動』と一般に呼ばれる現象を取り扱うことにある」が、それを「言論行為という限られた文脈においてのみ異常なほど寛容で

---

52) *Ibid*., p.79.
53) *Ibid*., p.92.
54) *Ibid*., p.120.
55) *Ibid*., p.117. ブラケット内は筆者による（以下、引用部分につき同じ）。
56) *Ibid*., p.104.

あるべきことを強調する」[57]のがボリンジャーの「寛容モデル」である。ボリンジャーからすれば、ネオナチのような極端な言論を規制すべきではないのは、当該言論に特別な価値があるからでも、それが規制に値するほどの弊害を有していないからでもなく、それを通じて寛容という「自制」を身につける必要があるからである。

ボリンジャーにとって「過度の不寛容」という問題は表現行為に固有の問題ではなく、より広い行為一般の領域でも問題となる社会の病理現象だとすれば、「寛容の精神」は一般的に育まれるべきものとなるはずであるが、なぜ彼は「寛容の精神」を育む役割を、彼自身が認めるように、ネオナチの表現行為ですら規制すべきではないというかなり極端な形で、特に表現行為の規制という領域に期待するのだろうか。この点に関してボリンジャーは詳しくは論じていないものの、「我々が獲得しようとする能力が社会的コントロールの通常の方法の範囲を超えている場合——最終的に関わっているものが徹底的な内省を求める態度と能力である場合——には、限られた領域で異常なほどの努力をなすことが一層魅力的なものとなる」[58]と彼が指摘していることがヒントとなるように思われる。ボリンジャーからすれば、「過度の不寛容」は人間の本性に根差したものである以上、それをコントロールすることはたやすいことではなく、一定の領域を選び出して「実験」[59]を試みるのが賢明なやり方である。では、一定の領域を選び出す必要があるとして、それはなぜ表現の自由という領域なのだろうか。この点に関するボリンジャーの答えは、「一般的にみれば、言論のもたらす弊害は非言論的な行為が個人や社会に与える弊害よりは少ない」[60]というものでしかない。ボリンジャーの議論にあって、表現の自由という領域が、特別に「過度の不寛容」に対抗すべく「寛容の精神」を養うために選び出されている理由はそれほど明確なものではない。しかしながら、ヴィンセント・ブラシがボリンジャーの書物の書評において的確に

57） *Ibid.*, p.107.

58） *Ibid.*, p.122.

59） *Ibid.*

60） *Ibid.*, p.124.

指摘しているように、ここでのボリンジャーの議論は、「彼の以前の著作においてと同様に、本書において、非対称性が法的分析においては決定的な役割を有する場合がある、法システムの目標を達成する手段として、時として同じような現象であっても異なって取り扱われるべき場合があるという前提にもとづいて構築されている」[61]と指摘しているように、ボリンジャーが、印刷メディアと放送メディアを区別する際に用いた部分的規制論と論理を一にしている。

ともあれ、以上のようなボリンジャーの議論の意義は、「ボリンジャーの関心の焦点は、……、話し手でも聞き手でも、ましてや政府でもなく、もっぱら広い意味での公衆にある」のであり、表現の自由を特に手厚く保障すべきことの意味を、「表現の自由が個人や政治システムに対して有する手段的な意義ではなく、よき社会を構築することに貢献すること」[62]に求めている点にあると評価すべきである。

(4) ブラシの「善き性格」論

本稿が、「社会」に焦点をあてた表現の自由の原理論として注目するもう1つの議論は、1990年代後半からヴィンセント・ブラシが展開している議論である。

奥平康弘がすでに紹介しているように、ブラシの表現の自由原理論としては彼が1970年代後半に展開した「チェッキング価値」論が有名である[63]。このブラシの議論は、表現の自由の意義を「公権力の濫用をチェックすること」[64]に求めるものである。もともとブラシ自身が、「チェックするという価値は、修正1条に関する20世紀の思考の中心にある諸価値にとって代わろうとするものではなく、それらの諸価値を補完するものとみ

61) Vincent Blasi, "The Teaching Function of the First Amendment" *Columbia Law Review*, vol.87, p.387 (1987).

62) Burke Marshall, "On Learning to Love Vituperation" *Yale Law Journal*, vol.96, p.1692 (1987).

63) 奥平・前掲注31) 46～51頁。

64) Vincent Blasi, "The Checking Value in First Amendment Theory" A*merican Bar Foundation Research Journal*, vol.2, no.3, p.527 (1977).

なされるべきことに留意する必要がある」[65]と認めているように、ブラシの「チェッキング価値」論は、個人の自己実現や個人の自律を促進するものとしての表現の自由、あるいは民主主義を促進するものとしての表現の自由ということを強調する既存の表現の自由原理論を全面的に排除するものではない。ブラシの「チェッキング価値」論は、広い意味では、表現の自由を保障することは民主主義を実現することにつながるという形で、民主主義の観点から表現の自由を特別に保障することの意義を説明するカテゴリーに属する議論である。こうした議論は、わが国では、いわゆる「自己統治」論として一括りにして扱われがちである。しかし、一口に民主主義の観点から表現の自由を特別に保障することの意義を説明するカテゴリーの議論といっても、それは一様ではなく、個々の議論のニュアンスの違いを必ずしも正確に伝えるものではない[66]。この観点からみた場合、ブラシの「チェッキング価値」論には２つの大きな特徴が存在している。第1は、表現の自由の民主主義的な機能ということで、ブラシが重視しているのは、「参加」ではなく「公権力の濫用をチェックする」という機能であることである。ブラシによれば、そもそも現在のアメリカにおいては、各種選挙の投票率の数字に示されるように、市民の政治に対する参加意識は決して高いわけではないし、また政治への参加を最優先する社会は決して望ましいものでもない[67]。民主主義を機能させるのに重要なのは市民の政治への継続的な参加ではなく、公権力が権力を濫用した場合にそれに対して拒否権を発動することである[68]。第２は、公権力による権力の濫用をチ

65） *Ibid.*, p.528.

66） ブラシ自身は、最近の論稿において、民主主義に対するコミットメントを重視する表現の自由論として、①ポストのように参加に力点をおく議論、②主権者である普通の市民の意向に沿って政治が運営されるべきこと強調する議論、③ミクルジョンの議論のように市民が十分な情報を得て決定をなすべきことの意義を強調する議論、④政治権力によるもっとも深刻な形での権力の濫用をチェックすることを重視する自己の「チェッキング価値」論など、多様な議論があるとしている。*See*, Vincent Blasi, “Democratic Participation and the Freedom of Speech: A Response to Post and Weinstein” *Virginia Law Review*, vol.97, pp.532-533 (2011).

67） Blasi, *supra* note 64, pp.561-562.

68） *Ibid.*, p.542.

ェックするという観点から、「政府に対する対抗勢力として機能する、しっかりとした組織基盤と財政基盤を有する専門的な批判者」[69]——典型的にはジャーナリストなどのマスコミ——をブラシが重視していることである。この第2の特徴が、ブラシをして、たとえば取材源秘匿権をジャーナリストに認める根拠となっている[70]。

こうしたブラシが、1990年代から「チェッキング価値」論と並ぶ形で表現の自由に対する特別な保障を正当化すべく展開した議論が「善き性格」論[71]である。ブラシの議論は、表現の自由を特に手厚く保障することで、一定の性格（character）が社会の構成員の間で育まれることに注目する議論である。

ブラシは、ボリンジャーの議論を「修正1条の分析に性格に対する関心を組み込もうとするもっとも重要な最近の企て」[72]であると評価しており、みずからの議論とボリンジャーの議論が「性格に対する関心」を共有するものであることを認めている。しかしながら、ボリンジャーの議論とみずからの議論の違いに関して、ボリンジャーの議論が「個人や共同体のアイデンティティを脅かすような信条を表明する言論や行為をなす人々に対して人が必然的に向ける不寛容さをコントロールする能力という、決定的ではあるにせよ1つの性格に向けられた」ものであるのに対して、自分の議論は「言論の自由を尊重するような文化によって育まれると考えられる性格的特徴はもっと多くて多様である」[73]とするものだとしている。

では、表現の自由を手厚く保障することでどのような性格が育まれるのであろうか。この点に関してブラシは、「探究心、独立して判断できること、権威を信用しないこと、積極的にイニシアティブをとること、忍耐、

69） *Ibid.*, p.541.

70） *Ibid.*, pp.591-596.

71） 両者が価値として並列である点については、*see*, Blasi, *supra* note 66, p.540.

72） Vincent Blasi, "Free Speech and Good Character: From Milton to Brandeis to the Present" in Bollinger and Stone, *supra* note 50, p.84 n.98. なおほぼ同様の趣旨の論文として、Vincent Blasi, "Free Speech and Good Character" *UCLA Law Review*, vol.46, p.1567（1999）があるが、本稿の以下の記述は先の書物に所収された論文にもとづく。

73） *Ibid.*

悪しきことに正面から向きあうこと、単純な説明や解決を良しとしないこと、疑いや批判に直面しても自身の確信にもとづいて行動すること、自覚的であること、想像力、知的で文化的な共感能力、粘り強さ、変化を受容するような気質、問題や事態を広い視野に立って考察すること、証拠を尊重すること」を、「リストとしては依然として不完全なものである」[74]と断ったうえで挙げている。ブラシによれば、表現の自由を尊重することが社会に一定の環境（environment）を創出し、そうした環境が上記のようなさまざまな性格を育む[75]。第1に、表現の自由を尊重することは知的、道徳的多様性という環境を生み出す。第2に、表現の自由を保障することにより、批判を許さない権威、ただ継承されるだけの権威、応答責任を果たさない権威といったものが認められなくなる結果、人々は自分たちを支配する権威をみずから選択することになる。第3に、表現の自由を保障することで変わり者や異論を有する人々が堂々とみずからの考えを述べることができ、考えていたほど自分たちが孤立しているわけでもマージナルな存在でもないことを認識できる。第4に、表現の自由が保障されることで、規制というショートカットがなくなり、人々は自分たち自身で虚偽や悪しきことに向きあわなければならなくなる。

このように、ブラシの議論は、表現の自由を手厚く保障することで、一定の「環境」が創出され、そうした「環境」が今度は人々の間で一定の「善き性格」を育むことになるというものである。ブラシはみずからの議論は新規なものではなく、こうした考え方はミルトンが『アレオパジティカ』で展開した表現の自由擁護論や、ホームズ判事やブランダイス判事の意見において示されたものであり、ブラシの議論はこれを再構成したものにすぎないとしている[76]。たとえば、ブラシによれば、Abrams 事件におけるホームズ判事の反対意見[77]の1つの特徴は、「暴力革命の唱道を含めて、異論の1つの価値ある機能は、政治に適応と変容を強いるなにがしか

74） *Ibid.*, p.84.

75） *Ibid.*, pp.84-86.

76） *Ibid.*, pp.63-83.

77） Abrams v. United States, 250 U.S. 616, 624（1919）（Holmes, J., dissenting）.

の苦情、願望、人々の動員を生み出すことができる点にある。そうしたエネルギーは、敬意を払った請願や合理的な説得によるだけでなく、集団行動の煽動、呼びかけ、組織化によってもまた活性化され維持される」[78]とホームズ判事が考えていたことにある。「ホームズのヴィジョンにおいては、言論の自由によって促進される文化的、知的、政治的闘争は、乱雑で予測不可能で、しばしば粗野で、飼い慣らすことが不可能なものである。しかし、そこに競争的で進化する世界における人間の幸福が関わっている」[79]。ブラシによれば、ホームズ判事が思想の自由市場論を説いたのは、「真理は変化する社会に対応することができる分権化されたプロセスによって構築されなければならない」と考えたからであり、「ホームズは状況の変化に適応する能力の欠如が政治社会の基本的な罪のひとつであるとみなしていた」[80]。また、ブラシによれば、「革命によってアメリカの独立を獲得した人々は臆病者ではなかった。彼らは政治的な変化を恐れなかった。彼らは自由を犠牲にして秩序を追求することはなかった」と説くWhitney v. California事件におけるブランダイス意見[81]は、自己統治論を展開したものとして読むべきだが、それはミクルジョンの議論とは異なって、「参加」や「公的議論」に力点をおくものではなく、特に「市民としての勇気（civic courage）」という「性格」が民主主義にとって有する意義を説くものである。「ジェファーソンと同様に、ブランダイスにとって、民主主義が成功するかどうかの鍵は、市民の精神、活力、大胆さ、創意にある」[82]。市民が強制されるのではなく、リスクを冒してでも自発的に難事に取り組むような社会、変化や新しい考え方を恐れないような社会こそがブランダイスの理想とする活力ある民主主義社会である。

78） Vincent Blasi, "Holmes and the Marketplace of Ideas" *The Supreme Court Review* 2004, p.39.

79） *Ibid.*, p.40.

80） Vincent Blasi, "Learned Hand and the Self-Government Theory of the First Amendment: Masses Publishing Co. v. Patten" *University of Colorado Law Review*, vol. 61, p.23（1990）.

81） Whitney v. California, 274 U.S. 357, 372（1927）（Brandeis, J., concurring）.

82） Vincent Blasi, "The First Amendment and the Ideal of Civic Courage: The Brandeis Opinion in Whitney v. California" *William and Mary Law Review*, vol.29, p.686（1988）.

こうしたブラシの表現の自由の保障がもたらす一定の性格育成機能に注目する議論は、個人の性格の育成に向けられているだけでなく、最終的にはそうした性格を有する諸個人によって形成される社会自体の性格に向けられていることを見逃すべきではない。ブラシによれば、そうした人々によって構成される社会は、権力の濫用をチェックし、民主主義にとって必要な妥協を促進し、変化する状況に適切に対応でき、もちろん普通の市民の政治への参加を促すことにもなる[83]。このようにブラシの議論は、従来の自己統治論よりははるかに射程が広く、「政治的なものだけでなく社会的な集合的福利」[84]に貢献するから表現の自由は手厚く保護されるべきだ、というものである。

6 結びに代えて

みてきたように、ボリンジャーの議論とブラシの議論とでは、その射程は異なるものの、両者の議論は、ともに今日における表現の自由の抑圧がなによりも市民社会の側に起因していることを念頭において、そうした社会のあり方を変革するために表現の自由を特別に保障する必要があるとする議論である。

ボリンジャーとブラシの議論は、もちろんアメリカという国の社会のありようを念頭において展開された議論であるが、筆者は彼らの議論は日本においても参照に値すると考える。日本社会は、本来、大人に比べればよりラディカルなはずの若者たちの間で、「ケーワイ（KY）」＝「空気が読めない」ということばが平然と相手に向けて語られるほど、異常なまでに異質性を排除しようとする不寛容な社会である。「ケーワイ」ということばを平気で口にできる若者は、勇気をもって「他の誰でもない私」ということを他者に主張できない臆病者にすぎない。

こうした社会において、表現の自由の保障は、「ケーワイ」を悪くないとするどころか、むしろ場合によっては勇気をもって「ケーワイ」であろ

83） Blasi, *supra* note 72, pp.87-91.
84） *Ibid.*, p.62.

うとする個人を応援する。それゆえに表現の自由を含めた日本国憲法はしばしば邪魔者扱いされるのである。日本国憲法は日本社会には合わないから改正すべきであるとの議論はそうした傾向を典型的な形で示している。いまだに日本社会は日本国憲法をもてあましている。しかし、そうした日本社会に合わせて日本国憲法を捨てることは、この社会を今よりもっと不寛容で活力のない社会にするだけのことである。

〈3.11〉を契機に、問題が社会の側にあることを認識して、我々が日本国憲法を使いこなせるだけの資質を身につける必要がある。

第11章
公教育における平等と平等における公教育の意味

「フクシマ」のスティグマ化に抗して

巻美矢紀

東日本大震災にともなう東京電力福島第一原子力発電所の事故は、大量の放射性物質を飛散させ、福島県内では、小中学校における屋外活動が制限される地域が出てくるなど、公教育におけるナショナル・ミニマムが侵害され、社会的経済的不平等の構造的再生産の阻止という、公教育における平等の役割が阻害される危険性がある。さらに史上最悪の原子力災害は、福島県からの子どもの大量流出と、「福島」の「フクシマ」化、そしてスティグマ化までをももたらした。子どもの大量流出は、福島県に残された子どもとの関係では、公教育における多様性の質的減少を意味する。まだ偏見のない子どもが集められる公教育の場での多様性の確保は、立憲主義が依拠するとされるリベラル・デモクラシーが多元的社会において存続するために必要な「相互尊重」の涵養に不可欠と考えられることから、子どもの大量流出という事態は憲法問題を構成する。また、公教育における相互尊重の涵養、そのために公教育において多様性を確保することこそが、「フクシマ」のスティグマ化、さらに福島県民に対する差別に抗しうるために、今後、憲法上きわめて重要になるのである。

1　はじめに

(1)「フクシマ」のスティグマ化

東日本大震災は被災地の子どもから「かけがえのないもの」を容赦なく奪い、子どもの心を深く傷つけたが、中でも福島県の子ども[1]は、地震、津波の被害に加え、いまだ収束のつかない、しかも先の見えない原発事故がもたらした数多の災禍の真只中にある。

福島県の子どもの特殊な状況は、立入が禁止される「警戒区域」や「計画的避難区域」だけではなく、このことが状況を複雑なものにしている[2]。

1)「福島県民」という形式的線引きにより、同定された子どもをいう。

2) 白石草「ルポ なぜ避難が認められないのか―福島市渡利地区・住民たちの苦悩」世界829

福島県には、後述の通り「普通の」教育を受けられない子どもがいる。なにより福島県の子どもにとっては、「普通の」子どもであれば当然できること——豊かな自然とのふれあいはもちろん、それがむずかしい都会の子どもにすら許される、単に土や雨にふれること、外で遊ぶことさえが、健康リスクのあるものになってしまっており、外で遊んでも遊ばなくてもストレスが生じている。

こうした子どもの不利益、中でも健康リスクを危惧して、生まれ育った愛着のある福島県を去るという決断を強いられた家族もあるが、経済的事情などから、自主避難をしたくてもできない家族もいる。自主避難した場合であっても、生活基盤が変わるわけであるから、経済的にも精神的にも大きな負担を強いられる。とりわけ子どもにとっては、震災後の心の支えになっていた友達と別れなければならない。また、父親だけが仕事の関係で福島県に残らざるをえない「母子疎開」や、震災前に同居していた祖父母だけが福島県に残るケースも多く、家族が危機に瀕している。子どもの「関係性」の利益が、大きく損なわれてしまっているのである[3)]。

さらに深刻なのは、まさに難を避けるために別れを強いられ、ただでさえつらい思いをしている福島県の子どもが、避難先で差別されることがある、という残酷な現実である。震災直後、福島県から避難してきた子どもが転校先で「放射能がうつる」といじめを受けたなどの報道があり[4)]、法務省人権擁護局や福島県弁護士会がホームページで緊急声明を発表した[5)]。

号（2012）130頁以下。

3） 山川充夫「原発なきフクシマへ—なぜ復興ビジョンに脱原発を掲げるのか」世界829号（2012）120～122頁。

4） 差別はもちろん、福島県の子どもだけでなく、大人に対してもなされており、報道によれば、震災後、避難先のホテルで宿泊を拒否されたり、福島県ナンバーの自動車に対するいやがらせを受けたりしたとのことである。後注5）参照。文部科学省『平成24年度 科学技術白書』36頁。

5）「放射線被ばくについての風評被害に関する緊急メッセージ（平成23年4月21日 法務省人権擁護局）」〈www.moj.go.jp./JINKEN/jinken04_00008.html〉（2012年7月1日最終アクセス。以下同じ）、および「東京電力福島第一原子力発電所事故により避難している福島県民に対する偏見や差別、とりわけ県外に避難している子どもたちに対する偏見や差別をなくすよう十分な施策を求める会長声明（2011年5月30日 福島県弁護士会）」〈http://business3.plala.or.jp/fba/info/seimei/20110530-2.htm〉。

福島県民に対する差別は、原発事故の衝撃がもたらした一過性のものではない。原発事故から1年が経っても、福島県の子どもへの差別に関する報道がみられる。甲府地方法務局によれば、福島県から避難してきた子どもが、保育園に入園しようとしたところ、「原発に対する不安が他の保護者から出た場合、対応できない」との理由で入園を断られたり、公園で「遊ばせるのを自粛してほしい」と言われたりしたとの報告があり、ポスターの掲示などの啓発活動により再発防止に努めているとのことである(2012年3月2日付朝日新聞朝刊)。こうした差別は、岩手県・宮城県の瓦礫すら受け入れに抗議する住民——もちろん、この根底には、原発事故の対応をめぐる政府に対する強い不信がある——を想起すれば、想像しうるであろう。

長期低線量被曝は過去にも例がないこともあり、将来的にも、偏見により結婚などで差別を受けるおそれがあると懸念されている。広島・長崎の被爆者や水俣病患者、すなわち戦争や公害といった社会全体のための犠牲者が、就職や結婚などで差別されたとの話であるから、このおそれは杞憂ではないであろう[6]。

原発事故後の「福島」は「フクシマ」として、史上最悪の原発事故が起きた場所ということで世界的に有名になったが、こうした記述的・中立的な意味を超え、「ヒロシマ」や「ナガサキ」と同様、反原発の象徴、さらに市民運動の象徴とされつつある一方、「放射能汚染された危険な地域」として、福島県全体が「スティグマ(劣等の烙印)」を帯びつつある[7]。

(2) 憲法学は「福島」の子どもに何ができるのか

以上のように、原発事故が福島県民、とりわけ心身ともに脆弱な子どもに大きな災厄をもたらしたことは明らかであるが、それでは、憲法学は「福島」の子どもに何ができるのか。できれば、「福島」の子どもを原発事故が起きる前の平穏な状態に戻してあげたい。しかし、残念ながら、憲法

6) 朝日新聞特別報道部『プロメテウスの罠—明かされなかった福島原発事故の真実』(学研パブリッシング・2012) 122頁。

7) 池田雄一「われら『福島』国民—3.11以降を生きるためのアジテーション」河出書房新社編集部編『思想としての3.11』(河出書房新社・2011) 148～151頁、安竜昌弘「素顔の『フクシマ』を伝えるために—いわきローカル紙の挑戦」世界830号 (2012) 217頁。

学は万能薬ではない。憲法学が対処しうるためには、いくつかのハードルをクリアしなければならない。まず、憲法は原則として国家を名宛人とするということ、次に、問題となる利益が、他でもない「憲法上の権利」の内容として保障されるということである。

多様で複雑な子どもの利益を包括的にとらえうる概念として、いわゆる「子どもの権利」が考えられる。「子どもの権利」については、法の領域ではとりわけ国際法において目覚ましい展開がみられ、1959年に子どもの保護を重視する「子どもの権利宣言」が国連総会で採択され、1990年に子どもの自律概念を導入する「子どもの権利条約」が締結されている[8)]。「子どもの権利条約」は日本においても1994年に批准され、それを実施すべく子どもに関連するさまざまな実定法が整備され、自治体レベルでも「子どもの権利条例」が制定されたりした。

もっとも、ここで注意しなければならないのは、「国際法の論理／国内法の論理」との区別である[9)]。裁判的救済より広い救済を想定するがゆえに雑多な内容を含ませうる国際人権を、国内法とりわけ本稿の関心である憲法に直輸入することはできないのであり、「子どもの権利条約」における「子どもの権利」が、そのまま「憲法上の権利」として保障されるわけではない。上記のような国内実定法の整備がその証左である。

それでは、ほかでもない憲法学はこれまで、子どもの利益について、いかなる議論を展開してきたのか。1789年のフランス人権宣言の正式名称が「人および市民の権利宣言」であるということから推測しうるように、近代において「憲法上の権利」の主体はもっぱら成年男子とされ、女性や成年に達していない子どもはそこから除外されていた。もっとも、現代においては、義務教育を規定する憲法が登場するなど、憲法も子どもを想定するようになる。日本国憲法も26条2項において義務教育を規定し、さらに1項において「教育を受ける権利」を保障している。そして、日本の

8）「子どもの権利」に関する国際法の展開として、さしあたり、森田明『未成年者保護法と現代社会―保護と自律のあいだ〔第2版〕』（有斐閣・2008）127頁以下。また大江洋『関係的権利論―子どもの権利から権利の再構成へ』（勁草書房・2004）参照。

9） 高橋和之「国際人権の論理と国内人権の論理」ジュリスト1244号（2003）69頁以下。

憲法学は、国家と教師集団との対立をめぐる教育裁判を通して、子どもを取り込んでいく。さらに、1980年代に管理を強めた学校に抗する校則裁判を通して、子どもの自己決定権（そして「限定されたパターナリズム」）が議論されるようになり、子どもは人権総論において、「憲法上の権利」の主体として位置づけられる[10]。

しかし、従来の憲法学は、立憲主義における子どもの独自の位置づけを正面から議論することは、あまりなかったというより、意識的に回避してきたように思われるのである。

既述の通り、憲法は国家を名宛人とするものであることから、本稿は、国家が子どもに直接関与する主たる場面であり議論の蓄積もある公教育に焦点をあて、立憲主義における子どもの独自の位置づけを考察し、「福島」の子どもに憲法学は何ができるかを考えてみることにしたい[11]。

2　憲法学における公教育の位置づけ

（1）福島県における公教育の現在

冒頭で言及したように、福島県では、立入が禁止されている「警戒区域」や「計画的避難区域」以外でも、原発事故から1年以上経た今なお、「普通の」教育、すなわち日本の他の地域では当たり前に行われている教育を行いえない地域がある。文部科学省が発行する『平成24年度 科学技術白書』によれば、2012年5月現在、福島県で開校されている公立学校の約2割が、屋外活動を制限しているとのことである[12][13]。

文部科学省は、教科書検定や全国一斉学力テストの合法性・合憲性が争われた一連の教育裁判において、いわゆる国家教育権説を主張してきた。

10）佐藤幸治「子どもの『人権』とは」自由と正義38巻6号（1987）4頁以下、米沢広一『憲法と教育15講〔第3版〕』（北樹出版・2011）2・3講。

11）本稿は考察対象を限定している。

12）文部科学省『平成24年度 科学技術白書』36頁。

13）原発事故直後、文部科学省は学校生活の被曝限度量として、大人と同じ年間20ミリシーベルト以下を基準とすることを発表して激しく批判され、その後、年間1ミリシーベルト以下に変更したことは記憶にとどめるべきである。

すなわち、国家は「外的事項」とされる教育条件の整備を越えて、「内的事項」とされる教育内容の決定権限までもつことを主張し、その理由として、議会制民主主義論のほか、教育水準の維持向上を図る責務を挙げてきたのである[14]。しかし、福島県では、内的事項以前の教育条件の整備、いや教育条件整備の前提として当然のこととされている自然環境につき、「安全」とはされていない地域があるのである。そして、それは単に外的事項にとどまるものではない。外的事項は内的事項と密接に関連していることから[15]、外的事項における全国水準からの後退は、内的事項における全国水準からの後退に至りうる。現に、放射性物質による自然環境の悪化は、屋外活動の制限をもたらし、さらに、それによるストレスは学業にも悪影響を与えることが懸念されている。そして、このことは、公教育における平等の侵害を意味する。そもそも公教育における平等は、社会的諸階層を攪拌し、社会的経済的不平等の構造的再生産を阻止する役割を果たすものであることから――「公教育における平等の意味」――、現在の福島県の一部の地域における公教育の不平等は憲法上看過しえない。

それでは、これに対し、憲法学はいかに対処しうるか。

憲法26条1項の「教育を受ける権利」は、とりわけ義務教育との関係では、国家に対し義務教育制度の設営を要求する作為請求権である[16]。作為請求権の具体化については第一次的には立法裁量に委ねられ、裁判的救済は一般的にむずかしいが、ここでの問題は「防御権的な構成」[17]が可能であることに注意しなければならない。教育条件整備の基礎である学校の自然環境が「安全」ではないということは、公教育における「ナショナル・ミニマム」を明らかに下回っているのであり、「ことばどおりの意味における具体的権利」[18]の侵害として構成しえよう。

もっとも、憲法上の権利に訴えるまでもなく、学校では、行政による除

14） 米沢・前掲注10）14～15頁。

15） 黒崎勲『教育と不平等―現代アメリカ教育制度研究』（新曜社・1989）246頁参照。

16） 佐藤幸治『日本国憲法論』（成文堂・2011）369～370頁。

17） 社会権の原型といえる生存権の「防御権的な構成」について、宍戸常寿『憲法―解釈論の応用と展開』（日本評論社・2011）163～164頁。

18） 棟居快行『憲法学再論』（信山社・2001）348頁以下。

染が行われた[19]。しかし、除染後も、放射性物質は山林などから雨や雪により流れてくるし[20]、また通学路などはボランティアによるものを除けば除染されていない。したがって、今後も、公教育に関わる場において、空間放射線量を下げるための施策や財政支援は必要であり、それは憲法26条の要請であることを、文部科学省、そして国は忘れてはならない。

さらに、福島県における公教育の現在として注目すべきことは、福島県から子どもが大量に流出しているという事態である[21]。福島県を去らざるをえなかった子どもたちが、避難先で受けた差別についてはすでに言及した通りであるが、他方、福島県からの子どもの大量流出という事態は後述の通り、福島県に残っている子どもたちにも大きな影響を与えるのであり、しかも、それは憲法学上看過しえないものである。このことを明らかにするために、憲法学における公教育の意味について考察することにしたい。

(2)「憲法上の公共財」としての公教育

公教育は税金によってまかなわれている、ということに留意する必要がある。教育は経済学的には、教育を受ける子ども本人の利益や、「自然的情愛」にもとづいて子どもの利益に強い関心をもつ親の利益に資するという点で「私的財」であるだけでなく、たとえば質の高い労働力と経済成長を社会にもたらすなど、直接の当事者にとどまらない不特定多数の人々に間接的な利益をもたらす「外部効果」をもつ点で、「公共財」としての性格をも有している。この「公共財」性が、公教育の一部を義務化するとともに無償化すべき正当化根拠とされている[22]。たしかに、税金によりまか

19）「低線量被ばくのリスク管理に関するワーキンググループ 報告書（平成23年12月22日）」〈http://www.cas.go.jp/jp/genpatsujiko/info/twg/111222a.pdf〉17頁参照。

20） 白石・前掲注2）132頁。

21） 山川・前掲注3）122頁。福島県の人口は、震災直前の2011年3月1日では202.4万人であったが、震災後の12月1日では198.5万人となり、9か月間に3.9万人減少した。減少率は1.95%であり、将来推計人口との関係では5年間の前倒しの状況にある。

また、「福島県の推計人口（福島県現在人口調査年報）平成23年版の概要（平成24年3月8日 福島県企画調整部統計調査課）」によれば、0～4歳の子どもと母親世代の25～34歳女性の転出超過が顕著であり、東日本大震災および原発事故災害（風評被害を含む）の影響によるものと指摘されている（4頁、9頁）。

22） 那須耕介「教育をめぐる自由と平等」井上達夫編『現代法哲学講義』（信山社・2009）301頁。

なわれるというのは、社会保障としての側面をもつが、そうであれば経済的に恵まれていない子どもに無償を限定すべきであり、すべての子どもに義務教育を無償とすることは、社会保障にとどまらない意味をもつ。

実際、公教育の歴史を振り返れば、公教育はまさしく公共財であった。福祉国家以前の、明治憲法下での日本においても、義務教育は富国強兵の一環として行われ、その後、軍国主義へと突き進む中、教育勅語を通じて、「お国のために命をも捨てられる『天皇の赤子』」の育成が行われた[23)]。

こうした国家による「子どもの道具化」に抗すべく、戦後は、公教育を私事の組織化として親の側に取り戻し、国家に公教育の内容決定権を否定する学説が有力化する[24)]。しかし現実には、戦後の公教育も、目標が変わっただけで、「子どもの道具化」という点はまったく変わらないと評されうる[25)]。戦後、日本国憲法を受けて1947年に制定された教育基本法は、民主主義の担い手の育成を掲げてきたからである。

公教育による市民の育成は、政治学、とりわけ共和主義において強い関心の対象とされてきた。共和主義体制の存続のためには、それを精神的に支える市民の存在が必要であり、市民育成のための手段として公教育が重視されたのである。そして、それはリベラル・デモクラシーにもあてはまることから、リベラリズム陣営でも、リベラル・デモクラシー存続に必要な市民育成のための手段として、公教育が注目されているのである[26)]。しかも、近年リベラリズム陣営内で勢力をもつ後期ロールズの「政治的リベラリズム」は、私的領域においてはリベラリズムに反する生き方を許容する一方、公的領域においては社会的協働のために相互尊重を要求し、「不自然な」生き方を人に強いるものであることから、なおさら公的領域における市民の育成が強く要請されるのである[27)]。

23）西原博史「民主制における個人の自律性と国民意識のジレンマ」樋口陽一ほか『対論 憲法を／憲法からラディカルに考える』（法律文化社・2008）94～95頁。

24）兼子仁『教育法〔新版〕』（有斐閣・1978）。同説の歴史的意義は大きい。

25）西原・前掲注23）94～95頁。

26）大江洋「教育・子育ての私事性と公共性―権利概念の関係論的再編」井上達夫編『公共性の法哲学』（ナカニシヤ出版・2006）286頁以下。

27）John Rawls, *Political Liberalism*（Columbia University Press, 1993），阪口正二郎「リベラ

有力説によればリベラル・デモクラシーは、人権保障と民主主義を定める立憲主義が依拠する政治学と解されており、公教育は、リベラル・デモクラシー、すなわち立憲主義体制の存続という、社会のより根底的な利益の維持（・促進）にとって後述の通り重要な役割を果たす。したがって、公教育という制度は、税金でまかなわれる公共財であるだけでなく、多数派からも安定的に保護されるべき、「憲法上の公共財」としての性格を併せもつものと位置づけられる[28]。この点、日本国憲法は公教育の一部について、26条2項において義務化と無償化を、同条1項において「教育を受ける権利」を定めている。「憲法上の公共財」としての性格を併せもつ公教育は、人権保障を核とする立憲主義に反することなく、憲法上いかなる要請や限界をもつものと解されるか。

3　立憲主義の公教育モデル

（1）共和主義モデル

日本の憲法学において、まさに立憲主義体制の確立さらに存続という問題意識にもとづいて、立憲主義体制における公教育の基底的重要性、換言すれば、戦後憲法学における一種のタブーともいえる、国家による「子どもの道具化」についてあえて議論したのが、樋口陽一である[29]。

樋口によれば、近代フランスにおいて公教育は、それまで教育を担ってきた、しかも王党派と結びついているカトリック教会という有力な中間団体から、子どもを引き離して、「自由と平等」という共和主義の理念を教え込み、将来の共和主義的市民（国民）を育成するものとして、共和主義の確立さらに存続にとって重要なものと位置づけられ、これまで徹底した政教分離がとられてきた。しかし近年、伝統的な共和主義モデルが、イスラム教のスカーフを身につけた移民の子女を学校から追放するなど、移民

ルな立憲主義における公教育と多様性の尊重」一橋法学2巻2号（2003）106～107頁。

28）　長谷部恭男『憲法〔第5版〕』（新世社・2011）273頁。

29）　その他の論者として、内野正幸「教育権から教育を受ける権利へ」ジュリスト1222号（2002）104～106頁。

の子ども・親の信教の自由と激しく対立する事態を招いている[30)]。

それでも樋口が共和主義モデルに共感するのは、日本における「公共性」の不在、その主たる要因としての「市民」の不在、そして、その根底にある「近代のプロジェクト」としての個人の中間団体からの解放の未完によるものと思われる。公教育は、社会の有力な中間団体である宗教団体、さらに家族という、社会のもっとも基礎的で、「自然的な情愛」にもとづいて「子どもの最善の利益」に資すると解される中間団体からさえも、子どもを解放し、将来の市民を育成する重要な役割があると考えられているのである[31)]。

もっとも、日本の戦後教育は既述の通り、まさに市民の育成を、教育関係法令の解釈指針となる教育基本法において明示していた。「民主主義のための戦争」をも辞さないアメリカの占領軍を背景に、日本において民主主義を確立するためには、軍国主義教育を受けた親から子どもを引き離し、公教育において民主主義の担い手を育成することが不可欠と考えられたのである[32)]。しかし、それは失敗に終わったと考えられており――その一因は、個人としての市民の育成ではなく、むしろ集団主義を前提とした市民の育成という、かつて支配的であった教員集団が依拠した「民主主義」理解にあると思われる――、だからこそ樋口は市民の不在を指摘し、公教育の共和主義モデルを憲法論として提示するのである。

(2)「リベラリズム教育の矛盾」？

共和主義の公教育論は、リベラリズムにより批判されている。それは前述の通り、共和主義の公教育が親や子どもの信教の自由と激しく対立するからであるが、そもそも「価値の中立性」を基本原理とするリベラリズムからすれば、「自由と平等」を越え、政治的生を善き生とする共和主義理念を教え込むことは、諸価値の押し付けと考えられるからである。

30） 樋口陽一『近代国民国家の憲法構造』（東京大学出版会・1994）Ⅲ章、Ⅳ章。これに対し、近代フランスの公教育を「知育」中心と解するものとして、杉原泰雄『憲法と公教育―教育権の独立を求めて』（勁草書房・2011）。

31） 樋口・同前Ⅳ章。石川健治「国家と教育をめぐるノート」杉田敦編『連続討論 「国家」はいま―福祉・市場・教育・暴力をめぐって』（岩波書店・2011）152頁以下。

32） 西原・前掲注23）111頁。

もっとも、この批判は、リベラリズム教育自身にも返ってくる。リベラル・デモクラシーの諸価値とはいえ、一定の諸価値を教え込むことは、リベラリズムに反する信念をもつ者の思想・良心の自由を侵害するのではないか、リベラリズムという支配的文化の諸価値の押し付けであり、そもそも「リベラリズムの中立性」[33]に反するのではないか、といった問題が「リベラリズム教育の矛盾（the paradox of a liberal education）」として提起され、議論されている[34]。

こうした問題は、リベラリズムの強制それ自体について、諸価値の押し付けであり、中立性に反するものとして、また支配的文化への同化を迫るものとして、近年、共同体論や多文化主義などにより提起されてきた批判の一環である[35]。そもそも、リベラリズム教育は、義務教育において行われた場合であっても、それは「説得」であり強制にはあたらないと解されるが、しかし、確固とした信念が形成されているとはいえない子どもに諸価値を教え込むということは、一定の状況では「教化（indoctrination）」や洗脳に至りうる危険性があり、思想・良心の自由ひいては人格の根底にある思想・良心形成の自由との関係で、リベラリズムの強制よりかえって問題が大きいかもしれないことに留意する必要がある[36]。

それでは、リベラル・デモクラシーはその存続のために、しかもみずからのリベラリズムに反することなく、原理上、公教育にいかなる要請と限界を有すると考えられるか。

33） 阪口正二郎「『リベラリズム憲法学と国家の中立性』序説」法律時報72巻12号（2000）97頁以下参照。

34） Nomi Maya Stolzenberg, "'He Drew a Circle that Shut Me Out': Assimilation, Indoctrination, and the Paradox of a Liberal Education" *Harvard Law Review*, vol.106, p.581(1993). 中川律「アメリカの公教育に関する憲法学的一考察―リベラルな民主政と市民教育をめぐる論争を中心に」法学研究論集25号（2006）21頁以下、とりわけ22頁。

35） *Cf.*, Richard Bellamy and Martin Hollis (eds.), *Pluralism and Liberal Neutrality* (Frank Cass, 1999), 愛敬浩二「リベラリズム憲法学における『公共』」森英樹編『市民的公共圏形成の可能性―比較憲法的研究をふまえて』（日本評論社・2003）58頁以下。

36） 蟻川恒正「思想の自由」樋口陽一編『講座・憲法学 第3巻 権利の保障』（日本評論社・1994）120～125頁参照。

（3）リベラル・デモクラシー・モデル

a）相互尊重型　政治学者エイミー・ガットマンは、まさに民主主義の核心的価値を支えるという「意識的な社会の再生産（conscious social reproduction）」を可能にする公教育を提唱する。子どもは家族の構成員であるだけでなく、政治体（polity）の構成員でもあることから、政治体は将来の市民の質と能力に強い関心をもつのである[37)]。

彼女はリベラル・デモクラシーを、単なる多数派の意思による支配ではなく、「討議民主主義（deliberative democracy）」と解する。なぜなら、彼女によれば、討議による決定において決定者は、当該決定によってもっとも影響を受ける人々に説明責任を果たしうる（accountable）ことから、討議民主主義が、相互を拘束する決定のもっとも道徳的に正当化可能な方法だからである。討議民主主義は討議し代表者の討議の結果を評価しうる市民を前提とし、それゆえ、公教育のもっとも重要な目的は、「討議・熟慮の技能と徳（skills and virtues of deliberation）」、そして討議の前提となる「相互尊重（mutual respect）」を涵養することとされる[38)]。

彼女は「相互尊重」を「寛容」と区別する。「寛容」とは、「互いに不干渉な共存」の要請であるのに対し、「相互尊重」とは、「他者の基本的な自由と機会を尊重することと両立するような生き方を追求する市民間の互恵的で積極的な尊重」の要請である[39)]。注意しなければならないのは、リベラリズムである以上、相互尊重はあくまで公的領域における討議の前提として要求されるということであり、私的領域における人々の生き方を直接規律するものではないということである。

以上のように討議民主主義は公教育にその前提条件の涵養を要請するが、それはまた、討議民主主義を阻害しないよう、公教育に関する民主的決定の限界として次の制約原理を導出する。第1に、「非抑制の原理（the principle of nonrepression）」として、教育はいかなる特定の合理的な思想につ

37）　Amy Gutmann, *Democratic Education*（Princeton University Press, 1999）pp.30, 42-43, エイミー・ガットマン（神山正弘訳）『民主教育論―民主主義社会における教育と政治』（同時代社・2004）。

38）　*Ibid.*, pp.xiii, 11.

39）　Amy Gutmann, “Civic Education and Social Diversity” *Ethics*, vol.105, pp.561, 577（1995）.

いても、討議を排除してはならない。第2に、「非差別の原理（the principle of nondiscrimination）」として、親も民主主義も、子どもが民主的討議に必要な技能を発展させるのを妨げる実践を採用してはならない。この制約原理のもとで、討議民主主義にもとづいて公教育の内容が決定されるのであり、それは相互を拘束する決定のもっとも道徳的に正当化可能なものであり、また、民主主義を構成する多くの共同体の諸々の価値や関心によって、より賢明なものになるとされる。注目すべきことは、討議・熟慮の技能は、これら2原理と組み合わされることで、伝統的なリベラリズムの価値である個人の自律（autonomy）にも資することになるということである[40)]。

彼女の公教育論、とりわけ「相互尊重」の涵養という議論は、リベラル・デモクラシーの存続さらに強化にとって魅力的であるが、しかし、それは伝統的なリベラリズムの理念である親の教育の自由について適切な重みを与えていないと批判される。もっとも、彼女は子どもの教育について親の関与を否定するわけではなく、むしろ子どもの教育を、国家と親の共有された権限とする。親は家庭において、宗教などのみずからの「善き生（good life）」の構想を子どもに伝えることができるのである。そして、それはまた公教育の危険性に対抗するものとして重要な意味を与えられている。しかし、相互を拘束する決定のもっとも道徳的に正当化可能な方法とされる討議民主主義によって決定された内容である以上、上記2原理に反しない限り、親は公教育を拒否することはできない。公教育の領域においては、親の教育の自由は否定されることになる[41)]。

それが典型的に示されるのは、性教育に関する彼女の議論である。彼女によれば、公教育において性教育が行われるべきかどうかもまた、討議民主主義によって決定される。仮に公教育において性教育が行われるべきと決定された場合、性の神聖さを信じる保守的な親は、子どもを公教育から避難させることになるので、親・子どもに免除を与えることが賢明である

40） Maxine Eichner, "Who Should Control Children's Education?: Parents, Children, and The State" *University of Cincinnati Law Review*, vol.75, p.1356（2007）.

41） Gutmann, *supra* note 37, p.11.

とされる。公教育における親の免除は、原理ではなく、あくまで「賢慮の問題」なのである。しかし、進化論教育については、アメリカ国民の多くは親に免除を与えるべきではないと考えるが、それは保守的な親が子どもを公教育から避難させそうにないと考えるからではなく、親の要望に敬譲すべき問題ではないと考えるからであろう[42]。

このように彼女の議論は、討議民主主義を阻害する上記2原理以外に、親の反論に直面した場合の国家の教育権限の限界を示しえない。要するに、彼女の議論は、我々の政治システムにとって基本的なリベラリズムの理念である、教育という比較的穏やかな説得でさえ政府の直接の介入から免れたままであるべき事柄、すなわち民主的決定から免れる個人の憲法上の権利というものを、民主主義の理念と統合する仕方に、十分な注意を払っていないと批判される[43]。もっとも、彼女が討議民主主義を提唱しているのは、究極的な価値が対立する多元的社会においては、上記事柄についても「合理的な不一致」が存在すると考えるからであろう。

また、彼女の議論は、しばしば共和主義的と評されるように、彼女が討議民主主義における市民の資質として公教育での涵養を要求する、熟慮・討議能力と相互尊重は、あくまで公的領域において要求されるものであっても、事実上、私的領域に影響を及ぼすことは避けがたい。

彼女自身が認めるように、公的領域における熟慮・討議能力は、批判的理性という点で、私的領域における善き生の選択という自律能力と重なる[44]ことから、宗教的帰依を本質とする宗教共同体や、自律より共同体的価値の優位を主張する共同体論などから、リベラリズムの諸価値の押し付けではないかと批判される。

そして、公的領域における相互尊重も同様に、事実上、私的領域に影響を及ぼすことは避けがたく、宗教的不寛容をとる者にとっては、リベラリズムの諸価値の押し付けではないかと批判される[45]。

42） Eichner, *supra* note 40, pp.1356-1358.

43） *Ibid.*, p.1358.

44） Gutmann, *supra* note 39, p.578.

45） 松下丈宏「宗教的多元社会アメリカ合衆国における公教育の正統性問題に関する一考察—『市民的寛容』の強制を巡って」教育学研究71巻1号（2004）45頁。

b）消極的共存型　こうした批判をふまえ、同じく政治学者であるウィリアム・ギャルストンは、リベラル・デモクラシーはその存続のために親の反対に抗してでも正統に公教育を強制しうるとする一方、親の教育の自由をも重視し、国家が正統に強制しうるのは、子どもの通常の発達のほか、「市民的最小限主義の（civic minimalist）基準」が要求する基本的な市民教育だけであるとする。

彼によれば、ガットマンが主張するような、公教育における討議・熟慮という批判的能力の涵養は、過剰である。そもそもアメリカは参加民主主義ではなく代表民主制をとっており、代表民主制においては市民に理性的な討議までは必要ない。したがって、生の様式に批判的反省を迫ることになる討議・熟慮能力の涵養は、公教育の内容としては正統ではない。リベラルな自由は、検討された生と同様に、検討されないままの生を送る権利をともなうのである[46)]。

こうした彼の議論は多元主義に依拠する。多元主義とは、宗教を典型とする「善の包括的構想」、いわば究極的な価値観が対立する社会、すなわちロールズの「合理的な多元性の事実」を前提とするものである。ギャルストンによれば、多元主義からすれば、自分の価値観に従って生を送る「表現的な自由（expressive liberty）」が保障されなければならず、リベラル・デモクラシーの存続のために本質的なのは、多様な生の様式の平和的共存への意思である。そして、指導者や政策の公的評価も必要であるから、国家は「合理的な公的判断」という少なくとも最小限の条件を備えた市民を育成する利益をもつ。しかし、これら市民的要求のどちらも、公教育において、親から受け継がれた生の様式に対する「懐疑的反省（skeptical reflection）」を涵養することは保障しないとされる[47)]。

このように、彼はリベラル・デモクラシーの存続のためには、多様な生の様式の平和的共存への意思が必要であると考え、また多元的社会においては公教育のあるべき内容についても見解は多様であることから、公教育

46）William A. Galston, *Liberal Purposes: Goods, Virtues, and Diversity in the Liberal State*（Cambridge University Press, 1991）pp.251-254.

47）*Ibid.*, pp.253-254.

の最小限の内容として、子どもの通常の発達のほか、「寛容」を提示する。「寛容」とは、「みずからが善いと考える価値観を優遇し、他者の価値観を抑圧するために政治権力を利用しない」という意味での「自制」である。親の教育の自由は、自分の価値観に従って自分の生を送る「表現的な自由」の一部として保障され、公教育は親に最小限の内容しか強制することはできない[48)]。

しかし、ギャルストンが提示する公教育の最小限の内容はあまりに狭く、代表民主制においてさえ、力強いリベラル・デモクラシーを支えることができないと批判されている。すなわち、健全な民主主義が要求する、権力へのチェックを犠牲にする危険性がある。たしかに、彼が指摘するように、一般市民は討議の技能まで身につける必要はないが、少なくとも一定の人々が、マスメディアや、政府に対する監視者として行動する他者の主張を評価する能力を身につけなければ、権力のなすがままになってしまう。たとえば、ギャルストンは市民教育として、汚点も含むアメリカ史の記述ではなく、英雄たちの「教化する」歴史を教えればよいとするが、それでは権力のコントロールはできないのであり、単なる多数決主義に堕してしまう[49)]。

またギャルストンが公教育の最小限の内容として提示する「寛容」は、政治権力行使のあり方として公的領域に限定されたもので、最低限の共存を目的とするものであるから、消極的なものにとどまる[50)]。しかし、ガットマンが主張するように、異質の集団に対する憎悪は、討議民主主義を阻害し、単なる共存すら危うくするのである[51)]。

もっとも、リベラル・デモクラシーの存続のために必要な市民の育成には、公教育という手段のほかに、市民による説得という手段もあり、ギャルストンはそれに期待しているともいえる。たしかに、多元的社会において、市民的自由とりわけ表現の自由は、相互作用により、相互尊重へと至

48） *Idid.*

49） Eichner, *supra* note 40, pp.1361-1364.

50） 松下・前掲注 45）45 頁。

51） Gutmann, *supra* note 39, pp.561, 577.

るための重要なものと位置づけられる[52]。しかし、公教育という制度は後述の通り、他の手段にはない特性をもつ最適の手段であり、ギャルストンはそれを過小評価しているといわざるをえない。

そもそも、ギャルストンの議論は、多元主義からの必然的帰結ではないことに留意する必要がある。実は、彼が批判するガットマンも、同様に多元主義に依拠しており、だからこそ、「合理的な不一致」を前提に、相互を拘束する決定のもっとも道徳的に正当化可能な方法として、討議民主主義を提唱するのである[53]。しかも、彼女はギャルストンと異なり、多様性を事実としてだけでなく、それ自体「価値」とまでとらえているのである[54]。このように、少なくとも事実としての多元主義はもはや否定しようもないが、ガットマンは多元主義について、ギャルストンと異なるモデルに依拠しているのである。

4　多元主義再考

（1）「包含モデル」と「配慮モデル」

ハーバード・ロースクールで法学博士号を取得したダグラス・ニジェームは、多元主義モデルとして3類型を提示する。彼は、「文化闘争（culture war）」[55]――ロビー活動や、とりわけ訴訟を通じて帰属集団の文化やアイデンティティの承認を求める――において、「クリスチャン・ライト運動（Christian Right movement）」（キリスト教原理主義やカトリックなどを含む、保守的なキリスト教の社会運動の総称）、そして「ゲイ運動（Gay movement）」が訴訟において依拠してきた多元主義モデルを、「包含（inclusion）モデ

52）多元的社会、換言すれば異質性社会において、表現の自由が、他者だけでなく自分自身をも変容させる相互作用として、きわめて重要であることを指摘するものとして、齊藤愛「異質性社会における表現の自由―デュルケーム社会学を手がかりに(1)～(4・完)」国家学会雑誌120巻9=10号（2007）657頁・11=12号（同）864頁、121巻1=2号（2008）51頁・3=4号（同）243頁。

53）Gutmann, *supra* note 37, p.11.

54）*Ibid.*, p.33.

55）駒村圭吾「道徳立法と文化闘争―アメリカ最高裁におけるソドミー処罰法関連判例を素材に」法学研究78巻5号（2005）83頁以下参照。

ル」、「配慮（accommodation）モデル」、「承認（recognition）モデル」に区別する。彼は次の点に注意を促す。第1に、彼の議論は既述のロールズの「合理的な多元性の事実」を出発点とするもので、多様性それ自体に価値を見いだすわけではない。第2に、彼の目的は、上記運動が依拠した多元主義モデル、およびそれに付随する憲法原理を明らかにすることにあり、どのモデルを選択すべきかを議論することにはない[56]。

「包含モデル」とは、公的領域における「参加（participation）や差異との関わり合い（engagement with difference）」、「対話（dialogue）」を優先させ、あらゆる集団が自分たちの「声」を聞いてもらえるようにするもので、競合する信念体系の正統性を認める。このモデルは、当初クリスチャン・ライト運動の訴訟弁護士が依拠し、公教育の文脈において政教分離に抗して生徒の宗教的言論の自由を認めさせたもので、憲法原理としては表現の自由に依拠する。もっとも、「包含モデル」は、公教育のカリキュラムの文脈においては、その適用が疑わしい。なぜなら、カリキュラムは「見解中立性（viewpoint-neutrality）」を免れた「政府言論（government speech）」だからであり、また実質的にも、たとえば反ホロコーストの教育を不可能にしてしまうからである。それにもかかわらず、裁判所は「包含モデル」に依拠しており、政府言論と生徒の言論との境界がゆるめられている。

「包含モデル」は、「バランスのとれた（balanced）」プログラムという限定された救済を示唆することから、自分の宗教的信念に反する公教育に異議申立てをする親にとっては不満なものであり、クリスチャン・ライト運動はその後「配慮モデル」に依拠するようになる。「配慮モデル」とは、独自の宗教的価値体系の維持を強調し、公教育をはじめとする「公的生」からの選択的退却の許容を主張するもので、憲法原理としては親の教育の自由や宗教活動の自由に依拠する。

「承認モデル」とは、多文化主義の左派が主張し、ゲイ運動が依拠するもので、帰属集団のアイデンティティの尊重の涵養を国家に要求する積極

56） Douglas Nejaime, "Inclusion, Accommodation, and Recognition: Accounting for Differences Based on Religion and Sexual Orientation" *Harvard Journal of Law & Gender,* vol.32, p.303 (2009).

的権利を肯定するもので、生徒の情報受領権に依拠し、公教育からの離脱を禁止する。具体的には、公教育のカリキュラムにおいてゲイを肯定することを求めるものであるが、裁判所は「承認モデル」を拒否している[57]。

「承認モデル」は興味深い問題であるが、公教育と親の対抗図式、すなわち公教育からの親の自由について検討する本稿との関係では、「包含モデル」と「配慮モデル」に焦点をあてる。ニジェームによれば後述の通り、ギャルストンは「配慮モデル」に、ガットマンは「包含モデル」に依拠している。そして裁判所は、公教育と親の対抗図式がまさに問題となる、モザート判決、そして後のパーカー判決においても、結論からいえば、「包含モデル」に依拠しているとされる。

(2)「多様性にさらされること(exposure to tolerance)」の意味

a) モザート判決とそれに対する批判　モザート判決は、テネシー州ホーキンス群の教育委員会が公立学校の第1学年から第8学年用に指定した教科書を利用するリーディングの授業について、キリスト教原理主義の親と子どもが、自分の信仰に反する内容があり、合衆国憲法修正1条によって保障された親と子どもの信仰の自由を侵害するとして、その授業の免除と損害賠償を求めた事件に関するものである[58]。テネシー州連邦地裁は原告の請求を認めたが、これに対し、第6巡回区連邦控訴裁は破棄差戻しをした。そして、連邦最高裁は裁量上訴の申立てを却下した。

連邦控訴裁判決（以下、モザート判決と称する）の法廷意見を執筆したライブリー首席判事はまず、連邦最高裁の先例を引いて、「公立学校は民主主義社会にとって本質的である基本的諸価値を教えるという目的に資する」のであり[59]、「それらの基本的諸価値は『他者の感情（sensibilities）の配慮』を考慮する一方、『多様な政治的および宗教的見解の寛容を含む』」と述べる。そして、この「多様な……宗教的見解の寛容」は、あくまで「市民的寛容（civil tolerance）」であり、「宗教的寛容（religious tolerance）」

57） *Ibid.*, pp.308-313.

58） Mozert v. Hawkins County Board of Education, 827 F.2d 1058 (6th Cir. 1987).

59） アメリカの公教育制度について論じるものとして、足立英郎「合衆国における公教育の正統性と公共性」森編・前掲注35）160頁以下。

ではないことに彼は注意を促す。すなわち、それは、いかなるものであれ他の宗教を自分が信奉する宗教と平等のものとして受容することを要求するものではない。それは単に、多元的社会において我々は「共存（live and let live)」しなければならないという承認を要求するのである[60]。

そしてモザート判決は、修正１条で保障される自由な宗教活動の「侵害」とされるためには、それに「負担」を与えるものであることを証明しなければならないとの先例にもとづき、「多様性に単にさらされること（mere exposure to diversity)」は、「負担」を与えるものではないとして、授業の免除等を認めなかった[61]。

これに対し、既述の「リベラリズム教育の矛盾」という問題提起を行った論者はモザート判決を、親の異議申立ての基礎や性質を誤解していると批判する。親が反対しているのは、「単にさらされること」を通じて涵養される、「中立性」、「主体性（subjectivity)」、「寛容」という諸価値である。子どもたちは思想や信念を理性でもってアプローチし、思想を主体的なものとして理解するように教えられたが、それらの諸価値は、全体的で疑問の余地のない絶対的な真理に帰依する、キリスト教原理主義者の信仰と直接矛盾する。「さらされること」はそれ自体、「教化（indoctrination)」の一形式であり、まさに害なのである[62]。

また「親優位主義宣言（Parentalist Manifesto)」を掲げて、公教育に対する親の教育の自由の優位を主張する論者によれば、仮に子どもが競合する信念体系にさらされた後で結果的に親の信念を信奉することになるとしても、親にとっての害はなお存在しうる。人々は証明しえない深く抱かれた信念にコミットし信奉するという事実からすれば、「さらされること」によって涵養される「批判的理性（critical reason)」こそが、親にとっての害なのである[63]。それにもかかわらず、親にとって害がないとすることは、批判的理性という価値を特権化するものであると批判される。さらに、

60） Mozert v. Hawkins County Pub. Sch.,827 F.2d 1058（6th Cir. 1987).

61） *Ibid.*

62） Stolzenberg, *supra* note 34, pp.588-598, 611-613.

63） Stephen Gilles, “On Educating Children: A Parentalist Manifesto” *the University of Chicago Law Review,* vol.63, pp.976-979（1996).

親の信仰に反する信念にさらされた子どもは、親の目からすれば、道徳的に汚れたものになるということを指摘する論者もいる[64]。そして、子どもの発達理論にもとづき、親との関係性は、子どもの自律能力の発達においてきわめて重要であり、それゆえ子どもの権利の中核であるとする見解からすれば、多様性にさらされることは、子どもの権利の侵害でもあるとされる[65]。

こうした親への害を認めつつも、親と子どもに公教育からの一部免除を認めないのが、後のパーカー判決である。

b）パーカー判決と「包含モデル」　パーカー事件は、家族のあり方を考える授業において、同性婚や同性愛カップルに育てられた子どもを扱うカリキュラムに対し、同性愛をみずからの信仰に反すると考える親と子どもが、授業の免除を求めた事件である[66]。原告の親たちは、みずからの信念と反対の信念に子どもがさらされることがまさに、みずからの宗教に従って子どもに道徳を教える親の宗教の自由に「負担」を課すと主張した。この訴訟においてクリスチャン・ライト運動は、「配慮モデル」を提唱したのである。

ニジェームによれば、「配慮モデル」において親の権利と自由な宗教活動を分節化するクリスチャン・ライト運動の弁護士に対し、指針を提供したのが、既述のギャルストンである[67]。彼の「リベラルな多元主義」によれば既述の通り、国家は親や地域共同体から受け継がれた生の様式に対する「懐疑的反省」を子どもに涵養する公教育を構築しなければならず、しかもそれを強制しうる、というわけではない。親の自由は生の様式を「表現する自由」の一環とされ、親の配慮への権利が肯定されるのである。それは少数者集団を基礎とする権利要求への転回とリンクしており、一般的

64） Richard W. Garnett, “Taking Pierce Seriously: The Family, Religious Education, and Harm to Children” *Notre Dame Law Review*, vol.76, p.143（2000）, James G. Dwyer, *Religious Schools v. Children's Rights*（Cornell University Press, 1998）p.141.

65） Anne C. Dailey, “Children's Constitutional Rights” *Minnesota Law Review*, vol.95, p.2099（2011）.

66） Parker v. Hurley, 514 F.3d 87（1st Cir. 2008）. *Cf.*, Nejaime, *supra* note 56, pp.335-336.

67） Nejaime, *supra* note 56, pp.366-367.

で確立したリベラリズムの多元主義概念と調和しない。

これに対し、ギャルストンと同じ「政治的リベラリズム」に依拠するスティーブン・マセドは、モザート判決の文脈においてではあるが、「包含モデル」を支持する。「『多様性にさらされること』は、基本的な市民的徳を教えるために必要な手段であり、それは州の権限である」と主張し、基本的なリベラリズムの諸価値を教える教育からの、親の免除の権利を拒否する。もっとも彼は、カリキュラムはより「バランスのとれた」ものであるべきとの親の主張には理解を示している。すなわち、世俗的な諸価値を包括的に擁護し、宗教的な世界観を暗黙に貶めるプログラムは否定するのである[68)]。

また個人の選択と自律に優位性を与える「包括的リベラリズム」[69)]に依拠するガットマンは、親の権利と同視される多元主義、すなわち「配慮モデル」を浅薄だと批判する。すなわち彼女は、そのような多元主義は、民主主義社会における多元主義の政治的価値と相互に関連づけられないと批判して、「社会的多様性の利益を得るために、子どもは親と異なる生の様式にさらされなければならず、そのさらされる過程において、社会的多様性を可能にし望ましくする、個人間の相互尊重のような一定の諸価値を奉じるに違いない」と主張する。彼女は、排他的に親にコントロールを残すことは、このリベラルな目的を確保しないし、時には掘り下げると信じている[70)]。

そしてガットマンは、既述のフランスの公教育におけるイスラム教のスカーフの着用を、アイデンティティの承認を求め、他の生徒を「挑発」し対話を誘発する異なる「声」ととらえ、それを肯定的に評価する。女性の二級市民性を象徴するスカーフを着用する子女に対し、それを批判する生徒が現れ、それに対し、その子女もみずからの擁護を通じて、みずからを振り返らざるをえないことになり、それはまた批判した生徒にもあてはま

68） Stephen Macedo, "Liberal Civic Education and Religious Fundamentalism: The Case of God v. John Rawls?" *Ethics*, vol.105, pp.485, 487（1995）.

69） Gutmann, *supra* note 39, pp.558-560.

70） Gutmann, *supra* note 37, p.33.

る。こうした相互作用により、すべての生徒に批判的理性が涵養されるとともに、異なる生の様式がそれを生きる人々にとって有している意味、すなわち人にはそれぞれ「譲れないもの」があることを理解するようになり、相互尊重まで涵養されるに至るのである[71]。

このように「包含モデル」は、差異の間の相互作用を通じて相互尊重を涵養するものであり、より積極的なものとして、「積極的共生型」と称する方が適しているように思われる。

パーカー事件について第1区巡回控訴裁判所は、モザート判決と異なり、寛容を教えることそれ自体が親にとって害を構成することを認める。この点、ヨーダー判決（Wisconsin v. Yoder, 406 U.S. 205）も「さらされること」自体を自由な宗教活動に反するとして、アーミッシュの親に第9学年以降の義務教育からの免除を認めたが、しかし、パーカー判決は、ヨーダー判決をその事実の特殊性により区別する。すなわち、アーミッシュは、アメリカ市民として投票権も行使せず、福祉なども要求しない、いわゆる「部分的市民」であり、それゆえ完全な市民教育は必要ないとされる。そして、パーカー判決は、親はその他の点では社会に完全に参加したいならば、宗教的異議にもとづき選択的に退却することはできないとして、免除をオール・オア・ナッシングの命題にして否定したのである。さらに同判決は、論争になっている素材にさらされるからといって、親は自動的かつ不可逆的に、同性婚は不道徳であるという自分の宗教的信念にもとづいて子どもを育てることを妨げられるわけではないと述べる[72]。こうして、パーカー判決は、親の害を肯定しつつも、結局、モザート型、換言すれば「包含モデル」に依拠し、子どもはリベラルな多元的社会で賞揚されてきた諸価値である、批判的熟慮と独立した判断の利益を与えられた[73]。ニジェームは既述の通り、どのモデルを選択すべきかについては直接議論していないが、

71） Amy Gutmann, “Challenges of Multiculturalism in Democratic Education” in Robert K. Fullinwider（ed.）, *Public Education in a Multicultural Society : Policy, Theory, Critique*（Cambridge University Press, 1996）pp.167-168, 阪口正二郎「リベラリズム憲法学の可能性とその課題」藤田宙靖=高橋和之編『憲法論集』（創文社・2004）601 ～ 602 頁。

72） Parker v. Hurley, 514 F.3d 100（1st Cir. 2008）.

73） Nejaime, *supra* note 56, pp.368-369.

パーカー判決はクリスチャン・ライト運動に対し、「包含モデル」に依拠して自分たちの多様な社会における包含を要求する一方、他の少数者の包含要求に直面したとき、選択的に退却することはできないとしたのである。

5 市民教育における公教育という制度の比較優位性

(1) 公教育制度それ自体の多様性提供

原理的にはともかく、「賢慮」や「妥協」という観点からモザート判決を批判するのが、サンフォード・レヴィンソンである。彼は公教育と親の自由の対抗図式という問題を、公教育という教育サービスの「給付」における「違憲の条件」の問題としても考える。

ユダヤ人である彼は、自身の経験から、偏見のない子どものときにこそ、多様性にさらされることの独自の意義を重視する。彼は子ども時代に公立学校で、多様な宗教・宗派の子どもたちと、授業外で、お互いの宗教について率直に議論したことが、現在の自分、とりわけ研究者としての自分の重要な部分を形成したと考えている[74)]。

もっとも、偏見のない子どものときにこそ多様性にさらされることの独自の意義を重視するがゆえに彼は、モザート判決は不適切であると批判する。キリスト教原理主義の親と子どもに授業免除を認めなかったことは、彼らを公的にほとんど規律されていない宗教系の私立学校やホームスクーリングに向かわせることになり、結局、彼らが「多様性にさらされること」を実現できなくしてしまう。問題はそれだけにとどまらない。公立学校に残った子どもたちの側でも、多様性が減少することになり、すべての子どもとの関係で、多様性にさらされることの意義が小さくなってしまうのである。したがって、授業免除を認め、キリスト教原理主義者の子どもたちを学校にとどめたうえで、その授業外で「多様性にさらされること」を実現すべきであったとされる[75)]。

74） Sanford Levinson, *Wrestling with Diversity*（Duke University Press, 2003）pp.65-67.
75） *Ibid.*, pp.87, 98-99.

このように彼は、多様な社会経済的地位や善の包括的構想、とりわけ多様な宗教を背景にもちつつ、まだ偏見のない子どもたちが集まる場を提供する公教育それ自体が、「多様性にさらされること」を実現し、相互尊重を涵養することになると考えているのである。

しかし、逆にパーカー判決は、親と子どもに授業免除を認めることは、免除された生徒だけでなく、授業に残った生徒にも、同性愛者は劣っているとのメッセージを伝え、すべての生徒にとって害であるとして免除を拒否していることに留意する必要がある[76]。

（2）学校という制度の独自性

学校という制度の独自性を共同体論に依拠して分析し、市民教育における公教育という制度の比較優位性を論じ、公教育からの親の自由を否定するのが、ジョッシュ・シャフェッツである[77]。

彼は共同体論者マイケル・ウォルツァーの「個々の領域（separate spheres）」アプローチ[78]、すなわち「制度が異なれば、社会的役割も異なり、促進される価値も異なる」ことの承認に依拠する。このアプローチによれば、「学校は社会的価値の教え込み（inculcation）に理想的に適している。学校は非常に異なる種類の家族、宗教的伝統、およびイデオロギー的背景をもつ子どもたちが集められ、同じ科目を教えられる場である。政治体（polity）の将来の市民すべてを集め、当該文化への参加および再生産に本質的である、諸々の伝統、価値、慣習、実践を彼らに教え込む社会制度は、他にまったく存在しない。したがって、教育は価値の源泉としてより高いレベルの諸価値を教え込むのにもっともよく適した企てである。マイケル・ウォルツァーのことばによれば『教育は、我々のもっとも深い社会的願望であるもの、すなわち、永続することを表現する。それは社会の生き

76） Nejaime, *supra* note 56, p.373.

77） Josh Chafetz, "Social Reproduction and Religious Reproduction: A Democratic-Communitarian Analysis of the Yoder Problem" *William & Mary Bill of Rights Journal*, vol.15, p.263 (2006).

78） Michael Walzer, *Spheres of Justice: A defense of Pluralism and Equality* (Basic Books, 1993) pp.6, 197, マイケル・ウォルツァー（山口晃訳）『正義の領分―多元性と平等の擁護』（而立書房・1999）。

残りのプログラムである』。……要するに、学校は社会一般の諸価値の教え込みの点で比較優位にあるのである」。

また共同体論によれば、価値のより低いレベルの源泉は、価値のより高いレベルの源泉より濃い。したがって、国は市民として必要な諸価値を、具体的には、読み書き計算とアメリカの政治体制や歴史を、州は州の歴史を、そして地方は地方の諸価値を決定すべきとされる[79]。

以上のように、学校という制度は、多様な善の包括的構想を背景にもつ、政治体の将来の市民すべてを集めて教える場であることから、市民教育において比較優位性をもつ。したがって、このような公教育からの親の自由を認めることは、親の「価値一元論」になるとして否定されることになる。

そもそも彼は、共同体論の直観と民主主義の直観にもとづき、「民主主義的—共同体論アプローチ」を採用し、公教育を民主的人民の決定に委ね、司法審査の範囲を、①手続の公正性および民主性と、②集団に対する憎悪の排除という、いわば民主的プロセスの維持に限定している[80]。したがって、彼の議論に対しては、全体主義の危険性という批判が予想される。

（3）価値の源泉の多元性と教育権限の分散

これに対し彼はハンナ・アーレントに依拠して、「価値源泉は無限である。ある源泉から学ばれない価値は、他の源泉から学ばれうる。1つの価値源泉（学校）に対する完全な民主的コントロールは、全体主義ではない。すなわち、1つの価値源泉が、他のあらゆる価値の源泉を完全にコントロールすることが、全体主義なのである」と応答する[81]。

この応答は、多元主義の「包含モデル」、いわば「積極的共生型」に依拠し、公教育において親の教育の自由を否定する、リベラル・デモクラシーの公教育論に対しても示唆を与える。そもそも、リベラリズムの強制は、「リベラリズムの中立性」、すなわち特定の善の包括的構想からの正義の中立性にもとづいて正当化されるが、それは「結果」において、特定の善の包括的構想に対して中立的でないことは既述の通りである。さらに「リベ

79） Chafetz, *supra* note 77, pp.291-292.

80） *Ibid.*, p.293.

81） *Ibid.*, pp.290, 296-297. 同旨の見解として、那須・前掲注 22）309 頁。

ラリズムの中立性」という議論は、シャフェッツをはじめとする共同体論などからすれば、特定の「解釈学（hermeneutic)」に依拠するものにほかならず、強制の正当化「理由」においても中立的ではなく、リベラリズムの価値の押し付けにほかならないと批判される。

その評価はおくとして、仮にリベラル・デモクラシーの市民教育が、一定の価値の押し付けといいうるとしても、それは強制ではなく、あくまで「説得」にとどまるし、また公教育における市民教育の全体主義的危険性という指摘には、論理の飛躍がある。実際、戦前の日本においては、公教育の内容自体が国家主義的なものであったが、公教育が国家による洗脳になってしまったのは、社会における他のすべての価値源泉までもが国家によって統制されたからにほかならない。したがって、公教育の危険性に対処するためには、公教育を私的財に矮小化するのではなく、公教育以外の価値源泉の多様性を確保することこそが重要であると思われる。

また教育権限の分散も、公教育の全体主義的危険性を緩和するものである。ガットマンにおいても、討議民主主義によって決定された公教育は、既述の二原理に反しない限り原則として強制されることから、公教育の危険性に対処する必要がある。彼女は教育決定権限を１つの主体に排他的に委ねることを問題視し、教育を国家と親の共有された権限とし、家庭教育における親の権限を尊重するとともに、親の教育の自由が否定される公教育においても、連邦・州・地方の教育権限の分散を重視するのである[82)]。

この点、全国一斉学力テストの合法性・合憲性が争われた旭川学テ最高裁大法廷判決（最大判昭和51年5月21日刑集30巻5号615頁）は、「子どもが自由かつ独立の人格として成長することを妨げるような国家的介入、例えば、誤った知識や一方的な観念を子どもに植えつけるような内容の教育」の禁止を、憲法上の実体的な限界として示した点で重要であるが、さらに「子どもの最善の利益」を基底に据え、その追求を教育に関与する主体の抑制・均衡によるダイナミズムに求めた点でも重要である[83)]。

82） Gutmann, *supra* note 37, pp.71-75.

83） 旭川学テ判決において、「教育権能の所在が拡大していくのは、教育権能が教育制度を前提とした自由、いい換えれば、子どもの利益のための自由であり、必ずしも本人の利益のた

こうした観点からすれば、親の教育の自由は再考されうる。親がみずからの善の包括的構想を伝えることは、信教の自由や表現の自由によって保障されているのであり、それを越えた親の教育の自由の独自性は、公教育の全体主義的危険性に対する歯止めとして、自分の子どもだけでなく、子ども全体の利益、ひいてはリベラル・デモクラシーの存続のために特別に憲法上保障されたものであり、狭義の「憲法上の人権」とは区別される、「公共の福祉にもとづく権利」[84]として位置づけるべきである[85]。

（4）公教育における多様性確保の「福島」にとっての意義

以上のように、多元的社会においてリベラル・デモクラシーという憲法体制を存続させるためには、相互尊重の涵養が不可欠であり、公教育において多様性にさらされることが重要である。しかし福島県における現在の公教育の状況は、公教育においてきわめて重要な多様性が有意に減少しているのである。

福島県では市内でも首都圏などと異なり、義務教育段階では私立学校がほとんどないことから、親の経済的地位や宗教を典型とする善の包括的構想に関係なく公立学校に通うことになる。それゆえ、公立学校において、平等が実現されるとともに、アメリカほどではないにしても、多様性が確保されていた。

しかし原発事故後、既述の通り、福島県から子どもが大量に流出している。そして、このことは、福島県の公教育における多様性の減少を意味している。福島県からの避難であれ、あるいは残留であれ、その決断は、経済的・精神的生活基盤に関する苦渋の決断であり、経済的事情や子どもの健康リスクに関する判断だけでなく、仕事へのコミットメント、地元への

めの自由とはいえないためである」。小島慎司「制度と人権」長谷部恭男編『講座 人権論の再定位 3 人権の射程』（法律文化社・2011）60頁参照。

84） 長谷部・前掲注28）106～107頁。

85） 親の教育の自由が「基本的権利」として認められたのがロックナー期であることから、その実質は「政府の権限にそもそも内在する限界」、すなわち反全体主義を明らかにするための「憲法理論上の道具概念」として機能していたことを論じる、きわめて興味深い分析として、中川律「合衆国の公教育における政府権限の限界―ロックナー判決期の親の教育の自由判例／マイヤー判決とピアース判決に関する考察」憲法理論研究会編『憲法理論叢書17 憲法学の最先端』（敬文堂・2009）128頁。

愛着、家族観といった、まさにその人の生き方、究極的価値観に関わる決断である[86]。

しかも、原子力災害からの避難に関する相談を受けてきたNPOの話によれば、たとえば、「母子疎開」を拒否する父親には家父長制的な価値観の傾向があるとのことであり、逆にいえば、福島県からの避難を決断した者にも、なんらかの価値観の傾向がみられるであろう。したがって、福島県からの子どもの大量流出は、多様性の質的な減少までをも意味しうることに留意する必要がある。いずれにせよ、福島県の公教育における多様性の減少を意味する、福島県からの子どもの大量流出という事態は、立憲主義の存続にとって無視しえないものであり、憲法問題を構成するものといえる。

また、原子力災害がもたらした、「フクシマ」のスティグマ化、今後も予想される福島県民に対する差別に抗するためには、公教育における相互尊重の涵養が不可欠である。既述の通り、公的領域における相互尊重の涵養は私的領域にも事実上影響を及ぼし、宗教的不寛容を命じる特定の善の包括的構想にとっては「結果」において不利になるが、私的領域と公的領域との連続性を想起すれば、この事実上の影響は望ましいし、また正当化されるのである。したがって、市民教育において比較優位にある公教育において相互尊重を涵養すべく、公教育における多様性を確保することが憲法上要請される。この点、近年日本の公教育にみられる、「君が代」斉唱の際の起立・斉唱の教職員への義務づけは、公教育における多様性の確保という憲法上の要請との関係で精査されなければならない。

6　結びに代えて――「パンドラの箱」と「エルピス」、そして「福島」の子ども

東日本大震災後の、とりわけ福島県の状況は、あたかも「パンドラの箱」が開けられたかのようである。「パンドラの箱」とは周知の通り、ギリシャ神話の寓話である。それによれば、プロメーテウスが神々の世界か

86）〈座談会〉子どもたちを放射能から守る福島ネットワーク「子どもたちの未来を守るために」世界827号（2012）67頁参照。

ら火を盗んで人間に与えたこと[87]に怒ったゼウスが、人間を惑わすパンドーラーという女性を泥から作り、彼女に絶対に開けてはならないと言いつつ、ある箱（一説には壺）をもたせる。しかし、パンドーラーは好奇心から箱を開けてしまう。すると、中から、ありとあらゆる災禍が飛び出し、以後、人間はそれに苦しめられることになる[88]。

東日本大震災は津波だけでなく、とりわけ福島県には原発事故までもたらし、それが健康リスク、風評被害、失業、経済的損失、家族や地域共同体といった関係性の危機、そして差別とスティグマという、ありとあらゆる災禍をもたらしたのである。

しかし、この話には「続き」がある、ということを忘れてはならない。パンドーラーは急いで箱を閉めたので、箱には「エルピス」が残された。ギリシャ語の「エルピス」とは、「希望」（英語の 'hope'）である。人間は災禍に苦しめられることになるが、まだ希望が残されているというのである。もっとも、実は「エルピス」の意味には諸説あり、「偽りの希望」という説も有力である。人間には希望が残されたために、諦めることもできず、かえって一生苦しめられるというのである。

もはや「福島」は、単に希望をもつだけではいかんともしがたい、楽観できない状況にある。それでも、唯一の希望は、他でもない「福島」の子どもである。彼女ら・彼ら――成熟した判断能力がないとされる小さな子どもでさえも！――は原発事故後、公教育における多様性の減少にもかかわらず、とにかく、いろいろなことを考えた。いや、考えざるをえなかった。しかし、このことが、「福島」、そして、とりあえずは日本、にとっての希望の光であり、「エルピス」を「偽りの希望」ではなくさせるものである。

「福島」の子ども、さらに日本の子どもたちが、「フクシマ」ということばを、スティグマを排した、積極的な含意をもつものに変えていってほしいと心から願う。そして、公教育には、それを支える憲法上の使命がある、と私は思う。

87） 原子力はときに「プロメテウスの第2の火」と形容される。朝日新聞特別報道部・前掲注6）3頁。

88） フェリックス・ギラン（中島健訳）『ギリシア神話〔新装版〕』（青土社・1991）36頁。

第12章
生存・「避難」・憲法

葛西まゆこ

緊急状態において、憲法（学）は25条を意識した場合、「避難」をめぐる言説との関係で「生存」をいかに語るべきか。「避難」は、「避難行動」と「避難生活」との2局面があり、25条は主にいわゆる「弱者」の「避難行動」と、被災者の「避難生活」に関係することとなる。しかし、「弱者」、「弱者」を支援する者、緊急事態の収拾を担当する者の「生存」について考えたとき、あらゆる者の「避難行動」は等しく困難である。25条はこの困難の解決策を示しえないが、露骨な「見殺し」とみられるような制度設計を行うことは13条や25条の観点から憲法上許されない。「避難生活」に関しては、その時々のニーズを可能な限り汲み取りつつ、「健康で文化的な最低限度の生活」を担保することが求められる。また、仮に事後的な補償立法を策定するのであれば、その給付水準については25条が「最低限度」のラインとして関係してくる。緊急事態における「生存」を確保するための「避難」に関する諸法のさらなる充実が、25条の理念に照らして求められよう。

1　はじめに

平成23年3月11日の東日本大震災直後の混乱期においては、「生存」をめぐる主張が憲法と結びついたとき、それは何もかもが安易に「生存権」を根拠に語られる市井の論調があった。「権利」を「作為請求権」としてとらえがちな「市民」の感覚、当時の絶望感、焦燥感に照らして考えれば、期待を寄せる気持ちもわからなくもない。しかし、純粋に解釈論で考えた場合には「憲法はドラえもんのポッケではない[1]」のであって、憲法25条に何もかもを背負い込ませることには無理がある。

ただ、原発事故により文字通り故郷を失い、将来世代にわたる被害が出ている今、あらためて憲法（学）は「生存」をいかに語るべきかという問題意識には、たとえその答えが期待に添わないものであったとしても、憲

1） 2011年5月2日付朝日新聞朝刊、長谷部恭男教授によるコメント。

法学としても答えを提示する社会的責務はあるだろう。

本稿は、緊急事態において、憲法（学）は「生存」をどのように語るべき、あるいは語るべきではないのかという点を、「避難」をめぐる言説を中心に、憲法25条との関係を意識しながら検討するものである。

なお、本稿でいう緊急事態とは、生存のためには「避難」が推奨されるような、しかし、いわゆる「弱者」は逃げ遅れる危険性が高い、台風や洪水などの自然災害、原発事故、武力攻撃を受けた場合などを想定している。ただし本稿では、自然災害や原発事故の問題を中心に検討している。また、本稿にいう、いわゆる「弱者」は、いわゆる「災害時要援護者」と同義に用いており、「必要な情報を迅速かつ的確に把握し、災害から自らを守るために安全な場所に避難するなどの災害時の一連の行動をとるのに支援を要する人々」、具体的には「高齢者、障害者、外国人、乳幼児、妊婦等」を想定している[2)]。また、本稿にいう「避難」は「安全確保行動」を意味し、さらに本稿は、「避難」（安全確保行動）を、自然災害などの危難から逃れて生き延びるための「緊急的・一時的な避難行動」（避難行動）と、その危難を起因とする「住居地とは異なる避難先などで一定期間仮の避難生活をおくること」（避難生活）との2つに分けて考察する[3)]。

2　日本における「避難行動」と「避難生活」に関する法制度と判例法理の展開

ここでは、憲法論に入る前提として、「避難」に関する法制度の枠組と判例法理の展開を整理することとしたい。まず、（1）において法制度を整理し、（2）において「避難行動」に関する判例法理の展開を、（3）において「避難生活」に関する判例を検討する。

2）災害時要援護者の避難対策に関する検討会「災害時要援護者の避難支援ガイドライン」（平成18年3月）〈http://www.bousai.go.jp/chubou/12/siryo3_3.pdf〉2頁参照（2012年8月31日最終アクセス。以下同じ）。

3）中央防災会議・災害時の避難に関する専門調査会「災害時の避難に関する専門調査会報告—誰もが自ら適切に避難するために」（平成24年3月）〈http://www.bousai.go.jp/3oukyutaisaku/saigai_hinan/report.pdf〉11～12頁参照。

（1）「避難行動」と「避難生活」に関する法制度

「避難」という用語が含まれている法律は50以上あるが[4]、「緊急的・一時的避難行動」に関して中心的な規定となるのが、市町村の避難勧告・指示に関する災害対策基本法60条、市町村による警戒区域設定についての同法63条、いわゆる「弱者」への配慮を求める同法8条2項・9条である。関連して、避難勧告等の判断・伝達マニュアル作成ガイドライン[5]、災害時要援護者の避難支援ガイドラインも挙げられる。さらに、特定の災害、危難について避難勧告・指示、警戒区域設定などを定めるものとして、津波対策の推進に関する法律9条、地すべり等防止法25条、水防法21条および29条、原子力災害対策特別措置法15条、武力攻撃事態等における国民の保護のための措置に関する法律52条・54条などが挙げられる。また、国、県、市町村の防災計画策定義務を定める災害対策基本法3～5条もここに位置づけられよう。

憲法論との関連でいえば、「避難行動」は生命・身体・健康に関わる問題として、原則として憲法13条の問題になろう。もっとも、国の避難指示に問題があって後に国賠訴訟等になった場合や、いわゆる「弱者」に対する配慮が足りずに犠牲が出た場合には、避難行動の問題も13条とあわせて25条の文脈で議論する必要性が出てくるだろう。

これに対して、「避難生活」に関する法規定の中心的なものは災害救助法（昭和22年法律第118号）である[6]。災害救助法による救助は、①平等の原則、②必要即応の原則、③現物給付の原則、④現在地救助の原則、⑤職権救助の原則で行うものとされており[7]、収容施設（避難所、応急仮設住宅など）の供与、食料・飲料水の給与、被服・寝具その他生活必需品の給

4） 平成22年12月9日災害時の避難に関する専門調査会（第3回）参考資料3〈http://www.bousai.go.jp/3oukyutaisaku/saigai_hinan/3/sankoushiryou_3.pdf〉参照。

5） 集中豪雨時等における情報伝達及び高齢者等の避難支援に関する検討会「避難勧告等の判断・伝達マニュアル作成ガイドライン」（平成17年3月）〈http://www.bousai.go.jp/3oukyutaisaku/pdf/04_shiryou2.pdf〉。

6） 災害救助法について詳しくは、兵庫県震災復興研究センター編『「災害救助法」徹底活用』（クリエイツかもがわ・2012）参照。

7） 厚生労働省社会・援護局総務課災害救助・救援対策室「災害救助事務取扱要領」（平成24年5月）1～2頁。

与、医療の提供、住宅の応急修理などの救助が行われる（災害救助法23条）。

災害救助法による救助は、「災害の規模が個人の基本的生活権と全体的な社会秩序に影響を与える程度以上のものであるときに実施される」[8]。ここにいう「基本的生活権」とは憲法25条の生存権と同内容と考えて差支えないものであり、災害救助法はまさに災害時における生存権を実現するための法であると指摘されている[9]。災害救助法を中心とする「避難生活」に関する問題は、憲法25条の問題として議論することが可能であろう。

それでは、このような法制度を前提として、「避難行動」、「避難生活」に関する紛争は、どのように司法の場で争われてきたのだろうか。

（2）「避難行動」に関する判例法理の展開[10]

「避難行動」に関する裁判は、自然災害などで被害をこうむった被害者や遺族が、国や地方自治体が避難勧告・避難指示をすべきであったのにそれを怠った、ないしそのタイミングが遅すぎたために被害が生じたとして国賠訴訟で争うことが多い。しかし、避難勧告・避難指示の不作為、遅れの違法性が認められたことはない。

a）集中豪雨による土石流による被害の国賠訴訟　たとえば、集中豪雨による土石流により流域住民ら22名が死亡した被害についての国賠請求である青森地弘前支判平成元年5月25日（判タ704号92頁・判時1320号55頁）は、町長の避難指示について、災害対策基本法5条1項・51条・60条に言及しつつ、60条は「災害が発生するおそれのある場合において、人の生命又は身体を災害から保護するため特に必要があると認めるときは、関係機関に対し、避難のための立退きの勧告又は指示をなすなどの権限を有していることが認められるが、同時に、右権限の行使を義務付ける規定を置いていないことから、右権限を行使するかどうかは市町村長の裁量に

8）災害救助実務研究会『災害救助の運用と実務 平成23年度版』（第一法規・2011）212頁。

9）山崎栄一「東日本大震災を踏まえた被災者救済の課題」法律時報83巻12号（2011）63頁参照。

10）本文中に言及したもの以外には、119番通報における消防士の避難指示が遅すぎるとの原告の主張が退けられた、さいたま地判平成22年5月28日裁判所HPなどがある。

属しているものと解される」としたうえで、「町長の右権限行使は、その裁量に属するから、その権限を行使しないことが、義務懈怠となることは原則としてないが、前記の要件［①具体的危険の存在と予見可能性、②権限行使の可能性と結果回避の可能性、③期待相当性の三要件――筆者注。以下ブラケット内につき同じ］に該当するときは、それが義務付けられる」が、本件は「災害対策実施の容易性と、災害発生の蓋然性は認められるものの、仮に、……流域住民に対し、土石流発生についての警戒を促し、避難を指示、助言したとしても、本件土石流災害が容易に防止し得たものとは認められず、結果回避可能性に重大な疑問がある以上、……町長の防災対策義務は認められない」としている。

これに対し、控訴審の仙台高裁（仙台高判平成7年7月7日判時1551号17頁）は、より詳細に理由を述べながら、国や地方自治体の法的責任を否定している。まず、仙台高裁は、国による県、および町に対する危険情報の提供について「住民に対する危険情報の提供は、警戒、避難体制確立の前提条件であり、また、警戒、避難体制が確立してない場合やそれが十分機能しない場合には、住民が自主的判断で避難行動をする前提条件となるものと解され、ここから危険情報提供の目的が明らかとなる」と述べている。そのうえで、仙台高裁は、住民が被害可能性を事前に知っていれば「豪雨等の際、警報等がなくとも、自主的に避難する住民がいる可能性がないとはいえないから、住民に対して土石流発生危険区域であることを周知させることはそれ自体被害防止にまったく無意味とはいえない。また、その場合、土石流の発生……［など］についての詳細な物理学的説明等の情報提供はほとんど不要かつ無益であろうから、これらの点が未解明であるからといって、住民に危険情報の提供ができないとはいえない」のであり、「その意味では、危険情報の提供は容易であるやにも考えられる」と述べる。しかし、仙台高裁は、「ここでいうような住民の自主的避難は実際上ほとんど期待できないであろう」とし、「国が、他の有効な土石流災害対策がないままに、……［当該］地区の住民の自主的避難の契機となることのみを目的として、……県及び……町に対し、……［その地域］が土石流発生危険区域であることを右住民に周知させるよう助言、指導、勧告すべき義務を負担していたとは認め難い」として危険情報提供義務についての法的責任を否定した。

また、仙台高裁は、避難体制の整備について、「行政庁として責任をもって土石流災害に対処しようとするなら、本来なら、財産はともかく最低限住民の生命、身体を保護すべく、安全な避難経路と避難場所を掌握、確保し、これをその時々の状況に応じて的確に住民に通報、指示できる体制を作ることが必要であろう。……［本件においては］降雨状況と土石流の発生との関係は単純ではないから、一旦、住民を避難させたとしても、行政機関はいつまで避難させておくべきかについても困難な判断を迫られる（生命、身体の安全のみを重視して避難を長期化させることは、住民の日常生活、経済生活に不相当な不利益を与える可能性がある。）。このような土石流災害についての特性を考慮すると、空振りの可能性を承知の上で積極的に土石流の警報、注意報を発令して住民の避難を促すというのも一つの行政の施策かもしれないが、これは政策論としても異論があり得るであろうし、……［本件においては］……国の知見を前提として考えても、警戒、避難体制確立の困難性は否定し難い。本件災害前、被控訴人らにおいて、この困難性を克服できないまま、不完全でかえって短所の方が問題化しかねないようなものであっても、とにかく警戒、避難体制が必要と判断されるだけの危険性が予見され、またはその予見が可能であったとは認め難い。以上の諸点に鑑みると、警戒、避難体制の確立が……県知事の個別国民に対する法的義務にまで至っていたと解するのは困難である。そうすると……国には、……県に対して……［その地域］における土石流の発生に備えて警戒、避難体制を確立すべく助言、勧告、指導すべき義務があったとまでは認められないし、まして、……［国］自らが……［その地域］における警戒、避難体制を確立すべき義務を負っていたと解することはできない」としている。

また仙台高裁は、町長の避難指示の作為義務についても「［その地域が］土石流発生危険区域であること（これを知らなかったという弁解が免責の理由と［は］ならない……）及び豪雨が発生した（集中豪雨の際に土石流発生の危険があることも容易に知り得たと考える。）との二点から、……町長は、避難指示等をすべきであったとの見解もあり得る」が、先の避難体制の問題で述べたように、町長に避難指示等をするべき作為義務が生じたとまでは認められないとしている。結局、仙台高裁において控訴は棄却され、この判断は確定した。

b) 福島原発事故に起因する放射線量の高い地域の学校における教育活動の差止めが争われた事案　2011年の福島原発事故に関しては、0.2マイクロシーベルト／時以上の地点の学校施設における、教育活動の実施の差止め、および0.2マイクロシーベルト／時未満の地点の学校施設における教育活動の実施を求める申立てが却下された事案が注目される。福島地郡山支決平成23年12月16日（判例集未登載）[11]は、「一般に，個人の生命身体という重大な保護法益が現に侵害され，又は将来侵害されようとしている具体的危険がある場合には，その侵害または侵害の危険の原因について責任のある者に対して，その侵害を排除し，又は将来の侵害を予防するために，人格権に基づき，侵害行為の差止めを求めることができる」としつつ、「本件申立ては，実質的には，自己に対する権利侵害又はそのおそれを理由に，自己とは関係のない他の多数の児童生徒に対する関係でも，その意思とは無関係に，これらの者が現に享受している債務者の教育活動の実施についても差止め等を求めるものである。そうだとすると，これを認めるための要件は厳格に解する必要があり，債権者ら各人にその生命身体に対する侵害による被害の危険が切迫しており，かつ，当該侵害により回復しがたい重大な損害の生じることが明らかな場合であって，しかも，その損害を避ける手段として，債権者ら及び債務者その他利害関係を有する者が受ける負担や不利益を比較考量した上，他に適切な代替手段がないことを要するものと解するのが相当である」と述べた。そのうえで、裁判所は、「債権者ら各人について，現時点で，警戒区域でも計画的避難区域でもない郡山市に居住し，債権者らと同じ小中学校に通学する他の児童生徒の意向を問うことなく，一律に教育活動の差止めを求めるだけの生命身体に対する具体的に切迫した危険性があることを認めるに足りる疎明はな

11）決定文は、〈http://1am.sakura.ne.jp/Nuclear/111216decision.pdf〉を参照した。

い」のであって、「債務者において今後さらに除染作業を進め，屋外活動を制限する等の措置を進めることにより，又は債権者らにおいて区域外通学等をすることにより，債権者らに対する損害を避けることができると考えられるのであり，これらの措置と本件申立てに係る措置とを比較考量すると，債権者らの求める教育活動の実施の差止め等は，債権者らに対する損害を避けるための唯一の手段であるとは認められない」として、申立てを却下した。

c）洪水時の樋門操作員に対する早すぎる退避指示に起因する浸水被害の国賠訴訟　この事案では、洪水時の樋門操作員に対する退避指示が早すぎたことが争われ、札幌地判平成23年4月28日（裁判所HP）では、国家賠償法にもとづく損害賠償請求が一部認容されている。

判決文から説明を抜粋すれば、「樋門とは，河川堤防を横断して設けられる函渠構造物で，河川堤防の効用も備えた河川管理施設である（河川法3条2項)。平常時は門扉を開けておくことにより堤内地の雨水，工場等から河川への排水等の機能を果たすが，洪水時に本川の水位（外水位という。一般に本川やその流水は外水，支川やその流水は内水と呼称される。）が支川の水位（内水位）を上回り，樋門水路を通じ本川の水が堤内側に流れる逆流状態になった場合には，門扉を閉じることにより，逆流を防止するという機能を担う」ものとされる。そして、本件における「樋門等の管理者は，河川管理者である国土交通大臣であり（河川法9条1項，3条1項)，実際の樋門操作は，北海道開発局長が定めた操作要領に基づき，国土交通大臣から委嘱を受けた樋門操作員が行うこととされていた（「直轄河川維持修繕の実施について」（昭和46年3月26日建設省河治発第23号第四の六⑴，第四の五。……))」。また、「本件3樋門の樋門操作員は，一般職の国家公務員」であった。

判決は、「樋門操作員は，洪水時にこそ，適切に樋門操作をするために，できる限り現場に留まることが期待されている」一方で、樋門操作員に対する安全配慮義務の一環として操作員に対する災害発生の危険が窮迫したときには、操作員を退避させなければならない（人事院規則10-4第29条）ことを述べつつ、本件では、結局、原告らが，浸水被害を受けたのは，操作員を災害発生の危険が急迫するより50分ほども早く退避させた事業所長の過失により発生したものであるとして、損害賠償請求を一部認容した。そして、この判断は、控訴審（札幌高判平成24年9月21日裁判所HP）においても維持されている。

d）小括　「避難行動」に関する判例は少なくはないものの、いずれも政府側の裁量が広く認められている。a）の青森地裁弘前支部が指摘するように、災害対策基本法上は「＊＊という事態が発生していれば避難勧告・避難指示を出さねばならない」というような形で、具体的に市町村長の権限行使を義務づけている規定はない。それは、他の避難行動に関する規定を有する法律においても同様である。それゆえ、法規定で新たな具体的な縛りをかけない限り、避難勧告・避難指示の不作為やタイミングの遅れについて法的責任を問うことは原則としてきわめて困難であろう。

また、a）の仙台高裁が指摘するように、避難は住民の生命・身体の安全のために行われるとはいえ、国や地方公共団体が空振りを承知のうえで積極的に避難を促すことや、生命・身体の安全のみを重視して避難を長期化させることは、住民の日常生活、経済生活に不相当な不利益を与える危険性がある。さらには、原発事故の場合には、予防的に「避難」指示を出すことは「汚染地域」のラベルを不要な地域にまで貼ってしまうおそれがある。

憲法学においては、いわば「レッセ・フェールの伝統」と「再配分の伝統」があり、b）における「生命身体に対する具体的に切迫した危険性」がないことを理由とする教育活動の差止めの申立ての却下は、「レッセ・フェールの伝統」を前提とする「伝統的な」国家の観念のnarrativeによれば一応正当化はできるものである[12]。「伝統的な」国家観念のnarrativeに依拠する限り、禁欲的な「避難」指示の法的正当化がむずかしい局面は、信頼に足りる危険情報の存在を知り得てから相当期間にわたってその提供を怠った場合、住民が（自主的）避難をしたくとも（大洪水などで）避難手

12）レッセ・フェールの伝統、再配分の伝統、narrativeにつき、*see*, William E. Forbath, "The Distributive Constitution and Workers' Rights" *Ohio State Law Journal*, vol.72, p.1117 (2011).

段を自力では調達できないことが容易に予想できるにもかかわらず放置した場合、即時に生命に危険が及ぶほどの危険が存在する地域においても「避難」指示を出していない場合など、きわめて限定的なものになるだろう。

原発事故についていえば、アメリカにおいては、原子力規制委員会（the Nuclear Regulatory Commission、以下「NRC」とする）は1979年のスリーマイル島の事故の際には原発から5マイル以内の妊娠中の女性と児童に対してのみ避難勧告を行った[13]一方で、2011年の福島原発事故の際には、原発から500マイル以内の合衆国市民に対して避難を勧告した[14]。このような一般的な避難要請は福島原発事故以前においてはNRCは行っておらず、現在のNRCの規制によれば、合衆国における原発から10マイル以内のコミュニティのみ避難プランを策定することが求められており（10 C.F.R. §50,47(c)(2)（2010））、事故が起きた場合には10マイル以上離れたコミュニティは事前のプランなしに避難することになる。このアメリカにおける避難プランの妥当性にも疑問は付されているが[15]、福島原発事故後の日本政府による避難プランよりもアメリカのほうがより厳しい基準であったことから、事故当時にはかなりの混乱、不安がみられ、さらにはSPEEDIの情報も公開されていなかったことが明らかになるなど、政府の避難指示の不十分さはつとに指摘されるところである。先ほど述べた基準に照らしてみても、福島原発事故に関しては、SPEEDIの問題に象徴されるように日本政府の事故当時の避難指示は、検討を重ねたうえでの禁欲的な指示というよりも、あまりに住民の生命、身体の安全を軽視した粗雑にすぎるものとして、法的責任を問われてしかるべきものであるように思われる。

13） Background on the Three Mile Island Accident, NRC（last updated, March 15, 2011）〈http://www.nrc.gov/reading-rm/doc-collections/fact-sheets/3mile-isle.html〉.

14） *See*, Letter from William Dean, Reg'l Adm'r, NRC, to Robert Astorino, Westchester Cnty. Exec.（April 6, 2011）〈http://pbadupws.nrc.gov/docs/ML1109/ML110970009.pdf〉.

15） *See, e.g.*, Adam Dobson, "Hoping for Minor Catastrophes: The Nuclear Regulatory Commission's Emergency Planning Regulations" *Journal of Energy and Environmental Law*, vol.3, p.91（2012）.

ただ、仮に「過保護」な避難指示を出した場合においても、「避難」をめぐる困難は、緊急事態の収拾を図る担当者の「避難」をどのように考えるべきか、という点において、解消されることはない。c）のように、担当者の「生存」を優先する行動は、後に法的な責任を追及されることもある。さらに、原発作業員の生命、身体の安全が、一般公益としての公衆の生命、身体の安全とは重ならずに、2つの「生命、身体の安全等」が複合的構造を維持し続ける限り、「原子力発電所は、日本社会の影の部分の隠喩であることをやめないであろう」と指摘されるように[16)]、特に原発については、「避難行動」をめぐる困難はより際立つ。緊急事態において、物理的にも、法的にも完全な「避難」をすべての人が実行可能ではないという意味において、「避難行動」における「避難」は、あくまで鍵括弧付きの「避難」である。

（3）「避難生活」に関する判例の少なさ

「避難生活」に関する裁判は、避難にともなう経済的負担を軽減するための措置の不十分さを争うものや、適切な「避難指示」がなされなかったことに起因する健康被害、経済的損失に対する補償を求めるものが中心となる。

しかし、（2）と比べて判例の数は少ない。わずかに阪神・淡路大震災における被災者自立支援金制度の世帯主被災要件を公序良俗違反で無効とした事案がみられる程度である（大阪高判平成14年7月3日判時1801号38頁）[17)]。

単純に考えれば、避難生活に関する中心的な規定である災害救助法に関する判例が多いと予想されるが、それがみられないのは、災害救助法による救助とは「職権救助」であって、「応急救助の性質から被災者の申請を待つことなく、都道府県知事がその職権によって、救助すべき対象（人）、救助の種類、程度、方法及び期間を調査、決定の上、実施することになっている。従って、形式的には、これに対して一般国民の側からの異議申し

16）　蟻川恒正「『原子力発電所』としての日本社会」法学セミナー682号（2011）42頁。
17）　詳しくは、尾形健=葛西まゆこ=遠藤美奈『新版社会保障・社会福祉判例大系1　憲法と社会保障制度』（旬報社・2009）第3章Ⅱ3〔遠藤〕参照。

立てやそれに基づく救済手段は定められていない[18]」からである。「災害救助にかかわる固有の権利救済方法を定める規定が存在しない」ことに加えて、「通常、災害救助は比較的短期で終了してしまうため、争訟方法によるのでは十分な救済が図れず、結局、事後的に損害賠償を請求する方法しか現在のところ有効な権利救済方法は存在しない」[19]。

この点、自然災害に起因する避難生活と性質を異にするが、原子爆弾による被爆に対する補償が争われた事案において、裁判所は原告の主張を認めることが多い。特に、外国人による請求については、原子爆弾被爆者の医療等に関する法律（昭和32年法律第41号。以下「原爆医療法」とする）に関連して、不法入国者である韓国人の被爆者健康手帳交付申請を却下した処分を違法と判断した最一小判昭和53年3月30日（民集32巻2号435頁）、日本を出国後に手当の支給を打ち切られた処分の取り消しが認められた大阪高判平成14年12月5日（判タ1111号194頁）、韓国に居住する者による認定申請を長崎市に現在居住していないことを理由とした却下処分を違法とした福岡高判平成17年9月26日（判タ1228号150頁）、韓国に帰国したことを理由に支給を停止した処分を違法とした最三小判平成18年6月13日（民集60巻5号1910頁）など、裁判所による積極的な判断が目立つ。

現在の法的枠組を前提とすれば、「被害」がすでに発生している場合には、原告は、「一種の単なる補償（compensation）としての福祉[20]」としての補償立法が憲法14条・25条に反しないか、あるいは国が定める基準要件が厳しすぎるのではないかといった点を中心に主張することになろう。この点、少なくとも原爆に関する被爆補償については、外国人を含めて可能な限り補償を認めていこうとする姿勢がみてとれる。ただ、原則として裁判所は、制度の平等・公平性などを（積極的に）検討するだけであって、「避難生活」と密接に関連するといわれる憲法25条が特有の役割を司法の

18） 厚生労働省社会・援護局総務課災害救助・救援対策室・前掲注7）2頁。
19） 下山憲治「災害救助システムの法的分析」福島大学地域研究8巻3号（1997）49頁。
20） William E. Forbath, “Not So Simple Justice: Frank Michelman on Social Rights, 1969–Present” *Tulsa Law Review*, vol.39, p.611（2004）.

場において果たしてきたわけではない。とするならば、「避難生活」を生存権の文脈で語るメリットとは、被災者の生活再建に向けての政策論としての規範的指針の提示、事後的な補償立法の給付水準をめぐる規範的基準の設定に資するという点が中心になろう。

この点、災害救助法23条1項7号・2項が阪神・淡路大震災、東日本大震災においても発動されていないことの問題点が指摘されることがある[21]。この規定は、生業資金の給与または貸与を定めている規定である。この点、厚生労働省は「災害救助法には、生業資金の給与又は貸与が規定されているが、これまで生業資金の給与は行ってこなかったところであり、貸与については制度発足当初は行っていたものの、公的資金による長期かつ低利の各種貸付制度が整備・拡充されてきたことから、現在ではこの生業資金の貸与制度は運用されていない」と述べている[22]。では、たとえばこの問題について、発動を要請するような理論を25条論は提供できるのだろうか。次節では、憲法25条の射程範囲を検討することとしたい。

3 憲法25条の射程範囲――「仇」となる今までの営為

（1）通常状態における憲法25条の射程範囲

生存権という名で一般に語られる権利ではあるが、憲法25条1項が保障しているのは、正確には「健康で文化的な最低限度の生活を営む権利」であって、それが念頭においているのは、「自由経済の機構から生み出される貧富の格差を是正しようとする[23]」社会権の文脈のひとつとしての権利である。25条の文言のうち、注目されてきたのは「最低限度」が中心であり、同条1項の「最低限度」という文言から、憲法学は主として生活保護制度を念頭においた議論を展開してきた。制定過程における社会党の影響力の大きさをみてもわかるように[24]、25条が念頭においていたのは、

21） 兵庫県震災復興研究センター・前掲注6）116頁、118頁〔山崎栄一〕。
22） 災害救助実務研究会・前掲注8）348頁。
23） 長谷部恭男『憲法〔第5版〕』（新世社・2011）263頁。
24） 詳しくは、葛西まゆこ『生存権の規範的意義』（成文堂・2011）16～20頁参照。

資本主義社会の枠組にのっては生きづらい社会的・経済的弱者（就労が不可能な者、低賃金ないし短時間労働しか事実上つけない者）であり、自然災害や原発事故のようなものを想定していたわけではない。

憲法学における代表的な議論は、「健康で文化的な最低限度の生活」の水準は確定できるのかという点についてのものであり、裁判規範性の問題を中心に検討されてきた。通説とされる抽象的権利説は、「ともかくも権利がある点に力点を置［傍点は奥平による］」[25]くものと時に評されるが、憲法学は単に25条の文言解釈に耽溺していたわけではなく、2000年代には「生存権の基礎づけの作業」が精力的に行われていた[26]。それらの論考は、生存権の裁判規範性を考察する際にあたっても不可避である、生存権についての「規範的メタ理論」をなんらかの形で提供しようとする問題意識にもとづいての考察だが[27]、それらの論考が準拠している論説の多くは、通常状態を想定しており、緊急事態を想定していたわけではない。

また、権利内容を法律に依存する生存権の審査は「典型的には下限の統制という視点から行われる[28]」ため、憲法学は下限統制を特に司法の場において機能させようと、「最低限度」の確定ないし客観化にこだわってきた。少なくとも「生存」は生存権によって確保されなければならないという共通理解は憲法学説においてあると考えてよいだろう。憲法学は、生存権の内容の核は「生存」としつつも、より充実した内容を憲法25条の規範的内容において読み取ろうと、その権利内容の外延を広げる努力を続けてきた。たとえば、「生存」権という名称が単なる生物学的な生存をよし

25）奥平康弘『憲法Ⅲ―憲法が保障する権利』（有斐閣・1993）247頁。

26）たとえば、尾形健「『福祉』問題の憲法学―『自由で公正な社会』における社会保障制度の意義」ジュリスト1244号（2003）108～115頁、遠藤美奈「『健康で文化的な最低限度の生活』再考―シティズンシップの視点から」社会保障法18号（2003）137～151頁、同「『健康で文化的な最低限度の生活』再考―困窮者のシティズンシップをめぐって」飯島昇藏=川岸令和編『憲法と政治思想の対話―デモクラシーの広がりと深まりのために』（新評論・2002）105～136頁参照。

27）その問題意識がはっきりと表れているものとして、尾形健「『福祉』問題の『憲法理論』（一）（二・完）」法学論叢147巻5号（2000）90～109頁・149巻4号（2001）75～100頁参照。

28）小山剛『「憲法上の権利」の作法〔新版〕』（尚学社・2011）6頁。

とする危険性を有することを強調する見解[29]、憲法が想定する「ナショナルミニマム」とは個人の自律的・主体的生を尊重し支援するという価値であり、その価値は憲法レベルでの抽象的指示から始まり、立法過程における具体化や法的紛争における司法的救済を通じて多段階的に実現されていくべきことを強調する見解[30]、アメリカにおける議論を参照しつつ福祉が単なる物質的再配分の問題ととらえられることに警戒し、「ニーズ」や「社会的シティズンシップ」をふまえた規範的内容を主張する見解[31]などがそれにあたる。老齢加算廃止の訴訟において、下級審においては「健康で文化的な最低限度の生活」の定義について、生存・健康を維持するための必要不可欠の要素に加え、社会的活動、文化的活動に言及していたこと[32]もこのような流れを汲むものであろう。

しかし、最高裁レベルにおいては、このような新しい見解は反映されておらず、憲法25条に関するリーディングケースである堀木訴訟（最大判昭和57年7月7日民集36巻7号1235頁）の射程はいまなお広範に及んでいる。たとえば、老齢加算廃止の行政裁量の合憲性が争われた事案において、最高裁判決（①最三小判平成24年2月28日判時2145号3頁・判タ1369号101頁、②最二小判平成24年4月2日判時2151号3頁・判タ1371号899頁）は、2つとも朝日訴訟（最大判昭和42年5月24日民集21巻5号1043頁）ではなく、堀木訴訟を引用しており[33]、なおかつ「最低限度の生活」の要素については前述した下級審の流れは汲んでいない。

（2）「避難行動」、「避難生活」、憲法25条

2（1）において前述したように、憲法25条は主として、公権力が、①いわゆる「弱者」の「避難行動」について災害前ないし事後にきちんと配

29） 遠藤美奈「『健康で文化的な最低限度の生活』とは何か」山森亮『労働再審6 労働と生存権』（大月書店・2012）53～76頁。

30） 尾形健「『ナショナルミニマム』の憲法的基礎をめぐって」日本社会保障法学会編『新・講座社会保障法3 ナショナルミニマムの再構築』（法律文化社・2012）29～30頁。

31） 葛西・前掲注24）197～215頁。「ニーズ」「社会的シティズンシップ」について詳しくは、4（6）、とりわけ後注71）・72）参照。

32） 代表的なものとして、東京地判平成20年6月26日判時2014号48頁参照。

33） もっとも、その引用の仕方は少し異なっており、①判決は財政事情の考慮の部分の文言を引用していないが、②判決の多数意見は、財政事情の考慮の部分も含めて引用している。

慮をしていたか、②「避難生活」が「健康で文化的な最低限度の生活」に足りるものであることを保障しているかという2点について登場することとなろう。

①については、前述したように法制度上はさまざまな規定が用意され、一定の配慮はすでになされている。ただ、後述するアメリカの法制度を参考にしながら、よりきめの細かい制度設計をする余地はあるだろう。「弱者」の「避難行動」は「弱者」単独では実行不可能であることが多く、緊急時においては「弱者」の「避難行動」を助ける者の存在が必要となる。「津波てんでんこ」では、「弱者」は逃げることはできない[34)]。では、憲法25条の「福祉国家」の理念を根拠として、国家が「弱者」を助けるために「強者」の「避難行動」を制約し、協力を強制することができるのか。「福祉国家」ということばは「福祉国家論」の一部分として用いられ、国家と個人の緊張関係を想定する近代立憲主義の意義を福祉国家論は減殺するのではないか、という視点から、かねてより議論されてきた[35)]。

この点、日本において刑法上の遺棄罪(刑法217条および218条)が不作為的な形態で適用される場合は、218条の定める保護責任が認められる場合がほとんどであり、具体的には、自動車事故における加害者など、被害者の保護を要する状態を呼び込む加害者の先行行為がある場合(代表例として、最二小判昭和34年7月24日刑集13巻8号1163頁)、育児放棄などの児童虐待の事案(代表例として、最一小決昭和38年5月30日裁判所HP、大阪高判昭和53年3月14日判タ396号150頁など)が主であって、加害者がみずから被害者との人間関係を構築した場合が代表的であり、そのような場合に限られてきた。さらに、2(2)c)・d)において述べたように、緊急事態の収拾を担当する者の「生存」について考えたとき、「弱者」にとどまらない、あらゆる者の「避難行動」は等しく困難である。この困難性について、憲法25条が何かしらの決定的な答えを提供することはできな

34) 関連して「津波てんでんこ」は、単に「自助」の重要性、自己責任の原則のみを強調するものではなく、矛盾や葛藤を含みこんだ「知恵」であることを述べる、矢守克也「『津波てんでんこ』の4つの意味」自然災害科学31巻1号(2012)35~46頁参照。

35) 樋口陽一「日本憲法学と『福祉』問題」東京大学社会科学研究所編『日本の法と福祉』(東京大学出版会・1984)60頁。

いだろう。25条からいえることは、事前の準備として、緊急時の避難について、後述するアメリカにおける制度も参考にしながら、よりきめ細かい制度設計を求めるということになるだろう。そして、その際には、露骨な「見殺し」とみられる制度設計は、13条や25条の観点から憲法上許されないと考えるべきである[36)]。

②については、少なくとも「生存」を確保すべく、生存権論はいわば基本に立ち返っての議論を展開する必要がある。ただ、少なくとも「生存」は生存権によって確保されなければならないという理解は憲法学説においてほぼ自明とみられるとはいえ、それは生活保護制度における「生存」を中心に語られてきたのであって、緊急事態によって、突然に文字通りの「生存」が脅威にさらされるという事態を憲法25条によって議論するという手法はあまりとられてこなかった。したがって、今までの学問上の営為をふまえるのならば、25条が求める「生存」の規範的内容としては、今までの生活保護受給者の「生存」として求められてきた内容を中心に考えることになろう。

しかし、憲法学は、主に福祉給付の数値的水準を中心に議論を展開してきたために、「健康で文化的な最低限度の生活」の具体的指標についての学問上の蓄積は乏しい。また、数値的な水準についても、通常状態を前提とする憲法25条をめぐる今までの判例法理では、司法がこの領域を判断する際に用いる具体的な基準や手法が確立されていない[37)]。朝日訴訟第一審判決（東京地判昭和35年10月19日行集11巻10号2921頁）においても、

36）「全員避難が不可能である以上、次善の策としてとられる限定的避難の合憲性は公益性・合理性で大目に見るほかない」ものの、そのことと自主的避難の抑制目的のために個々の住民の基本的人権を制限する選別的隔離（quarantine）として根本的に異なり、後者は立憲主義の原則を破壊させるブラックホールの出現を意味すると指摘する見解として、松平徳仁「緊急状態における避難」法学セミナー682号（2011）30～31頁参照。

37）「[生存権領域の] 判例を読んで感じるのは、衡量すべき諸要素に関するもう少し具体的な内容が提示されるべきではないかということである。たとえば、堀木訴訟において、かりに併給を認めた場合、国家予算としてどの程度の負担が生じるのかなどは、重要な衡量要素のはずであるが、判例にはその点についての言及がない」と指摘するものとして、高橋和之「憲法判断の方法との関連でみた近時の最高裁判決の新動向」法律時報増刊『国公法事件上告審と最高裁判所』（日本評論社・2011）34頁注34。

裁判所は、大臣が設定する基準が生活保護法に適合するかどうかは、「憲法及び生活保護法の法意にてらし、結局は人間に対する健全な社会通念による理解によつて決定する外はない」と述べるのみであって、何かしらの客観的な基準をみずから打ち出したうえで審査を行ったわけではなかった。

皮肉なことに、「健康で文化的な最低限度の生活」の外延を広げ、水準を押し上げようとしてきた今までの学問的営為は、いわば本丸の「生存」部分については共通理解があるとの暗黙の了解を前提としていたか、あるいは「最低限度」の固定化につながることを危惧してあえて言及を避けてきたのか、本稿のテーマに直接関連するような形で「最低限度の生活」の具体的な指標を確立してきたわけではなく、頼りにはならない。その意味で、ある種、今までの学問的営為は「仇」となっている。

日本においては、明文規定が存在するからこそ「生存権そのものの理念的根拠づけや、制度論あるいは政策論レベルでの権利論の展開可能性などといった視点を欠いてきた[38]」が、憲法上の明文規定がないアメリカにおいては、日本においてよりも自由に、いわゆる「生存権」について語られてきた。そこで、次にアメリカにおける議論を検討することとしたい。

4　アメリカにおける緊急事態(災害)に関する法制度と判例法理の展開

アメリカにおいては、連邦政府は合衆国憲法上に列挙された権限内において緊急事態に対処することとなる。緊急事態に関する憲法上の明文規定は、軍事行動に関するものが多い（第1条第8節第12項・第4条第4節など)。軍事行動が求められるもの以外の緊急事態について対応する法律を制定する権限は、以下の諸規定に根拠を求めることが多い。すなわち、第1条第8節第3項の通商条項（Commerce Clause)、第1条第8節第1項の支出権限条項（Spending Clause）である。また、災害後の福祉給付の配分の差別禁止などについては、修正14条の平等条項が関連することとなる[39]。

38） 尾形・前掲注27)(一)92頁。

39） 以上の説明について、Daniel A. Farber, *et al., Disaster Law and Policy*, 2nd ed.（Aspen

また、連邦制をとっているために、アメリカにおいては、原則として緊急事態に対応するのは連邦政府ではなく、州である。州の権能が機能しないほどの緊急事態の場合、連邦政府の援助を求めることになるが、2005年におけるハリケーン・カトリーナの事案のように、連邦と州との協働は必ずしもうまくはいかない[40]。

(1) 主に州法が規定する「避難行動」

災害に関する法制度の中心となるのが、いわゆるスタフォード法[41]である。この法律は1988年に制定され、その後の改正を経て、現在でも災害時における連邦権限の多くを定めている法律である[42]。もっとも、スタフォード法における「避難」の文言は、あくまで、大統領が州政府および地方政府に対して、その地域における「警戒的避難」、「予防的避難」を援助することができるといった書きぶりであって（42 U.S.C. 5170a, 42 U.S.C. 5192(b)[43]）、あくまで中心的となるのは州法である。

たとえば、2005年のハリケーン・カトリーナの甚大な被害を被ったルイジアナ州においては、ルイジアナ州法第29編第723条（La.R.S.29:723）が「避難」に関する中心的な条文である。同条6項は、「避難」とは「災害または緊急事態であることが宣言され、かつ、市民の健康または安全にとって危険であるとみなされた地域から、個人でまたは集団で、特定の人口の全部または一部が一時的に移動させられるオペレーション」を意味すると定義している。そして、同条6項(a)は、「自主的避難（voluntary evacuation）」または「勧告的避難（advisory evacuation）」について定めている。この避難は、文字通り自主的な避難を意味する。次のレベルとして同

Law & Business, 2009）pp.75-78 .

40） *Ibid.*, pp.83-84.

41） The Robert T. Stafford Disaster Relief and Emergency Assistance Act of 1988, P.L.100-707.

42） スタフォード法の合衆国法典における対応条文については、*see*, 〈https://www.fema.gov/library/file;jsessionid=8A5BD2E3E08B06AEA9D6661E056E46C7.Worker2Library?type=publishedFile&file=stafford_act_fema_592_june_2007.pdf&fileid=16730a80-17ae-11de-9100-001185636a87〉.

43） なお、本文中のスタフォード法の内容、翻訳については、植月献二=廣瀬淳子訳「合衆国法典第42編第68章災害救助（スタフォード法）（抄）」外国の立法251号（2012）19～64頁参照。

条6項(b)は、「義務的避難（mandatory evacuation）」を定めている。この避難は、政府が避難命令を出すものであって、この命令には原則としてすべての市民が従わなければならない（警察官など（essential or critical workforce）は除く）。この避難命令が出された場合、市民はただちに避難ルートを経由してその場所から離れなければならない。最終的なレベルとして同条6項(c)は、「強制避難（forced evacuation）」を定めている。この避難は、政府が最後の手段として避難命令を出すものであって、（警察官などを含むこともある）すべての市民はこれに従わなければならない。この命令は、局地的な緊急状態または災害によって被害を受けている小さい地理的エリアのために出されるものである。郡の長が、避難人口規模はみずからの地域権限を超えると判断した場合には、知事による強制避難命令の発動を要請できる。知事はこの強制避難命令を執行するために州兵、州警察、公的安全機関、連邦機関を利用することができる。この強制避難命令に従わなかった者は、損害賠償請求などを州やその関係機関に対して求めることはできない。

（2）「避難生活」に関する法制度

スタフォード法は、州および地方自治体に対する連邦災害支援を決定する主要な法律であるといわれる[44)]。スタフォード法は、「緊急事態（emergency）」と「大規模災害（major disaster）」を分けて規定しており（42 U.S.C. 5122）、緊急事態については第5199条、大規模災害については第5170条の規定にもとづいて、大統領が宣言を下すこととなる。基本的に、スタフォード法の支援規定は、州知事が要請を行い、大統領が緊急事態または大規模災害の宣言を行わない限り、発動されることはない[45)]。また、第5148条により、大統領がいつ宣言を出すのかということは自由裁量とされ、免責が認められている。

大統領が大規模災害宣言を行った場合には、被災地域、被災者に対しスタフォード法にもとづく支援を行うことができる（支援を行うことは義

44）「ハリケーン・カトリーナ災害を契機とした米国の危機管理体制の改変に関する調査」国総研資料598号（2010）11頁。

45） Farber, *supra* note 39, pp.90-92 .

務ではない)。その支援には、第5170a条の一般連邦援助(general federal assistance)、第5170b条の必要不可欠な援助(essential assistance)、第5172条の被災した施設の修理、修復および再建、第5173条の瓦礫の除去、第5174条の個人および世帯に対する連邦による援助(住宅援助、医療・歯科・葬儀費用など。(h)項により大規模災害1件あたりの第5174条にもとづく財政援助の上限額は25000ドルである)、第5177条の失業援助、第5180条の食糧援助、第5181条の移転援助、第5182条の司法援助、第5184条の地域災害貸付などが挙げられる。

なお、連邦が救助、援助を行う際の基本方針を定めた規定として第5151条(差別禁止規定)が挙げられる。この規定は、スタフォード法の前身である1950年の災害救助法の改正法[46]によって、1974年に挿入された規定である。この規定では、大規模災害または緊急事態の際に連邦が救助を行うとき、大統領は公平な救援のための規則を策定しなければならず、その規則は「人種、肌の色、宗教、国籍、性別、年齢、障害、英語の熟練度、または経済的地位に基づく差別をしてはならない」という規定を含まなければならないとされている。

また2005年のハリケーン・カトリーナにおいては、甚大な被害および政府の対応の遅れが批判され[47]、その後にはポストカトリーナ緊急事態対応改革法[48]が制定された。これによって、合衆国法典第6編第321b条が規定され、FEMA(連邦緊急事態管理庁)には障害コーディネーター(Disability Coordinator)がおかれることになり、障害者に対する配慮が明文化されることとなった。緊急状態における障害者への配慮は、2004年の大統領命令13347号によっても示されていたが、立法上の根拠も有することとなった。しかし、障害者以外についての特別の配慮は明文化されることはなかった。

---

46) Disaster Relief Act Amendments of 1974, P.L.93-288.

47) 1800人以上が避難できなかったために死亡したといわれている。*See*, David Hall, "Katrina: Spiritual Medicine for Political Complacency and for Social Activists Who Are Sleepwalking" *Harvard Blackletter Law Journal*, vol.23, p.2 n.4 (2007).

48) Post-Katrina Emergency Management Reform Act of 2006, P.L.105-295, 120 Stat. 1355.

この点についてカバーしたのが、パンデミックおよび危難準備法[49]（以下、「PAHPA」とする）である。PAHPAによれば、合衆国法典第42編第300hh-16条により、保健福祉省（HHS）長官は、危険にさらされている個人（At-Risk Individuals、以下「ARI」とする）の担当者を任命することが許されている（要請ではない）。危険にさらされている個人とは、第42編第300hh-1条(b)(4)(B)により、「子ども、妊娠中の女性、高齢者、その他、保健福祉省長官によって決定される公衆衛生にとっての緊急事態の際に特別な配慮（ニーズ）を必要とする者」を指す。また、保健福祉省長官は、第42編第300hh-16条により、①緊急事態の時には、公衆衛生およびARIの医療上のニーズを考慮した国家準備目標の履行を監督し、②ARIのニーズを検討する際には、公衆衛生の緊急事態に関する事務を担当する他の連邦機関の助けとなり、③戦略的な国家の備蓄がARIのニーズに配慮することを確保することなどを行うことが要請されている。

また、州法においても、さまざまな形で一定程度はARIへの配慮がなされている。たとえば、災害補償の差別禁止を定めている州法[50]や、障害者のための避難プラン策定を80フィート以上の高さの建物所有者に求める州法[51]、緊急時のいわゆる「弱者」（vulnerableな市民）の取扱いを決めることを求める州法[52]がある。

（3）現行法の枠組に対する評価

このような現行法の枠組に対しては、①ポストカトリーナ緊急事態対応改革法は障害コーディネーターをおくことを要請はしているが、それ以外のいわゆる「弱者」への配慮規定が欠如しており、②PAHPAは担当者をおくことの要請にとどまっており担当者の職務のガイドラインもなく、③州法のアプローチも一般的な枠組がないために不十分であるから、「多くの欠落と未解決の問題を残しているパッチワーク」であるとの批判がされることがある[53]。この批判には一理あると思われる一方で、そもそも法

49） Pandemic and All-Hazards Preparedness Act of 2006, P.L.109-417, 120 Stat. 2831.

50） *See, e.g.*, Conn.Gen.Stat.Ann.28-15, N.C.Gen.Stat.Ann.166A-12, Utah Code Ann. 26-8a-501(1).

51） ILCS130/10.

52） Ala.Code 31-9B-3, Fla.Stat.Ann.252.356.

53） Sharona Hoffman, "Preparing for Disaster: Protecting the Most Vulnerable in Emergen-

を規定するにあたっては文言上、一定の抽象化を避けられない以上、実在する人間のニーズを網羅的に列挙することには困難がともなう。特に、そもそも社会保障や社会福祉立法は、憲法上の規定ないし理念→具体化法律→各種プログラムの整備といった形でトップダウンで整理されるというよりは、現実の必要性に迫られて緊急的に制度が導入され、問題点を修正しつつ、(存在すれば) 憲法上の理念にあわせて改善が求められ続けるというように、ボトムアップ的に整備されることが多いように思われる。そのことは、わが国において敗戦直後、総司令部の指示にもとづき応急的に救済を行った後に、旧生活保護法(昭和21年9月9日法律第17号)が制定され、その後、昭和25年に現在の生活保護法(昭和25年5月4日法律第144号)が制定された経緯[54]に照らしてみても明らかだろう。その意味で、パッチワーク的な状態になることにも理由がないわけではない。

それでは、このような法制度を前提として、「避難行動」ないし「避難生活」に関して、アメリカの裁判ではどのような判断が下されてきたのだろうか。

(4)「避難行動」に関する判例法理

アメリカにおいても、日本と同様に適切な避難命令がなされなかったことを争った事案においては裁量が広く認められているようである。ただ、むしろ義務的避難命令が出たために家に戻れず、財産的な被害を被ったことを争う訴訟[55]などもみられる。

a) ハリケーンの際の避難命令の不十分さを争った事案　避難命令の不十分さを争った事案としては、ハリケーン・カトリーナに関連して、精神障害を有するアフリカ系アメリカ人男性が、手段がないために避難できずに家を失い、FEMAから適切な給付も受けられず住むためのトレーラーだけを与えられたことは合衆国憲法、ルイジアナ州憲法、スタフォード法に

---

cies" *U.C. Davis Law Review*, vol.42, p.1539 (2009). ホフマンは、ポストカトリーナ緊急事態対応改革法で挿入された合衆国法典第6編第321b条(b)を基礎に、当事者団体の意見を聴きながら、VPCs (Vulnerable Populations Coordinators) を創設することを提案している。*Ibid.*, p.1541.

54) 詳しくは、中村睦男=永井憲一『生存権・教育権』(法律文化社・1989) 35〜41頁〔中村〕。

55) Reynolds v. Lange, 2008 U.S. App.LEXIS 6969 (2009).

反するとして争った事案が挙げられる[56]。裁判所は、原告が不満に思っている政府の行動はすべてスタフォード法の裁量的な機能にもとづくものであって（42 U.S.C. 5170a, 5174(a)(1), 5170b(a), 5174(e)(2)の規定はすべて、「～ができる（may）」と規定している）、それゆえに合衆国法典第42編第5148条により連邦政府は法的責任を負わない[57]として原告の主張を退けることを勧告し、その判断は後の裁判においても維持されている[58]。

また、同じくハリケーン・カトリーナの被害者の遺族が避難命令や救助の不十分さを争った事案においては、連邦高裁は第42編第5148条により免責を認め、原告の主張を退けている[59]。連邦最高裁は、サーシオレイライを認めず、この判断は維持されている[60]。連邦高裁は最後に、「この訴訟をもたらした悲劇は、ハリケーンによる被害者に対するタイムリーな救助をすべてのレベルの政府が行うことができなかったことによるものであることが記録により十分裏付けされていた。連邦政府は、公式に多くの誤りがあったことを認めていた。しかしながら、それらの誤りが死者の死を引き起こしていたとしても、裁判所はそれを決定する権限はない[61]」と述べていた。

b）原発に関する避難プランが争われた事案　また原発に関連した避難プランに関わる事案として以下のものがある。この事案は、マサチューセッツ州サフォーク（Suffolk）郡が、地理的に安全でスピーディな避難を行うことは不可能であるとして、郡内のショーラム（Shoreham）原発（LILCOという会社によって運営されている）のための緊急事態の際の避難プラン（off-site radiological emergency evacuation planning）に関与しないことを決定したことは、NRCによって、ショーラム原発の稼働が認められないことになるかもしれないとしてLILCOが争った事案である（裁判当時、

56） Armstead v. Nagin, 2006 U.S.Dist. LEXIS 95483（2006）.
57） *Ibid.*, at *15-16（2006）.
58） Armstead v. Nagin, 2006 U.S.Dist. LEXIS 94830（2006）.
59） Freeman v. United States, 556 F.3d 326（2009）.
60） Freeman v. United States, 2009 U.S.LEXIS 5639（2009）.
61） *Freeman*, 556 F.3d at 343.

NRCによって稼働が認められるかどうかは審査中であった)[62]。LILCOは、もし郡が本当に住民の健康および安全に関心があるのならば、緊急時の避難プランを作成しようとするはずだと主張したが、連邦地裁は、「郡は、選挙された立法者を通じて、満足のいく避難プランは策定できないのであって、NRCを説得しようとするLILCOに協力しないことによって住民の健康と安全を最大限に守るという立場をとったのである。当裁判所は、この決定の賢明さについて結果論で批判することはできない[63]」として、主張を退けた[64]。

c）災害時における公務員の職務上の義務違反が争われた事案　また、ハリケーン・カトリーナの際には、家族を避難させることにともなう移動などで出勤ないし職務上の義務の遂行ができなかったために停職処分や解雇を受けた公務員の処分が争われた事案も少なくない。ただ、90日の停職処分を30日に変更した判決はあるものの[65]、原則としてその処分の妥当性は認められることが多い[66]。

（5）「避難生活」に関する判例の少なさ

「避難生活」に関しては、連邦憲法上いわゆる社会権規定がないこともあって、災害援助の実体的基準に関する判例は少ない。たとえば、スタフォード法における差別禁止規定（42 U.S.C. 5151(a)）はハリケーン・カトリーナで家を失った者に対する賃借料の扶助の継続を求める財産的利益を構成せず、FEMAの裁量を規制する実体的法的基準がない以上、政府は裁量

62）なお、原発に関連した避難プランに関わる事案として、原発の建設の認可は原発の周辺エリアの避難の実行可能性についての研究がなされている間は停止ないし撤回すべきか否かということを決定するためのヒアリングを命じなかったことのNRCの恣意性は認められるかということが争われた事案も挙げられる（NRC側の勝訴）。*See*, Seacoast Anti-Pollution League v. Nuclear Regulatory Com., 690 F.2d 1025 (1982).

63）Citizens for Orderly Energy Policy, Inc. v. County of Suffolk, 604 F. Supp. 1084, 1098 (1985).

64）なお、連邦高裁においては、避難プランについては争われていない。*See*, County of Suffolk v. Long Island Lighting Co., 728 F.2d 52 (1983).

65）*See*, Bankson v. Department of Fire, 26 So. 3d 815 (2009), Courtade v. Department of Fire, 34 So. 3d 369 (2010).

66）*See*, Schubert v. Department of Police, 967 So. 2d 626 (2007), Bradley v. Department of Police, 968 So.2d 226 (2007).

にもとづいて給付を打ち切ることができると判断した事案がわずかに挙げられる程度である[67]。

(6) 小　括

「避難」をめぐって政府側の裁量が広く認められている点は日本と同様であるが、「避難」に関する法制度のきめ細やかさは、日本も参照すべきものであろう。ただ、アメリカにおいてはいわゆる「生存権」を規定した明文規定はなく、それらの法制度を支える憲法上の理念としては、「平等」ということになろう。

連邦憲法上、明文規定がないアメリカにおける「生存権」論の主たる根拠となったのは、1960年代の積極的な判例動向[68]と法哲学的な基礎づけの作業[69]であった。明文規定を有する日本が、憲法解釈の作業の積み重ねにより、少なくとも裁判規範性の問題については、いわゆる制度後退禁止原則などの「下限統制」的志向を強める方向に収斂していったのに対し、アメリカにおける理論動向はむしろ拡散傾向にあり、その特徴をまとめて述べることはむずかしい。

もっとも60年代の積極的な判例動向を分析したマイケルマンが、判例上は「平等」ということばを用いているものの、裁判所は「最小限の保護(minimum protection)」という価値を意識していたと述べ[70]、フォーバスもマイケルマンに賛同し、福祉を単なる財の再配分の問題でとらえること、単なる補償としてとらえることに反対し、当事者のニーズに着目する主張

67） Ridgely v. FEMA, 512 F.3d 727 (2008). 関連して、被災前の世帯における他の者が保険の支払を受けたことのみを理由として、資格要件を充たす者に対して仮設住宅に関する財政援助を認めないことは、スタフォード法の差別禁止規定違反であり、経済的地位にもとづく差別であるとして争われた事案において、裁判所は合衆国憲法修正5条（平等）に関する憲法上の問題であることを理由にして、その部分についてはFEMAによる却下の申立てを退けた事案（Lockett v. FEMA, 836 F.Supp.847 (S.D.Fla. 1993)）、ハリケーン被害後の、郡による瓦礫撤去に対する連邦からの援助が通告なしに打ち切られたことの違法性が争われた事案で、裁判管轄が否定された事案（ST Tammy Parish v. FEMA, 556 F. 3d 307 (2009)）がある。

68） 詳しくは、葛西・前掲注24）91～93頁参照。

69） 詳しくは、尾形健『福祉国家と憲法構造』（有斐閣・2011）58～137頁参照。

70） Frank I. Michelman, “The Supreme Court, 1968 Term-Foreword: On Protecting the Poor through the Fourteenth Amendment” *Harvard Law Review*, vol.83, p.9 (1969).

を行っている[71]ように、単に福祉給付についての形式的平等を志向するアプローチのみならず、ニーズに着目する見解は散見される。また、自由主義的な文化が強いアメリカにおいては、就労とのつながりがきわめて重視されており、単なる収入保証ではない、労働市場への取り込みも意識した社会的シティズンシップというアプローチが重要であることを主張する見解も注目される[72]。

2(3) で述べたように、日本においては生業資金の給与または貸与を定める災害救助法23条1項7号・2項が阪神・淡路大震災、東日本大震災においても発動されていないことの問題点が指摘されているが、たとえば、アメリカにおける社会的シティズンシップのアプローチを参考に考えれば、今後は積極的に発動することが憲法25条に照らしても要請されるように思われる。

また、日本においては「生存」の規範的内容は生活保護制度の数値的水準を中心に語られ、具体的に必要な項目が語られてきたわけではなかったことをふまえれば、「ニーズ」に着目するアメリカの議論を参考にしつつ、「避難行動」、「避難生活」に関する法制度設計を行うことが求められるだろう。もっとも、「主体的生活ニーズ」(個人が希望する生活を行うために必要であると主観的に感じるニーズ) が「規範的生活ニーズ」(「あるべき」ニーズ) として認定されるむずかしさ[73]は、常に原告が主張する介護給付費が全額認められているわけではない近時の障害者訴訟においても明らかである[74]。しかし、生命の維持に直結する部分については少なくとも、事前にさまざまな状況における市民の「主体的生活ニーズ」を聴き取り、緊急

---

71) Forbath, *supra* note 20, pp.597, 610 (2004).

72) William E. Forbath, "Constitutional Welfare Rights: A History, Critique, and Reconstruction" *Fordham Law Review*, vol.69, p.1887 (2001).

73) 「主体的生活ニーズ」、「規範的生活ニーズ」という用語は、中川教授によるものである。中川純「障害者の主体的生活ニーズと適正サービスの保障」日本社会保障法学会編『新・講座社会保障法2 地域生活を支える社会福祉』(法律文化社・2012) 224～225頁参照。

74) 近時のものとして、東京地判平成18年11月29日賃金と社会保障1439号55頁、大阪地判平成22年4月23日裁判所HP、東京地判平成22年7月28日判タ1356号98頁、和歌山地判平成22年12月17日賃金と社会保障1537号20頁、大阪高判平成23年12月14日賃金と社会保障1559号21頁、和歌山地決平成23年9月26日賃金と社会保障1552号21頁参照。

時における備えとしての「規範的生活ニーズ」として確保しておくことが求められよう。いわゆる「弱者」(災害時要援護者) のための避難所として「福祉避難所」という用語があるが、法的に位置づけられたのは平成9年6月30日「大規模災害における応急救助の指針について」(平成9年6月30日社援保第122号各都道府県災害救助法主管部 (局) 長宛厚生省社会・援護局保護課長通知)、同日の平成9年6月30日に改正された「災害救助法による救助の実施について (昭和40年5月11日社施第99号各都道府県知事宛厚生省社会局長通知)」においてである。その後、関連する通知、告示などはあるものの、法律レベルにまで根拠を求めると災害対策基本法8条2項14号の「高齢者、障害者、乳幼児等特に配慮を要する者に対する防災上必要な措置に関する事項」までさかのぼることとなり、福祉避難所の法的根拠がきちんと整備されているとはいいがたい[75]。前述した通知にもとづき、福祉避難所の対象者は、身体等の状況が特別養護老人ホームまたは老人短期入所施設等へ入所するに至らない程度の者であって、避難所での生活において特別な配慮を要する者であることとされ、福祉避難所における特別な配慮のために必要となる費用とは、おおむね10人の対象者に1人の相談等にあたる介助員等を配置するための費用、高齢者、障害者等に配慮した簡易便器等の器物の費用およびその他日常生活上の支援を行うために必要な消耗器材の費用とすることとされている。また、日本赤十字社によるガイドラインも出されている[76]。緊急状態においては、柔軟な対応が求められ、さらにはそもそも「ニーズ」にマッチした物資を提供できない場合も想定しうるとはいえ、憲法25条の理念に照らせば、「福祉避難所」のよりよい整備に向けて、もう少し具体的に法律レベルで根拠規定を設けることも求められるように思われる。

75） 山崎栄一=立木茂雄=林春男=田村圭子「災害時要援護者の避難支援」地域安全学会論文集11号 (2009) 58頁参照。「避難所」という文言自体、法律レベルでは存在していない。

76） 日本赤十字社「福祉避難所設置・運営に関するガイドライン (平成20年6月)」〈http://www.jrc.or.jp/vcms_lf/080619_fukushi_hinanjo.pdf〉。

5　おわりに

緊急状態において、憲法（学）は「生存」をいかに語るべきかという問いを、25条との関係を意識しながら本稿は検討してきた。明確な唯一の正答を示すことはむずかしいが、いくつかの方向性は示すことができるように思われる。

まずは、緊急事態における「避難行動」を憲法25条の生存権単体でカバーすることは不可能であって、あくまで25条は「避難生活」に関して登場してくることとなる。ただ、25条の趣旨に照らせば、「避難行動」についても、いわゆる「弱者」のニーズにも配慮しつつ、アメリカの制度も参考にしながら、よりきめの細かい制度設計を事前に行うことが求められよう。しかし、「弱者」、「弱者」を支援する者、緊急事態の収拾を担当する者の「生存」について考えたとき、あらゆる者の「避難行動」は等しく困難である。25条はこの困難の解決策を示しえないが、露骨な「見殺し」とみられるような制度設計を行うことは13条や25条の観点から憲法上許されないだろう。

そして、「避難生活」に関しては、その時々のニーズを可能な限り汲み取りつつ、「健康で文化的な最低限度の生活」を担保することが求められる。また、仮に事後的な補償立法を策定するのであれば、その給付水準については憲法25条が「最低限度」のラインとしては、関係してくることとなる。たとえば、仮に原発事故に起因する健康被害の補償立法を策定した場合、それは「健康で文化的な最低限度の生活」を保障するに足りる内容でなければならず、外国人の被爆補償の判例をふまえるのならば、特定地域に居住していることを給付要件とすることなどは、いたずらに居住・移転の権利を侵害するものとして、また端的に不合理な制度として違憲と判断すべきであろう。また、25条の理念をふまえれば、「避難所」のみならず「福祉避難所」についても、法的枠組をより明確化することが求められよう。

国家による「保護」も遠く及ばず、「個人が自由で自律的な存在であることを一時的にでも停止し、その生を見知らぬ他者の善意と寛大に依存せざるをえない状態」においては、きわめて抽象度の高い原理的概念である「人間の尊厳」という概念を生存権において持ち出す場合があるとの指摘[77)]がなされることがある。この見解に筆者は基本的に同意しているが、なお緊急状態において「生存」を確保するためには、その「尊厳」をもう少し具体化した準則に引き直す必要がある。その準則はすでに存在している本稿内で言及した諸法にある程度具現化されているとはいえ、緊急時においては常にその不備、機能不全が指摘される。どんなに完璧な制度を事前に準備していたところで、それが機能することを残念ながら完全には担保できないからこその緊急事態である。緊急時においてあまりに憲法典は無力であって、25条の存在は空しさをつのらせるばかりのものともなる。しかし、「憲法25条の規定は、国権の作用に対し、一定の目的を設定しその実現のための積極的な発動を期待するという性質のものである」(堀木訴訟最高裁判決・最大判昭和57年7月7日民集36巻7号1235頁)。従来、憲法25条の射程範囲の中心は福祉受給者の生活であったとはいえ、すでに緊急事態における「生存」を確保するための「避難」に関する諸法があり、法律による具体化がなされている以上、それらのさらなる充実を目指して、25条論に期待をかけることは論理的には可能であるはずである。究極的には13条との重なり合いも出てくるとはいえ、「弱者」の存在を考えたとき、25条は13条とは異なる存在感を発揮する余地があるのではないか。

---

77) 遠藤美奈「憲法に25条がおかれたことの意味―生存権に関する今日的考察」季刊社会保障研究41巻4号(2006)341頁。

第13章
既得権と構造改革
「危機」は財産権の制限を正当化するか

中島　徹

2011年3月11日の東日本大震災は、太平洋沿岸の漁港に甚大な被害を与え、いまなおその爪跡は各地に生々しく残る。漁業は震災以前の活況を取り戻してはいない。そうした状況からの「復興」をめざし、漁業をめぐる既存の権利関係を一挙に清算して、漁業市場の自由化を推進しようとする動きがある。たとえば、宮城県の復興特区構想がそれである。これはしかし、震災に起因した状況を継続的な危機ととらえ、震災以前からの政策構想の正当化を図ろうとするもので、緊急事態における例外措置とは異質な面をもつ。震災からの復興はいうまでもなく緊急の課題ではあるが、だからといって、憲法が保障する諸権利を無視することが当然に許されるわけではない。本稿がとりあげるのは、漁業権という特殊な性格をもつ権利であるが、これまで憲法学の通説は、これを「財産権」のひとつと理解してきた。仮にそうであれば、「復興」目的を掲げるだけで、その剥奪や制限を当然に正当化することができるわけではないはずである。だが、漁業権は多分に「前近代」的な性格の既得権的な性格を有しており、これを「近代」憲法が保障する財産権に含めて理解することは適切か、という疑問も残る。以下では、漁業権を近代憲法原理と対比させて検討しつつ、宮城県の説く構造改革論に伏在する憲法論上の問題点を検討する。

1　財産権保障における「危機」の意味

（1）憲法が保障する財産権？

「危機（crisis）」とは、広辞苑によれば、「大変なことになるかもしれない危うい時や場合」と定義される。語源的には、生死の分かれ目を意味するギリシャ語の医学用語 Krinein（分離）に由来し、転換点（turning point）というニュアンスを含む。この語義を前提にすると、現代の財産権保障においては、「危機」が常駐していることがわかる。日本国憲法29条2項が「公共の福祉」による制限を明記し、この「転換」、すなわち権利の制限や剥奪を事前に想定しているのは、その一例である。

もっとも、これは「危機」を権利制限や剥奪と等置した場合の理解だが、本書の掲げる「危機」は、震災や原発災害、さらには戦争のような、権利に内在する制約とは異なる外在的な要因を念頭においてのものであろう。そうした状況下で生じるのは、強制的な退去や移転、帰還禁止や区画整理等、既存の権利の十全な享受を妨げる障害であるから、結果的にその違いは相対的ともいえるが、両者は次元を異にする概念であることを忘れるべきではない。この点は、緊急事態における権利保障を考えるうえで、存外に重要である。

この点と密接に関わる憲法学上の問題は、財産権の観念が、権利制限に対抗できる権利としての内実を憲法レベルでは必ずしも有していない点である。たとえば、原発災害で使用不能におちいった家屋について、財産権侵害を主張するとしても、それは漠然としたイメージにとどまり、いかなる財産権がどの程度侵害ないし収用されたかを知るのは、実際に損害賠償ないし損失補償の算定基準が策定され[1)]、あるいは判決でそれが示される時であることが少なくない。裏を返せば、「財産権」は具体的内容を示す観念ではないために、「現にある財産」[2)]をすべて憲法上の権利であると解しない限り、何が・どこまで・どのように保障されるかについて、憲法29条の文言からは明らかにならないと考えられてきたのである[3)]。それゆえ、緊急事態に直面すると、権利であることがいともたやすく無視される。

加えて、民事上の救済に関しては、「権利侵害から違法性へ」という定

1) たとえば、東京電力福島第一原子力発電所の事故にともなう損害賠償に関し、政府は、支払額の基準について、帰還困難区域では、事故発生前の価値分すべてを賠償し、居住制限区域と避難指示解除準備区域は、事故から6年たつとすべての価値がなくなったものと定める。また、家財は4人世帯（大人2人、子ども2人）なら、帰還困難区域で675万円、居住制限区域と避難指示解除準備区域で505万円であるが（2012年7月20日付朝日新聞夕刊）、もとよりこれは憲法29条から明らかとなる数字ではない。財産権の観念には、何がどのように支払われるかによって中身が決まる側面と、そのような検討対象となりうるという2つの側面があり、憲法上の財産権保障がもつ意味は、主として後者に関わる。

2) 「一項は、……個人の現に有する具体的財産権を保障する」（樋口陽一＝佐藤幸治＝中村睦男＝浦部法穂『注釈日本国憲法(上)』（青林書院新社・1984）675～676頁。傍点は筆者による）。

3) もとよりそれは、生存権（25条）論における憲法上の権利性を否定するプログラム規定説とは異質である。しかし、憲法上の権利を法律で具体化することを求める抽象的権利説の構造と、実質において大差ない。

式に示されるように、「権利」に限定することなく保護範囲が拡大されてきた[4)]。法的に保護されるべき利益であれば、加害行為と相当因果関係にある限り損害賠償が認められるのである。この点では、「財産権」が具体的な内容をもたなくても、損失との間に「相当因果関係」さえあれば、保護範囲を確定できる[5)]。そして、この理が損失補償にも妥当するのであれば、憲法上の「財産権」保障が単なるイメージにとどまるとしても、とりたてて問題はなさそうである。

このような状況は、現実的には、憲法上の財産権の内容が、法律で確定されることを意味する[6)]。しかし、憲法29条1項が財産権の保障を明記している以上、その内容が法律で確定されると解することは、論理的には背理といわなければならない。この点を解消する説明として憲法学説から一定の支持を集めたのが、憲法29条1項は「かならずしも各個人の有する財産権を個別的に保障する意ではない」[7)]と説く制度的保障論であった。

実際、実定法の定めがなければ個人に保障される内容が明らかとならな

---

4) 前田達明「権利侵害と違法性」山田卓生=藤岡康宏『新・現代損害賠償法講座2 権利侵害と被侵害利益』(日本評論社・1998) 2頁以下。

5) 前田達明『民法 VI_2 不法行為法』(青林書院・1980) 125頁。

6) 原発事故にともなう損害賠償は、民法709条の特別法である原子力損害賠償法にもとづき行われる。その内容は、いわゆる風評被害等の経済損失を含めて、政策的観点から損害賠償額を算定するもので、前注 1) で指摘したように、憲法29条の財産権保障と直接の関係はない。なお、2012年7月24日に公表された東京電力による「避難指示区域の見直しに伴う賠償の実施について (避難指示区域内)」は、原子力損害賠償紛争審査会「東京電力株式会社福島第一、第二原子力発電所事故による原子力損害の範囲の判定等に関する中間指針第二次追補」(同年3月16日) および政府の方針として公表された「避難指示区域の見直しに伴う賠償基準の考え方について」(同7月20日) にもとづき、宅地・建物にかかる賠償として、帰還困難区域においては事故発生当時の財物価値を全額賠償するとしつつ、「当該財物価値の喪失または減少分」を掲げ、固定資産税評価額×宅地および建物係数等を掲げ定型的処理を原則としている。ここにみられるのは、個人の財産権が尊重される社会ではあるが、その内容は法律にもとづいて決まるという思考である。これは、すぐ後の本文ならびに後注7) の制度的保障論と実質的に同じものとみることもできる。

7) 宮沢俊義『憲法Ⅱ〔新版〕』(有斐閣・1974) 406頁。この点、ある学説は「第一項が法律に對して禁止してゐるのは、……各人が財産上の權利の主體となり得る可能性を全く否認することだけであつて……人は如何なる權利の主體になるかを定めることは、……本来法律の自由の權能に属する」と説く。柳瀬良幹「憲法と補償」同『人権の歴史』(明治書院・1949) 61頁以下参照。

い財産的利益は少なくない。相続や担保物権、時効等々は権利取得等の要件を定める法制度がなければ、権利関係は混乱におちいる。また、後述する漁業権のように日本国憲法制定以前から自生的に形成されてきた秩序を法制度に取り込み、法律によって再設計する例もある。この場合、権利保障のあり方が法律によって決まるのであれば、憲法が保障する個人の財産権を観念する余地はない。

こうした点に自覚的な結論であるかどうかはともかく、憲法29条1項が個人の具体的な権利を保障していないと解するのであれば、その存在理由を他に求めることは、論理的には当然の思考である。だが、なぜ憲法29条1項は「各個人の有する財産権を個別的に保障する意ではない」のか。この問いに対して、財産権は具体的内容を指示する観念ではないからであると答えるだけでは、循環論法におちいる。

そもそも憲法上の権利は、一般論としていえば、それがいわゆる自由権であるか社会権であるかにかかわらず、憲法典だけで内容を確定できるほどに具体性をもって規定されているわけではない。だが、それゆえに、個人の権利は憲法上保障されていないと論じる者はいないだろう。実際には、制限の可否を論じるプロセスにおいてこそ、前述のように、個人の憲法上の権利の具体的内容を明らかにする必要性が生じる。このことは、たとえ緊急事態に直面した場合でも、権利制限の可否を裁判という事後的救済の場で争う限り、原則として変わらない。とすると、緊急事態＝外在的な危機においても、権利性は当然に否定されるわけではないはずである。

だが実際には、この点は、とりわけ財産権のように「公共の福祉」による制限を前提とする、その意味で危機が常駐している権利については、無視されがちである。そこで、本稿では、前述の二重の意味における「危機」、すなわち財産権に内在する権利制限という「危機」と、外在的に生じた「危機」を峻別しつつ、以下にみる復興構想から、論者の意識していない可能性がある憲法問題を析出してみたい。

（2）ある復興構想

2011年3月11日の東日本大震災を契機として、宮城県知事村井嘉浩が政府の第2回復興構想会議（2011年4月23日）に提出した資料「復興へ頑張ろう！みやぎ」[8] に添付された宮城県作成の宮城県震災復興基本方針（素案）には、以下の記述がある。

「平成23年3月11日以前の状態へ回復させるという単なる『復旧』では不十分であり，これからの県民生活のあり方を見据えて，県の農林水産業・商工業・製造業のあり方や，公共施設・防災施設の整備・配置など，様々な面から抜本的に『再構築』することにより，最適な基盤づくりを図っていく」（素案1～2頁）。これを基本としつつ、農業について「復旧期においては，……被災前の土地利用や営農計画を抜本的に見直し，全く新しい発想による広域的で大規模な土地利用や効率的な営農方式の導入，法人化や共同化による経営体の強化，防災対策などを意識したゾーニングなど，新たな時代の農業・農村モデルの構築を目指……す」（素案13頁）。また、水産業については、「家族経営など零細な経営体の共同組織化や漁業会社など新しい経営方式の導入を進め，経営の安定化・効率化を目指……す」（素案14頁）。

村井はこれにもとづき、「県民一人ひとりが主体となるとともに、民間の活力を行政が全力でサポートする体制で復興を図る」とし、第一次産業について、集約化、大規模化、経営の効率化、競争力の強化を説く。具体的には、農業について、大規模土地利用型農業の展開を、水産業について、案1として、「復旧再生期における国の直営化（必要経費の直接助成）」、案2として、「民間資本と漁協による共同組織や漁業会社など新たな経営組織の導入」を提起している。そのうえで、国への提言として、①恒久的で全国民、全地域が対象となる災害対策のための間接税として「災害対策税（目的税）」を創設すること等による財源確保、②津波危険地域の公有地化・共有地化、③広域的・一体的な復興を進めるための大震災復興広域機構の設立、④思い切った規制緩和、予算や税制面の優遇措置などを盛り込んだ東日本復興特区の創設などを提唱する（「復興へ頑張ろう！みやぎ」9～10頁）。

これに加えて、第4回復興構想会議（2011年5月10日）で、村井は水産

8）〈http://www.cas.go.jp/jp/fukkou/pdf/kousou2/siryou3.pdf〉.

業復興特区の創設や水産業の早期復興のために水産業を国営化すべきことなどを唱え、前者は東日本大震災復興特別区域法（2011年12月26日施行）で具体化されている。また、第5回会議（2011年5月14日）では、首都機能の移転や分散化を内容とする東北への危機管理代替機能整備を提言するなど、その視線は、一貫して産業「復興」に向けられている。

以上は、資料に添付された素案も含めて全32頁の文書から本稿主題に関係がある点だけを引用したものである。したがって、提案の全体像を示すものではないが、産業競争力の強化が強調されるなど、総じて経済復興に目が向けられている。これに対し、個人の権利への配慮は、被災者への生活支援や教育環境の確保などに言及するにとどまり、経済復興の提言に比べると具体的な提案はなく、一般論の域を出ていない。この点は、第13回会議（2011年11月10日）に至るまで同様で、そこに憲法問題が伏在しているとは、およそ考えていないようである。

もとより、経済「復興」を目指すこと自体は、非難されるべき事柄ではない。しかし、「県民一人ひとりが主体」であることも、村井のいう経済「復興」を念頭におくものにすぎず、個人の権利主体性は軽視されているきらいがある。というのも、本稿主題との関係でいえば、「県民一人ひとり」は財産権の主体であるはずだが、その点への配慮を欠いたまま、規制緩和や公有化が打ち出されているからである。

加えて、村井の諸提案は、実際には震災「復興」と直接の関係がなく、震災以前からの懸案であった構造改革論を、震災を契機に一気に加速させようとする側面を有している。その意味で、これは前述の財産権に内在する危機の一例ではあっても、震災と原発災害で顕在化した危機に固有の問題ではない。以下では、村井の提案を素材としつつ、震災という外在的「危機」を契機に主張されている経済復興のための政策論を、憲法上の財産権保障の観点から検討する。

2　復興構想における財産権の制限論

(1) 財産権制限論としての国有化と規制緩和

国有化と規制緩和は、前者が財産権の全面的制限を意味する可能性があるのに対し、後者は政府規制を緩和すべきことを説く点で、表面的には正反対の意味をもつ観念である。しかしながら、村井の主張は、前記引用の通り両者が一体となって説かれている点に特徴がある。これは、後述するように、その対象とされる権利――漁業権――の特性に起因する面もあるが、実は、以下でみるように最終的な目的を同じくしていることによる。

国有化は、一般的には、私有財産や公有財産を国有財産にすることを意味するが、実際には文脈に応じて実質的意味を異にする。たとえば、東京電力の国有化という場合、国の議決権が50%を超えることを意味している。これに対し、尖閣諸島の国有化という場合は、所有権の帰属を示す概念として用いられている。前記第4回復興構想会議で村井が主張した水産業の国営化は、後者の意味においてのものだが、その場合、所有権の移転が想定されるのであれば、水産業はそれ以前には誰のものと想定されていたのかを考える必要があるだろう。そして、それは憲法が保障する財産権ではなかったのか。

他方、規制緩和は、抽象的には、政府によって課されていた諸規制を緩和することで権利行使の範囲が拡大されることを意味する。しかし、実際にそれが主張されるのは、主として政府による市場規制の文脈においてであるから、具体的には市場の自由化論として機能する。これは、本来、国有化とは正反対の方向を目指す議論のはずである。

このように、一方で政府関与の極大化を意味する国有化と、政府規制の極小化を求める規制緩和論が、1つの議論の中で共存する理由は、それが復興に役立つという認識を背景にしているとしても、最終的には市場の自由化に役立つからという理由による。震災で生じた壊滅的な被害を復旧させるには莫大な費用が必要だが、これを国有化により国民負担とする。それにより、市場の基盤整備を公費でまかないつつ、その成果を規制緩和によって自由化することで経済を活性化し、いうところの「復興」につなげようとする点で、実は村井の議論における国有化と規制緩和は同一の目的のもとにあるのである。ちなみに、この復興構想が念頭におく水産業においては、長年にわたり漁業権保障の観点から参入規制が行われており、既得権の保障が漁業権保障の中核をなすものと理解されてきている。

もっとも、漁業権は、自治体による許可制が採用されている等、財産権と営業権いずれの側面においてもさまざまな制限が加えられており、自由な私権という財産権にともなう通俗的イメージからは程遠い。その側面を極大化すれば、漁業権を公権と理解し、保障内容を政府の自由裁量と解することが可能となる余地もある。それにもかかわらず、以下でみるように、実際には漁業権は歴史的・伝統的には財産権と理解されてきたために、市場の自由化も国有化も容易ではない。これを震災で生じた復旧と復興という課題と結びつけて論じることで推し進めようとしたのが、復興構想会議における村井の主張であった。

（2）漁業法が定める漁業権

村井の構想を要約すれば、漁業への民間企業の参入を促進することで、投資資金の確保や後継者不足の解消、設備の近代化をはかるというものである。これ自体は、前述のように震災とは直接の関係にない。それを、被災した漁場を再建し、漁船等を失った水産業の復興という観点から、国有化による財政支援を求め、漁業権を漁業協同組合（以下、「漁協」とする）に優先的に与えている漁業法の規制緩和を政策課題とすることで、既存の政策課題を正当化しつつ、さらにスケールアップをはかったわけである[9]。

これと対照的な見解を唱えたのが、岩手県知事の達増拓也であった。「岩手県の漁業者は沿岸漁業や養殖業を主体とする小規模経営体が多く、所管漁協が漁場を管理し、漁業者を指導することにより生産活動が行われ

9）〈http://www.cas.go.jp/jp/fukkou/pdf/kousou4/murai.pdf〉. なお、村井は「これまで漁業権は漁協が持っており、民間が漁業をするには漁協の組合員にならなければならず、さらに漁業権利用料や販売手数料などを支払う必要があった。したがって、漁協が拒否すれば民間企業が参加できなかった。その漁業権の判断を私に移すというわけです。そうすることで、お金の問題が発生せず、企業が参入しやすくなる。それがねらいです」と明言する（村井嘉浩「菅総理、怒鳴っても復興はできません」WiLL83号（2011）107頁）。

ている。県内24漁協（沿岸地区）のうち、14漁協の事務所が流出・全壊等の被害を受けたが、早期に漁協機能を回復させ、漁協を核とした漁業、養殖業を構築し、地域ごとに主体性をもった水産業の再生を図ることが適切」と論じたのである[10)]。

以上の限りでは、復興に向けての政策選択をめぐる路線の違いにすぎないようにもみえる。しかし、実はその背後に、漁業権とはいかなる内実をもった権利であるのかについての見解の相違が――両知事がその点に自覚的であるかどうかは別としても――横たわっている。漁業法は、「漁業調整」(1条)、すなわち魚の乱獲を防ぎ漁場を守ることを目的として掲げ、それを実現するために「漁業上の総合利用を図り、漁業生産力を維持発展させるためには漁業権の内容たる漁業の免許をする必要」(11条）がある旨を定めた。その限りで、漁業権は漁業法によって認められた公法上の特許権であり、漁業は許可を受けなければ営めないのである。

この点、憲法学の通説は、漁業権が財産権＝私権に含まれると明言する[11)]。この場合、宮城県知事のように、復興目的で規制緩和を唱えることは、憲法上の権利侵害を構成する可能性がある。しかし、その点はさておき、そもそも漁業権は、憲法上の財産権に含まれるのか。この問いは、さらに2つに分節される。1つは、そもそも公法上の特許権が財産権に包摂されるのかという憲法上の財産権概念をめぐる問いであるが、本稿はそれについて論じることを目的としていないので、ここではとりあげない。もう1つは、許可の対象である漁業権とはいかなる内実をもった権利か、という問いである。

10）〈http://www.cas.go.jp/jp/fukkou/pdf/kousou4/tasso.pdf〉. 達増は、「地域のコミュニティ自体が、漁協を中心とする水産業を通じて形成されています。復興に当たっても漁協が核となることが岩手県としての基本方針です。……しかし、漁業者の多くが被災しているわけですし、もともと地域的にも財政基盤が潤沢であったわけでもありません。自助努力には限界があります。国の復興構想会議でも提案したのですが、国家的プロジェクト的な全面支援が必要です」と語っている（〈インタビュー〉達増拓也「答えは現場にある―岩手の目指す人間と故郷の復興」世界821号（2011）44～45頁）。

11）通説は「一項は、……個人の現に有する具体的財産権を保障する」と説く（樋口=佐藤=中村=浦部・前掲注 2)675～676頁。傍点は筆者による)。なお、小林孝輔=芹沢斉編『基本法コンメンタール憲法〔第5版〕』(日本評論社・2006) 213頁［29条］〔中島茂樹〕参照。

これは、岩手県知事が「漁業のことは漁業者がいちばんよく知っています。……水産業の復興を進めていくうえでは、自然のサイクルを知り尽くした漁業者の知恵と経験がなければ前に進むことができません」[12]と指摘している点に関わる。漁業法は、「『漁業者』とは、漁業を営む者をいい、『漁業従事者』とは、漁業者のために水産動植物の採捕又は養殖に従事する者をいう」(2条2項) と規定し、「漁業者又は漁業従事者」に漁業権付与の優先順位1位を与え (16条1項1号)、実際には16条8項で漁協を優先順位1位と定めた。それゆえ、漁協が同意しなければ、民間企業の漁業への参入は実現できないのである。

漁業法がこのような規定をおいた理由には、後述するようにさまざまな理解があるが、そのひとつに、漁業法が入会権としての性格を有する古くからの漁民の権利を承認したものだという理解がある[13]。漁業調整には、「自然のサイクルを知り尽くした漁業者の知恵と経験」が必要というわけである。

仮にこのような理解が成立するならば、漁業法は、入会権のような前近代的性格の権利を、まがりなりにも近代法としての性格を有する漁業法という制度の中に、しかも公法上の特許権として組み込んだことになる。この場合、前述の憲法学の通説は、前近代的な「総有」という内実をもつ権利を憲法上の財産権と位置づけたことになる。これは既得権を財産権と解する以上、当然の帰結だが、果たしてそれは近代憲法が保障すべき財産権なのか、という疑問も残る。

むしろそれは、森林法判決[14]が説くように、「近代市民社会における原則的所有形態である単独所有」という近代法原理に即して解消されるべきものともいえる。宮城県知事の説く自由化論は、原理的にはそのような観点から読み解くことも可能である。それにもかかわらず、既得権は財産権として保障されるべきなのだろうか。この問いは、同時に、前近代的権利

---

12) 達増・前掲注10) 45頁。

13) 水産庁経済課編『漁業制度の改革―新漁業法条文解説』(日本経済新聞社・1950) 303～304頁。

14) 最大判昭和62年4月22日民集41巻3号408頁。

は近代憲法によって保障されるのか、という問いへの回答をも求めるはずである。

他方、漁業法によって具体化された利益、ないし既得のそれとして、入会権的性格を有すると解する余地がある漁業権を憲法が保障していると考える場合、漁業への企業参入を認める特区構想はどのように評価されるべきだろうか。構造改革特別区域は、「従来法規制等の関係で事業化が不可能な事業を特別に行うことが可能となる地域」（構造改革特別区域法2条）である。

それゆえ、漁業法が入会的権利としての漁業権を認めているだけでは、企業の参入を拒否する十分な理由とはいえず、そうした政策に対抗するためには漁業権が憲法上の財産権として保障されていると論じる必要がある。財産権＝既得権という定式は、そのような道筋を提供するが、仮に「公共の福祉」により制限を正当化するのであれば、権利性を承認しても、その意義の大半は失われる。果たして、既得の権利や利益は、自由化政策＝公共の福祉という図式に対抗する論理をもちうるのか。

3　最高裁と漁業権

（1）漁業法上の漁業権をめぐる最高裁の理解

a）漁業法上の漁業権　漁業権とは、「一定の水面において排他的に一定の漁業を営むことのできる権利」[15] で、定置漁業権、区画漁業権および共同漁業権（漁業法6条）からなる。漁業法は、「漁業者及び漁業従事者を主体とする漁業調整機構の運用によつて水面を総合的に利用し、もつて漁業生産力を発展させ、あわせて漁業の民主化を図ること」（1条）を目的とし、漁業調整（65条以下）の観点から都道府県知事の免許制を採用した（10条）。

それゆえ、漁業権は私権ではあるが、漁業協同組合または漁業協同組合連合会にのみ付与される（14条8項）公法上の特許権としての側面を併せ

15）法令用語研究会編『法律用語辞典〔第3版〕』（有斐閣・2006）。

もつ。また、漁業権には物権として排他性が認められているが（23条）、他方、漁場計画による権利内容の決定（11条）、免許の優先順位（17条）や存続期間（21条）、移転制限（26条）、漁業権の取消し・変更（37条以下）等、さまざまな規制に服する。

問題は、この権利——なかでも入会的性格をもつと解する余地がある共同漁業権——の法的性格をどのように理解するかにあった。それは、本稿の関心事に即していえば、漁業法上の共同漁業権は、「近代」的な権利か、それとも入会権のような「前近代的」な権利を法定したものなのか、そしてまた、そのいずれが憲法の保障する財産権であるのか、という問いと密接に関わっている。

b）最高裁の共同漁業権理解　この点に関し、最高裁[16)]は、「現行漁業法の定める共同漁業権は、……沿革的には、入会的権利と解されていた地先専用漁業権ないし慣行専用漁業権にその淵源を有することは疑いのないところである。……しかしながら、……現行漁業法のもとにおける漁業権は都道府県知事の免許によつて設定されるもので……、共同漁業権の免許は漁業協同組合等に対してのみ付与され、組合員は、……当該漁業権の範囲内において漁業を営む権利を有するものであつて、……全組合員の権利という意味での各自行使権は今や存在しないのである。しかも、共同漁業権の主体たる漁業協同組合は、法人格を有し、加入及び脱退の自由が保障され、……総会の特別決議があるときには、漁業権の放棄もできるものとされている。このような制度のもとにおける共同漁業権は、古来の入会漁業権とはその性質を全く異にするものであつて、法人たる漁業協同組合が管理権を、組合員を構成員とする入会集団が収益権能を分有する関係にあるとは到底解することができず、共同漁業権が法人としての漁業協同組合に帰属するのは、法人が物を所有する場合と全く同一であり、組合員の漁業を営む権利は、漁業協同組合という団体の構成員としての地位に基づき、……行使することのできる権利である」と論じて、漁業法上の漁業権を「近代」的権利の文脈に——自覚的かどうかは別として——位置づけた。

16）　最一小判平成元年7月13日民集43巻7号866頁。

c）共同漁業権をめぐる社員権説と総有説　上記引用に示されるように、最高裁は、主として前記漁業法の文言に依拠して、社員権説[17]を採用した。もっとも、引用した判決文冒頭でも指摘されているように、共同漁業権は「沿革的には……入会的権利」であった。そうした歴史的沿革[18]を重視して、共同漁業権は法人である漁業協同組合が管理権を有し、組合員からなる入会集団が収益権を分有すると説くのが総有説[19]である。周知のように、総有は「入会権の場合や権利能力のない社団の所有形態のように、共同所有者はひとつの団体を形成し、その構成員である各共同所有者は使用収益の権能をもつが、処分の権能は団体に属する。個人主義的な共同所有形態である共有と異なり、各構成員は持分権を持たず、分割の請求もできない」[20]と説明されるが、共同漁業権はこうした特質を有する権利だというわけである。

（2）漁業権判決と森林法判決

漁業権の法的性格論争に関し、半世紀以上前に出版された水産庁経済課の漁業法解説書[21]が、興味深い一文を残している。漁業法を管轄していた当時の水産庁は、漁業権を次のように理解していた。「漁業が産業として分化し始めたのは徳川期であるが、最初は自由に漁場を利用していたのが漁業が発達し漁民の数が増加するにつれて漸次どの漁場はどの部落の者が利用するという関係が決まって来、部落総有の入会漁場ができ上がって行

17） 金田禎之『新編 漁業法詳解〔改訂版〕』（成山堂書店・2003）225頁、佐藤隆夫『日本漁業の法律問題』（勁草書房・1978）113頁以下、山畠正男「組合管理漁業権の性格」北大法学論集28巻4号=29巻1号（1978）12頁、原暉三「漁業協同組合の漁業権利用関係（完）」法学志林49巻3号（1951）45頁。社員権説を採用する下級審判決としては、仙台高判昭和62年1月22日判タ631号219頁、名古屋地判昭和58年10月17日判時1133号100頁等がある。

18） 歴史的沿革については、山畠・前掲注17）2頁以下参照。

19） 熊本一規『海はだれのものか―埋立・ダム・原発と漁業権』（日本評論社・2010）4頁以下、浜本幸生『早わかり「漁業法」全解説』（水産社・1997）200頁以下、工藤重男『判例通達による漁業法解説』（大成出版社・1970）、潮見俊隆『注釈民法(7)』（有斐閣・1968）592頁、川島武宜『民法1総則・物権』（有斐閣・1960）265頁。下級審判決としては、福岡高判昭和60年3月20日民集43巻7号880頁（本件原審）、大阪地判昭和52年6月3日判時865号22頁、福岡高判昭和48年10月19日下民集24巻9～12号771頁等。

20） 法令用語研究会編・前掲注15）参照。

21） 水産庁経済課編・前掲注13）303頁以下。

く。……この総有漁場は漁業組合の専用漁業権という形でローマ法的に整備されたのである。つまり、部落が管理し、その管理下に部落民が平等に利用するという形態――ゲルマン法の総有――をローマ法に翻訳し、部落の管理権限を漁業協同組合の専用漁業権、部落漁民の平等利用権を組合員の各自漁業を営む権利として規定した」というのである。

これによれば、当時の水産庁は「前近代」的と評されるゲルマン法の総有を、「近代」的なローマ法に接ぎ木したのが漁業法だと理解していたわけである。最高裁は、1962年の漁業法改正によって、漁業権は「近代」化されたと理解した。しかし、仮に漁業法が「前近代」的権利を近代法に取り込み、それを漁業権として保障していたのだとすると、最高裁流の近代化論には疑問も残る。水産庁の解釈を受け容れる場合、財産権＝既得権と理解する通説的立場からは、1962年の漁業法改正は憲法29条1項違反であったと解する余地があり、同条2項の存在理由を重視する立場[22]でも、補償なしで「近代化」した点で、同条3項違反の余地もあるからである。もとより、「前近代」的権利は憲法が保障する財産権ではないと考えれば、1962年改正以前の漁業法こそ違憲であったと解する方が筋は通る。

果たして、最高裁は「前近代」的権利を憲法が保障する財産権と考えていたのか否か。この点を推測する手がかりとなる判断は、漁業権判決の2年前に示されていた。周知の森林法判決である。それは、総有に関わる点で漁業権判決と同種の事案だが、具体的には総有と無関係の事案であったから、本稿の主題との関係でとりあげるべきは、前者の側面、すなわち旧森林法186条の共有物分割請求権が林野の入会権保護を目的としていた点である。

この点は、すでに検討したことがあるので[23]、本稿では詳述しないが、最高裁は「近代市民社会における原則的所有形態である単独所有」という観念に依拠して、入会権の保護を念頭においた持分2分の1の共有物の分

22） 詳しくは、中島徹「財産権は市民的自由か―もうひとつの『憲法と民法』」辻村みよ子＝長谷部恭男編『憲法理論の再創造』（日本評論社・2011）427頁以下参照。

23） 中島・同前および、同「財産権の自然性と実定性」ジュリスト1356号（2008）15頁以下参照。

割制限規定を違憲と判断した。ここで示されているのは、漁業権判決におけるのと同様、「近代化されなかったものの近代化」とでもいうべき視点である。これから推測すると、最高裁は「前近代」的権利は憲法が保障する財産権ではないと考えているようである。この点、憲法学説はどうか。

4　漁業権における「近代」と「前近代」

(1) 漁業における市場開放論と漁業権

a) 漁業制度改革の意義　漁業制度改革は、農地改革の漁業版とでもいうべき改革であったから、たとえそこに「前近代」が残存していたとしても、それも含めて日本国憲法存立の前提となる選択であったと解する余地がある。加えて、漁業権が財産権として憲法上保障されているという前述の憲法学の通説的理解を前提にすると、逆に1962年の漁業法改正や、それに着目して下された最高裁判決における「近代」化論、さらには現在の市場開放論等々が、戦後漁業制度改革の目的から乖離している可能性もある。

漁業における市場開放論は、前述のように、震災以前から展開されていた規制緩和論が復興論へと装いを変えたものである。しかし、漁場には農地と異なり所有権の成立を観念できない。それゆえ、農地改革のように旧地主から小作人へと所有関係を変革することではなく、漁場の利用関係のあり方こそが戦後漁業制度改革の主題であった。ゆえに、ここでは誰が利用者であるかが、主たる関心事となる。

b) 戦後改革における漁業法　漁業制度改革の成果である漁業法は、農地改革の4年後に成立する。対日理事会は、1910年の旧漁業法を全面改正すべく、①漁業を営む共同企業の構成に関する検討を行うこと、②漁業権は原則として協同組合団体ないし漁村の連合会などに与えること、③漁夫の権利の回復と福祉の増進、等を基本方針として掲げた。そのための手段として、(α)旧来の漁業権を廃止し、漁業権の所有者に料金を支払わないこと（漁業権は漁業従事者に与えられるべきであること）、(β)漁業組合は、実際に労働に従事する者を幹部にし、自由選挙を行うこと（民主化）、

(γ)漁業権は担保や売買の対象とならないこと、(κ)紛争調停のための委員会を設置することなどが提案された[24]。

しかし、政府はこれを日本の実情に沿わないとして拒否し、(ア)漁業権は、市町村内の全漁業者によって構成される公法人に免許すること、(イ)漁業権行使は、公法人の総会における全漁業者の総意により決定されるべきこと、(ウ)漁業調整は、自然的経済条件を同じくする漁場単位に委員会を設けて行うこと、という三原則を掲げて改正案を作成し、紆余曲折の末、第四次案が新漁業法として成立した[25]。

そこに至る過程は、農地改革における農地法の制定と比較すると、以下にみるように、GHQの基本方針を骨抜きにしたものと評される[26]。すなわち、第一次案は漁業権を漁業協同組合に集中させ、漁民による漁場の自主管理を制度化するものであったが、日本側は加入脱退の自由が認められる協同組合に漁場管理という公的権限を認めることはできないと反対——実質的には旧秩序の温存を意図していた——し、最終的には総司令部からも拒否されて廃案となる。

第二次案は、全漁民からなる公法人としての漁民公会を入会的性格の専用漁業権の主体としつつ、その他の漁業権について団体有ないし個人有を認めて旧秩序の維持を図ったが、これは、漁業権を漁業者の協同体に割り当てるという対日理事会の方針に反し、総司令部の承認を得ることができなかった。続く第三次案は、漁業調整委員会を設置し、財産権としての漁業権を「調整」する点に特徴があったが、漁業委員会が旧秩序の利益代表にとどまり、漁民の代表として機能しない危険性が指摘されて、これも廃案となる[27]。

24） 第25回および第26回対日理事会における議論を要約した。漁業基本対策資料刊行委員会編『漁業基本対策資料 漁業制度改革の実施過程とその問題 第1巻』（水産庁・1963）26～31頁参照。

25） 詳しくは、同前42～167頁。

26） 工藤・前掲注19）10頁。

27） 以上に関し、漁業基本対策資料刊行委員会編・前掲注24）のほかに、潮見俊隆『日本における漁業法の歴史とその性格』（日本評論社・1951）67～72頁、佐藤・前掲注17）42～45頁参照。

以上に対し、第四次案は第二次案が例外的に認めた組合有の漁業権の範囲を拡大し、共同漁業権という新たな類型を設けるとともに、漁業調整委員会ではなく漁業協同組合に調整権限を与えた。これは、零細な個人漁業者の漁業権を集約化し漁業権の調整を漁業組合の自主管理に委ねる一方で、ある程度の資本力を必要とする養殖のような区画漁業権については組合の優先を認めないことにより、旧秩序の維持をはかったことを意味する。

かくして戦後漁業法が成立したが、後述するように、このような折衷的な制度設計が、のちに共同漁業権の理解をめぐる総有説と社員権説の対立を生む遠因となったといえる。そして、その芽は、上述のように戦前の漁業制度にあった。

c）戦前漁業法における漁業権　戦後漁業制度改革の対象とされた旧漁業法は、1901年に制定された漁業法が1910年に改正されたものである。1901年法は、村や漁民に排他的な利用を認める代わりに貢租賦課の対象とする一村専用漁場や個別独占漁場と、沖合の入会漁場からなる江戸時代の漁業慣行を前提に制定された[28]。これが1910年法において地先水面専用漁業権と入漁権として整備され、その一部は現行漁業法にも定棲性の水産動植物を対象とする「第一種共同漁業を内容とする共同漁業権」として継受される[29]。

こうした経緯を抽象化すると、現行漁業法における共同漁業権にまで続く古の権利としての漁業権という理解を生むことになるが、一村専用漁場と個別独占漁場では、同じく漁業権といってもその性格は大きく異なる。前者は、たとえば貝や海草採取、磯漁業など、零細漁民でも営めるものであった。それゆえ、総有という観念に適合的な漁業形態であったが、これを今日でも総有と観念すべきかどうかについては、前記社員権説との間で争いがある。

他方、後者の定置網漁や牡蠣や真珠の養殖などは資本力を必要とすることから、個別独占漁業として特定の者にのみ与えられるもので、もともと

28）1901年法から1910年法への変遷の概観として、調査研究（出村雅晴）「漁業権の成立過程と漁協の役割」調査と情報213号（2005）5頁参照。

29）潮見・前掲注27）9頁。

総有とは無縁である。しかし、1910年法における定置漁業権、特別漁業権、区画漁業権、さらには現行漁業法における定置漁業権、区画漁業権、第二種および第三種共同漁業権の一部として今日まで継承されてきたために、漁業権＝古来の権利という表象を維持することに一役買っている。

ちなみに、明治政府は1873年に海面を官有化して従来の慣行や権利を廃止し、漁業を許可制のもとにおいて借区料を徴収する新漁業制度の実施を宣言したことがある。しかし、翌年には「営業取締ハ可成従来ノ慣習ニ従ヒ」（明治9年7月19日太政官達74号）として、宣言を撤回せざるをえなかった。既存の秩序を根本的に改変しようとした結果、逆に漁民の中に新たな生産秩序を作り上げようとする動きが生じ、それが旧秩序との軋轢を生んで全国的な紛争へと発展したからである[30)]。こうした事情もまた、古来の権利という観念を維持する役割を果たしてきたことはいうまでもない。

ただし、こうした朝令暮改の背景には内務省の海面官有論と大蔵省の海面公有論（public domain）の対立があった。ちなみに、後者に軍配が上がったことについては、「此の問題は其の後も漁業法の制定に至る迄漁業権の性質其の公権なりやに関連して終始論争せられた所であったが我が漁業法はついに公有水面を基本とし其の上に水産動植物の採捕を目的とする漁業権なる私権を創定することになり漁業権制度の基本が茲に確立した」[31)]と説明されている。もっとも、実際にはその後も「論争」は続き、漁業権の法的性質の理解を複雑化させる要因となった。

こうした時代状況を背景に、1901年漁業法は、旧来の慣行や権利を尊重することにより新旧勢力の間で頻発する漁業紛争を解決するという観点にもとづいて制定された。しかし、同法は、わずか9年で全面的に改正され、現行漁業法の直接の前身である旧漁業法（1910年）が成立する。しかし、制度は一新されたものの、1901年法やその背景をなした社会の慣行までが刷新されたわけではなかった。それゆえ、零細漁民の権利保障に欠

30） 佐藤・前掲注17）4頁、金田禎之『新編 漁業法のここが知りたい〔改訂版〕』（成山堂書店・2010）7頁。

31） 大城朝申『漁業及漁業権制度』（司法省調査課・1933）46～47頁。

ける漁業権制度という前記問題点は解消されず、制度と漁村の実態の乖離はさらに拡大する。「前近代」的権利は日本国憲法の保障する財産権かという本稿の関心事は、この問題点が戦後漁業制度改革や1962年の漁業法改正で解消されたかどうかと密接に関わる。

1910年漁業法は、漁業権を物権とし漁業権に抵当権の成立を認め（7条・8条）、既存の入会漁業を入漁権として制度化する（12～15条）など、総じて漁業権の財産権化を推し進めた。前記「論争」における大蔵省の立場である。その後、漁業組合は協同組合化されて組合の出資制が認められるなどの経済的機能が強化され（1933年）、さらに漁業協同組合を戦時統制団体化するために水産業団体法[32]が制定（1943年）されるなどの改正が行われたが、漁業権制度それ自体に大幅な変更が加えられることはなく、戦後漁業制度改革を迎えた。以上の点からわかるように、概していえば、旧秩序は漁業権制度の中に温存され、漁業協同組合は、それを維持する国策団体の役割を演ずることが少なくなかったわけである[33]。

かくして、戦後漁業制度改革に立ちはだかる障壁は、実は農地改革の比ではなかった。というのも、それは「伝統的封建社会の典型ともいうべき漁業社会」[34]を「改革して自由な諸個人をつくり出し、日本国憲法存立の前提を整える」[35]という課題を――すでに日本国憲法は施行されていたが――本来であれば正面から突きつけたはずの、しかし実際には意識されなかった壁として屹立していたからである。

d）戦後漁業法における漁業権　現行漁業法1条は、漁業権が財産権であるなら、それを漁業調整機構の「調整」に委ねる点で、きわめて異例な規定ともいえる。もとより、機構は権利主体である漁業者や漁業従事者を

32）後に、水産業協同組合法（1948年）へと改正される。旧漁業法は、当初統一的な漁業関係法規であったが、水産業団体法制定以降、漁業協同組合は漁業法とは別の法体系で規律されることとなり、今日に至る。詳しくは、漁協組織研究会『水協法・漁業法の解説〔18訂版〕』（漁協経営センター・2011）第1編序章、より包括的な研究・資料としては、水産業協同組合制度史編纂委員会編『水産業協同組合制度史（全5巻）』（水産庁・1971）参照。

33）水産庁経済課編『漁業制度の改革―新漁業法条文解説』（日本経済新聞社・1950）10～11頁。

34）佐藤・前掲注17）35頁。

35）樋口陽一『憲法〔第3版〕』（創文社・2007）256頁。

主体としているから権利保障に欠けることはなく、また、乱獲を防止しなければ漁場を維持できないから調整は不可欠と説明することもできるだろう。しかしそれは、機構が目的適合的に運営されている限りである。この点は、調整の一端を担う漁業協同組合が果たす役割や今日的意義にも関わるので、なお後述する[36]。

さらに、現行法上の漁業権は、要件に合致した適格者の中から優先順位第1位の者に対し都道府県知事が免許することにより設定される権利（10条）で、それによりはじめて一定の水面において特定の漁業を排他的に営むことが可能となる。これは、憲法・行政法学の観点からすれば、財産権というよりは営業権、しかも公法上の特許権として理解すべき「権利」であるようにも思える。

だが、少なくとも憲法学は、2で述べたように漁業権を財産権と理解してきた[37]。とすると、漁業法に規定された権利内容を憲法が保障する財産権と理解することになるが、とりわけ入会漁業を出自とする共同漁業権等は、森林法判決のいう「近代市民社会における原則的所有形態である単独所有の原則」に反する疑いもある。それゆえ、漁業権を憲法上の財産権と理解するためには、漁業法が漁業権をどのように定めているかを確認する必要がある。

漁業は、釣りや延縄漁業のような自由漁業の対象とされるものと、漁業法にもとづき免許が必要な漁業権漁業および遠洋漁業のような許可漁業からなる。本節の検討対象である漁業権漁業は、定置漁業、区画漁業、共同漁業からなるが（6条）、前二者は一定区画に網具や網生簀を設置して行うもので、旧漁業法における大規模な定置漁業権と養殖のための区画漁業権を受け継いだものである。これに対し共同漁業権は、漁業協同組合ないしその連合会が免許を受け、漁業権行使規則にもとづき組合員が漁業権を行使するもので、旧漁業法における専用漁業権と特別漁業権の一部、さらに

36） 漁業経済学会編『漁業経済研究の成果と展望』（成山堂書店・2005）第2章は、漁業制度論や漁業法に関して有益な情報を提供してくれる。

37） 詳しくは、中島徹「財産権保障における『近代』と『前近代』―震災とTPPを契機とする再考・1」法律時報84巻1号（2012）83頁参照。

さかのぼれば一村専用漁場における入会漁業を前身としている。

宮城県の水産業復興特区構想は、村井宮城県知事によれば「地元漁業者が主体の法人が漁協に劣後しないで漁業権を取得できる特区制度」で、政府の復興基本方針にも採用されている[38]。しかし、この一文では「漁業権」が前記いずれを指しているのかが明らかでなく、読み方次第では、漁業権を全面的に民間開放するとも読めてしまう。

この点、宮城県が2011年5月10日に政府の東日本復興構想会議に提出した資料[39]によれば、「養殖業等の沿岸漁業への民間による参入や資本の導入などが促進されるよう、水産業復興特区を創設する」とし、これに関係する法令として(イ)区画漁業権の免許の適格性（漁業法14条)、(ロ)区画漁業権の免許の優先順位（17条)、(ハ)定置漁業権の免許の優先順位(16条)、(ニ)各種土地利用規制等を掲げている。

(イ)～(ハ)を前提にする限り、そこで念頭におかれているのは、区画漁業権と定置漁業権の民間開放であり、養殖業等の沿岸漁業という表現を深読みしなければ、共同漁業権は対象とされていないはずである。この場合、真珠の養殖のような区画漁業（特定区画漁業を除く）と定置漁業は経営規模が比較的大きい漁業で、ある程度の資本力が必要なことから、事前に経営者が特定される漁業として、経営者免許漁業権と分類される。しかも、区画漁業に関しては漁協に優先権が認められているわけではなく、もともと漁業者または漁業従事者に第1位の優先権が与えられている。それゆえ、たまたま漁協に免許が与えられている場合に民間参入を認めても、一定規模の区画漁業を営むことができる法人間の競争にすぎず、既得権擁護以外に民間企業の新規参入を否定する理由はない。

漁協が第1順位の優先権を与えられているのは、定置漁業権と特定区画漁業権および共同漁業権であるが、定置漁業権は、上に述べた区画漁業権と同様、資本力を有する経営者免許漁業権の類型に属する。これもまた、

38）「知事に聞く『水産業復興特区』はなぜ必要か」WEDGE2011年10月号46～47頁。東日本大震災復興対策本部「東日本大震災からの復興の基本方針」(2011年7月29日)〈http://www.kantei.go.jp/jp/singi/kinkyukoyou/suisinteam/PSSdai8/siryo2_5.pdf p.19〉。

39）「＜緊急提言＞水産業の早期復興策」〈http://www.pref.miyagi.jp/seisaku/sinnsaifukkoukaigi/sinnsaifukkoukaigi2/s1.pdf〉3～4頁。

既得権の尊重を正当化できる理由がない限り、本来、参入制限を続ける理由に乏しい。このように考えてくると、宮城県が民間開放の対象として直接に言及している権利のうち、法文上、漁協に適格性(イ)と第1位の優先権(ロ)が認められ、民間開放により深刻な影響を受ける可能性があるのは、実は特定区画漁業権だけであることがわかる[40]。

特定区画漁業権は、共同漁業権とともに組合管理漁業権に属するものとされ（8条）[41]、実際上、第一種共同漁業との区別は困難ともいわれる[42]。裏を返せば、これは規模の小さい伝統的な入会漁業を念頭においた漁業権なのである[43]。これを市場開放の対象とすることが宮城県において計画されているとすれば、入会漁業という利用権の保障を主要な目的のひとつとしてきた漁業法の根本的改変を意味することになる。

もっとも、この点を憲法論の対象とするためには、さまざまな面で特殊な性質をもち、制約を加えられる漁業権が、そもそも憲法上の財産権といえるのかどうかを検討する必要がある。漁業法は、入会漁業のような一種の自生的秩序を人為的に漁業権として再編したが、その権利内容が、憲法上の財産権であるとは、一体いかなる意味なのか。たとえば、漁業法が規定する漁業権の権利内容やその制限が憲法違反となることはあるのか。仮にあるとすれば、憲法は漁業権についてあるべき権利内容を想定しているはずである。しかし、そのようなことがありうるのか。それは同時に、本稿の主要な関心事のひとつである「前近代」的権利や利益は、日本国憲法が保障する財産権かという問いにも関わる。

40）なお、区画漁業権および定置漁業権に関する参入制限についての視点は本稿と正反対だが、出村雅晴「宮城県の『水産業復興特区』構想に思う」農中総研 調査と情報25号（2011）10頁も、「今回の特区問題は『特定区画漁業権』を対象としたもの」と指摘する（傍点は筆者による）。

41）第三種区画漁業における養殖は、石や竹を敷設し、あるいは囲むことで区域を画する第一種・第二種以外のもので、小規模な区画漁業である。ただし特定区画漁業権は、漁協が営まない場合には、経営者にも直接免許されうる点で、漁協にしか免許されない（したがって、優先順位が存在しない）共同漁業権とは異なる。

42）佐藤・前掲注17）87頁。

43）田平紀男「漁業入会団体を規制する立法」立命館法学292号（2003）186頁。

5　市場開放をめぐる「近代」と「前近代」

（1）共同漁業権と日本国憲法

a）漁業権の法的性格論争Ⅰ——公権か私権か　漁業権は「物権とみな」され、「土地に関する規定」（以上、漁業法23条）が準用されるので、妨害排除請求権の行使等が認められる。しかし、権利の取得に関しては免許制がとられているため、これを私権と公権のいずれとみるかが古くより争われてきた[44]。定置および区画漁業のような個別的漁業権の場合、排他性を認めないと第三者による漁場の侵害を阻止できず、漁業として成立しえないため、物権とみなすことにはしかるべき理由がある。他方、共同漁業権や特定区画漁業権のような組合管理漁業権は、漁業法上は排他性を認める必要がない。しかし、資源が枯渇しないように関係漁民に漁場を管理させるためには、組合に一定の権限を認めることが合理的である[45]。ゆえに、物権＝私権という理解が自明視されてきた。

他方、漁業権は、前述のように、憲法学上は財産権＝私権に分類されてきた。また、現実においても、1873年の海面官有化宣言にもとづく漁業許可制が翌年には撤回されており[46]、旧来の漁業慣行を無視して公権に再編することはできなかった。そうした経緯もあって、現行漁業法で知事に与えられている免許付与の裁量権は限定的である。それが足かせとなって、漁場の市場開放が進まないという認識が、知事や農林水産省、そして企業

44）　公権説は、「我漁業法ハ漁業権ノ観念ニ付欧米ノ法制ト著シク其主義ヲ異ニシ所有権漁業権主義ヲ捨テテ漁業自由ノ主義ヲ採用シタルガ故ニ海面タルト内水タルトヲ問ハズ公ノ水面ニ於ケル漁業ヲ本來一般ノ自由トシ漁業権ノ付與ハ本來之ヲ公物利用ノ特許ト見ルベク漁業権ノ物權タルハ漁業法ノ擬制ニ因ルモノト云ハザルヲ得ズ」（佐藤百喜『日本漁業法論』（常磐書房・1935）21頁）と説き、私権説は、「漁業権の本来的内容は、……一定の水域において、第三者を排他し独占的に一定の水産物を採捕し得るという、いわば私的経済的利益を特定人に法的に保護」（吉原節夫「わが国における漁業権の法律的構成—その一 漁業権の本質」富山大学紀要経済学部論集13号（1958）78頁）することにある、と反論する。

45）　金田・前掲注17）49頁。

46）　中島徹「財産権保障における『近代』と『前近代』—震災とTPPを契機とする再考・6」法律時報84巻6号（2012）77頁参照。

の側にはあった。

逆にいえば、権利の付与を都道府県知事の自由裁量に委ねるべきだと論じるのでない限り、「物権とみなし」たことをめぐって、その本質が公権か私権かを論じる今日的意味はない。それにもかかわらず、知事の許可に漁場の再配分を委ねることを説く漁業構造改革論には、前提として公権論的発想が――意識的かどうかは別として――伏在しているし、国有化論には規制緩和を阻む障害を打破する役割が期待されている[47]。そして、震災復興を大義名分とすることで、公権か私権かという古の争点を呼び出さずに事態を打開する役割を担ったのが特区構想であった。

他方、漁業法研究者が「漁業権は財産権」[48]と強調するのは、これに対するアンチテーゼとしての意味あいが強く、憲法上の財産権であるかどうかを問う視点は、おそらく皆無である。しかし、漁業権が私権であることを説くだけで市場開放論に対抗(?)できるかどうかは、共同漁業権の本質が総有と社員権のいずれであるかという、以下の論争への対応に依存する。

b) 漁業権の法的性格論争Ⅱ――総有説と社員権説・再論　前述のように、共同漁業権は、漁協組合員や関係漁民の総有に属するのか、それとも漁協に帰属し、組合員は社員権を有するにとどまるのかについては、長年にわたって論争が繰り広げられてきた。漁場の市場開放論は、憲法上の財産権の理解いかんでは権利侵害となる可能性があるが、その点はこの論争と密接に関連している。この問題については、すでに言及したが[49]、以下では別の角度から検討する。

共同漁業権放棄にともなう補償金の配分が争われた事件[50]で鑑定意見を求められた我妻榮は、共同漁業権の「法律的性質」に関し「共同漁業権は、水産業協同組合法による協同組合に帰属する場合にも、その実質的な関係は、組合の構成員となっている漁民が各自その漁業権の内容を実現し（漁

47）　宮城県の漁業開放論は、特区限定とはいえ、免許付与に関する知事の裁量権を大幅に拡大することになるため、機能的には公権説に近づく。ただし、市場開放後は公権論を維持するつもりはないだろう。

48）　水産庁経済課編・前掲注 13）418 頁、熊本・前掲注 19）13 頁。

49）　前述 3(1)および(2)参照。

50）　大阪地判昭和 52 年 6 月 3 日判時 865 号 22 頁。

業を営み)、組合はその漁業権を管理する(漁業経営一般に必要な施設をなし、各漁民の漁業を監視・調整し、第三者との折衝をなすなどの)関係であると解すべきである」[51]と論じた。

我妻はさらに、共同漁業権が適法に放棄されて補償金に変じた場合に、この補償金が組合にどのように帰属するかについて問われ、「その補償金は、当該漁業権の主体である実在的総合人に、分割されない一体として、帰属し、その実在的総合人を規律する慣行的規範(おそらく全員一致の協議を原則とする)に従って分割されて初めて、その構成員たる漁民に帰属するに至る」[52]とも答えた。こうした結論の前提には、「村落共同体が山林原野の上に有する入会権と全く同性質のもの」[53]との認識があることはいうまでもない。

この問題の背景には、1962年に漁業法8条が改正された点をどのように解するかについての対立があった。改正以前の同条は、「漁業協同組合の組合員であって漁民(漁業者又は漁業従事者たる個人をいう。以下同じ。)であるものは、定款の定めるところにより、当該漁業協同組合又は当該漁業協同組合を会員とする漁業協同組合連合会の有する共同漁業権、区画漁業権……又は入漁権の範囲内において各自漁業を営む権利を有する」と規定していた。

これが「当該漁業協同組合又は当該漁業協同組合を会員とする漁業協同組合連合会がその有する各特定区画漁業権若しくは共同漁業権又は入漁権ごとに制定する漁業権行使規則又は入漁権行使規則で規定する資格に該当する者は、当該漁業協同組合又は漁業協同組合連合会の有する当該特定区画漁業権若しくは共同漁業権又は入漁権の範囲内において漁業を営む権利を有する」と改められたのである。

---

51) 我妻榮「昭和41年大阪府泉大津漁協の補償金配分をめぐる訴訟事件に関する鑑定書」浜本幸生監修『海の「守り人」論―徹底検証・漁業権と地先権』(れんが書房新社・1996) 386頁。それゆえ、「本件における漁業組合は、協同組合という近代法的な法人的団体と漁業権の総有的帰属主体(実在的総合人)との二重の性格を有し、それぞれの関係について、それぞれを規律する法規及び慣行の適用を受ける特異の存在である」(同書391頁)という。

52) 同前392頁。

53) 同前386頁。

改正の焦点は、「各自漁業を営む権利」が「漁業を営む権利」へと変更された点にある。その差は「各自」の有無だけだが、これが共同漁業権の法的性質に関する総有説と社員権説の対立を生んだ。前者は、各自漁業権を「組合が管理権限を持ち、組合員がそれに従って漁業をするという関係は、陸における入会山の利用と同じであり、入会山は部落が管理し、その管理のもとに部落民が平等に利用する」[54] ものと理解する。前述のように、我妻の所論は、これと同一の認識にもとづく。

これに対して後者は、①戦後漁業法の制定で戦前の入会関係がただちに近代的な関係に変化しなかったとしても、その後の漁業の発展にともない、前近代的な入会権的なものの考え方を整理すべき段階にきている、②漁協への加入自由の原則と法定の資格要件を充たす者の加入を正当な理由なくして拒否できない法制（水産業協同組合法 25 条・26 条）のもとでは、旧 8 条は「零細経営の温存と漁業生産力発展の停滞をもたらし、また、組合員数の増加にともない行使者の範囲を拡大せざるをえないがゆえに、組合合併促進の障害となり、生産性向上による漁業構造の改善という漁業政策の方向を阻害する」[55] と反論する。そして、1962 年改正が行われた以上、新旧 8 条の「漁業を営む権利」の法的性格は社員権へと転換されたと説いたのであった。

c）最高裁判決における共同漁業権の理解とその含意　この点、最高裁が後者を採用したことは、3 でみた通りである。漁業権の法的性格をめぐる対立を、既得権対漁業構造改革論の争いと単純化してとらえれば、現在の宮城県における漁協対県知事の対立と同質とみることもできる。しかし、4 の末尾で指摘したように [56]、宮城県知事の特区構想は、最高裁が社員権と理解した共同漁業権をも解体する論理を含んでいる点で、最高裁判決とは異質とみる余地もある。それをあえて図式化していえば、最高裁判決は「前近代」を否定して「近代」化を推進したが、宮城県知事はそれすらも解体しようとしているともいえる。問題は、これが何を意味し、かつそれ

54）水産庁経済課編・前掲注 13）303 頁。
55）同前 263 頁。
56）中島・前掲注 46）81 頁。

は憲法学の検討対象となりうるのか、である。

漁業権判決が、「前近代」の否定という点において森林法判決と軌を一にする判断であることは、2でみた通りである。後者は、入会の保護と無関係な事案において「近代市民社会における原則的所有形態である単独所有の原則」を語ることにより、「前近代」的な山林の総有関係をも否定する役割を結果的に演じた。それは、戦後改革で「近代」化されなかった山林の、遅ればせながらの「近代」化であったといえなくもない。山林は、森林法判決によって、ようやく「近代」憲法の系譜に属する日本国憲法に違和感なく適合する財産権としての地位を手に入れたのである。

漁業権判決を森林法判決と双子の兄弟と解すると、それらが果たした「前近代」的な既得権の「近代」化を解体する側面を有する宮城県知事の構想は、近代的財産権の侵害という憲法問題を抱え込む可能性もある。他方、これを「近代」の解体という点で、戦後農地改革についてと同様、「現代」的と評する立場もありうるだろう。

これは、「現代」の理解次第だが、漁業権制度においては、総有説の意味における「前近代」か、あるいは社員権説が体現する「近代」が利用権保障という「現代」的役割を担っており、宮城県知事の構想は、その解体を目指す点で、むしろ農地法から農地耕作者主義を放逐した農業構造改革論[57]と同様の役割を担っている。

もっとも、最高裁流の共同漁業権「近代」化論は、利用権保障として機能するとは限らない。一方で憲法論の観点からすれば、仮に共同漁業権を社員権として理解しても、それを憲法が保障する財産権と位置づける限り、市場開放論に対する一定の歯止めとなりうる。しかし他方で、共同漁業権を社員権として理解すると、現行法上は認められていないものの、論理的にはその処分を通じて企業参入に道を開く可能性もある。その意味で、社員権説は二面性を有しており、いずれの面が顕在化するかは、「漁業権は財産権」という定式の理解次第である。

漁業権判決で最高裁が採用した社員権説は、森林法判決にいう「近代市

57） 中島徹「財産権保障における『近代』と『前近代』―震災とTPPを契機とする再考・4」法律時報84巻4号（2012）86頁以下。

民社会における原則的所有形態である単独所有の原則」に適合的な解釈であった。それゆえ、戯画的推論であることを承知のうえでいえば、1962年の漁業法改正により総有説は否定されたと解するこの立場は、森林法判決をめぐる「憲法と民法」論[58]からすると、漁業法が定める共同漁業権を憲法上の権利と認めたと読み替えることもできる。

仮にそのように解すると、漁業法が定める既存の権利内容（優先順位等）を変更し、以前の漁業権者から漁業権を剥奪することになる場合には、たとえ特区であっても、最低限、漁業補償がなされない限り憲法違反となる。特区制度は、法律上の規制を緩和することはできるが、憲法上の権利を侵害することまでを正当化するものではないからである。これが、社員権説を採用した場合のありうる帰結のひとつである。

もっとも、社員権説は元来が総有説を否定すべく主張されたもので、基本的には共同漁業権を総有と理解することが漁業生産力の発展を妨げるという認識にもとづくものであった。それゆえ、この点では漁業制度の構造改革を求める特区構想と類似の発想にもとづいている。とすると、社員権説を上記のように憲法にもとづく既得権擁護論として理解するのは不適切で、それはあくまで漁業法８条の解釈にとどまると解すべきことになろう。この場合、特区制度ないし法律の改正によって優先順位を変更しても、憲法上の財産権侵害は生じない。

これとは対照的に、我妻鑑定意見書における総有説は、共同漁業権の性質が1962年改正の前後で変化していないことを前提としている[59]。そし

58）この点は、樋口陽一が「『民法において認められるに至った』権利のすべてが、そのまま『憲法上』の財産権の内容をなすというわけではないはずである」（同『国法学―人権原論〔補訂〕』（有斐閣・2007）129頁）という指摘に関わる。なお、「憲法と民法」論一般に関しては、さしあたり法律時報76巻２号（2004）50頁以下の「小特集 シンポジウム憲法と民法」参照。

59）我妻意見書の提出日は1966年１月であるが、その対象である事案において補償金が支払われたのは1962年４月28日であり、漁業法1962年改正は９月11日公布、同10月１日施行である。それゆえ、我妻意見書は形式的には、改正以前の共同漁業権についてのものと解する余地もある（魚住庸夫「最高裁判所判例解説」法曹時報41巻11号（1989）271頁）。この調査官解説を正しいとする見解（田中紀男「書評 浜本幸生『共同漁業権論―平成元年七月十三日最高裁判決批判―』」漁業経済研究47巻２号（2002）131頁以下）もあるが、我妻の議論が前記引用文のような認識にもとづくもので、しかも1966年１月の日付で提出されてい

て、我妻説に依拠して前記最高裁判決を批判する学説[60]は、共同漁業権の財産権としての入会権的性格＝総有を「漁業法の哲学」[61]として、共同漁業権の本質であると説く。また、明示的に総有説に言及しているわけではないが、前記最高裁判決以後も漁業行使権に言及する下級審の判断は少なくない[62]。

もっとも、仮に共同漁業権を漁民の総有と理解しても、それを憲法上の財産権と位置づけるべきかどうかは別問題である。しかし、憲法学の通説は、漁業法が定める漁業権を当然のごとく憲法が保障する財産権と理解する。そのような理解を前提としつつ、総有を法律改正によっても影響を受けることのない共同漁業権の本質と理解するならば、江戸時代から続く「前近代」的性格を有する権利を憲法上の財産権として保障することを是認するか、あるいは森林法判決に従い、共同漁業権の本質を総有として理解したうえで、それを「近代市民社会における原則的所有形態である単独所有の原則」に反するとして違憲と判断するしかない。

漁業権判決は、後者のような迂遠な論理をとらずに、共同漁業権を社員

る以上、1962年改正後もその理解に変更はないとみるべきだろう。

60） 熊本・前掲注19）。その趣旨を敷衍したものとして、水口憲哉「共同漁業権をもっと活かそう―漁業権と資源管理」浜本監修・前掲注51）227頁以下等参照。

61） 同前および、浜本監修・前掲注51）参照。

62） 鹿児島地裁平成22年2月27日仮処分決定は、西之表市沖の馬毛島における採石事業に関し、「漁業法8条1項は、……共同漁業権のような管理漁業権については、漁業権者である漁業協同組合が自ら権利を行使するのではなく、当該組合に所属し、一定の資格を有する組合員に権利を行使させるという実態を前提として、同組合員各自が『漁業を営む権利』を分有していることを法定したものと解される」と指摘して、「この漁業を営む権利は、漁業権そのものではないが、それと不可分であり、かつ、その具体化された形態であるから、漁業権が物権とみなされる（漁業法23条1項）のと同じく、物権的性格を有し、これが侵害された場合には、妨害排除請求権や妨害予防請求権等の物権的請求権が発生するものと解される」として採石事業の差止めを認めた。なお、〈http://www.manabook.jp/moribito005-mizuguti.htm〉の資料2に、本決定の抄録が掲載されている。また、福岡高判平成22年12月6日判時2102号55頁は、一審判決を支持して「漁業行使権は，生命，身体に関する権利ではなく財産的権利ではあるが，漁協の組合員の生活の基盤にかかわる財産的権利である。また，権利者は漁協の組合員として，当該漁場においてしか，漁業権の対象となっている漁業を営む権利を有しないものであり，例えば損害賠償を受けた上でほかの漁場で上記漁業を営むということは，組合員の資格要件等の問題もあって極めて困難」として、漁業行使権に言及する。なお、佐賀地決平成16年8月26日判時1878号34頁。

権と理解することによって漁業権の「近代」化を図った。それは、森林法判決の論理を前提にすれば、単独所有という近代法の原則に適合する社員権として共同漁業権を理解することを意味するから、逆説的に憲法上の財産権と位置づけることになるか、少なくともそのように論じることが可能となる。

しかし、最高裁の真意はともかく、判決の論理を追う限り、最高裁は漁業権を憲法上の権利とは考えていないはずである。というのも、最高裁は1962年改正に関し、「共同漁業権は、……沿革的には、入会的権利と解されていた地先専用漁業権ないし慣行専用漁業権にその淵源を有する……。右改正前の規定については、……漁民である組合員全員が『各自漁業を営む権利』を有するものとしていたところから、……入会山野の利用関係と同じ……との見解を容れる余地があつた。これに対し、右改正後……旧規定の「各自」の文言は削除された。……［ゆえに］組合員の漁業を営む権利は、漁業協同組合という団体の構成員としての地位に基づき、組合の制定する漁業権行使規則の定めるところに従つて行使することのできる権利であると解するのが相当である」と述べているからである（ブラケット内は筆者による）。

共同漁業権は、沿革的には入会的権利の保障を意味していたが、法律の改正により「共同漁業権は従来の入会漁業権の性質を失つ」たと指摘する以上、そこに既得権保障と理解される意味での憲法上の財産権保障を読み取ることはできない[63]。最高裁の漁業権理解は、徹頭徹尾、実定法依存主義である。それゆえ、最高裁判決の立場からすれば、特区制度を設けて漁場の市場開放を行おうが、法律改正によって実現しようが憲法問題が生じる余地はなく、これを憲法論として論じる余地はないことになる。

最高裁の立場をこのように解釈すると、共同漁業権を社員権と理解する場合、漁業権は財産権であるという憲法学の通説が説く定式はまったく無

63） 実際、判決当日（1989年7月13日付）の朝日新聞夕刊の見出しは、「共同漁業権は『入会の性質を失った』 最高裁初判断　組合に帰属を認定」というものであった。もとより、時々に法律で保障される権利が財産権であると理解するなら話は別である。前注58）の樋口の指摘参照。

意味なものとなる。それを避けるためには、そもそも財産権は生存権（憲法25条）と同様、憲法次元では無内容な権利であると解するか、それが一般論にすぎるというのであれば、少なくとも漁業権は憲法上の財産権には含まれないと再定義——そのことにさしたる意味はないが——するしかないだろう。

他方、共同漁業権を森林法判決のいう「近代市民社会における原則的所有形態である単独所有」の例外と位置づけることも可能ではある。共同漁業権は、「近代」化されなかった権利として入会権的権利であることを本質とし、それが憲法上の財産権として保障されているという理解である。共同漁業権の形成過程をみる限り、それを自生的秩序として憲法上の財産権と理解することは困難ではない。また、戦後漁業法により、戦前からの制度は法的に清算されたが、当時の立法者が既存の秩序を新たに漁業権制度として選択したと説明することもできる。

しかし、それにより最高裁が森林法186条を法令違憲としたことの説明は困難となるだろう。いうまでもなく、森林法186条もまた、戦後（1951年）における立法者の選択であったからである[64]。森林法判決は、「近代市民社会における原則的所有形態である単独所有の原則」を引き合いに出すことで森林法186条を違憲としたが、それは、「前近代」的権利が近代憲法の保障する財産権ではないことを意味する。これによれば、日本国憲法のもとで共同漁業権を総有と理解する余地はなくなるが、仮に社員権であってもなおそれは憲法上の財産権でなくなることを意味しない。

他方、現行法のもとで共同漁業権は不自由な財産権ではあるが、妨害排除請求権等の排他性が付与されることで、資源管理の誘因ともなっている。それとは対照的に、海を自由漁業の対象とする——その意味で漁場の「近代」化を極大化させてきた——欧米[65]では、漁業者の権利を排他的な財産

64）中尾英俊「共有林分割制限の違憲性」ジュリスト890号（1987）75頁以下。

65）「根本にある考え方として、欧米には、海の資源については、すべての人が平等の権利を持っている……ということは、政府がきっちりと管理しないと、すぐに無秩序な乱獲につながる」。浜本幸生=ケビン・ショート「漁師は海のMORIBITOだ〔海の管理を考える〕」浜本監修・前掲注51）237頁。

権として観念すべきことが、あらためて説かれるようになってきた[66]。

震災復興の名目で、漁業の市場自由化を国内において求める日本と、自由漁業を転換し漁業者の財産権確立が説かれる欧米とでは、グローバリゼーションという共通の状況にありながら、「近代」と「前近代」が逆のベクトルで作用している。これは、復興と自由化が、必然的に現行漁業制度の改変を要求するわけではないことを意味するのではないか。

(2) 小括——漁業構造改革論と財産権の保障

戦後漁業法は、共同漁業権カテゴリーを創設することにより零細漁業者の漁業権を集約化する道筋をつけていた。そこで、これを総有と理解すれば、零細漁業者の漁業権を漁業協同組合の多数決で奪うことができないと論じる余地が生まれる。他方、それを社員権と解すれば、共同漁業権の効率的運用に道を開き、漁業権の「近代」化、すなわち総有を解体し、漁業の自由化を促進する道を開くことも可能となる。

ちなみに、総有と無縁の個別独占漁業は、「古来」のまま存続しても、「近代」化と矛盾しない。したがって、総有かどうかを論じることに意味があるのは、零細漁民の共同漁業権についてだけである。逆にいえば、漁業権の法的性格は、権利の属性それ自体に対する関心もさることながら、それぞれの理解がもたらす帰結に着目して主張されてきた面がある。その意味でこれは、4で言及した公権説対私権説の代理戦争でもあった。宮城県知事の「漁業権の判断を私に移す」[67]という発言は、そのことを如実に示している。

もっとも、ここでもまた主たる関心事は、公権か私権かという権利の本質論にではなく、漁業権を自由化すべきか否かにあった。この点に関していえば、前述のように、仮に漁業権を社員権と理解しても、それが財産権である点に変わりはない。憲法上の財産権に「危機」は常駐しているが、それは震災のような外在的「危機」とそれからの復興を掲げれば当然に顕

---

66) Donald R. Leal, "Fencing the Fishery: A Primer on Rights-Based Fishing" in Donald R. Leal (ed.), *Evolving Property Rights in Marine Fisheries* (Rowman & Littlefield, 2005) p.6, Richard Barnes, *Property Rights and Natural Resources* (Hart publishing, 2009) pp.319-323.

67) 村井・前掲注9) 107頁。詳しくは、中島・前掲注37) 87頁参照。

在化させることができるわけではなく、歴史的に形成されてきた権利（本稿でいえば漁業権）の性格や内容の検討を通じて、権利の制限を正当化できる理由を説明する必要がある。宮城県の水産業構造改革論には、この点が致命的といってよいほどに欠落しているといわなければならない[68]。

> 資本主義の特性に適合した生活態度や職業観念が「淘汰」によって選びだされる――すなわち、その他のものに対して勝利を占める――ことが可能であるためには、そうした生活態度や職業観念があらかじめ成立していなければならず、しかも、それが個々人の中にばらばらにではなく、人間の集団によって抱かれた物の見方として成立していなければならない[69]。

上記一文は、本稿の主題と異なる時代と文脈のもとで書かれたものではあるが、それにもかかわらず、ある制度の変更には、それを支えるエートスが不可欠である点において、なお共通の側面を有する指摘といえる。少なくとも漁業権の自由化に関しては、漁業の持続可能性だけでなく、既得権という名の歴史も無視することはできないであろう。とりわけ、それが憲法の保障する財産権と観念されてきた場合には。

68） 2012年8月31日付日本経済新聞朝刊によれば、宮城県は特区制度を利用して、2013年に更新期を迎える漁業権を企業（大手水産卸の仙台水産とカキ養殖業者15人が共同出資して設立する新会社）に認めることにした。

69） マックス・ヴェーバー（大塚久雄訳）『プロテスタンティズムの倫理と資本主義の精神』（岩波文庫・1989）51～52頁。

第14章
憲法第9条・考

奥平康弘

〈3.11〉後の日本では、さまざまなレベルにおいて、日本という国家の選ぶべき道があらためて問い直されているように思われる。そのような中で、もっとも鋭い対立状況をみせているのが“原発存廃”をめぐる議論であることは、言をまたない。課題は山積しており、あらゆる分野の専門家が、少なくとも自身の領分においてこれに対して向きあうことを求められている。もちろん憲法研究者とて例外ではない。本稿では、しかし、“原発存廃”そのものを問題にするのではなく、少し迂遠な形をとって、これに応えたいと思う。すなわち、ある論者が、“原発存廃”に関して「脱原発」論の「虚弱」さを例えるために「非武装中立」論を引き合いに出したことに注目したい。「非武装中立」を唱える言説は本当に「空虚」だったのだろうか。では、それが拠り所にしてきた憲法9条が今まで生き永らえていることの意味・意義は何なのか。本稿は、憲法9条をめぐる状況を歴史的に分析することで、そこから間接的に、現今の日本における諸課題に向きあう際の示唆を得ようとするものである。

1　はじめに

月刊雑誌『世界』に寺島実郎の短篇エッセイ「脳力のレッスン」が連載されている。そのある回[1]に、「戦後日本と原子力——今、重い選択の時」と題して寺島は、現今の日本における最大の争点のひとつである“原発存廃”問題について、「原子力の基盤技術の維持・蓄積」こそ目指す選択であるべきだと主張している。つまり、脱原発はとるべき策ではない、それよりはむしろ原子エネルギーを慎重に維持すべきであるというのである。

今ここでそうした“原発存廃”に関する寺島の主張の当否を論ずるつもりはない。私の気を引いたのは、彼の文章の中にある次のフレーズである。寺島はいう。

1）寺島実郎「戦後日本と原子力—今、重い選択の時（連載・脳力のレッスン）」世界831号（2012）35頁。

私は、多くの「脱原発」の論調に「非武装中立論」にも通じる虚弱さを感じる。敗戦国日本で、深い省察に立ち「二度と戦争に巻き込まれたくない」との思いで「非武装中立」を希求した人たちが存在したことも理解できる。しかし、峻厳な国際環境の中で瞬く間に空虚な理想論にさせられていった。求められるのは重層で逞しい構想力なのである［傍点は筆者による］。

要するに寺島は、「非武装中立論」なるものが「瞬く間に空虚な理想論」でしかなくなったという消極評価を下し、返す刀で「脱原発論」の方をバッサリと斬り棄てるという手法をとっている。本稿で私が問おうとするのは「非武装中立論＝空虚な理想論」でしかなかったという、寺島のきめつけの方である。

まず注目すべきことは、寺島にあっては「非武装中立」と「脱原発」とは、その性格において近似なものととらえられている点にある。そのことをもっとも象徴的に表しているのは、彼の「日本国は『アメリカの核の傘の下』にある」という認識の働かせ方にある。前記エッセイの中には、さらにこのようにある。

ワシントンでのエネルギー専門家との議論の中で、私［寺島］に対する最も重い質問は「米国の核の傘に守られながら、しかも日米原子力共同体に身を置きながら、日本は『脱・原発』を選択できると考えるのか」というものであった。我々はこの質問に真剣に答えなければならない[2)]。

要するに寺島は、「非武装中立」も「脱原発」もともに、「アメリカの核の傘の下」にありながらこれらを唱えることは「虚弱」で「空虚」な背理だ、ときめつけるのである。「アメリカの核の傘の下」という観念は、両論に対して同じように絶妙な消極効果を発揮する構成になっているのである。

先にお断りしたように、以下本稿は、それら両者のうち「非武装中立」論との絡みでのみ考察を行うものである。

最初に、寺島が使う「非武装中立」という名辞について、いくばくかの

2） 同前。なお、ブラケット内は筆者による。以下同じ。

解説をしておいた方がよいだろう。これは、日本国憲法9条の意味内容をキャッチフレーズ風あるいはスローガン的に表現したものなのであって、戦後政治の中で一定の勢力でありえていた社会党がこの名辞を公式に用いた時期があるものの[3)]、特定政党に結びつけて用いられてきたというよりは、むしろ普通名詞化して広く市民に用いられている。寺島もそうしたレベルでこの名辞を使っていると解されうる。「非武装中立」ということばは、9条に関連して「非戦」「反戦」「無防備」「再軍備反対」「平和主義」などが唱えられる中でそれらに共通・共鳴する諸点を見いだして成立し通用しているといえる[4)]。

寺島は、「非武装中立」論は「峻厳な国際環境の中で瞬く間に空虚な理想論にさせられ」、あたかも特定の時期（察するにおそらく憲法制定時に付随した占領期）に澎湃として巻き起こり、しかしにわかに消え去った一時期的な政治現象であるがごとく説いている。しかし、それは正当ではない。以下にまず、このことをいわば歴史的に検討し、次いで、非武装・非戦平和主義を謳うものとしての憲法9条が改正され葬り去られることなしに生き残りえていることの意味＝意義を、私なりに論じてみたい。このことは同時に、「脱原発」論を「虚弱」で「空虚」であるとする寺島のきめつけに対する、1つの回答ともなろう。

実際のところ、以下扱う主題については、厖大な量の昔からの論議の積み重ねがあるのであって、私があえて屋上屋を加える必要はないのである。しかしながら、日本国憲法、なかんずくその第9条の根底に関わらずにおかない国家的な危機に当面しつつある現今、私なりに越し方を眺め、ともかくもそれを総括しうる私なりの地点を捜し求めたい。

2　憲法9条成立の経緯

まず最初に、憲法9条成立の経緯である。よく知られるように、背後にはいわゆるマッカーサー・ノート第2原則がある。それは次のように謳う。

3）石橋政嗣『非武装中立論』（日本社会党中央本部機関局・1983）。

4）たとえば、シンポジウム「非武装中立論の真の課題」世界459号（1984）67頁以下。

国権の発動たる戦争は、廃止する。日本は、紛争解決の手段としての戦争、さらに自己の安全を保持するための手段としての戦争をも、放棄する。日本はその防衛と保護を、今や世界を動かしつつある崇高な理想に委ねる。日本が陸海空軍をもつ権能は、将来も与えられることはなく、交戦権が日本軍に与えられることもない。

これを起草案にして政府案が帝国議会に提出された。議会では二度の修正を経て、ようやく現行9条の条文が成立した[5)]。

一般的に、憲法9条は、占領軍の一方的な押し付けで——たとえば、天皇制残存のための「避雷針」としてちらつかされながら——できあがったという風説が存外行き渡っているが、事案の進展はかく単純ではない。それは、ポツダム宣言受諾による帝国軍隊の無条件降伏の後始末をどうつけるかという、高度にセンシティブな国家的・国際的な戦略問題に頂点をおいた争論であったのである。

先に紹介したマッカーサー・ノート第2原則の特質は、①国家の名によるいかなる戦争（自衛戦争も、制裁・報復戦争も含める）も放棄する、②軍備を保持しない（再軍備しない）、③交戦権は否認する、の三点にあった。我が制憲議会では、旧政治勢力は何とかして旧帝国陸海軍を復活（再軍備）させ、侵略戦争と非難されずにすむ何かの名目がつけられる戦争を可能とする余地を残し、交戦権を確保しようと、懸命に努力した。

しかしながら、史上はじめて女性代議士も参加して開かれた制憲議会では、一切の戦争の放棄・陸海空軍その他の戦力の不保持・国家交戦権の否認の三点セットで9条は承認されたのである。

国にあっては、戦闘そのものに巻き込まれ悲惨のどん底に突き落とされた沖縄の人々の筆舌を絶する苦難があり、原爆投下による未曾有の破滅的被害を受けた広島・長崎の人々の悲運があり、かつ多くの都市部に加えられた無差別な大規模空襲による莫大な被害があった。圧倒的な多数の日本人は「戦争はもうこりごりだ」「どんな意味でも再軍備には反対だ」ということを実感を込めて感得したことは間違いなかろう。

5）野中俊彦=高橋和之=中村睦男=高見勝利『憲法Ⅰ〔第5版〕』（有斐閣・2012）147～157頁〔高見〕は、憲法9条成立の沿革を大変要領よく記述している。

こうして、少なくとも初発には、一般市民も政府もほとんど一体となって、憲法9条を「非武装中立」を宣言したメッセージと受け止めたのである。

注目に値するのは、この時期には非武装・非戦平和主義的憲法論が法学界では通説としてほぼ独占的に行き渡っていて[6]、政府や圧倒的多数の市民の憲法9条理解を下支えしていたという事実である。

3 1950年代前半からうかがえる変容

1950年6月、朝鮮戦争が始まるが、その前後から、ほぼ3年後に施行過程に入った日本国憲法の雲行きが大変怪しくなる。世界戦略のありようについて、米ソ二大勢力の対立が顕在化し激化し、両国は思想的不寛容策と軍備増強に耽るようになる。日本はその影響をまともに受けて、右傾化・保守化への路線切り替えを行った。アメリカは、日本の衛星国化を目論んでいたから、その方向への展開を誘導していたのはいうまでもない。

朝鮮戦争勃発の1か月と少し後、マッカーサーの指示にもとづき警察予備隊が設置され、そのほぼ2年後にそれは保安隊へと改組され、そしてそのほぼ1年足らずのうちに現行の自衛隊法が公布されるという軍事化路線をたどることになる。これが日本国内の現象だとすれば、いわゆる片面平和条約と対日安全保障条約とは、この時期に設定された占領終了後の日米間の軍事同盟関係を規定する取り決めであった。

本来は複雑に絡みあった歴史的事象を、単純化して羅列するだけの記述になってしまったが、私が意図したのは、決して戦後すぐではなく、朝鮮戦争が始まるあたりから、きわめて濃縮された形で憲法9条のイメージに揺さぶりをかけ、その平和主義的な魂を葬り去ろうとする動きがみえてきたことに注意を促したかったからである。

この間にあって——憲法研究者としての私が——特に重要視したいのは、1954年に制定された自衛隊法である。自衛隊法は、その第3条において

6) 宮沢俊義（芦部信喜補訂）『全訂日本国憲法』（日本評論社・1978）、清宮四郎『憲法Ⅰ〔第2版〕』（有斐閣・1979）。

「自衛隊の任務」を「わが国を防衛することを主たる任務」と定めている。しかるに、政府はこれまで憲法9条により、①自衛のためといえども戦争は放棄し、②「陸海空軍その他一切の戦力」を保持しないと宣言したものである、と解釈してきたではないか、という反対＝違憲論と正面衝突しなければならなかった。

政府としてはこの際、シャッポを脱ぎ従来の憲法9条解釈を全面変更して、なんとか辻褄合わせをして、①自衛戦争は放棄したわけではない、②そのための「戦力」は保持しうる、といった趣旨の解釈改正を断行する路線選択がありえたかもしれない。しかし、政府が選択した自衛隊法合憲化論は、いささか意表をつく態のものであった。それが爾来半世紀を経て現在もなお、政府統一解釈として支配的であり続けている「個別的自衛権」論である。それは、次のような定式によって踏襲されてきている。

> 憲法第9条の下において認められる自衛権の発動としての武力の行使については、政府は、従来から、①我が国に対する急迫不正の侵害があること、②これを排除するために他の適当な手段がないこと、③必要最小限度の実力行使にとどまるべきことという三要件に該当する場合に限られると解しており、これらの三要件に該当するか否かの判断は、政府が行うことになる……[7]。

みての通り、これは通常いわゆる条文解釈とはまったく違った形態のものである。結論を正当化するために、条文の外から条文に被せた衣裳のようなものととらえるべきである。憲法9条は、「自衛権」の存否をそもそも語っていないのみならず、「国権の発動たる戦争」をも放棄すると謳い、「陸海空その他の戦力」も保持しないと宣言し、「交戦権」も認めないと定めている。歴代内閣のふまえてきた「三要件」説は、意図してこれらと交叉しないように構成されているものであることに注意を喚起しておきたい[8]。

7） 浅野一郎＝杉原泰雄監修『憲法答弁集 1947-1999』（信山社・2003）96～101頁〔119 憲法九条の解釈等〕。

8） 憲法9条の文言の中には「自衛権」ということばは出てこない。さればこそ、第90回帝国議会で吉田茂内閣総理大臣は「正当防衛権を認むると云ふことそれ自身が有害である」と述べることができたのである（昭和21年6月28日衆議院本会議）。しかるに、1950年代半

有権解釈としての「三要件」説は、憲法9条とは直接交叉するところがなかったのと同じように、制定時に激しい政治論争の的になった自衛隊法の合・違憲論そのものにも直接効果をもたらす構成をとっていない。にもかかわらず、政府および一部の世論は、この説によって自衛隊法は合憲のお墨付きをもらえたものであるがごとく、これを祭り上げている。

その頃から、すなわち1950年代中葉から、日本は高度経済成長をまっしぐらに追求する——今からみれば異常なくらい好調な——時期に入る。自衛隊は、格別市民の注目の的になることもないまま、国民総生産の向上と連動させて、ひたすら増強の一途をたどることができたのであった。「非武装・非戦平和主義」という言い方に代わって、「専守防衛」[9]という呼称がポピュラーとなり、これをもって自衛隊を容認したものとして憲法9条を肯定的に受け止める傾向が一定の市民間にうかがえるようになった。

4　1950年代後半以降——(内閣)憲法調査会の挫折

1950年代後半から1980年代いっぱいまでの期間は、1954年制定の自衛隊法によって可能になったいわゆる「解釈改憲」による自衛権増強が図られたのだが、その道筋は決して平坦なものではなかったことをぜひ強調しておきたい。

話は前後するが、1952年4月末、いわゆる平和条約が発効してアメリカとその傘下諸国との関係では日本国は独立したことになる。それと同時

ばになると、個人が有する正当防衛権になぞらえて、国家もまた、正当防衛権をもつと言い始めるのである（浅野=杉原監修・前掲注7）88～89頁〔105 国家の自衛権と個人の正当防衛権の関係〕)。なお、丸山眞男が、本文後述の「平和問題談話会」のことを述べている部分で「軍備のない国家はないんだけれども、憲法第9条というものが契機になって一つの新しい国家概念、つまり軍事的国防力というものを持たない国家ができた、ということも考え得るんじゃないかと言って、磯田くん［磯田進、民法・労働法専門の研究者］と議論したのを覚えています」という発言に注目されたい（松沢弘陽=植手通有編『丸山眞男回顧談（下)』（岩波書店・2006）228頁)。

9）浅野=杉原監修・前掲注7）95頁「117 専守防衛の概念」によれば防衛庁長官は、「専守防衛とは相手から武力攻撃を受けたときに初めて防衛力を行使し、その防衛力行使の態様も自衛のための必要最小限度にとどめ、また保持する防衛力も自衛のための必要最小限度のものに限るなど、憲法の精神にのっとった受動的な防衛戦略の姿勢をいう」とする。

に締結していた日米安全保障条約も発効した。後者により、日本はアメリカの「傘の下」に入ったのである。

このこと、すなわち米ソ二大国のうち、アメリカ側につき、その結果いきおい、ソ連およびその衛星諸国を潜在敵国としてしまうことは、単に日本の国際政治上きわめてクリティカルな選択であったばかりではない。世界の平和を希求し、その実現に向けて世界に向けて約束した憲法9条にとって、きわめて望ましくない選択なのであった。

日本がそうした大問題を抱えもつことになる直前の1950年半ば、朝鮮戦争が勃発した。折から、占領軍の支持のもと、反共系の民主化同盟を中核として、全国にまたがって活動展開中の労働組合が連合して日本労働組合総評議会（以下「総評」とする）が結成され、一大政治批判集団として展開していく礎が築かれた。総評は、世界平和の名において非武装中立の路線をとるものとしての憲法9条を護持する立場を堅持する、一大集団として機能することになる。

また他方、アメリカが日米安全保障条約との抱き合わせの片面平和条約を強行しようとする動きを危険な、そして憲法9条の平和主義に背反すると信ずる市民の数は、けっして少なくなかった。こうした人々の信条を代弁する有力・著名な学者・評論家たちは、1949年3月、平和問題談話会という名のグループを立ち上げ、各専門研究部会ごと、「平和」とは何かを考察しあった。この研究集会活動の経験・実績が——後述するように——ほぼ10年後に出現するある種の憲法改正ムードの高揚に対抗すべく発足した憲法問題研究会へと活かされることになる[10)]。

自衛隊法が制定された1954年、政界では敗戦にともない導入された公職追放令が廃止になり、鳩山一郎・岸信介など戦前・戦中に活躍した保守政治家たちが政界復帰を果たした。こうした勢力は、公然と再軍備を語り、憲法全面改正を目標に掲げた。この年の終わり頃、長期政権を担ってきた自由党・吉田茂内閣が総辞職し、代わって新党・民主党の鳩山一郎内閣が

10）平和問題談話会については、松沢=植手編・前掲注8）224～236頁、なお、世界60号（1950）21頁以下の「三たび平和について」参照。なおまた、憲法問題研究会については、世界163号（1959）208頁以下所収の大内兵衛、宮沢俊義、我妻榮の主張を参照されたい。

成立した。

翌1955年2月に総選挙が行われたが、自由・民主の保守両党の得票数を合わせても、憲法改正発議に必要な3分の2以上の特別多数を充たす議席を獲得することができなかった。改憲反対勢力たる社会党は左右二派に分裂してしまっていたが、情勢を好転すべく総選挙後の同年10月、統一社会党を立ち上げた。これに対抗して、同年11月、自由党・民主党が一党に合併した。こうしていわゆる55年体制ができあがった。

政府与党としての自由民主党は、憲法改正に必要な第一要件として衆参の両議院の各3分の2以上の議員多数を確保するため、小選挙区制導入を目論んだが、社会党その他の野党の反対運動に阻止され、改正の目途がつかなかった。1956年7月の参議院議員選挙でも改正発議要件を充たす特別多数を獲得できずに終わった。

改憲勢力が、こういう条件のもとで何とかして改憲を実現させる可能性を切り開こうと案じた一策は、現憲法の問題性をあれやこれやあぶり出し、それらについて市民各員に明らかにし、改正をよしとする世論動向を作出しようという戦術であった。この策を実行するため、政府・自民党は、1956年6月、憲法調査会法案なるものを国会に提出した。

法案第2条には「調査会は、日本国憲法に検討を加え、関係諸問題を調査審議し……国会に報告する」と所轄事務を定めていて、改正に資する目的などはおくびにも出していない。けれども、改憲をめぐる当時の諸般の状況に照らしてみれば、改正動向と無関係だと断言することの方がむしろむずかしい。「検討を加え」と定めるが、「何のための検討」かが語られていないのは、むしろ不自然ではなかろうか。

ともあれ、調査会への参加要請を受けた社会党は、同年9月、「憲法調査会設立の主要なる目的は、現行憲法を改正して……旧帝国憲法に逆行せんとするものであって、特にその中心は再軍備要求にあり、これは明かに憲法の改悪である」[11]と断じ、政府に対して調査会廃止を要求する文書を公表した。

11） 渡辺治『憲法改正の争点』（旬報社・2002）資料II 30頁。

さて政府の方は、憲法調査会を無難に機能させて、所期の目的のために、学問的に権威があって高名で、かつ改憲目的に適合的と判断できる東京大学系の英米法学者の高柳賢三を調査会会長に任命するとともに、政治学者の蠟山政道の委員委嘱を叶えていた。

政府としては、東大系学者のうち民法学の我妻榮と憲法学の宮沢俊義の両名を何としても委員として獲得したいと望んだが、これには成功しなかった。我妻は次期最高裁長官に噂されていたほど権威ある人物であり、しかもノンポリの人物として知られていた。他方宮沢は旧憲法の解体作業に直接内部から関わったばかりでなく、新憲法成立にあたっては貴族院勅選議員として審議に加わった経歴をもつ最高権威者の１人である。この２人が政府の委員委嘱を拒否したということは、今の政治感覚をもってしては計り知れないほどのショックを内閣に与えたし、ジャーナリズムのうえで大きな扱いを受ける話題であった。我妻、宮沢の両人は、じつは内閣の委嘱を断ったばかりではなく、この委員会が目する改憲への行動に明確に反対するために、そのゆえにより政治的な意図をもって、1958 年６月に設立された、市民集団たる憲法問題研究会の方に参加したのである。この選択たるや政府・与党など改憲勢力にとって非常な痛手であった。

我妻、宮沢が参加することになった憲法問題研究会というのは、先に紹介したように、日本政府が目論んでいた片面平和条約および日米安全保障条約の締結に反対し抗議する目的の市民組織＝平和問題談話会をモデルとして設置された、戦後日本に固有・独特な学者・知識人集団である。どちらの場合も団体設立のイニシアティブをとったのは、東大経済学部教授を経て当時法政大学総長であった大内兵衛と雑誌『世界』編集長・吉野源三郎の２人であった。また、組織運営面で基軸的・参謀的な役割を果たしつつ同時に憲法学・国家学・政治思想史学などにまたがって発言をしてオピニオンリーダー的な存在であった丸山眞男の名を逸するわけにはいかない。

このような状況のもと、内閣が立ち上げた方の憲法調査会は、政府・自民党の意図に従って改憲方向に傾いた調査活動をあからさまに行うことには極度に遠慮せざるをえなかった。最終報告書でも改憲か護憲かの結論を表出することなく終わっている。結果としてとりまとめられた調査報告書は厖大なものになっているが、憲法制定経過の歴史研究資料として役立つ以外の効用を見いだすことはむずかしい。というわけで朝鮮戦争、占領終結、55年体制などの継起により、上からの憲法改正ムード作りが功を奏しそうな勢いになったが、平和問題談話会や憲法問題研究会などに象徴されるようなある種の啓蒙グループの影響もあって、「戦前回帰」を嫌う多くの市民は、憲法改正に同調しようとしなかったのである。

こうして、復古型政治家たちの政界復帰にもかかわらず、「非武装中立」的な平和主義は、市民の間では決して「空虚な理想論」と化してしまったわけではない。

5　憲法9条と司法

憲法9条はいうまでもなく、憲法典の中に規定されている命題である以上は、単に政治宣言としての性格を具有するだけではなく、法規範として機能することが想定される。そうとらえるならば、その規範力を最終的に担保するもの＝機関としての司法＝裁判所の働きが期待されることになる。

我が憲法9条の場合、一番最初にこの領域で問題になったのは、自衛隊の先々代にあたる警察予備隊の合憲性を争って、いきなり最高裁へ上告した、左派社会党委員長・鈴木茂三郎の訴訟である。しかし本件では、訴えに必要な具体的な利害対立が示されていないとして、最高裁は、9条領域には司法判断を加えることなくこれを却下した[12)]。

憲法9条の実体が司法上はじめて論じられたのは、いわゆる砂川事件においてであった。9条をめぐる最初の裁判事件であったのみではなく、これを契機に全国的規模にわたる市民の諸集団が9条の世界における存在意義をはじめて勉強するようになり、9条を護持してその改正を阻止するための運動の必要を覚知するに至った。砂川事件は、裁判運動を中核にして平和主義と民主主義とをつなげて推進する、ある種の重要なモデルとなった。

12）　警察予備隊違憲訴訟判決（最大判昭和27年10月8日民集6巻9号783頁）。

この事件は、1957年7月、東京の都下・砂川町に所在する米軍立川基地の拡張計画のために国側が行った測量行為に端を発する。測量に抗議した拡張反対同盟員300名ほどのうち7名が、米軍基地に数メートルほど侵入したことを理由として日米安全保障条約にもとづく刑事特別法2条違反にあたるとして逮捕され起訴された。これが砂川事件の始まりである。

この事件が事件として将来とも憲法裁判史上ならびに戦後日本政治史に名を残すことになるに違いないと思わせる要素の1つは、第一審の東京地裁が日本に駐留する米軍は憲法9条2項でいう「陸海空軍その他の戦力」にあたり、したがって米軍の日本駐留を認めた日米安全保障条約および刑事特別法は、違憲無効であると判決して、被告人たちには無罪を宣告したことである[13]。

これは、憲法9条を非武装・非戦平和主義を謳うものとするものとしては、はじめての司法判断である。そしてしかも、ここで裁判長を務め、おそらく判決文を執筆した当人であったに違いない伊達秋男は、8年間の長きにわたり最高裁調査官という要職に就いていた前歴を有する司法エリートだったのである。

日米安全保障条約、したがって米軍の日本駐留は違憲無効と断じた伊達判決が、日米両国に与えた衝撃は、いかばかりであっただろう。後年（2008年4月30日付各紙）報ぜられたところによれば、当時日本に駐留していた米国大使ダグラス・マッカーサー・Jr.から米国務長官に宛てた機密文書が公開されて、次の事実が明らかになった。すなわち、米国大使と我が最高裁長官・田中耕太郎とがこの案件で密談を交わしたこと、その際米国大使は、最高裁が可及的すみやかに処理（破棄、差戻し）するために控訴審を飛び越して（跳躍上告）、最高裁が直接受理する方法を探るようにと進言したというのである。

米国政府にせっつかれながら我が最高裁は急ピッチで本件を審理し、同年12月16日、原判決破棄差戻しの判決[14]に達した。

大法廷判決はまず第1点として「同条項［憲法9条2項］がその保持を

13） 砂川事件第一審判決（東京地判昭和34年3月30日下刑集1巻3号776頁）。
14） 砂川事件最高裁判決（最大判昭和34年12月16日刑集13巻13号3225頁）。

禁止した戦力とは、わが国がその主体となつてこれに指揮権、管理権を行使し得る戦力をいうものであり、結局わが国自体の戦力を指し、外国の軍隊は、たとえそれがわが国に駐留するとしても、ここにいう戦力には該当しないと解すべきである」と判示した。次いで第2点として、最高裁は、米軍の駐留を可能にさせている日米安全保障条約の合・違憲性についての司法判断については「その条約を締結した内閣およびこれを承認した国会の高度の政治的ないし自由裁量的判断と表裏をなす点がすくなくない。それ故、右違憲なりや否やの法的判断は、純司法的機能をその使命とする司法裁判所の審査には、原則としてなじまない性質のものであり、従つて、一見極めて明白に違憲無効であると認められない限りは、裁判所の司法審査権の範囲外のものであつて、……終局的には、主権を有する国民の政治的批判に委ねら［れ］るべきものであると解するを相当とする」と判示した。上に引用した最高裁判決文のうちの第1点は、日本に駐留する外国軍は、憲法9条2項で日本国が保持しえない「戦力」にあたるか否かという文理解釈に及んでいる部分である。これは、それまで学界ではほとんど論ぜられてこなかった争点であって、この争点に最高裁が権威をもって解釈上決着をつけたものといえる。純粋に客観的・中立的な性格の文理に従った解釈にみえそうだが、そうとばかりはいえない面もある。もし時代をほんの数年以前にさかのぼって、政府も含めほとんど全国的規模の市民が、「自衛権」概念を操って「自衛のための戦争」「自衛のための“実力”保持」は憲法上許**されない**という厳格解釈を通説＝支配説としていた時代であったならば（もっとも、占領下にあった時代の米軍は**超憲法的**なるものと解釈されていたが）、そう簡単に日本駐留の外国軍は「戦力」ではなく違憲的存在ではない、とはいえなかったはずである。ここに、55年体制以降という時代的刻印がうかがえる。

第2点を瞥見してみよう。ここでは、ある種の憲法問題を素材として裁判所が審査する場合にふまえるべき方法あるいは手続が取り扱われている。現今の憲法学界では、この手の憲法審査・司法審査をめぐる論議が流行気味であるが、砂川事件の頃は、かなりの程度に未知の分野であった。先に部分的に引用した法廷意見のほかに、田中耕太郎長官を筆頭に5名の裁判官がそれぞれ個別的に「補足意見」を提出しており、さらに3名の裁判官が「意見」を開陳していて、百家争鳴の観がある。法廷意見は、それを強引に1つにとりまとめ、本件のごとき高度に政治的性格の国家行為には、事後における司法審査には自ずから限界があるという一般的な結論にようやく達している。司法実務上ではこの判決は、ヨーロッパでいわゆる「統治行為」論（アメリカでいうところの「政治行為」論）を採用した先例であるといわれる傾向があるのに対して、憲法学界ではこれを「裁量行為」論だととらえる者がいるほかは、最高裁自身明確な理論をとりえなかったとして、不分明説が有力である。

砂川米軍基地訴訟は、このように法理論的に不分明な最高裁の破棄・差戻判決により、刑事事件としては振り出しに戻ったが、市民の政治運動としての“砂川闘争”は、政府側の特別土地収用法の手続が完結して基地拡張に着手できるようになるまでは、続行することになると予想された。他方、アメリカ側は、裁判闘争が続く限りは、基地の拡張が実行できないという状況に業を煮やし、1968年、ついに拡張を断念するに至り、“砂川闘争”は、ともかくも終末をみることになった。

現地の住民たち、総評など全国的規模にわたる連合体に統轄された労働者たち、さらに学生たちが参加して構成され行われた砂川闘争は、渡辺治が述べているように「憲法九条がさまざまな形でその運動の支えになっていた点からも、戦後民主主義運動を代表する闘いであった」[15)]。この時点においても、憲法9条の掲げる非武装・非戦平和主義は、決してまだ「空虚な理想論」でしかないものに堕してはいなかった。

憲法9条をめぐる司法審査の問題で次に考察すべきなのは、1967年3月に札幌地裁が判決した、いわゆる恵庭事件に関してである。これは、札幌からそう遠くない恵庭町（現在は市）におかれていた陸上自衛隊演習場付近で酪農を営んでいた2人の兄弟（「野崎兄弟」として知られている）は、地域住民に公告することなしに実行された自衛隊の砲撃訓練に抗議する意図をもって、自衛隊の連絡用の電話通信線をペンチにより数か所切断した。

15） 渡辺治『憲法9条と25条—その力と可能性』（かもがわ出版・2009）82～83頁。

国側は、この切断行為は自衛隊法121条の防衛用器物損壊罪にあたるとして、2人を起訴したのであった。

本件起訴が1954年に制定された自衛隊法の違憲無効を主題とする史上初の裁判に発展することになるとは、起訴当局たる検察庁は——のちの経緯から推して——夢想しなかったように思える。ことほど左様に政府機関は、自衛隊法の合憲性をまったく疑わぬほどに脳天気でありえたのだろうか。

この刑事裁判を受けて立った野崎被告両人は、砂川闘争の経験を活かして、全国にわたる弁護士有志からなる一大弁護団の支援と多数労働者集団からの助力を受けることに成功した。被告人弁護士たちは、自衛隊法の違憲性をつくことに全力を傾けた。なかんずく自衛隊の実態を明らかにして、それが憲法の禁止している「戦力」にほかならないという司法判断を導出することに主目標をおいた。こうして被告人側は、政府、防衛庁および自衛隊の責任者の証人喚問や関係文書の提出などを次々と裁判所に請求し、また裁判長は、こうした請求を比較的鷹揚に容認した。こうして本件は、検察当局の予期しない大裁判へと発展したのであった。

北海道大学法学部教授・深瀬忠一はこの、たまたま札幌地裁に係った憲法裁判に並外れの関心をもって野崎側弁護活動に参加した。職業軍人の子として生まれ、高級将校養成のための特別教育機関たる陸軍幼年学校を経て、陸軍士官学校へと進学したところで敗戦に直面するという著しく強烈なマイナス体験の持ち主であった。戦後は浅野順一[16]の愛弟子として直接浅野の薫陶を受け、純度の高い熱心な平和主義者として知られている。深瀬の功績は、この、クリティカルな憲法裁判に法学者として参加したことにとどまるのではなく、全国の憲法学者たちに向けてこの訴訟に関心（憂慮 = concern）をもつことを広くアピールし、裁判進行に関して情報提供に惜しむところがなかったことなどが挙げられる。

こうした深瀬の活動もあって、これを契機に、全国憲法研究会という名の学会が設立された。この学会は、その後の発展において、とかく実務と遊離して純学問的・没政治的な研究にのみコミットするのをよしとする従

16） 浅野は、聖書研究学者で日本基督教団系の牧師をも務めた著名なクリスチャンである。

来型の学会とは一味違う、独特な研究者集団へとなり果せて現在に至っている。

さて、恵庭事件そのものに話を戻さねばならない。深瀬や弁護団の面々から伝わってきた法廷審理の模様からすれば、裁判長は明らかに自衛隊の実態調べに関心をもっているから、裁判所はきっと自衛隊法の憲法適合性に決着をつける判決を下すに違いない、というのが一般の想定であった。それどころか、自衛隊法を違憲と断定する判決が出てくる可能性さえはらんでいると希望的観測をする傾きもあった。

どちらに転んでも大事（おおごと）だとして、我々在京の全国憲法研究会の有志らは、判決言渡しの当日（1967年3月29日）、東京のある大学の中型会議室に集合して、札幌からの報告を待つことにした。待つこと暫し、やがて電話で伝えられてきた（ファックスもEメールもまだ普及していない時代の物語である）「被告人無罪」とする主文は我々を喜ばせるに足るものではあったが、被告人の行為は自衛隊法121条（防衛用器物損壊行為）にあたらないという、刑法上の特則の解釈問題にのみ関わった無罪理由なのであった。

伝えられたところによれば、被告人の野崎兄弟は、自分たちを無罪とした判決を憮然とした面持ちで受け止め、自衛隊法違憲判決を希望的に観測して全力投球してきた弁護人らの中には怒気を込めて裁判長を非難する向きもあったということである。

さて変わって、野崎兄弟に自衛隊法121条を振りかざして起訴し、一大裁判劇を仕立てあげた検察官や防衛庁職員は、この無罪判決をどう受け止めたのであろうか。彼らの間には、無罪判決に不満をもらしたり、不平・不満足な面持ちで構えたりする者は1人もおらず、むしろ仲間の肩を叩いて、「よかった、よかった」と安堵の意を表した者もいたという。

結局のところ国側は、被告人無罪の地裁判決に控訴せず、裁判は終結した。この、国側の不作為決定をどう解すればよいのだろうか。本件は自衛隊法121条の適用事例にあたらないとする地裁判断は、文句なく正当なのだろうか。もし、この点に疑義があるならば、検察側としては控訴して、あくまでも争いを続けるべきであったのではなかろうか。

少なくとも憲法学界では、当時も現在でも、この判決に対して「肩すかし判決」と呼称して批判的である。違憲判断を意図して「回避」したという評価である。当時全国憲法研究会の会員の圧倒的多数は、そう評価して裁判所に批判的であった。私もその1人であった。

けれどもその後の私は、「肩すかし判決」という評言にはいささか抵抗感を覚えるようになっている。「憲法判断の回避」の責任を問おうとするならば、居丈高に自衛隊法121条を振りかざして市民を起訴しておきながら、その責任（職務）を全うすることなく「控訴放棄」して途中で訴訟を終結させてしまった検察側・防衛庁側など政治色の濃い国家機関の不作為に向けられるべきであったと思う。

司法における憲法9条という主題でいえば、奇遇にもまた札幌地裁が取り扱うことになる（したがって、また深瀬忠一の尽力が期待されることになる）長沼事件を挙げないわけにはいかない。

紙幅の関係上、できるだけ手短に語らなければならない。防衛庁が航空自衛隊の地対空ミサイル基地建設のために、長沼町にある国有保安林の保安林指定を解除するよう、行政庁（農林大臣）に請求したところ、行政庁はそれを認容した。そこで付近住民たちは、この指定解除処分は、憲法9条2項の「戦力」不保持に抵触するとして札幌地裁に処分取消訴訟を提起したのである。

この事件は行政処分の取消請求訴訟という特殊な範疇のものであったので、刑事裁判であった恵庭事件と異なってあれこれの手続的なハードルがあった。しかし原告らが専一追求したのは、自衛隊そのものに対する司法の違憲宣言である。そのために原告らは、先例たる恵庭裁判の戦術を模して自衛隊の実態審理を通じてその「戦力」性を明らかにする目的での証拠調べに重点をおいた。裁判長がそうした仕事ぶりに鷹揚であった点において、本件は、恵庭事件に似ている。

1973年9月、札幌地裁は、一方で司法審査の除外を肯定する統治行為論（政治行為論）を否認し、他方で憲法9条にもとづく憲法審査を積極的に肯定することによって自衛隊の存在それ自体を違憲と判断した[17]。そし

17） 長沼事件第一審判決（札幌地判昭和48年9月7日判時712号24頁）。

てまた、9条にもとづいて市民はすべて平和的生存権を有することを理由に、訴訟遂行資格を認容してもいる。長沼事件第一審判決は、憲法審査を積極的に行って非武装・非戦平和主義を謳う9条を活かしてゆくべきだという構えに徹底している。

この違憲判決に対して今度は―― 5、6年前の恵庭事件と異なって――国側が即刻、札幌高裁に控訴した。高裁は、ほぼ3年後の1976年8月、本件控訴人には訴えの利益がなく本件は不適法であると判決した[18]。判決の理由は、先に言及した砂川事件の最高裁大法廷判決が採用したと一部の法律家たちに解されてきているところの、「統治行為論」に拠っているもののようである。

しかしながら、この札幌高裁判決も砂川事件大法廷判決と同じように「統治行為論」としては、きわめて純度が低い。疑問のひとつは、司法作用の及ばないと称する「統治行為（統治作用）」の概念を客観的に明らかにして、それを当該事案にぐいぐいとあてはめたうえで、司法判断に及ぶか及ばないかを一義的に決定する方法ではなくて、統治行為者の側に裁量の余地があることを認めたうえで、裁量の逸脱濫用の有無を裁判所が審査しうると論じている。この疑問と結びついて第2の疑問がある。札幌高裁は、本件で国・行政機関の側に裁量の誤りがあったか否かを審査する目的のためと称して、憲法9条に独自の司法解釈を導入させている。「独自」といったが、裁判所が展開するのは、何のことはない55年体制発足前後から政府・自民党が定立するようになった、すなわちその意味で、いわゆる有権解釈（＝行政解釈）にほかならない。いわく、「同条［憲法9条］が保持を一義的、明確に禁止するのは侵略戦争のための軍備ないし戦力、すなわち侵略を企図し、その準備行為であると客観的に認められる実体を有する軍備ないし戦力だけである［傍点は筆者による］」。そして札幌高裁は、本件訴訟の争点たる「自衛隊の目的、組織、編成、装備等その他の実態が……一見極めて明白に侵略的なものとなし得ない場合には、当該事項がいわゆる統治行為に属するものであることにかんがみ、右は司法審査の対象

18）長沼事件第二審判決（札幌高判昭和51年8月5日行集27巻8号1175頁）。

とはならないといわなければならない」と述べるのである。

しかしながら、憲法9条は単に「侵略“戦争”の放棄」や「侵略を目的とする“戦力”の不保持」を謳っているだけではないのである。学説のうえでは、自衛のための戦争についてもそのための戦力保持を許されないと説く主張が今なお根を残しており、そうした主張は市民の間にも相当に広く支持（信奉）されているのでもある。

さて、この札幌高裁の「統治行為論」にもとづく棄却判決に対する上告審で、最高裁はこれをどう料理したのだろうか。最高裁は、札幌高裁が懸命に取り組んだ統治行為論には、一顧だにせず、また憲法9条解釈に一言も言及することなく、もっぱら上告人ら（原告ら）にはもはや、農林大臣の保安林解除処分を争う利益はないという、ごく普通の行政法上の訴訟要件のレベルで、上告を棄却した[19]。いわゆる「憲法判断の回避」である。学説によっては、およそ「憲法判断の回避」は許されないと主張するものもあるが、そうはいえないだろう。本件最高裁判決は、意識して故意に「回避」した不正当なものとではなく、行政訴訟法上十分に成り立つ結論とみるほかない。

以上憲法9条をめぐる裁判略史のようなものをみてきた。これまでの自衛隊の合憲性をめぐる裁判については、砂川事件第一審と長沼事件第一審との2つの違憲判決を除けば、ただ1つの異色ある例外を別にして、あとはすべて合憲判決で終わっている。

異色ある例外というのは、2008年春、名古屋高裁が、イラクに派遣された航空自衛隊航空機のバグダッドなどでの空輸活動を、他国による武力行使と一体化してなされた行動であるがゆえに、イラク特措法2条2項・3項に違反するのみならず、憲法9条1項（「武力の行使」）に違反する、と判断したケースである。しかし、この裁判では控訴人らが主張する平和的生存権の侵害があったとはいえないとして、訴えは斥けられた[20]。この判決は、原告（控訴人）の主張通り、航空自衛隊の空輸活動に対して憲法

19）長沼事件最高裁判決（最判昭和57年9月9日民集36巻9号1679頁）。

20）自衛隊のイラク派遣について違憲の疑いを表明した判決（名古屋高判平成20年4月17日判時2056号74頁）。

違反の評価を下しながらも、原告らに固有な権利侵害がなかったとして、原告の損害賠償請求を斥けたのであった。

名古屋高裁が示した違憲評価は、本案（原告らの権利侵害の有無）と直接関係ない部分への、その意味で傍論的な性格のものであった。傍論の中での違憲判断であるという一事のゆえに、政府や政治支配層は、これを冷淡視したが、当時、多くの心ある日本市民たちは、自衛隊員らを戦闘地イラクへ派遣する行為の合・違憲論をめぐって大論議しつつあった。そして、全国にまたがって各地方裁判所へ違憲訴訟を提起していたのである[21)]。

1990年代以降イラク戦争に関わって提起された9条訴訟は、それ以前の9条訴訟とは、だいぶその性格を異にする。以前は、「自衛権」、「自衛戦争」、「戦力」などの概念を操作して自衛隊の存在それ自体の違憲性が問われた（もっとも、砂川事件で争われたのは、日米安全保障条約にもとづく日本駐留米軍の存在であった）。これに対し、イラク戦争以降においては、ある意味で自衛隊の存在を既定のものとしたうえで、その作用面（活動面）の違憲性が司法判断の対象になっていくように思われる。作用面にメスを入れることの方が、存在の当否を論ずるよりも、司法審査により適合的でありそうである。けれども、名古屋高裁の自衛隊イラク派遣違憲訴訟での難問が教えているように、日本国内で比較的に無難・平和的に生きている市民が、ある時、海外に派遣された自衛隊員の行動によってなんらかの平

21） 自衛隊イラク派遣違憲訴訟提起の先陣を切ったのは、北海道小樽市に住む自民党選出の衆議院議員を長く務めた箕輪登が札幌地裁に提起したそれである。箕輪ははじめはむしろタカ派の政治家として振る舞い、防衛政務次官や郵政大臣を務めた経歴の持ち主である。2004年6月に「九条の会」が発足したとき、会の呼びかけに賛同して、各地方・職能その他の集団代表者が名乗りを上げた。立ち上げに際して賛同者リストを何となく眺めていた私が驚いたことに、そのリストの中に、箕輪登の名前を見いだしたのであった。あとで知ったことだが、箕輪は、憲法9条を「非武装中立」の線では同意できないと考えていたところへ「専守防衛」論が出てきたので、これなら賛成だと思い、ずっとこの路線に従ってきたのである。海外派遣をはじめ自衛隊は「普通の国の軍隊」に近くなってしまった、これはもはや「専守防衛」では説明できない、と思い始めたのだという。箕輪は、「専守防衛」が、中曽根康弘流の「なし崩し」によって変貌してきているために、「九条の会」に参加し、そしてまた前記の違憲訴訟を提起したのであった（箕輪登=内田雅俊『憲法9条と専守防衛』（梨の木舎・2004）。なお、小池清彦=竹岡勝美=箕輪登『我、自衛隊を愛す 故に憲法9条を守る—防衛省元幹部3人の志』（かもがわ出版・2007））。

和的生存権の侵害を受けたと出訴して、国を負かすのはなかなか容易ではなさそうである。

そろそろこの辺で、9条裁判という厄介な領域から足を洗いたいと思う。ただ、あと一点だけスポットライトをあててみるのをお許しいただきたい。

先に紹介済みの恵庭事件では、被告人らの行為は自衛隊法121条に該当しないという理由で無罪となり、検察側はなぜか控訴しないまま、裁判は終結した。既述のように、裁判の経緯から推して、自衛隊法の憲法適合性判断があるだろうという予測がかなり広く行き渡っていたのに、このポイントを外しての無罪判決であった。私も含め多くの憲法研究者たちは、これは許容しがたい「憲法判断の回避」であり、「肩すかし判決」である、と批判した。

裁判後2、3か月を経て、宮沢俊義による「恵庭判決について」と題する論評が、雑誌『ジュリスト』に掲載された[22]。宮沢は最初にまず、「自分はこの裁判の進行状況の実情をよく知らないから、裁判官らが憲法判断を全くしなかったことに、非難に価するどれほどかの責任があるのか無いのか全く知らない」と釈明し、そのうえで、自分が判決を読んだ限りでは、憲法判断に「立ち入らなかったことは、それほど意外と見るべきでもないし、また、かならずしも不当と評すべきでもないようにおもわれる」と、まず自分の立場を明らかにしている。

宮沢がその頃ようやく勢いづいてきた憲法改正への気運に真っ向から反対であったのは、先に紹介したように憲法問題研究会の立ち上げに積極的に関わったことに現れている通りである。そうした立場からすれば、恵庭事件のような自衛隊法の違憲性をつく訴訟では、最後の最後まで裁判所を追い込んで違憲判決を出させるよう、あらゆる手立てを尽くすべきだ、ということになるだろう。しかし、宮沢はこの方策をとることに反対である。そして、次のように論ずる。

> 憲法九条の改正論は、今までのところ、国会両院で三分の二を制するほどには至っていないが、通常の多数決による自衛隊法その他再軍備関係の

22） 宮沢俊義「恵庭判決について」ジュリスト370号（1967）29頁。

法律は、国会をどしどし通過するような状態が現実である。そして、裁判所によるこの点の判断を求めても、合憲の判断がなされる公算と違憲の判断がなされる公算とのどちらが大きいか、正確には、判定できないとしても、最高裁での最終判断に関するかぎり、違憲の判断がなされる公算は、ごく小さい。こういう現実の諸条件を背景に考えると、この点についての裁判所の確定的な判断を急いで求めることが、現在望ましい、とはいえない。

この論述は、今から45年ほど前のものである。憲法9条と司法審査をめぐる状況、なかんずく最高裁がそれに関わる状況に、その後、大きな変化があっただろうか。同じ状況が続いて現在に至っているとみるほかない。

非武装・非戦平和主義を真髄として憲法9条をとらえる憲法論は、司法の世界で承認を得ることは今後とも相当にむずかしいと思われる。

司法による支えなくして、この憲法論は――寺島実郎の用語でいわゆる――「空虚な理想論」でしかないのであろうか。そうではなくて、「抵抗の哲理」を体現したものとして、政治社会文化に生き続け、ある種独特な効果を発揮するチャンスを待つに値するのだろうか。残された紙幅の範囲内で問い続けてみる。

6　憲法96条1項の“狙い撃ち”

本書のタイトルは『危機の憲法学』である。おそらく憲法領域の中で最大の危機を迎えつつあるのは、本稿の主題たる憲法9条にほかならない。この条項は、55年体制により政府与党となった自民党が党綱領で掲げた全面改正案の中の中心に据えられて、それ以来打ち叩かれ続けて今日に至っている。その意味では、9条は慢性危機に晒されてきたのである。しかし、現状としての危機様相は、従来のそれとは比べ物にならないほど深刻である。

従来の自民党は結党以来ずっと全面改正を目標に掲げてきた。改正理由の中心に「『押し付け憲法』は国辱」だという命題を据えており、改正論者たちの主張によれば、「押し付け」られたのは、憲法典全文だからである。

けれども、最近は保守イデオロギーにもとづく全面改正へのこだわりは減少してきて、むしろ9条がそうであるように特定条文にターゲットを絞って、その改正を狙うべきだとする現実主義的傾向がうかがわれる。狙い撃ちされる対象は、9条の前にまず、96条1項、すなわち改正手続条項の改正である。

1955年まずはじめに、左右日本社会党の統一があって、次いで自由民主党の結成が行われたのは、少なくとも後者にとっては、これによって憲法96条1項が定める憲法改正発議要件たる「各議院の総議員の三分の二以上の賛成」を得る見込みが期待できたからであった。戦前の帝国日本的なるものへの回帰を渇望する保守層は、なんとしても9条を象徴とする新しい国づくりを頓挫させたかった。憲法典を取り替えねばならないと考えたのである。その前年、国会内の保守連合は、強引な9条解釈によって自衛隊法を可決成立させていた。しかし、新憲法施行以降、短い期間のうちに、強力にかつ広く、非武装・非戦を眼目とする平和主義を謳う9条は、市民たちの中に根を下ろしていた。1955年以降、国会の各院議員選挙は、幾度行われただろうか。それが何回であれ96条1項の定める改正発議要件が充たされたことがまったくなかったことは、その証左であろう。

ところが一方で、現今の日本においては、国内に起こった〈3.11〉の未曾有の大規模災害がもたらした破壊からの、早急かつ適切な修復が求められている。他方で、世界的な規模で蔓延し始めている社会・経済・政治の各方面にまたがる揺らぎ、さらにまた国家その他の人間集合体間の関係の変動等々、非力な私にはうまく摘示することのできない性質の難問が、まるで一挙に日本に住む我々に襲いかかってきて、傲然と居直っているかのようである。

こうした状況下、日本国の勢いの落ち込みようは、多くの領域で顕著である。失地回復してアジアの（いや、世界の）リーダーシップを取り戻さなければならない、と妄言・妄信する政治家・経営者・その他各界のトップが少なくない。こうした人々は、憲法なかんずくその第9条を戦術上ターゲットにして、それを引きずり下ろし、代わってアグレッシブで見かけ倒しの文句を入れ直してしまおうと図っているはずである。

こうした目論見を達成するために、一見すればただ単に事務的・手続的・内容中立的な規定にすぎない憲法96条1項の改正を先行させてしまった方が得策であるのは、あらためていうまでもない。

従来から政党や個人の名において公表された憲法改正案の中に、憲法96条1項の“三分の二”要件を“二分の一”にレベルダウンさせようとする提案は少なくない。けれども、この部分だけの修正を求めた事例を私は知らない。

しかるに、このたびあらためて流行の波に乗ってやってきた観のある改憲騒ぎの中で「日本維新の会」が打ち上げた改正案は、96条1項だけの狙い撃ちなのである。「将を射んと欲すればまず馬を射よ」というところか。この政治集団のしたたかさを感じとらせるものがある。

7 集団的自衛権の問題性

96条1項改正論以上に、近年の憲法改正論にとって重要な位置を占めるのは、いうまでもなく集団的自衛権の問題であろう。

集団的自衛権――これは、それ自体としてはもともと憲法9条やその改正論とは直接関連しない国際法上の概念である。国際連合憲章51条に個別的自衛権と並んで登場する。国連憲章によれば、安全保障理事会が平和と安全の維持と回復を目的として軍事的措置を講ずる必要があると判断した場合には、国連軍を立ち上げて軍事行動にあたらしめる構造になっている（42条以下）。この正式な軍事構造を補完するものとして、近代以降ずっと欧米で妥当してきた理論、すなわち「どんな国家にも“自衛権”なる権力は本来的に備わっている」という考え方を前提として、これを個別的自衛権と集団的自衛権という2つの形で整理して承認したのが、国連憲章51条であるといえる。

そもそも一体、「集団的自衛権」とは何か。A国とB国とが、相互安全保障条約のような特別な約束にもとづいて、どちらかの国が他国（ここでは、以下「C国」とする）と武力紛争状態に入った場合には、A国とB国とが一体となって（集団となって）、C国と戦うことを国際法上適法と認めるための論理操作上の概念である。この事態がA国とC国との間のみの利害関係の対立の産物であって、B国とC国との間には何らの対立がない場合でも、すなわち本来B国は、C国と対立して自衛権を行使する立場にあるわけではないのに、A国との特別な約束にもとづいて、C国を敵とする戦闘に参加可能になる、というわけである。

わかりやすい例でいえば、先年アメリカが引き起こしたイラク戦争へのイギリスの参戦は、米英の特殊関係にもとづいた「集団的自衛権」の概念で、国際法上許容されていると説明されている。けれども、米英の関係は、植民地、独立戦争の時代にさかのぼって現代に及ぶまでの長い歴史の道程を念頭において考えてみると、他に類のない特殊なものであることがわかる。このように、イラク戦争のイギリス参戦を「集団的自衛権」の典型例として引き合いに出すのは、正当ではない。

いずれにせよ、今ここで集団的自衛権概念そのものについて詳しく検討する余裕はない。我々は、今の日本の問題という個別的な文脈でのみ、考察を進めるほかない。

日本で集団的自衛権概念が実践的意味をもちはじめたのは、1990年8月、イラク軍のクウェート侵攻を契機に、アメリカ（ブッシュ大統領）がイラクに対する軍事制裁に踏み切ったあたりからである[23]。ブッシュは日本の海部俊樹内閣総理大臣にイラク制裁に協力するようにと要請した。日本政府は、憲法9条にもとづき軍事制裁に加わることはできないとして、その代わりに相当の民事的な援助と多国籍軍支援金として20億ドル、さらに紛争諸国へ20億ドルの経済援助を行うという措置を講じた。

しかしブッシュ大統領はさらなるポジティブなコミットメント、つまり

23）この法概念は、1980年代あたりからかなり頻繁に国会討議に出てくる。たとえば、稲葉誠一衆議院議員の質問に対する内閣の答弁書（「我が国の自衛権の行使は、我が国を防衛するため必要最小限度の範囲にとどまるべきものであると解している。……したがって、例えば集団的自衛権の行使は、その範囲を超えるものであって憲法上許されないと考えている。」）が挙げられる（浅野=杉原監修・前掲注7）85～87頁）。政府統一解釈では、一貫して集団的自衛権は違憲である。この点で元内閣法制局長官であった阪田雅裕の「集団的自衛権はなぜ許されないのか」世界769号（2007）41頁を参照されたい。

戦闘力の提供を期待したのである。こうした経過の中で、かの有名な“Show the Flag”という、R・アーミテージ（当時、国務副長官）の叱咤激励文句が出現するのである。彼ら、アメリカの軍事戦略家たちは、日本がイラク戦争に自衛隊を派遣し参戦させるのは憲法9条に違反すると抗弁しているのは、ナンセンスな屁理屈だと斥ける。この脈絡の中でアメリカ側が持ち出したのが、集団的自衛権概念であった。彼らは、〈日本政府は「9条下にあって唯一許される『自衛権』は、“個別的自衛権”だけだ」と弁明して、“集団的自衛権”は憲法違反として斥けるが、それは謬論である。彼らが拠る個別的自衛権論は立法裁量論であり、単なる政策論なのであって、容易に集団的自衛権論に乗り換え可能なのだ〉という趣旨の発言をしてきている。

これに同調して、たとえば小泉純一郎内閣総理大臣は、一時、参議院で〈憲法9条の政府解釈を変更して“集団的自衛権”を認めるように検討中〉という旨を述べたことがある。しかしその後いくばくかして、この発言をみずから取り消した。同じように「解釈改憲」を狙って、安倍晋三内閣総理大臣は、有識者会議「安全保障の法的基盤の再構築に関する懇談会」（2007年5月）を立ち上げ、検討させた。その最終報告書は、集団的自衛権行使がいかなるケースにおいて必要となるかという想定論を熱心に語る。しかし、語るものの多くは、アメリカの観点からの利益擁護であって、日本のための立証が至って少ない。もう1つ気になったのは、集団的自衛権論がいかにして憲法9条解釈論と両立するのかという憲法論が貧困きわまりないことである。

その後の民主党政権においても、野田佳彦内閣総理大臣は、解釈変更により集団的自衛権を採用したいと考えている節があった。もし**解釈変更だけ**で集団的自衛権の行使が可能になるとすれば、憲法9条をわざわざ改正する必要はほとんどなくなる。「集団」を組む相手としてはアメリカ以外には考えられない。ヨーロッパにもアジアにも、軍事同盟を組める相手国はいない。アメリカと一緒ならば、軍事政策の幅がぐっと広がるし、今までのように国会で海外派兵、武力行使、使用可能武器等々についての野党議員からの追及で悩まされることはほとんどなくなる。私が特に憂慮するのは、もちろん、9条の有名無実化であるのはいうまでもない。

アーミテージ流の集団的自衛権論が人口に膾炙したのは、イラク戦争など日本にとって直接的な利害関係がほとんどない国々との脈絡においてであった。ところが、現今の集団的自衛権論は、非常に露骨にいえば、さまざまの分野で世界第2位を領するに至っている中国との脈絡でなされている。日米間で成立する集団的自衛権は、少なくとも日本からみて、そのまず第1の潜在敵国は、中国であろう。これは中国にとって快いはずがない。さらに加えて、韓国その他東南アジア諸国のように、かつて大日本帝国からさんざんつらい目に遭わされた国々は、日本のこの、新手の「自衛権」の拡張・発展を、気持ちよく歓迎しうるはずがなかろう、と私は想定する。

8 現在の憲法9条をとりまく状況

あろうことか本稿執筆の終わり目にある2012年12月、野田佳彦内閣総理大臣は衆議院解散の策をとった。それとともに突然、憲法なかんずくその9条の改正論議が浮上した。日本では国政選挙が何回あったかを数える余裕はないが、私の記憶によれば、数多く行われた選挙にあって、政党がその選挙公約に憲法改正を真正面から掲げて、これを争点として選挙を闘った（闘い抜いた）例はない。ところが、今度ばかりは、かなり様相を異にする。有力政党やいわゆる第三極政治集団が憲法改正を前面に打ち出し始めたのである。

加えて現在、2007年に憲法改正手続法（2008年施行）が成立、そして各院憲法審査会が機能開始するなど、改正実施のための制度が、ほとんどできあがってしまっている。憲法改正への条件がこれほどにも整ってしまっているのは、かつてない政治状況である。

かくして、「自衛隊」が「自衛軍」あるいは「国防軍」と規定され、「普通の国」の「陸海空軍」に上昇（あるいは下降）・転化する事態が、間もなくやってくるのかもしれない。私が本稿で試みたのは、結局において、この現今の事態を「始めは処女の如くのちは脱兎の如し」と形容すべき過程として要約筆記することであったようである。時代は前後するが、以下に、

「処女」時代の雰囲気を伝えるエピソードを1つ紹介してみることにする。

1954年に制定された自衛隊法にもとづき、我が自衛隊が創設されてから3、4年後の1958年7月のこと、今なお令名高いハマーショルド国連事務総長から日本政府に次のごとき要請があったという。〈レバノンの国連監視団増員計画の一部として、自衛隊の将校（25歳から45歳までの大尉または少佐）10人を派遣してほしい〉と。これに対し、日本政府は〈憲法に抵触しないとしても、自衛隊法など国内法に違反する疑いがある〉という理由でこれを断った。先方はこれを了解して、一件落着したという[24]。

この話からすれば、どうも国連事務当局は、自衛隊なるものは、そのわずか3、4年前に憲法上の大激論の末ようやく創設された国内的にセンシティブな存在であることについて、情報不足であったように見受けられる。その点はさておき、日本政府は〈自衛隊というものは“普通の国”の軍隊ではありませんので、“普通の国”の軍隊のように海外派遣するわけにはいかないのです〉というのに等しい意味内容をもった返事で対応したようである。

実際のところ自衛隊法成立の時点において、参議院は「自衛隊の海外出動を為さざることに関する決議」と題して「本院は、自衛隊の創設に際し、現行憲法の条章と、我が国民の熾烈なる平和愛好精神に照らし、海外出動はこれを行わないことを茲に更めて確認する。右決議する。」との決議を採択しているのである。

このように初期自衛隊には、9条とその憲法前文から織り成された平和主義の理念が、ある種独特な歯止めの機能を果たしていたのである。

ところが、である。その後の日本国の防衛政策は変わりに変わった。本稿ではその変わり様を詳しくフォローする余裕も必要もない。1990年8月はじめに起こったイラクのクウェート侵攻に端を発して、アメリカのブッシュ大統領が日本政府（海部俊樹内閣）にイラク制裁に参加するように要請したあたりを起点として考えればよい。既述のように、日本は、このときのイラク制裁への参加要請を、アメリカがひそかに期待したような自

24）　佐藤達夫「自衛隊の海外派遣」ジュリスト161号（1958）2～3頁。

衛隊員派遣その他軍事協力面で応えるのではなく、金銭その他の経済的・社会的なサービス提供をもって応えた。政府は、自衛のためという本来の目的から遠く離れた業務のための海外派遣措置をとることにともなう国民的な非難攻撃を誘発したくなかったのである。

こうした日本の軍事政策決定における消極性に、ブッシュたちは失望し激怒した。先に、「集団的自衛権」概念を解説したところで記したように、時の国務副長官アーミテージの放った一言“Show the Flag”は、その現れである。

実際のところ、「専守防衛」概念で練り固められてきた自衛隊理解からすれば、自衛隊の海外派遣という行動様式は、原則に対する例外であって、個別的な派遣案件に即した精査手続を経由して、その必要性・合理性などを判定しなければならない。

こうして、1992年の「国際連合平和維持活動に対する協力に関する法律」を筆頭に、少なからざる法律が制定されてきている。あれこれの個別的な国際紛争事態の発生たびごとに自衛隊派遣の必要性・合理性につき国会の事前審査を経るのはいたずらに繁雑であるという理屈にもとづいて、海外派遣のための事前審査に関する手続法制定を政府与党はしきりに提案してきたが、それはとりもなおさず自衛隊存立の基礎としての「自衛」という要素を稀釈させ、「“普通の国”の“軍隊”化」を促進させる効果をもっている。

このような「自衛」概念の形骸化過程を前提として、自民党は2012年12月16日に実施された衆議院総選挙の政権公約で、次のような形で憲法9条改正を打ち出していた。

まずはじめに「第二章　戦争の放棄」という文言を嫌って、その代わりに「第二章　安全保障」という流行のことばを採る。次に、9条1項を少しの修正のうえ、実質存置。続く9条2項で「前項の規定は、自衛権の発動を妨げるものではない。」という文言をもってきて、年来自衛隊法を支えてきたコンセプトに敬意を表する。が、ついにしかし、「自衛権」以外（以上）の「防衛権力」の発動がありうることを示唆していて不気味である。問題は、それに続く新設規定、「国防軍」を定める「第九条の二」なのである。その第1項は「我が国の平和と独立並びに国及び国民の安全を確保するため、内閣総理大臣を最高指揮官とする国防軍を保持する」とし、第2項で「国防軍は、前項の規定による任務を遂行する際は、法律の定めるところにより、国会の承認その他の統制に服する」とする。そして、第3項は「国防軍は、第一項に規定する任務を遂行するための活動のほか、法律の定めるところにより、国際社会の平和と安全を確保するために国際的に協調して行われる活動及び公の秩序を維持し、又は国民の生命若しくは自由を守るための活動を行うことができる」とし、第4項で「前二項に定めるもののほか、国防軍の組織、統制及び機密の保持に関する事項は、法律で定める」とし、さらに、第5項で「国防軍に属する軍人その他の公務員がその職務の実施に伴う罪又は国防軍の機密に関する罪を犯した場合の裁判を行うため、法律の定めるところにより、国防軍に審判所を置く。この場合においては、被告人が裁判所へ上訴する権利は、保障されなければならない」とする。その問題性は、もはや言わずもがなであろう。

さらに目を引くのは、ここにもう1つ、「第九条の三」なる規定が加えられたことである。すなわち、「国は、主権と独立を守るため、国民と協力して、領土、領海及び領空を保全し、その資源を確保しなければならない」とする。

これは、言わずと知れた、近々話題となっているいわゆる「尖閣諸島」「竹島」問題に興奮気味の一部国民の関心にただ単に迎合するだけの、無内容なメッセージである。こうした規定を憲法改正の機会をとらえて新設しようと発想するのは、相当に小児病的ではあるまいか。

非武装・非戦を中核とする憲法9条解釈は、本稿冒頭でふれたように、寺島実郎により「空虚な理想論」として斬り棄てられたが、私は、「抵抗の哲理」として市民の間になお生きていると理解する。かかるものとしてあればこそ、そのようなものとしての9条を改正して「国防軍」という名の、「“普通の国”でまかり通っている“陸海空軍”」を把持することを、自民党および同党寄りの社会支配層は願望しているのである。

自民党の政権公約が発表された直後、朝日新聞は「国防軍構想　自衛隊でなぜ悪い」と題する社説を載せて9条改正案に反対している。この種の現状維持を是とする9条改正反対論は、どちらかといえば、今流行である[25]。後ろ向きな改正論を斥けるのには効果的である、と私も思う。しかし現にある自衛隊がもし割りかた「いい線」をいっていて、あながち拒否排撃にしか値しない存在であるわけではなく、その意味でディーセント（decent）であるという評価が成立する余地のある機関だとするならば、それは、敗戦を契機に、憲法前文・9条を旗印に日本の先人たちが思いつき創り出してきた、あの原基的な憲法的平和主義が、その後のこの国の全展開過程にあって、あたかも通奏音のごとく、働いてきたからにほかならない。

9 結　び

法としての憲法9条は、他に類をみないさまざまな特性を有する。まずなによりもこれは、敗戦という高度に突拍子もない姿と形で個人や人間諸集団に影響を与え、変革を迫る出来事に端を発する産物であって、革命的性格を帯びていた。革命遂行には、それをリードする理念が不可欠である。その時の日本人たちに幸いなことに、この9条の根底には西欧近代哲学の開拓者、I・カントが著した『永遠平和のために』が体現する理念・理想があった。それは、9条の規定するところの実現を妨げるあれこれの「現実主義的」な企てに抵抗する人々の運動を下支えしてきている。しかもそれは、人の想像力を多方面にわたってかき立て、世界平和のためになすべき課題とそれに取り組むべき方法などを次々と構想させて止むところがない。たとえば――と思いつき風に記すが――冒頭に引いた寺島実郎の言説に出てくる、日本を覆っている「アメリカの核の傘」が、我々の“原発存廃”の自由や9条の理念を実現するための方法を制約している事実を当然視するか、それとも必要悪として認容するほかないのか。否視点はそれら

25）　たとえば、内田樹「憲法がこのままで何か問題でも？」（初出2006）内田樹ほか『9条どうでしょう』（ちくま文庫・2012）、それに同調する加藤典洋「戦後から遠く離れて」論座145号（2007）29頁以下。しかし、加藤は、改憲路線という「オプションを取った場合の『理念の消滅』という問題」、すなわち「日本国民は、果たしてこの『高邁な理念』の消失に荷担することに、耐えられるか」と述べていることに注目したい。

だけにとどまらないはずである。9条でいえば、この条文作成の際に権威ある先行業績として依拠され前提とされた国連憲章が、平和維持の制度設定において、――それ自体として不満足なものでしかなかったが、さらに加え――米ソ両大国が競いあって作り上げた冷戦構造によってその実効性を喪失させられたが、日本に被さっている「アメリカの核の傘」は、そうした国連の平和政策の失敗例のひとつである。「傘」の縮減・撤廃のために、日本市民が取り組むべき課題はたくさんある。

憲法学の世界では広く肯定的に共有されている命題のひとつに、「憲法というものは未完のプロジェクトである」というものがある。アメリカ憲法学界から伝来の観念である。自由・人権保障条項は、ことの性質上理念を追求するものであるので、extensive（広義包括的）なことばが用いられることがむしろ一般である。

憲法9条は自由・人権規定ではないが、「未完のプロジェクト」であることでは、基本的に異ならない。

私は先ほど、憲法9条が人の想像力を働かせる特性をもつことを指摘したが、それは、このこと、つまりテクストの「未完性」と相通じている。前世紀中葉、アメリカに公民権運動が隆盛した。運動のリーダーの1人であったマーティン・ルター・キング・Jr.は、数多くの演説をこなす中で、“I have a dream”という常套句を冒頭において、その時々の特異な人種差別慣行をポイントし、その撤廃をアピールする手法をとった。こうしてたくさんの“dreams”が語られ、かつ実現されたように、それらは単なる夢物語ではなかった。合衆国憲法修正14条が謳う「何人に対しても法の平等な保護を拒んではならない。」に向けた想像力が結実させたものなのである。

前述の通り、自民党は2012年12月16日に行われた衆議院総選挙の政権公約で、現行憲法9条に代えて、「国家あるところ常備軍をもつ」という、旧態依然たる変哲もない国家観念に依拠して「国防軍」構想をとる改憲案を掲げた。要するに、敗戦をきっかけとしておそらくほぼすべての市民が抱懐するに至った「再軍備反対」の観念を破棄して、「再軍備を！」とアピールしているのである。

「再軍備」としての「国防軍」は、ある種の日本国民には「大日本帝国陸海軍」への回帰と受けとられるだろう。中韓両国をはじめアジアの諸国は、諸事につけて地盤沈下の途をたどっている旧侵略国の悪あがきとみるだろう。

他方、非武装・非戦を謳うものとしての憲法的平和主義は、比較的最近になってようやく世界各地の人々に知られるようになってきている。私は藤原智子監督のドキュメンタリー・フィルム『シロタ家の20世紀』によってはじめて知ったことなのだが、スペイン領カナリア諸島にあるグラン・カナリア島のテルデ市にはヒロシマ・ナガサキ広場という名の公園があり、その一角に立てられている掲示板に、日本国憲法9条の文句（スペイン語訳）が、謳われている。このシーンを見たとき、ある種のナショナル・プライドをもって嬉しく思った。と同時に、もし日本国がこの9条を改廃して、その代わりに前述したような「国防軍」条項を採用するように変貌したならば、カナリアのテルデ市にある、あの掲示板は撤去されることになるのであろうか、と悲しい推測を余儀なくさせられている。

【編者紹介】

奥平康弘（おくだいら・やすひろ）
1929年生まれ。東京大学名誉教授。主著として、『なぜ「表現の自由」か』（東京大学出版会・1988）。

樋口陽一（ひぐち・よういち）
1934年生まれ。東北大学・東京大学名誉教授。主著として、『憲法という作為―「人」と「市民」の連関と緊張』（岩波書店・2009）。

【執筆者紹介】

愛敬浩二（あいきょう・こうじ）
1966年生まれ。現在、名古屋大学大学院法学研究科教授。主著として、『立憲主義の復権と憲法理論』（日本評論社・2012）。

蟻川恒正（ありかわ・つねまさ）
1964年生まれ。現在、日本大学大学院法務研究科教授。主著として、『憲法的思惟―アメリカ憲法における「自然」と「知識」』（創文社・1994）。

石川健治（いしかわ・けんじ）
1962年生まれ。現在、東京大学法学部教授。主著として、『自由と特権の距離―カール・シュミット「制度体保障」論・再考〔増補版〕』（日本評論社・2007）。

葛西まゆこ（かさい・まゆこ）
1978年生まれ。現在、東北学院大学法学部准教授。主著として、『生存権の規範的意義』（成文堂・2011）。

駒村圭吾（こまむら・けいご）
1960年生まれ。現在、慶應義塾大学法学部・大学院法務研究科教授。主著として、『権力分立の諸相―アメリカにおける独立機関問題と抑制・均衡の法理』（南窓社・1999）。

阪口正二郎（さかぐち・しょうじろう）
1960年生まれ。現在、一橋大学大学院法学研究科教授。主著として、『立憲主義と民主主義』（日本評論社・2001）。

鈴木秀美（すずき・ひでみ）
1959年生まれ。現在、大阪大学大学院高等司法研究科教授。主著として、『放送の自由』（信山社・2000）。

曽我部真裕（そがべ・まさひろ）
1974年生まれ。現在、京都大学大学院法学研究科教授。主著として、『反論権とメディアの自由』（有斐閣・2013）。

只野雅人（ただの・まさひと）
1964年生まれ。現在、一橋大学大学院法学研究科教授。主著として、『憲法と議会制度』（共著、法律文化社・2007）。

中島　徹（なかじま・とおる）
1955年生まれ。現在、早稲田大学大学院法務研究科教授。主著として、『財産権の領分—経済的自由の憲法理論』（日本評論社・2007）。

長谷部恭男（はせべ・やすお）
1956年生まれ。現在、東京大学法学部教授。主著として、『憲法の境界』（羽鳥書店・2009）。

巻美矢紀（まき・みさき）
1970年生まれ。現在、千葉大学大学院専門法務研究科教授。主著として、「公私区分論批判はリベラルな立憲主義を超えうるのか」井上達夫編著『岩波講座憲法第1巻　立憲主義の哲学的問題地平』（岩波書店・2007）。

【編　者】
奥平　康弘　東京大学名誉教授
樋口　陽一　東北大学・東京大学名誉教授

【執筆者】
愛敬　浩二　名古屋大学大学院法学研究科教授
蟻川　恒正　日本大学大学院法務研究科教授
石川　健治　東京大学法学部教授
葛西まゆこ　東北学院大学法学部准教授
駒村　圭吾　慶應義塾大学法学部・大学院法務研究科教授
阪口正二郎　一橋大学大学院法学研究科教授
鈴木　秀美　大阪大学大学院高等司法研究科教授
曽我部真裕　京都大学大学院法学研究科教授
只野　雅人　一橋大学大学院法学研究科教授
中島　　徹　早稲田大学大学院法務研究科教授
長谷部恭男　東京大学法学部教授
巻　美矢紀　千葉大学大学院専門法務研究科教授

危機の憲法学

2013（平成25）年２月15日　初版１刷発行
2013（平成25）年５月30日　同　２刷発行

編　者　奥平康弘・樋口陽一
発行者　鯉渕 友南
発行所　株式会社 弘文堂　101－0062 東京都千代田区神田駿河台１の７
TEL03（3294）4801　振替00120－6－53909
http://www.koubundou.co.jp

装　幀　宇佐美純子
印　刷　大盛印刷
製　本　牧製本印刷

ISBN978-4-335-35539-4